牟宗三先生全集⑥

心體與性體

（第二冊）

牟宗三　著

目　次

第三部　分論二　明道、伊川與胡五峰 ………… 1

第一章　程明道之一本論 ……………………………… 3

引言 ………………………………………………… 3

第一節　天道篇 ………………………………… 23

第二節　天理篇 ………………………………… 58

　　　　附識：明道言第二義之天理 ………… 86

第三節　辨佛篇 ………………………………… 92

第四節　一本篇 ………………………………… 98

　　　　附識：黃宗羲對于「天命流行之體」之誤解…… 126

第五節　生之謂性篇 …………………………… 146

　　　　附識：

　　　　一、伊川論「生之謂性」 …………… 180

　　　　二、朱子論「生之謂性」 …………… 182

　　　　三、象山少說性以及其關于孟子與告子論性處

　　　　　之態度……………………………………… 197

　　　　四、陽明論「生之謂性」……………………… 209

　　　　五、劉蕺山之涉及告子……………………… 225

　第六節　識仁篇……………………………………… 231

　第七節　〈定性書〉：答橫渠先生………………… 247

　第八節　聖賢氣象篇：對于聖賢人格之品題……… 259

第二章　程伊川的分解表示………………………… 265

　引　言………………………………………………… 265

　第一節　理氣篇……………………………………… 273

　第二節　性情篇……………………………………… 290

　第三節　氣稟篇……………………………………… 325

　第四節　才性篇……………………………………… 345

　第五節　論心篇……………………………………… 348

　第六節　中和篇……………………………………… 367

　第七節　居敬集義篇………………………………… 402

　第八節　格物窮理篇………………………………… 407

　　　　　附論：明道言格物…………………………… 426

第三章　胡五峰之《知言》………………………… 445

　引　言………………………………………………… 445

　第一節　即事明道，道無不在……………………… 451

　第二節　首點心之大與久以明心與性之關係……… 453

　第三節　盡心以成性：性為自性原則，心為形著原則…… 463

第四節　天理人欲同體異用…………………………………… 471

第五節　心之遍在……………………………………………… 476

第六節　性爲超越的絕對，無相對的善惡相………………… 478

第七節　心之永恆常在：無出入、無存亡…………………… 486

第八節　是非、正邪、善惡之層次…………………………… 488

第九節　逆覺之工夫…………………………………………… 492

第十節　綜結：以仁爲宗、以心爲用………………………… 502

第十一節　綜述《知言》大義………………………………… 519

第十二節　附論：關于朱子之論彪居正……………………… 555

第三部　分論二
明道、伊川與胡五峰

第一章　程明道之一本論

引　言

　　朱子編《程氏遺書》共二十五篇，自第一至第十，程氏門人及呂與叔所記者皆原標爲二先生語。各篇中亦有明標爲明道語或伊川語者，如第三謝顯道所記，即明標「右爲明道先生語」、「右爲伊川先生語」；第二呂與叔所記，則有時于某條下注一「明」字，示爲明道語，注一「正」字，示爲正叔（伊川）語。然而大部分則未注明，其注明者蓋甚少。其餘各篇則間于行文中記有「伯淳〔明道〕先生曰」，或「伊川先生曰」。除此少數注明者外，餘皆未注明誰語。此十篇中，第一爲李端伯所記，甚重要。第二爲呂與叔所記，既重要而分量又最多。與叔原爲橫渠門人。橫渠卒，東赴洛陽見二程。此第二即東見二程時所記也（嚴格說，與叔不能算是二程門人）。第十一、十二、十三、十四，四篇乃劉質夫所錄，皆明道語。十五以下直至廿五，各家所錄皆伊川語。此則已分判清楚。劉質夫所錄最可窺見明道之思想與風範。然前十篇中，尤其呂與叔所記者，若除少數有注明者外，其餘皆無法確定是誰語，則吾人對于

明道思想所知者必甚少，而明道在宋儒中之地位即無足輕重者，至少亦無確定顯赫之地位。然而明道在宋儒中確有一公認之顯赫地位，亦確是一大家。若竟無足以實之者，則何能有此顯赫之地位？亦何足以成大家而爲儒學復興之重鎮？觀伊川爲其所作之〈行狀〉，又觀文彥博題其墓曰明道，而伊川復爲之序之序語，則知明道實劃時代之英豪，其創闢智慧實爲不可及，而伊川亦非虛譽其兄者。彼雖未及著書，然以五十有四之中壽，實亦不甚影響其智慧之成就。而何況其成熟相當早，其答張橫渠之〈定性書〉決不在三十以外。（朱子謂「〈定性書〉是二十二、三時作」，見《朱子語類》卷第九十三。此恐不可靠。近人有考其爲二十八歲時作。此當近是。）若以此爲準，則此後二十餘年之發皇必有可觀者。否則決不能有如〈行狀〉之所述。是則其及著書與否決不甚相干也。故吾人于二先生語中，除注明者外，必有可以鑑別明道之智慧者。

　　自客觀義理之大體氣氛言，或自進德之大方向言，程氏兄弟固可說是屬于同一系統者，故凡未注明是誰語者，亦可視爲共同之主張，即發之明道，伊川亦可承認而不悖，即發之伊川，明道亦可首肯而無疑，故同屬明道可，同屬伊川亦可。然凡此種義理皆屬眞實生命之發皇，亦屬存在的創闢智慧之洞悟。發出後，人可首肯之，而無此眞實生命之獨特感受，無此創闢智慧之獨特洞悟，則亦可終不表現此義理與此境。生命之勁力與智慧之方向對于何面義理之抒發實有決定之作用。故此種義理不能純是客觀地言之，亦須連帶各人之獨特生命而存在地言之。蓋此非外延眞理，乃內容眞理也。自此而言，則不能謂同屬明道可，同屬伊川亦可。抑又不只主觀感受而已也，即客觀義理上亦有不同之理解，如關于仁體、性體、道體

之體悟以及關于工夫入路之講法，二人皆有顯著之差別。只人不注意，亦不理解，故混漫而輕忽之，遂亦視爲無法簡別耳。是以如能相應此差別而注意之，鑑別出究爲誰語，則對于明道與伊川之風格與造詣必可有更確切之了解，而對于明道之顯赫地位以及其足以爲一大家者，亦可得而有以實之，否則明道必致落空。而經過朱子之傳承，傾向于伊川，不傾向于明道，經過其獨特心態所成之汰濾與汰濾後之定局，《遺書》中未注明誰語之許多圓明洞澈之義理必致被遺忘而視爲無足輕重者。即劉質夫所錄之四篇亦可被視爲無足輕重者而忽之。朱子常不契亦不滿于明道，惟不便明言之耳。其所以不契者，由于其生命勁力近伊川而不近明道故也。其所以不滿者，由于其並無明道之圓明洞澈之創闢智慧，而又心存忌諱，以爲將近于異端故也。此並非言朱子無實感、無勁力，亦非言其無智慧，特其智慧、實感與勁力非明道型，故亦不能契接其所抒發之理境。其心態宜于彼而不宜于此，故亦宜于抒發某方面之義理而不宜于抒發另一方面之義理，甚且以其汰濾後之定局而根本不能正視明道所說著之實義，此其心態之限定有以使之然也。故自朱子後而有學派之對立，正坐此故耳。對立之生不由于象山之睽違與立異，如普通之所想，乃由于朱子之汰濾實有遺漏與偏差也（集中在對于道體、性體、心體之體悟與工夫之入路兩點）。

　　世或謂明道開象山，伊川開朱子。此自非全無是處，特只儱侗言之，彷彿嗅到一點氣味之同異，而未能眞明其所以。此非只由表面之風光與某方面之情調各有相似，即可明此學派之分立也。此中煞有義理之關鍵，而歷來多不能深切著明之，此甚足令人困惑也。朱子實開自伊川，而象山卻並不由明道開出，象出亦不自以爲學出

明道也。象山〈語錄〉中固曾有「伊川蔽固深，明道卻通疏」之語，然象山之學卻並不由鑽研明道而得之。是以不能歷史繼承地甚至亦不能義理地謂明道開象山，象山出自明道也。真正歷史繼承地而且是義理地由明道而開出者是胡五峰，並非象山也。特客觀言之，象山之孟子學心性是一，心即是理，更能契合于明道之一本論，而明道之一本論亦更能保持先秦儒家本體宇宙論的實體之創生義與直貫義，而亦並未以心神屬于氣，認太極或天命實體只是理，性只是理也。此則其可以通同處，而朱子汰濾後所成之定局則不能保持此義也。此是學派分立之本質的關鍵。是以

1.明道在儒學復興中何以有此顯赫之地位，何以能成大家，必有足以實之者。

2.伊川在何種契機上能開朱子，朱子在何種契機上能承接伊川而成為定局，此亦有可得而確定說出者。

3.朱子既成定局後，何以有學派之對立，明道與象山何以有通同處而不可說相開承，此中亦有可得而確定表明者。如是，朱子之消化與胡五峰之消化確有須同等重視之必要，而不可一以朱子為準也。（吾于此主宋明儒當分三系，詳見第一冊〈綜論部〉第一章及本部後文〈胡五峰〉章。）

欲明以上三事，吾人必須于二先生語中未注明誰語者能鑑別出明道之智慧而不可含混過去。如是，將更能見出明道精神之一貫，亦將更能見出伊川思理之傾向。

明道性格與伊川確有不同。「伯淳謂正叔曰：異日能尊師道是二哥，若接引後學，隨人才成就之，則不敢讓。」（《二程全書・外書第十二》，〈傳聞雜記〉，見《上蔡語錄》）此是明道自覺地

見到彼兄弟二人性格之不同。吾人以此不同爲起點，再以劉質夫所錄爲標準，以少數注明者爲軌約，即可獲得鑑別明道智慧之線索。若由此悟入，吾人可作如是之肯定：凡屬二先生語者大體皆是明道語，至少亦當以明道爲主。其中許多重要觀念足以形成宋儒復興儒學之重鎮，並足以形成宋儒講學之規模而能造成六百年之傳統者，如對于佛教之辨別、對于聖賢人格之品題，更積極地對于《論》、《孟》、《中庸》、《易傳》中主要觀念之契悟與點撥，大體皆發自明道，伊川只爲之副。試申明如下：

1.凡屬二先生語者吾人可視爲二程初期講學之所發。此期以明道爲主。伊川歲數雖與明道相差不遠（只差一歲），然明道究屬兄長，固當以明道爲主。衡之人情，主要靈魂亦當在明道，伊川總當徐行後長者方是弟道。而何況明道之創闢智慧固高于伊川遠甚，故主動活躍之智慧當在明道，而不在伊川。伊川獨立發皇之時當在其爲侍講以後。凡確定爲伊川語者，《遺書第十五》以下，始眞代表伊川之生命與思路。以此爲準，與彼未分而標爲二先生語者相對照，則大體固有差異也。故凡二先生語中大部皆明道語也。〔李端伯與劉質夫皆程氏早期之弟子。劉質夫且只錄明道語。惜二人皆早卒。呂與叔雖非二程之門人，然亦與李、劉爲同輩。其所記實以明道爲主。其思理亦較契于明道，而不契于伊川。由其與伊川往復辨論「中」之問題即可知。而明道之〈識仁篇〉即對呂與叔之問而發者，而呂與叔「默識心契，豁如也。作〈克己銘〉以見意。」（參看《宋元學案》卷三十一，〈呂范諸儒學案〉，述呂大臨處。）此人甚有勁力，朱子亦極贊佩之，而惜其早卒。〕

2.明道心態具體活潑，富幽默，無呆氣。故二先生語中凡語句

輕鬆、透脫、有高致、無傍依、直抒胸臆、稱理而談,而又有沖虛
渾含之意味者,大體皆明道語也。例如:

> 蘇季明嘗以治經爲傳道居業之實。居常講習只是空言無益。
> 質之兩先生。
> 伯淳先生曰:「修辭立其誠」,不可不仔細理會。言能修省
> 言辭,便是要立誠。若只是修飾言辭爲心,只是爲僞也。若
> 修其言辭正爲立己之誠意,卻是體當自家「敬以直內義以方
> 外」之實事。道之浩浩何處下手?惟立誠才有可居之處。有
> 可居之處,則可以修業也。「終日乾乾」,大小大事卻只是
> 「忠信所以進德」爲實下手處,「修辭立其誠」爲實修業
> 處。
> 正叔先生曰:治經實學也。譬諸草木區以別矣。道之在經,
> 大小遠近,高下精粗,森列於其中。譬諸日月在上,有人不
> 見者,一人指之不如眾人指之自見也。如《中庸》一卷書,
> 自至理便推之於事,如國家有九經及歷代聖人之迹,莫非實
> 學也。如登九層之臺,自下而上者爲是。人患居常講習空言
> 無實者,蓋不自得也。爲學、治經最好。苟不自得,則盡治
> 五經,亦是空言。今有人心得識達,所得多矣。有雖好讀
> 書,卻患在空虛者,未免此弊。(《二程全書·遺書第一》,
> 〈二先生語〉,端伯傳師說)

此段記錄明標「伯淳先生曰」及「正叔先生曰」。兩相比較,伊川
所說實不及明道遠甚,即不說及不及,而風格與境界之不同亦可于

此得一很好之例證。明道所說直是有高致、無傍依、直抒胸臆、稱理而談，決無學究氣，亦無典冊氣。凡此種學問皆是聖賢豪傑之學，說理發義皆須直下指歸到生命上來，實不實並不在有所傍依，傳道居業亦不在如學者之治經，隨時可以提起，隨時可以放下，要之只是直下以誠敬「體當自家敬以直內義以方外」之實事，直下對道負責，找一實下手處。「道之浩浩何處下手？惟立誠才有可居之處。」此種語句只有明道之創闢智慧與存在的實感方能說得出。反觀伊川，則其距此境遠矣。伊川所說甚爲實際。一、治經要「自下而上」，二、要有「自得」。此在指導學者讀書最好，然不能表示出內聖之學之本質。此猶是學者治經境界，非聖哲直抒胸臆獨立拔起之境界。此路以後爲朱子所稱賞。以朱子觀之，明道所說倒反「太高」，足令學者只「瞋見上一截，少下面著實工夫」，易「入禪學去」，故彼即以爲凡不走切實讀書之路者皆是禪。實則何曾是此問題？此只是兩種境界兩種風格之異耳。伊川當時猶未于此生忌諱也。然其心態、思路、風格、境界與其兄異，則甚顯然。由此明標者可以概其他未注明者矣。

又如「明道曰：維天之命於穆不已，不其忠乎？天地變化草木蕃，不其恕乎？」而「伊川曰：維天之命於穆不已，忠也。乾道變化各正性命，恕也。」（俱見《二程全書・外書第七》）。伊川所說顯然不及明道語之明澈，而以「乾道變化各正性命」代「天地變化草木蕃」亦不諦當。「或問明道先生如何斯可謂之恕？先生曰：充擴得去則爲恕。心如何是充擴得去底氣象？曰：天地變化草木蕃。充擴不去時如何？曰：天地閉，賢人隱。」（《外書第十二》，〈傳聞雜記〉，見《上蔡語錄》）此方是明道之智慧。據

此，則伊川以「乾道變化各正性命」代「天地變化草木蕃」以明恕（充擴得去），顯然不諦。須知「乾道變化各正性命」即是「維天之命於穆不已」之別語。乾道即天道，亦即天命實體也。「乾道變化各正性命」與「天地變化草木蕃」語義並不同也。前者是指道體說，後者是指事象說。明道「充擴得去」之恕底氣象只能就事象之用說，不能就道體之體說。故「充擴不去」則是「天地閉，賢人隱」。乾道創生不已，天命於穆不已，寧有閉隱之時耶？故同一觀念，伊川之表現常不及明道之透脫與諦當。此亦顯明之例證也。又如明道說「窮理盡性以至於命，三事一時並了，元無次序」，而伊川亦隨之說「三事只是一事」。明道說心性天是一，而伊川亦隨之說「心也、性也、天也，非有異也」。凡此，明道如此說卻實，而伊川如此說卻與其思理不一致。詳見〈一本篇〉及〈伊川章·論心篇〉。故此類觀念顯是明道發之，而伊川只是和之也。由此而知關于道體、易體、誠體、敬體、於穆不已之體以及天理實體之妙悟語，凡未注明者，一望而知為明道語也。若歸屬於伊川，則相刺謬。

又如蘇季明問中和，伊川之答曲曲折折終不豁朗。若問明道，決不如此答，可斷言也。又如〈與呂大臨論中〉書，與叔所言反順適調暢，而伊川之答則膠著支蔓，糾結不堪。以此為準，反觀二先生語中未注明者亦甚易鑑別也。

3. 明道語句簡約，常是出語成經，洞悟深遠。又常是順經典原文加幾個口語字，予以轉換點撥，便順適調暢，生意盎然，全語便成真實生命之呈現。「伯淳常談《詩》，並不下一字訓詁。有時只轉卻一兩字，點掇地念過，便教人省悟。」（《外書第十二》，

〈傳聞雜記〉，見《上蔡語錄》）談《詩》如此，就《論》、《孟》、《中庸》、《易傳》抒發義理亦常如此。此其所以無學究氣、無文章氣，而常能相應不失也。此見下各篇可知。言一本、言仁、言誠敬、言於穆不已之體，皆非伊川所能及。

4.明道喜作圓頓表示，伊川喜作分解表示。朱子所謂「明道說話渾淪，學者難看」，實即圓頓表示而為朱子所不喜也。故凡二先生語中凡作圓頓表示者皆明道語也。此見下各篇可知。「一本」義即圓頓表示。此非伊川所能有也。

以上四點即是鑑別明道智慧之關鍵。握此關鍵，則知凡二先生語中未注明誰語者實大部皆明道語也。黃梨洲修〈明道學案〉即由二先生語中輯成。然無鑑別之原則，人亦不知其何以必如此。又其所抄錄者，雖稍有類從，然不整齊，重要者亦多脫略。見之只覺其為一些零碎風光，並不足以見明道義理之實也。茲詳檢遺書，作進一步之整理，以普通所謂〈識仁篇〉為例，開為八篇如後。于伊川亦然。

〈識仁篇〉是後人標名。（恐自朱子開始。朱子編《近思錄》，不錄此篇，並明所以不錄之故，謂「程子〈識仁篇〉乃地位高者之事，故《近思錄》遺之」。）原只是《遺書第二》中之一段，乃對呂與叔之問而說者。今沿用此標題，再補上若干段，統名曰〈識仁篇〉。其他諸篇亦倣此，皆由若干段組成。

講二程，編錄為難。然此部工作卻甚重要，尤其在明道為然。吾曾抄錄數過，方得其自然之叙。輯錄既定，則系統整然，眉目朗然。明道定，則伊川亦定。若不能確定，隨意徵引以為解說，則難得其必，總覺糊塗，且無頭腦，常易誤引，甚至衝突，如盲人摸

象，全屬瞎猜。吾爲此苦困惑甚久，直無從下筆，不知其學之精蘊究何在也。

人皆謂明道境界極高，胸懷洒落，有如光風霽月。又通謂其「資性過人，充養有道，和粹之氣盎於面背」（《宋史·道學傳》）。又常稱舉其有高致富玄趣之話題，而深致以欣賞與讚嘆。然而其究何以至此乎？豈只資稟之偶然乎？抑只一時之穎悟乎？抑默默涵養而至此乎？未有能舉其義理之實者也。其于道體性命自有其清澈與明透，而且眞能體之于自家生命中而有受用，故其所以至此必由于其有眞知灼見處，決非只資稟之偶然，亦非只一時之穎悟，亦非只默默之涵養。然而其于道體性命究如何清澈明透，究如何且能體之于自家生命中而有受用，亦無有眞能標舉其條貫者也。非人不能也，乃因不耐逐條點讀，著實理會，編錄爲難，故遂茫昧而忽略之耳。

〈識仁篇〉與〈定性書〉乃明道之重要文字，人皆稱舉而道之。此是明道思理之顯明可徵者。然〈識仁篇〉只略舉「仁者渾然與物同體」之境，而如不能通其道體性命之全部綱維，則人亦不足以由此短章澈盡其所說之仁體之全蘊。朱子即已不滿此一體之說而駁之矣。人亦皆知其由醫家麻痺不仁之說指點「仁體」之實義，人亦皆知其「觀雞雛，此可觀仁」、「切脈最可體仁」之妙悟，人亦皆知其常言「春意」與「生意」，然此皆是指點語，而如不能知其義理之實，則仁之爲仁未必能貞定得住。伊川與朱子即已不解此麻痺不仁之指點而反對「以覺訓仁」之說矣。而同時此類妙悟美喻亦很可只成爲解頤之妙語，而「生意」一詞雖具體而親切，然亦沖淡而含混，則亦可以塌落而令人生誤解。朱子亦由「天地塊然生物之

心」、「溫然愛人利物之心」說仁，此豈不亦講「生意」乎？然若依朱子之系統，則若只就「生意」說，亦很可說成氣，而當說仁義禮智爲性時，卻又只說成理，是則仁之爲性爲理不即是「塊然生物之心」、「溫然愛人利物之心」也。此本伊川而來也。伊川說「心生道也。有是心斯有是形以生，惻隱之心人之生道也。」又說「心譬如穀種」、「陽氣發處〔生〕卻是情」，而「生之性便是仁」。是則作爲「生道」之心或惻隱之心不即是仁也。此種分疏非明道意也。在明道，由麻痹無覺所指點到之「以覺訓仁」之「覺」義，由「切脈」所指點到之「貫通」義，由「觀雞雛」所指點到之「親和」義與「活潑」義，由「春意」、「生意」所指點到之「生」義與「溫潤」義，皆是相連而生之同一義，而亦與「一體」義爲同一義。皆直指仁心、仁體、仁理、仁道而言也。而此四詞亦同一意指，仁即心即體即理即道也。而伊川與朱子既皆反對以覺訓仁，而朱子復進而反「一體」之義（伊川雖無反「一體」義之語，但亦不以「一體」說仁，卻以「公」字說），而卻亦言生意生道，則其所言之「生意」（生物之心，愛人利物之心）、「生道」有殊指而不同于明道亦明矣。是以吾人如不能眞知明道之綱維，則吾人亦不能知明道對于「生意」與「一體」究如何了解也。

至于〈定性書〉，只講一「動亦定，靜亦定，無將迎，無內外」、「廓然而大公，物來而順應」之理境，究是「定性」乎？抑是定心乎？究是「性無內外」，抑是心無內外乎？當然實即是定心，因文中皆是說心故也。然心性是一究如何是一，其所言之「內外兩忘」、「澄然無事」之朗然大定究是自何分際上言工夫，人亦未能通澈其義理之實也。如不能通澈其言道體性命之綱維，則人以

爲此皆佛老之玄談矣。葉水心即如此譏議，亦無足怪也。

　　人皆知明道說「天理二字」是他「自家體貼出來」，然此亦只是明道自家眞能理會得此義，故如此說。豈是「天理」一概念或「天理」之實果眞前無古人而獨爲明道之新發見乎？豈是離天道、天命、太極、太虛、誠體、仁體、性體、心體、中體、神體而別有一「天理」乎？必不然矣。不惟天理之實非其新發見，即「天理」一詞已早見于〈樂記〉，亦非其所新造。而就天道性命言天理或理自橫渠而已然。然則或有謂明道以前未確立「理」之地位者，乃根本未知儒家內聖之學者之妄言也。然如不能通澈明道智慧之綱維，則亦不能免乎此泥于字面者之張皇失措也。

　　又，明道亦常言「天下善惡皆天理」、「理有善惡」。又常言：「天地萬物之理無獨必有對，皆自然而然，非有安排也。」又言：「萬物皆有理，順之則易，逆之則難。各循其理，何勞於己力哉」？又言：「夫天之生物也，有長有短，有大有小，〔……〕天理如此，豈可逆哉？」又言：「服牛乘馬，皆因其性而爲之。胡不乘牛而服馬乎？理之所不可。」此種話頭似皆表示天理或理只是一種自然之趨勢。如是，遂以爲明道所說之「天理」或「理」只是此自然趨勢義，而凡自天道性命之體上言天理或理之語句而未注明者皆歸給伊川。夫明道言「天理二字是自家體貼出來」，言之如此鄭重，豈只體貼此自然趨勢爲「天理」乎？以上諸語固是明道語，但此諸虛說之「理」字豈眞足以代表並窮盡明道所體貼之「天理」之實義乎？必不然矣。然則將彼自體上言天理或理之語句而未注明者歸給伊川皆謬也。然如不能通澈明道內聖之學之智慧與綱維，則人必只視此自然趨勢義之「天理」或「理」爲明道義。若再順此滾下

去，則將視明道只爲一自然主義者。如此，眞成一大塌落，此將是莫大之誣枉！

又，人皆知明道講誠敬，講「學者須先識仁」，然如未能通澈其智慧之綱維，則亦未能定其言「誠敬」、言「識仁」究屬何種形態之工夫也。蓋此普通之工夫語，人皆可以說，未能知其切義實義究何在也。

凡此諸義，如不能條貫之，皆將成爲零碎之風光。而經過朱子之汰濾，實者皆歸于伊川，人遂不能知明道智慧之全貌矣。而學者復大抵不能仔細理會，予以通貫，《遺書》中東一條、西一條，雖義理相同、相類，或相引生者，而散見各處，類聚爲難，亦遂星散而湮沒，人遂愈不能知明道之爲明道究何在矣。如是，明道遂掛空，而只成爲一隱形者，或只成爲一零碎風光之好秀才，只成爲伊川之陪襯。此豈眞明道之實乎？人皆知明道有顯赫之地位，然而零碎之風光不足以實之也。徒「語言流轉如彈丸」不足以成其大也。

黃宗羲《宋元學案・明道學案上》，案語云：

> 明道之學以識仁爲主，渾然太和元氣之流行。其披拂於人也，亦無所不入，庶乎所過者化矣。故其語言流轉如彈丸。說「誠敬存之」，便說「不須防檢、不須窮索」。說「執事須敬」，便說「不可矜持太過」。惟恐稍有留滯，則與天不相似。此即孟子說「勿忘」，隨以「勿助長」救之。同一掃跡法也。鳶飛魚躍，千載旦暮。朱子謂：「明道說話渾淪，然太高，學者難看。」又謂：「程門高第如謝上蔡、游定夫、楊龜山，下梢皆入禪學去，必是程先生當初說得高了，

他們只瞭見上一截，少下面著實工夫，故流弊至此。」此所謂程先生單指明道而言。其實不然。引而不發，以俟能者。若必魚筌兔跡以俟學人，則匠斲有時而改變繩墨轂率矣。朱子得力於伊川，故於明道之學未必盡其傳也。

案：此贊語可謂美矣。然亦只就境界而贊之。吾今即欲得其綱維以實之，則庶不至令人生誤解，亦不至使人有零碎風光之感也。

伊川作〈明道先生行狀〉云：

> 先生資稟既異，而充養有道。純粹如精金，溫潤如良玉。寬而有制，和而不流。忠誠貫於金石，孝弟通於神明。視其色，其接物也如春陽之溫；聽其言，其入人也如時雨之潤。胸懷洞然，澈視無間。測其蘊，則浩乎若滄溟之無際；極其德，美言蓋不足以形容。
>
> 先生為學，自十五、六時，聞汝南周茂叔論道，遂厭科舉之業，慨然有求道之志。未知其要，泛濫於諸家，出入於老釋者幾十年，返求諸六經而後得之。明於庶物，察於人倫。知盡性至命，必本於孝弟；窮神知化，由通於禮樂。辨異端似是之非，開百代未明之惑。秦漢而後，未有臻斯理也。謂孟子沒而聖學不傳，以興起斯文為己任。其言曰：道之不明，異端害之也。昔之害近而易知，今之害深而難辨。昔之惑人也，乘其迷暗，今之入人也，因其高明。自謂之窮神知化，而不足以開物成務。言為無不周遍，實則外於倫理。窮深極微，而不可以入堯舜之道。天下之學，非淺陋固滯，則必入

於此。〔……〕是皆正路之榛蕪，聖門之蔽塞，闢之而後可以入道。先生將進覺斯人，退將明之書。不幸早世，皆未及也。其辨析精微稍見於世者，學者之所傳耳。

先生之門學者多矣。先生之言平易易知，賢愚皆獲其益，如群飲於河，各充其量。

先生教人，自致知至於知止，誠意至於天下平，洒掃應對至於窮理盡性，循循有序。病世之學者捨近而趨遠，處下而窺高，所以輕自大而卒無得也。

〔……〕

案：以上所錄四段，首段言其風格、德行與夫造詣之境界。此即《宋史・道學傳》「資性過人，充養有道，和粹之氣盎於面背」三語之所本，而伊川所言則更精切而入裡，洞曉其德性生命之全體，亦可謂善於形容者矣。

第二大段則言其為學之方向的然是儒家道德意識之充其極，故能盡弘揚聖道辨闢榛蕪之時代使命。當時之時代課題，從學術文化方面說，唯在高明才智之士迷惑於佛教而不能辨。此則決非對於世運有存在之實感者所能安。其「辨析精微」是從遮表兩方而顯。佛教之「窮深極微」足以因人之高明而入之，決非「淺陋固滯」者（章句考據之俗學）所能知，亦非迷離惝恍而無真實根底者所能辨。此所謂「深而難辨」也。然亦決不能躲閃逃避，一任其氾濫而不理。故欲辨彼之偏，明己之正，決非只在禮樂文制上著眼所能盡，皆必須進入精微，澈底明透，然後始足以覿體挺立而扭轉世運也。伊川所謂「辨異端似是之非，開百代未明之惑」，即指此而言

也。問題已進於「精微」（已接觸至生命方向之問題），故其「辨析」不能不「精微」也。世之謂其是禪，或謂其「盡用其學」（葉水心譏〈定性書〉語）而辨之而卒莫能辨者，皆是無實感者隔岸觀火無知之風涼話，又何足以知生命方向問題之重大與艱難！然則其所自家體貼之「天理」，以及其所屢稱引之「敬以直內義以方外」，所鄭重正視之「秉彝」，所精切體悟之「於穆不已」、「純亦不已」，皆是儒家嚴整的道德意識之表現。其由此而至「盡性至命」、「窮神知化」，乃至圓頓之「一本」，皆是此嚴整的道德意識下內聖之敎之「精微」，而足以辨析其與佛老不同而眞足以立住自己者。此是精微問題，非「盡用其學」也，亦非「坐佛老病處」也（亦葉水心譏〈定性書〉語，參看《宋元學案・明道學案》）。茫昧者自茫昧耳。而尙謂人冥惑耶？吾人以伊川之實感所述之明道爲學之大端方向爲準而以內部義理之實條貫明道之風光。切實理會其所謂「一本」之實義，則不至有誤解，亦不至有落空之感也。

　　第三段則言明道之接引來學眞如「春陽之溫」、「時雨之潤」，使人各得其益。此亦明道自謂「若接引後學，隨人才成就之，則不敢讓」之意也。明道確有此感潤力，亦黃宗羲所說「渾然太和元氣之流行，其披拂於人也亦無所不入，庶幾所過者化矣」。亦庶幾近乎仁者之境矣。故其體悟仁如此親切而明透，而能以之爲提綱也。如能如此理解仁，則可無憾於其所說，而朱子之〈仁說〉旣駁斥其「一體」之義，復駁斥上蔡承之而言「以覺訓仁」之說，則差之遠矣。

　　第四段言其敎人「循循有序」。明道自可有此風範，然其義理之實不盡於此也。伊川所列舉，如「自致知至於知止」云云，蓋以

其自己之所實感與所著重者定規明道也。明道自不會反對下學，亦
自能由下學以引人入勝，然其義理形態不必是伊川、朱子之形態
也。朱子明謂「必是程先生當初說得高了」，故令其高第「只睜見
上一截，少下面著實工夫」，故「下梢皆入禪學去」。朱子所說固
不切，然亦可知明道決不止於甚至亦非是伊川所列次之「循循有
序」也。在明道，無所謂上一截、下一截，亦無所謂說得「太
高」。只因學者無嚴整而通透之道德意識、無存在之實感，故把不
住，立不起，而流於怳恍迷離之境。由伊川而至朱子，只因怕「流
入禪學去」，故轉而重視《大學》之致知格物，以「下學」抵禦
之。殊不知即禪學亦非無下學也，亦非不講「下面著實工夫」也，
各上其所上，各下其所下，豈因只下學便能不入於禪耶？而伊川、
朱子所規定之下學上達卻只轉成另一系統，即主觀地說，是靜涵靜
攝之系統，是認知的橫列之系統；客觀地說，是本體論的存有之系
統，而於不知不覺間已喪失先秦儒家所原有與濂溪、橫渠、明道所
妙悟之本體宇宙論的、即存有即活動的實體之道德創生之直貫系
統。如是，遂於明道所言之「仁體」與「一本」亦不能有相應之理
解矣。故朱子在忌諱中著重下學之格物窮理而轉成另一系統，是由
於其不能真切於明道之直貫系統之一本論，並不在明道說話「太
高」也。

　　于是吾人可進而略言明道之義理綱維矣。

　　明道之義理綱維何在耶？吾于前〈濂溪章〉已明濂溪對于《論
語》之仁、《孟子》之心，實並無所得。于〈橫渠章〉已明橫渠言
「天體物不遺，猶仁體事無不在」、言「仁以敦化為深，化行則
顯」、言「大其心，則能體天下之物」、言「心能盡性，人能弘道

也」（此性是由太虛神體寂感眞幾以言之者，與孟子之本心即性之路稍異）、言「兼體無累」以存神、言盡心易氣繼善以成性等義，已很能注意孔子之仁與孟子所言之心矣。惟因其言散見，不甚集中，又爲其言太虛神體所掩蓋，人易爲其言太和、太虛、言神、言氣所吸住，故易覺其客觀面意味重，而主觀面意味輕。實則亦並不輕也。只是有令人感覺到稍爲虛歉之氣氛耳。此亦由于其首先著力于「有無隱顯神化性命通一無二」之闡明之故也。以此客觀面之提綱爲首出，主觀面之仁與心是在客觀面之闡明過程中逼進去而被帶出，故令人有虛歉之感也。然其義理之實已函主客觀面之合一矣。至明道，正式提出「學者須先識仁，仁者渾然與物同體」之義，則仁之提綱性已十分挺立矣。「只心便是天，盡之便知性，知性便知天，當處便認取，更不可外求。」則主觀面之心性天爲一之義亦十分挺立而毫無虛歉矣。故由濂溪、橫渠，而至明道，是漸由《中庸》、《易傳》而回歸落實于《論》、《孟》，至明道而充其極。然明道究非如象山之純爲孟子學也。象山云：「夫子以仁發明斯道，其言渾無罅縫。孟子十字打開，更無隱遁。」象山乃純以《論》、《孟》爲提綱，《中庸》、《易傳》之境已不言而喻矣。（雖原則上可不言而喻，然象山于此終欠缺。）明道畢竟猶處于濂溪、橫渠北宋開始時先著眼于《中庸》、《易傳》之學風。故明道究非純以《論》、《孟》爲提綱者也。天道性命客觀面之提綱猶十分飽滿而無虛歉，此則爲象山所不及，而妙在主客觀兩面之提綱同樣飽滿而無虛歉，所以圓頓之智慧成其「一本」之論，此明道之所以爲大，而爲圓頓之教之型範也。

　　所謂「一本」者，無論主觀面說，或從客觀面說，總只是這

「本體宇宙論的實體」之道德創造或宇宙生化之立體地直貫。此本體宇宙論的實體有種種名：天、帝、天命、天道、太極、太虛、誠體、神體、仁體、中體、性體、心體、寂感眞幾、於穆不已之體等皆是。此實體亦得總名曰天理或理（categorical reason）。此理是既超越而又內在的動態的生化之理、存在之理，或實現之理。自其爲創造之根源說是一（monistic），自其散著于萬事萬物而貞定之說則是多（pluralistic）。自其爲一言，是動態的理（活理 active reason）；自其爲多言，是靜態的理。自其爲動態的理言，它既是本體論的存有（ontological being），又是宇宙論的活動（cosmological activity）。總之，是「即存有即活動」的這「本體宇宙論的實體」（onto-cosmological reality）。自其爲靜態的理言，它是只偏于「本體論的存有」義，而且亦有顯現有「普遍理則」之義，但這是那動態之理、根源之理所放射出來、自發出來的一種貞定狀態，亦可說是顯的狀態。寂顯通而爲一，統曰理或天理，它是本體宇宙論實體，同時亦即是道德創造（道德行爲之純亦不已）之創造實體（creative reality）。此寂顯（寂感）通而爲一統曰理的天理亦得曰天道，此則就其自然之動序說；亦得曰天命，此則就其淵然有定向而常賦予（於穆不已地起作用）說；亦得曰太極，此則就其爲極至而無以加之者說（無稱之言，窮極之辭）；亦得曰太虛，此則就其無聲無臭清通而不可限定說；亦得曰誠體，此則就其爲眞實无妄純一不二說；亦得曰神體，此則就其生物不測妙用無方說；亦得曰仁體，此則就其道德的創生與感潤說；亦得曰中體，此則就其亭亭當當而爲天下之大本說；亦得曰性體，此則就其對應個體而爲其所以能起道德創造之超越根據說，或總對天地萬物

而可以使之有自性（making thing as thing-in-itself）說；亦得曰心體，此則就其為明覺而自主自律自定方向以具體而真實地成就道德行為之純亦不已或形成一存在的道德決斷說。總之，是寂感真幾：寂然不動，靜而無靜；感而遂通，動而無動，而為創生覺潤之實體，亦即「於穆不已」之奧體。

若就其為性說，它具五義：性體、性能、性分、性理、性覺。它是理、是心，亦是神。若就其為心說，它亦具五義：心體、心能、心理、心宰、心有。它是心，是理，是神，亦是情（以理言的本情、心之具體義）。在此直貫創生之「一本」之下，心性天是一，心理是一。心與神決不可一條鞭地視為氣，天心本心不是氣，誠體之神不是氣。性不只是理，太極亦不只是理。理亦不只是對實然之「然」而推證出的一個超越的、靜態的、只是存有而不活動的「所以然」，而乃是因心之自主自律而不容已地起道德創造或宇宙生化之大用而說為理。若說這也是「所以然」，則這是超越的、動態的、既存有亦活動的「所以然」。是這樣的「所以然」之為理才真能保持住其道德意義而不失，而由之而立的道德才真是自律的道德。

在如此之直貫創生之「一本」之下，明道亦喜說：「道亦器，器亦道。但得道在，不繫今與後、己與人。」亦喜說：「氣外無神，神外無氣。或者謂清者神，則濁者非神乎？」（「或者」意指橫渠說。此雖對於橫渠是誤解，然其自義卻是分解地視清者濁者俱為氣，而圓融地氣外無神，故亦俱是神也。）此只是直貫創生的體用不二之圓融說，非是體用不分、形上形下不分，雖分之，卻亦非是心神俱屬於氣，而道唯是理也。又喜說：「只心便是天，盡之便

知性，知性便知天，當處便認取，更不可外求。」又喜說：「居處
恭，執事敬，與人忠。此是徹上徹下語。聖人原無二語。」又喜
說：「窮理盡性以至於命。三事一時並了，元無次序。不可將窮理
作知之事。若實窮得理，則性命亦可了。」此只是「一本」義之圓
頓表示，而在圓頓之「一本」中，亦非體用不分、道器不分，雖分
之，亦非心神屬氣，而性唯是理也。

　　此一義理綱維，圓頓之智慧，便是明道之承接濂溪、旁通橫
渠，而圓滿完成之，而亦妙契於《論》、《孟》、《中庸》、《易
傳》之原始型範者，亦是與伊川、朱子之所以不同處。圓頓有圓頓
之根據，而伊川、朱子則只能是漸也。

　　吾將此義理綱維總述於此。以下順所輯錄之八篇分別予以或詳
或略之疏解。大抵〈天道〉、〈天理〉、〈一本〉、〈生之謂
性〉、〈識仁〉、〈定性〉六篇是內聖學義理之總彙，故詳加疏
解，辭繁不殺。〈辨佛篇〉只略加一總案語，不加疏解。其詳已見
〈橫渠章〉附錄：〈佛家體用義之衡定〉。〈聖賢氣象篇〉則不贊
一辭。只錄存之，以備讀者之默識心通。凡此八篇，就輯錄言，可
謂重編一明道學案也。

第一節　天道篇

1. 《詩》、《書》中凡有一個主宰底意思，皆言帝。有一個
   包涵遍覆底意思，則言天。有一個公共無私底意思，則言
   王。上下千百歲中若合符契。（《二程全書·遺書第二》
   上，〈二先生語上〉，元豐己未。呂與叔東見二先生語。〔未注

明誰語，《宋元學案·明道學案》列有此條，是。〕）

2.言天之自然者謂之天道，言天之賦於萬物者謂之天命。
（《二程全書·遺書第十一》，〈明道先生語一〉，〈師訓〉。
劉質夫錄。〔《宋元學案·明道學案》將此條與前條合併爲一
條。〕）

案：此兩條指出帝、天、天道、天命之名。凡此諸名皆表示一超越
體，貫通後來之發展而爲一而觀之，實皆表示一「**形而上之實
體**」。當然此兩條之表示，如「一個主宰底意思」、「一個包涵遍
覆底意思」、「天之自然者」、「天之賦於萬物者」等等表示可不
表示一特殊思想，可爲大家所共同承認者，然第二條既標明是明道
語，則第一條屬之，當亦無礙。故《宋元學案·明道學案》合併爲
一條也。

3.「忠信所以進德」，「終日乾乾」，君子當終日對越在天
也。蓋「上天之載，無聲無臭」，其體則謂之易，其理則
謂之道，其用則謂之神，其命於人則謂之性。率性則謂之
道，修道則謂之教。孟子在其中又發揮出浩然之氣。可謂
盡矣。故說神如在其上，如在其左右。大小疑事，而只是
誠之不可掩。澈上澈下，不過如此。形而上爲道，形而下
爲器。須著如此說。**器亦道，道亦器**。但得道在，不繫今
與後、己與人（《二程全書·遺書第一》，〈二先生語〉，端
伯傳師說。〔未注明誰語，《宋元學案》列入〈明道學案〉，
是。〕）

案：此條雖未注明誰語，確係明道語則無疑。此條雖亦就天復引出種種名，然整段文實表示一特殊顏色，即「澈上澈下」之**圓頓表示**，此即明道之特有智慧也。然此段文確如朱子所說「明道說話渾淪，然太高，學者難看」。雖無所謂「太高」，而渾淪難看確是實情。「渾淪」者，一、義理圓頓；二文字簡略。若能默會心通，則亦不難。

〈乾・文言〉：「九三曰：君子終日乾乾，夕惕若，厲无咎。何謂也？子曰：君子進德修業。忠信所以進德也，修辭立其誠，所以居業也。〔……〕」此以「進德修業」解「終日乾乾」。明道于此推進一步，明「忠信所以進德」之「終日乾乾」謂「君子當終日對越在天也」。「對越在天」是《詩・周頌・清廟》之詩語，原意是對越文王在天之神，今此借用，直指「天」自身言，亦猶言「對越上帝」也。「君子當終日對越在天」，是進德之事之更為**內在化**，更為**深邃化**，是面對「超越者」而清澈光暢其生命。「對越在天」有兩義：一是原始之**超越地對**，一是經過孔子之仁與孟子之心性而為**內在地對**。「維此文王，小心翼翼。昭事上帝，聿懷多福。」「上帝臨汝，無貳爾心。」（〈大雅・大明〉）「皇矣上帝，臨下有赫。監觀四方，求民之莫。」（〈大雅・皇矣〉）「敬天之怒，無敢戲豫。敬天之渝，無敢馳驅。昊天曰明，及爾出王。昊天曰旦，及爾游衍。」（〈大雅・板〉）「明明上天，照臨下土。」（〈小雅・小明〉）凡《詩》・《書》中說及帝、天，皆是超越地對，帝天皆有人格神之意。但經過孔子之仁與孟子之心性，則漸轉成道德的、形而上的實體義，超越的**帝天**與內在的**心性**打成一片，無論帝天或心性皆變成能起宇宙生化或道德創造之**寂感真**

幾,就此而言「對越在天」便為內在地對,此即所謂「覿體承當」
也。面對既超越而又內在之道德實體而承當下來,以清澈光暢吾人
之生命,便是內在地對,此是進德修業之更為**內在化**與**深遠化**。
《大學》、《中庸》之「慎獨」亦由此而成立。明道所言之「對越
在天」即貫通這些意思而說者。故剋就「上天之載,無聲無臭」而
說到易、道、神,乃至性體、誠體等等也。

「其體則謂之易,其理則謂之道,其用則謂之神。」此中其
體、其理、其用,皆指「上天之載」**本身**說,即皆指無聲無臭、生
物不測之**天道本身**說,是故易、道、神,亦是此**天道本身**之種種
名,所指皆一**實體**也。此無聲無臭之帝、天、天道、天命,既轉為
道德的、形而上的創生實體,寂感眞幾(creative reality, creative
feeling),則就易之窮神知化以明天道言,此天道之「體」即是
「易」。此體是**當體、自體**之「體」,言天道**當體自己**即是**易**也。
即就「易」以明**天道自身**也。此體不是經過分解後而與用或現象為
對的「本體」之體或「體、用」之體也。此天道本身即是體,此體
自身即是易。易與道體是**同位字**,即代表**道體自己**也。說帝、天、
天道、天命,皆是虛籠之總說,皆是總說之形式字。說「**易**」則是
剋實之總說;雖剋實,而亦總說,故亦仍為形式字,故曰「其體則
謂之易」也。說理、說神,則是進一步**剋實說**,而明其**實蘊**。說
性,尤**剋實**。蓋言帝、天、天道、天命,目的皆在建立性體也,前
章所謂皆結穴于性也。**說誠**尤剋實,無論帝、天、天道、天命,乃
至理、神、性,皆由「誠」以形著也。故亦曰「**誠體**」,而由「誠
體」以總代表之矣。

「易」即〈繫辭傳〉「生生之謂易」、「神無方而易無體」、

「易无思也，无爲也，寂然不動，感而遂通天下之故」諸語中之
「易」。易之實可以上下通講。上通其極，即是**寂感眞幾**，即是
「**維天之命，於穆不已**」，即是「天行」之健、創生之**不息**。**易體**
即是**神用**，即以全部神用明**易體（道體）**之**實**。此雖不離陰陽變
化，然亦不即是陰陽變化，乃由陰陽變化之不測，生生之不息，而
見者也。落于陰陽變化而說易，即是下通于氣而說易也。若下通于
氣（因本由氣化而見）而不失其上通之極，則貫通**上下體用而一之**
以說「**易體**」亦可。但完全**偏落于氣**以說**易體**則不可。朱子即如此
說，此非明道說此語之意。

至于「其用則謂之神」，用即是道體生物不測之**神用**。「神也
者妙萬物而爲言」，故神即是寂感之神，亦曰誠體之神，皆即指**道
體自己說：全道體**即是一**神用**，**全神用**即是**道體之自己**。此神用之
用非是如普通之可以分解爲體用，而體用各有所當屬之用也。此神
用不與體對，**神即是體**；道體亦不與神用對，**體即是神**。此「即
是」是眞「即是」，尙非圓融不離之意，乃眞是一也。朱子說此神
用是屬于氣，「是氣之精妙處」，是氣發出之光彩，「神亦只是形
而下者」，此則尤非明道說此語之意。此解完全非是。

「其理則謂之道」，此理是**與神爲一之理**。**全道體即是一神，
即是一理**，但其爲理是超越的、動態的、旣存有亦活動的生化之
理，不只是超越的、靜態的、只存有而不活動的形式的所以然。朱
子唯將此理視爲靜態的形式的所以然（當然亦是超越的、形而上的
所以然），故將**易體**與**神用**俱視爲氣，俱屬于形而下者，而惟理才
是形而上者。如此說理尤顯非明道說此語之意。

在明道，易體、神用、理道皆是說的道體自己，而朱子則拆開

而分屬矣。詳見後文。

　　明道說其體、其理、其用之後，即繼之說「天命之謂性，率性之謂道，修道之謂教」，天道性命相貫通，固當如此也。復繼之又提到「孟子在其中又發揮出浩然之氣，可謂盡矣。」所謂「盡」，意即透體之道德實踐中全部重要觀念皆已表出之意。而此透體達用、澈上澈下之道德實踐不過是誠體之神之「不可掩」。此是圓融在一起說。實亦並非不預定一形上形下之分也。「形而上為道，形而下為器」，道器之分**並不泯**也。故繼之云：「須著如此說。」此語，若通著下文「器亦道，道亦器」之圓融說，則其意是「亦只好如此說」，亦函「亦須要如此說」。蓋如此分解說，固未盡其究竟，然分解表示以顯體，亦是必要者。惟此分解，依明道之體悟，形而上之道決不只是理，且亦是神，乃是**即神即理、神理是一**者。惟明道特喜顯圓頓表示（道要真實而具體，必須圓頓），故云：「道亦器，器亦道，但得道在，不繫今與後、己與人。」此皆是圓頓語句。若真明透了，則當下即是，當體即是永恆，當體即是一體。此亦即睟面盎背，全體是神，全體亦是形色也。此種圓頓表示乃是盡性踐形之化境，並不妨礙道器之分也。後來明儒中如羅整菴、劉蕺山、黃梨洲等人不知圓頓表示與分解表示之可並立，誤據圓頓化境而反對朱子理氣為二之分，先後之分，因而亦即反對形上形下之分，而以氣為首出，將理向下拖。梨洲尤乖謬，為其師過正之辭所誤引，以為「只有氣，更無理」，氣變之有則而不可亂即是理，氣與理乃是一物之兩名，非是兩物而一體，以為如此便是**理氣合一**或**為一**，而亦仍視**心神為氣**，因而以為如此便是**心性是一**、**心理是一**，如此表示為一，真成**大悖**，極有誤引，乃根本展轉流遁，

一竅之鑿，而忘失本來之課題，落于自然主義之**實然平擺**而不自知（詳見下〈一本篇〉附識，並請回看〈濂溪章〉第二節第四段）。殊不知如此合一，反不若朱子分爲二之不合一也。此種合一，固非明道意，象山、陽明亦不如此也。須知理氣之分、形上形下之分，並無過患。問題只在如此分解後，形而上之理道是否「**只是理**」，心神是否**一條鞭地屬于氣**。急于求一者不知就此關鍵著眼，而只冒冒然向下拖，且仍視心神爲氣。夫既視心神爲氣矣，如何能反對朱子耶？朱子于此甚清澈而一貫，反對者看似漂亮，實皆不成熟之軟塌之見也。惟有本形上形下之分、理氣之分，而知形而上之理道並不只是理，心神並不可一條鞭視爲氣，視爲形而下，而後始眞可言**心理爲一、心性爲一**，乃至**圓頓化境**也。圓頓化境是就**理氣**或**道器**說，不就**心性**或**心理**說。理氣圓融之一與心性爲一、心理爲一並**不同**。心性爲一、心理爲一，是在分解道德實體之概念上所必須建立者，是**體之概念本身就是如此**。而理氣圓融之一，是盡性踐形之**化境**，此並不礙理氣之在**分解表示上之有分**，而且正因有分別，始可言**圓頓化境之爲一**。此「一」是混融一體之一，「不可分」是化境上之不可分，並不是**概念上之不可分**。心性爲一、心理爲一，此「一」是**斷定上之一**，是**內容意義上之一**，並不是混融一體之一；而不可分亦是在**體之概念上不可分**，並不是**化境之不可分**。象山、陽明只說心即理、心即性，此「即」並不是化境上不可分、混融一體之「即」，乃是**概念斷定上之「即」**。此概念斷定上之「即」乃本「**仁義內在**」而來，並不是本**盡性踐形上之圓頓化境而來**。但象山、陽明亦只在**概念斷定上**說心即性、心即理，卻並不亦在概念斷定上說心即氣、理即氣。如果間亦有「心即氣」、「理即氣」之語

意，則必須看成圓頓化境上之「即」，而不是概念斷定上之「即」，如明道所說「道亦器，器亦道」之類是也。如果間亦有此語意而無所謂圓頓化境，則亦只是在某種情形下混融不離或混雜不離之「即」，亦不是概念斷定上之「即」，此如明道所說「生之謂性，性即氣，氣即性，生之謂也」之類是。此兩種「即」必須分別觀之，不容攪混。以前分不清楚，常隨意滑轉，故攪成一團，轉說轉糊塗矣！朱子說「性即理」是概念斷定上之「即」，說心神是氣亦是概念斷定上之「是」。朱子不喜說圓頓化境那種渾淪之「即」。如果誤認圓頓化境之「即」或混融不離或混雜不離之「即」而為概念斷定之「即」，則汝如此一之，朱子仍可分而二之也。實並不能一得住也。

以上是綜解此第3條。以下試看朱子關于其體、其理、其用之解說。

《朱子語類》卷第九十五，〈程子之書一〉，有若干條解說此第3條。茲錄四條如下：

> 問：詳此一段意，只是體當這個實理。雖說出有許多般，其實一理也。
> 曰：此只是解終日乾乾，故說此一段從「上天之載，無聲無臭」說起。雖是「無聲無臭」，其闔闢變化之體則謂之易。然所以能闔闢變化之理則謂之道。其功用著見處則謂之神。〔……〕
> 又問：神是心之至妙處，所以管攝動靜。十年前曾聞先生說神亦只是形而下者。

賀孫問：神既是管攝此身，則心又安在？

曰：神即是心之至妙處。滾在氣裡說，又只是氣。然神又是氣之精妙處。到得氣，又是粗了。

精又粗，形又粗。至於說魂說魄，皆是說到粗處。

案：此條是葉賀孫（味道）所錄。此條下有附識云：

寓〔徐寓〕錄云：「直卿〔黃榦〕云：看來神字本不專說氣，也可就理上說。先生只就形而下者說。先生曰：所以某就形而下說，畢竟就氣處多發出光彩便是神。味道問：神如此說，心又在那裡？曰：神便在心裡。凝在裡而爲精，發出光彩爲神。精屬陰，神屬陽。說到魂魄鬼神又是說到大段粗處。」

案：無論葉賀孫錄或徐寓錄，皆表示朱子視神爲神氣、神朵之神，與鬼神之神同。心、神、鬼神、魂魄、精、形俱屬于氣，俱是形而下者。朱子如此視神，固有此一義，但孟子所說「大而化之之謂聖，聖而不可知之謂神」，能如此看否？「君子所存者神，所過者化」，能如此看否？誠體之神能如此看否？「神也者妙萬物而爲言」之神能如此看否？「寂然不動，感而遂通天下之故，非天下之至神，其孰能與於此？」此中之神能如此看否？黃榦已看出「神字不專說氣，也可就理上說。」此表示黃氏心思尚虛豁，然而朱子卻一味質實，不加深思。他只是一條鞭地直線地全看成是氣，是形而下者。他一條鞭地、直線地、實然地視心爲氣，則如此視神亦無足

怪。他如此質實，如此以實在論的態度視心與神，一方面說，亦是很一貫，此見朱子之形式的、直線的思考之清澈。然而他卻忽略了心之所以爲心與神之所以爲神之「內容的意義」（intensional meaning）俱有不同的說法，此不同足以決定其義類層次之不同。心理學的心、習心、識心、成心，可視爲氣，爲形而下者，而道德的、應然的本心則不可視爲氣，視爲形而下者。神氣、神采、鬼神之神可視爲氣、形而下者，而誠體之神，寂感眞幾之神則不可視爲氣，視爲形而下者。由心理學的心到道德的本心，由鬼神之神到誠體之神，俱不能一條鞭地、直線地、形式地直通上去，而一是皆以氣視之也。此其所以爲「內容的意義」有不同。朱子以如此實在論的態度一條鞭地視心與神爲氣，則其視道體爲「只是理」亦是很邏輯地一貫者，此見其心思清明，煞有工夫，而足以決定成另一系統，即吾所謂主觀地說是靜涵靜攝系統，客觀地說是「本體論的存有」之系統。此是其生命之實而亦最清澈者。至于表面之攪擾混雜與睽違百出大都是由于因襲成語，不自覺地順著說，而又常語意滑轉之故。其實看穿了，其底子是很清澈一貫的。然而其底子之清澈一貫即決定其義理系統不合《孟子》、《中庸》、《易傳》之原義，亦不合北宋濂溪、橫渠、明道之所體悟也。關鍵在一條鞭地視心與神爲氣。

問：「上天之載，無聲無臭，其體則謂之易。」如何看「體」字？曰：體是體質之體，猶言骨子也。易者陰陽錯綜交換代易之謂。如寒暑、晝夜、闔闢、往來。天地之間陰陽交錯，而實理流行，蓋與道爲體也。寒暑、晝夜、闔闢、往

來，而實理於是流行其間。非此，則實理無所頓放。猶君臣、父子、夫婦、長幼、朋友，有此五者，而實理寓焉。故曰「其體則謂之易」。言易爲此理之體質也。〔此下附識云：「程子解『逝者如斯、不舍晝夜』曰：此道體也。天運而不已，日往則月來，寒往則暑來，水流而不息，物生而不窮，皆與道爲體。《集註》曰：『天地之化往者過，來者續，無一息之停，乃道體之本然也。』即是此意。」〕

「其體則謂之易」，在人則心也。「其理則謂之道」，在人則性也。「其用則謂之神」，在人則情也。所謂易者變化錯綜，如陰陽晝夜、雷風水火，反復流轉、縱橫經緯而不已也。人心則語默動靜、變化不測者是也。體是形體也（賀孫錄云：「體，非體、用之謂。」）言體，則亦是形而下者。其理，則形而上者也。故程子曰：「《易》中只是言反復往來上下。」亦是意也。

「其體則謂之易，其理則謂之道，其功用則謂之鬼神。」〔案：此第三語又隨意加一「鬼」字，非是。〕易是陰陽屈伸，隨時變易。大抵古今只是大闔闢、小闔闢。今人說易都無著摸。聖人便於六十四卦只以陰陽奇偶寫出來。至於所以爲陰陽、爲古今，乃是此道理。及至忽然生物，或在此、或在彼，如花木之類，驀然而出，華時都華，實時都實，生氣便發出來，只此便是神。如在人，仁義禮智〔案：依朱子，此是性〕，惻隱羞惡〔依朱子此是情〕，心便能管攝〔案：依朱子此是「心統性情」〕。其爲喜怒哀樂即情之發用處。

案：綜此三段，朱子思理非常清楚。易之爲體是「體質之體」、「形體」之體、「猶言骨子」、「亦是形而下者」。此顯是將易只下落于氣上說。氣變錯綜之易「與理道爲體」。此「與理道爲體」所表示之易與理或道之關係一如氣與理之關係。氣是形體化此理者。「非此，則實理無所頓放」。氣形體化此理等于說氣是表現理之資具。故「體質」之體等于資具義。「易爲此理之體質」等于說易形體化此理而爲表現此理之資具。此顯非明道說此語之意。其所以如此解易之爲體，主要關鍵是在一條鞭地視神爲鬼神之神，爲氣，爲形而下者。神既如此，則易之爲體必然只下落于氣而爲理之資具、體質，自不能上通其極而至于自寂感眞幾、於穆不已處說易體。自其極處說易體，易即是神，是氣變錯綜之超越的、動能的所以然；易即是體，是上天之載、於穆不已之爲易，即是於穆不已之天命實體之自己，亦即上天之載之當體自己也。欲分解地顯體之自己，則說「於穆不已」。但實際上體不空懸，必帶著氣化以顯，故下通于氣而帶著氣化說亦得。但當說「其體則謂之易」，決不能只落于氣化上而遺失其上通于極，而以體質、資具、形體、骨子說此易體也。（骨子、體質、形體有時可以到處借用。如邵堯夫說「性者道之形體」，此「形體」只是借用。但朱子在此說此三詞卻是就氣實說，即資具義。）上引朱子語第三條中引程子曰：「《易》中只是言反復往來上下。」此程子是明道。《遺書第十四》，明道先生語四，劉質夫錄，有此一條（單語成條）。但明道說此語顯然首先是就《易》書之卦爻而言其「反復往來上下」，進一步，如貫通明道全部思理而觀之，則知此語只是指點語，要在使人就此悟易體，並非著實地言易體即是氣之「反復往來上下」也。〈繫辭傳〉

曰：「一陰一陽之謂道。」明道點之云：「陰陽亦形而下者也。而
曰道者，惟此語截得上下最分明。元來只此是道，要在人默而識之
也。」（詳見下第8條）吾人亦可說：「《易》中只是言反復往來
上下。反復往來上下亦形而下者也。元來只此是道，要在人默而識
之也。」言吾人默識易體亦不離乎此也。朱子引此以證易體爲氣，
未得其意。

又上錄朱子語第二條中附識云：「程子解逝者如斯，不舍晝夜
曰：此道體也。」此程子當就明道與伊川分別說。伊川曰：

> 子在川上曰：逝者如斯夫。言**道之體**如此。這裡須是自見
> 得。張繹曰：此便是無窮。先生曰：固是道無窮。然怎生一
> 個無窮便了得他！（《二程全書‧遺書第十九》，〈伊川先生語
> 五〉，楊遵道錄。）

案：伊川在此只籠統地就「逝者如斯夫」說「道之體如此」。籠統
地這樣指點道體固無不可。然若依朱子之分解，伊川心中究竟如何
想這道體，則頗難說。此自不是「一個無窮」所能「了得」。朱子
《集註》曰：「天地之化往者過，來者續，無一息之停，乃道體之
本然也。」此亦是籠統的說法。但依朱子之分解，朱子之意卻很清
楚：「無一息之停」之變化是「易」、是氣，而所以成此變化之理
則是道，而理則無所謂「易」或變化。易「與道爲體」不是說道體
自身也，即不是說的理道這個體自身。理道固**函著變化**。即依此
義，朱子遂由「無一息之停」籠統地說「乃道體之本然」。此云
「道體」，乃是道即是體，與「與道爲體」的「易」之爲體（體

質、骨子）不同。是則「道體之本然」意即理道之為體固**必須函著變化，固本是要函著變化**，而非是理道之為體自身即是易，即是變化也。伊川由「逝者如斯夫，不舍晝夜」籠統地指點「道體如此」（「道之體」即是「道體」），固是可允許的，但若進一步問：「此道體如此」是道體函著變化呢？還是此變化本身即是道體？伊川在此條中未有表示。伊川未曾有如朱子「與道為體」之分解，但「陰陽是氣，所以陰陽是道」之分解卻是伊川所早已說過的。若依此分解一直想下去，則朱子進一步「以『與道為體』視易」之分解乃是必然者。若再參照伊川其他方面（如心性情）之觀念，則其說「道之體如此」恐終歸于朱子之分解，意即理道之為**體函著變化**，而不是此變化本身即是道體。變化屬于陰陽之氣固是如此也。但明道不如此看「易體」，亦不如此看道體。在明道，易體即道體，而易體不是氣，不是「與道為體」之體質或骨子。

　　明道亦曰：「佛言前後際斷，**純亦不已**是也。彼安知此哉？子在川上曰：逝者如斯夫不舍晝夜！自漢以來儒者皆不識此義。此見聖人之心**純亦不已**也。〔……〕」（見下〈一本篇〉第32條）。明道亦由孔子語指點道體。吾想此見識首發之明道。伊川自亦贊同其兄之見，故亦隨著說「言道之體如此」。但彼二人之體悟不同，此處真是如伊川所說「須是自見得」。但依以上之疏解，伊川所見者恐是走朱子路。而不必真能如其老兄之所體悟。明道由孔子語指點道體是直就「**於穆不已**」、「**純亦不已**」說**道體**，即亦由此說「**易體**」，而不是如朱子之分解說易「**與道為體**」也。此易體不是氣，雖可以由此引生氣化而亦不離乎氣化。試看以下三條便可知明道之意決不如朱子之所理解。

4.「天地設位，而易行其中。」何不言人行其中？蓋人亦物
也。若言神行乎其中，則人只於鬼神上求矣。若言理、言
誠，亦可也。而特言易者，欲使人**默識而自得**之也。
（《二程全書·遺書第十一》，〈明道先生語一〉，〈師訓〉，
劉絢質夫錄。）

5.「天地設位，而易行乎其中」只是敬也。敬則無間斷。體
物而不可遺者，誠敬而已矣。不誠，則無物也。《詩》
曰：「維天之命，於穆不已。於乎不顯，文王之德之
純」。「純亦不已」。純則無間斷。（同上。此條，下〈一
本篇〉亦錄之。）

6.「生生之謂易。」「天地設位，而易行乎其中。」「乾坤
毀，則無以見易。易不可見，乾坤或幾乎息矣。」易畢竟
是甚？又指而言曰：「聖人以此洗心，退藏於密。」聖人
示人之意至此深且明矣。終無人理會！易也、此也、密
也，是甚物？人能至此深思，當自得之。（《二程全書·
遺書第十二》，〈明道先生語二〉。戌多，見伯淳先生洛中所
聞。劉絢質夫錄。）

案：此三條，明道之意甚為顯明，是要就「天地設位」（即就現實
宇宙）真悟「於穆不已」之**易體**。第4條，明道要吾人對于《易
傳》之「特言易」須「默識而自得之」。依明道之默識，此易體即
誠體、**神體**，亦即**理體**。此理體是「即活動即存有」之理，而不是
「只存有而不活動」之「但理」。「天地設位」（天上地下），亦
可由此想及天地人三極之道，人參于天地而為三，故似亦可說「人

行乎其中」。然三極之道，人參于天地而爲三，是重在說天地人三者所以各爲一極之道，而此道最後實即一道，並無三道，而又重在人極之參贊之作用，即以人極處彰顯之道彰著天地之道也。而三極之一道實即一「於穆不已」之創生之道，就天地言，即「爲物不貳，生物不測」之創生之道，就人言，即道德創造之眞幾。而若言「天地設位，而人行乎其中」，則即不足以顯明地表示三極之道、人參于天地而爲三之參贊之義，同時人亦可想人亦只是萬物之一物（「人亦物也」），豈但人行其中，物亦可行其中也。是以三極之道自是另一義，而于「天地設位」，則不可因此而言「人行其中」也。言「易行其中」是直就天地之間（即就現實宇宙）而澈悟其**實體**也。此實體即「於穆不已」之易體。實體明，則進而言三極之道亦可也。

「若言神行乎其中」，此自亦可。但人見之，「只於鬼神上求」，非必即寂感眞幾之神體也。今言「易行其中」，則易體無方之妙用、創生之不測即神也，故易體即**神用**，而非鬼神之神也。是則言「易體」者正明神之所以爲神，而「**神**」**義不濫**，此則以易攝神，**稱體而言**，非著迹而言也（鬼神之神亦一物耳，故有迹）。

「若言理言誠」行乎其中，自亦皆可。但理有多義，而此處如眞可以說理，此理即是於穆不已之天命實體理，故以**易體攝理**，「**理**」**義不濫**也。誠是形容名詞。有體可目，「誠」有所屬。故即以**易體攝誠**也。於穆不已之天命實體，其直接意思即是「易體」。故前第3條「上天之載，無聲無臭，其體則謂之易」，即以「易體」爲「上天之載」之**當體**自己也。若于此眞透澈，則說誠體、理體、神體皆可。易、誠、理、神是一，而以易體爲本，爲天命實體

之當體自己。此明道之所以注目《易傳》之特言「易行乎其中」也。

　　《朱子語類》卷第九十七，〈程子之書三〉，有一條云：

　　問：天地設位一段，明道云：天地設位，合道易字，道它字
　　不得。不知此說如何？
　　曰：明道說話自有不論文義處。

案：明道此條正論文義，論所以「特言易」而不言其之故，何言「不論文義」？朱子此語正示其對于明道所言之「易體」未能了悟也。故說此不相干之語。

　　第5條則直就「於穆不已」、「純亦不已」，說此**易體**。「於穆不已」原是就天命之體說，不是就氣說。「聖人之心純亦不已」亦是就本心之德說，不是就「心氣」之氣說。有「純亦不已」之心，故有「純亦不已」之德行。明道即由此「不已」說易體。此「不已」不是氣化之變之不已也。此完全是提至體上說，而即以此「不已」爲體。無論是心體，或是性體，或是天命實體，皆以「不已」（不停止地起命令作用）爲**實蘊**。此「不已」之所以爲「不已」亦可由**誠**與**敬**表示之。以誠指實體，自《中庸》而已然。《易·無妄》卦〈象傳〉曰：「天下雷行，物與無妄。」明道曰：「動以天，安有妄乎？」（見下〈一本篇〉24條）。雷動風行，一切皆眞實無妄，此即示天道即誠體，一是皆一誠之所貫，皆誠體之流行。此是自體上言誠，故曰**誠體**，**誠即是體**。既可自體上說誠，亦可自體上言「敬」。敬非必純是自後天工夫言也。天命於穆不

已，本無所謂敬與不敬。人有敬不敬，天無所謂敬不敬也。此自後天工夫而言之是如此。然「文王之德之純」、「純亦不已」，即工夫即本體，敬固可**直收于本心**上講。以此滲透「於穆不已」，則天命之於穆不已亦即是一**敬體**、一**誠體**。此純是自體上言敬言誠。亦反而體證此體是道德的同時即形上的，是形上的同時即道德的。聖人之心與天命實體，其內容的意義固無二無別也。故「天地設位」，於穆不已之易體行乎其中實即是一誠體（真實無妄）敬體（寂寂惺惺）行乎其中也。「體物而不可遺者，誠敬而已矣」，亦可以說「仁而已矣」。故**誠體**、**敬體**、**仁體**，乃至**神體**（《中庸》就鬼神之德言「體物而不可遺」，就寂感真幾之神亦同樣可以如此言），皆足以實此「於穆不已」之易體之**實義**而代表之也。明道確有如此明澈之洞悟，無不相應處。而朱子于此不能**順適**也。

　　《朱子語類》卷第九十六，〈程子之書二〉，共有三條討論明道此段文：

　　㈠李丈問：「天地設位，而易行乎其中，只是敬」。如何？
　　　　曰：易是自然造化。聖人本意只說自然造化流行。程子是將來就人身上說。敬則道理流行。不敬便間斷了。前輩引經文多是借來說己意。如「必有事焉而勿正，心勿忘，勿助長」，孟子意是說做工夫處，程子卻引來鳶飛魚躍處說自然道理。若知得鳶飛魚躍，便了此一語。〔案：此是明道引。見下〈識仁篇〉第14條。〕又如「必有事焉」，程子謂有事於敬。此處那有敬意？亦是借來做自己說。〔案：此是伊川借引。見〈伊川章〉第七節〈居敬集義

篇〉第3條。〕孟子所謂「有事」只是集義。「勿正」是
勿望氣之生。義集，則氣自然生。我只集義，不要等待氣
之生。若等待，便辛苦，便去助氣，使他長了。氣不至於
浩然，便作起令張旺，謂己剛毅無所屈撓，便要發揮去做
事，便是助長。

案：朱子說「易是自然造化」，是以氣化說易，而明道卻是就「於
穆不已」之體說易。敬是收于「體」上說，敬即是體。於穆不已與
純亦不已皆是敬體。敬不但自人身上說，亦不但是自後天的工夫上
說。朱子視敬為後天的工夫，施于實然的心氣，故敬不即是體。其
解明道語，亦是將敬拉在人身上，「敬則這道理，不敬便間斷
了」。「這道理流行」即「自然造化流行」之表現于人身上。此是
通過後天工夫的敬而致心之語默動靜皆有合理的流行而不間斷也。
此非明道意。足見其對于明道言易體、誠體、敬體，皆不能相契
也。其了解之分際根本有差。而明道就「易行乎其中」說這「只是
敬（只是敬體流行）亦非是「借來說己意」。實無不相應處也。只
朱子對于「於穆不已」、「純亦不已」，乃至「易體」，了解有差
耳。

　　至于以孟子「勿忘勿助長」為與《中庸》「鳶飛魚躍」之上下
察同為「活潑潑地」，此直說「活潑潑地」固稍為引申，但依明道
之體悟，亦未嘗不函此義。蓋依明道之體悟，「必有事焉而勿正，
心勿忘，勿助長」正是表示此心之**純亦不已**。「勿忘勿助長」是收
歸到**心體**上講。心之**誠敬不舍**是「勿忘」。心之**貞定自如**是「勿助
長」。合而一之，即是此心之「純亦不已」。心純亦不已，則「行

慊於心」矣。由此說集義，由集義而生浩然之氣。是則浩然之氣之
本在行慊于心之集義，而集義正是心之純亦不已也（義內在非外
在）。如此體悟並不悖孟子意。「而勿正」之「正」有兩解，一訓
「止」，一訓「期」。朱子取後者。然皆不影響此「純亦不已」
義。「純亦不已」，即工夫便是本體。說「活潑潑地」亦無礙。忘
與助皆是死法，即皆不活也。此心無外，則與《中庸》之引鳶飛魚
躍以明「上下察」，上下一理，「君子之道，造端乎夫婦，及其至
也，察乎天地。」亦不悖也。故由「純亦不已」說「上下察」（上
下一理）可，說「活潑潑地」亦可也。朱子不解「於穆不已」義、
「純亦不已」義，亦不解「即工夫便是本體」義，故以為「孟子意
是說做工夫處」，而明道卻「借來說己意」、「卻引來鳶飛魚躍處
說自然道理」，此則失之遠矣。

　　至于伊川以敬說「必有事焉」，此固只有借用，但伊川亦正式
以「集義」說之，此則恰合無差。但其說「集義」之思路卻不必同
于孟子。詳見〈伊川章〉第七節〈居敬集義篇〉。此不詳及。此下
朱子解說「勿助」之助是「助氣」。然則「勿忘」之忘是忘什麼？
此皆不諦之解。因與此處所論之主題無關，故不詳檢。

　　㈡「天地設位而易行乎其中，只是敬，敬則無間斷。」不知
　　　易何以言敬？
　　　曰：伊川門說得闊，使人難曉。〔案：此明是明道語，非
　　　伊川語。「門」字或即「們」，猶言伊川他們也。〕
　　　曰：下面云「誠敬而已矣」，恐是說天地間一個實理如
　　　此。

> 曰：就天地之間言之，是實理。就人身上言之，惟敬然後見得心之實處流行不息。敬才間斷，便不誠。不誠，便無物，是息也。

案：既謂明道此語「說得闊，使人難曉」，則其心中不能順適相應可知。其作解是**勉強湊泊**也。其言「惟敬然後見得心之實處流行不息」，是以後天的敬，涵養實然之心氣，使之動靜如理、流行不息也。此非明道意。明道言敬是自體上言，是直言於穆不已、純亦不已也。由此「不已」之敬體誠體引生氣化之不息，而非以此氣化不息為易體、敬體，乃至於穆不已之體也。

> (三)問：「天地設位，而易行乎其中，只是敬也。敬則無間斷。」天地人只是一個道理。天地設位而變易之理不窮，所以天地生生不息。人亦全得此理，只是氣裹物欲所昏，故須持敬治之，則本然之理自然無間斷。
>
> 曰：也是如此。天地也似有個主宰，方始恁地變易，便是天地底敬。天理只是直上去，更無四邊滲漏，更無走作。

案：天地之主宰即是於穆不已之易體、誠體、敬體，非是以易為氣之變易，而由工夫的敬以主之也。

以工夫的敬為天地之主宰以成功氣之變易不息，此是朱子系統下之說法，此非明道之所體會。總因朱子視明道所說之「易體」為氣，故于其所說之有關之全部義理皆不能**順適相應**也。

以上是關于第5條之疏解。

　　第6條明道要人好好體悟畢竟甚麼是易，好好理會「易也、此也、密也，是甚物？」朱子說「今人說易都無著摸。」他很質實，他要把易說成氣，「與道爲體」，是形而下之形體、體質之體。我看明道此段文決不是要人如此體會。若如此體會，有何「密」之可言？明道正是向形而上處體會易、此與密，而形而上者亦決非如朱子之所體悟「只是理」，而由「於穆不已」之天命之體去體會易、此與密亦決非即是「無著摸」者。

　　案：〈繫辭・上傳〉第十一章：「是故蓍之德圓而神，卦之德方以知，六爻之義易以貢。聖人以此洗心，退藏於密，吉凶與民同患。」案此原文，「此」字即代表「圓而神、方以知、易以貢」之三者。朱子注云：「聖人體具三者之德，而無一塵之累。無事，則其心寂然，人莫能窺。有事，則神知之用隨感而應，所謂無卜筮而知吉凶也。」此注甚好。「此」字正是代表寂感之神。明道正是要向此寂感誠體之神處說易，說此，說密。而不是向形而下的氣說之也。以寂感誠體之神說易體正是相應「於穆不已」而說者。《詩經》中「於穆不已」之天命，《易傳》作者即以寂感誠體之神實之，而原詩之作者亦原是以文王之德之「純亦不已」配此「於穆不已」也。「文王之德」是由文王誠敬之心而發。後來孟子即通過孔子之仁而正式點出本心性體矣。是則主客觀面之本體（實體），其內容的意義完全相同，故《中庸》、《易傳》得以寂感誠體之神通而爲一說之也。明道即據此通而爲一之表示去體會易體，實比較順適貼切而相應。是即對于道體眞透澈也。是故**易體**即是無聲無臭、於穆不已之天命之體之**當體自己**，決非形而下的氣「與道爲體」也。而朱子則將神視爲氣，易體亦視爲形而下的氣，此決非明道之

意。在此不透澈，即是對于道體不透澈。伊川與朱子在此俱有偏差
也。

在朱子，神既一條鞭屬于氣，易體亦只下落而爲表現理之資
具，則形而上的道即成「只是理」，而喪失其誠體之神的意義。此
是**心理不一、心性不一**之最根源而亦最本質的關鍵。必此處疏解明
白，然後心性是一、心理是一之眞切義始得明白，而心性不一、心
理不一之轉成何種形態亦得確然而無疑。講了五六百年，費了許多
言辭，而總鬧不明白者，其實說穿了甚簡單，關鍵只在此一點！

> 7.「天地設位，而易行乎其中矣。」「乾坤毀，則無以見
> 易。易不可見，則乾坤或幾乎息矣。」易是個甚？易又
> 不只是這一部書，是易之道也。不要將易又是**一個事**。
> **即事**（一作「只是」）**盡天理，便是易也。**（《二程全
> 書‧遺書第二上》，〈二先生語二上〉。元豐己未，呂與叔東見
> 二先生語。）

案：此條未注明誰語，字面視之，似亦不易判其必爲明道語。此條
重要者在末後二語：「不要將易又是一個事。即事盡天理便是
易。」「易」自是指「易之道」說，即使是《易經》這部書，亦是
說的「易之道」。可直就易之爲道想，不要想成另一個事，如一部
書之類。即使直就「易道」想，如只想爲「於穆不已」之天命，亦
好像是單屬于天地萬物之客觀面的「一個事」，與自己不相干。實
則此個道體在天地萬物處，亦在自己處。如上第5條所云：「易行
乎其中，只是敬，敬則無間斷。」此亦即是「易」也。能誠敬、勿

忘勿助、純亦不已，便是易體之流行。此亦即是此條所謂「盡天理」。此亦明道所謂「一本」也（見下第四節）。如此解之，判爲明道語，亦無不可。「天理」是明道義之天理，即指於穆不已、純亦不已之體說，是即活動即存有者（見下第二節）。如果是只存有而不活動，依伊川、朱子之分解去想，則似亦可以說「即事（或「只是」）盡天理便是易」。如此，此條便可屬于伊川。但依伊川、朱子之義理間架去想「盡天理便是易」，不甚貼合，亦不顯明。依明道對于「易體」之體悟以及其「一本」義，說「不要將易又是一個事，即事盡天理便是易」。卻貼切而顯明。故此條仍判爲明道語而列于此。亦與前三條無不合也。

又「天理」二字亦是明道自家體貼消化而首先發出者。（見下〈天理篇〉第1條）。此條言「盡天理便是易」，此條在原書之直接的前一條即言：「天理云者，這一個道理更有甚窮已」云云（下〈天理篇〉第2條）。而其又前一條則云：「如天理底意思，誠只是誠此者也，敬只是敬此者也。非是別有一個誠，更有一個敬也。」誠敬即是誠敬此天理，進一步，**實則此誠敬之不已**即是天理，此方眞可說「非是別有一個誠，更有一個敬。」此種思理與話頭實皆是明道的。故此「盡天理便是易」條判爲明道語，當無不合。伊川不易有**此闊綽話頭**也。如朱子見之，必又以爲「其說闊，人有難曉處」矣。（《朱子語類》卷第九十三，綜論孔、孟、周、程處）

8.〈繫辭〉曰：「形而上者謂之道，形而下者謂之器。」又
　　曰：「立天之道曰陰與陽，立地之道曰柔與剛，立人之道

曰仁與義。」又曰：「一陰一陽之謂道。」陰陽亦形而下者也。而曰道者，**惟此語截得上下最分明。元來只此是道，要在人默而識之也。**（《二程全書·遺書第十一》，〈明道先生語一〉，〈師訓〉，劉絢質夫錄。）

案：「立天之道曰陰與陽」（〈說卦傳〉），又「一陰一陽之謂道」（〈繫辭·上傳〉）。依此兩語，好像陰陽即是道。但依明道之體悟，陰陽亦不即是道。他亦預定一分解的表示。依分解的表示，他亦認陰陽是形而下者，當該是器，而不是道。但依《易傳》原語，好像陰陽即是道。此將如何解？在此，明道又特顯圓頓智慧以通之：**融分解表示于圓頓**表示中。「元來只此是道，要在人**默而識之也。**」元來道雖不即陰陽，亦不離陰陽。即在一陰一陽之變化中當下體悟「於穆不已」之道體。故「只此是道」是圓頓表示，亦如上第3條「器亦道，道亦器」之為圓頓表示。「要在人默而識之」即顯此為圓頓表示。不容分解籌度，默識心通，當下即是。惟**圓頓**者始須**默識**，惟**默識**始顯**圓頓**。亦如維摩詰當下默然便是不二法門，是**頓教**也。頓即函圓，故總曰圓頓。（依天臺判教，頓是化儀，圓是化法。）如此，「惟此語截得上下最分明」一語便十分詭譎，不甚好講。依常情「一陰一陽之謂道」此語並不是**分解地**「截得上下最分明」。人可**質實地**就此語認為陰陽就是道，如此，不但未「截得上下最分明」，而且有**誤下為上之嫌**。但明道卻不是如此質直地想，他卻說「惟此語截得上下最分明」。此語太詭譎，朱子所謂「明道說話渾淪，學者難看」，此即是「難看」處。吾人似可這樣疏通：此不是**分解地**「截得上下最分明」，而是**圓融地**「截得

上下最分明」。既「截得」而又圓融，既圓融而又「截得」，上即在下中，下即在上中，此所以為**詭譎**也。惟詭譎始能融「截得分明」于圓融中，雖圓融而不失上下之分者也。故下即繼之云：「元來只此是道，要在人默而識之也。」此顯為道器上下之圓頓表示，而非上下不分，誤以**氣之實然**而**自然者**為**理道**，誤以「**情識而肆**」者為**本心**也。後來伊川、朱子即不遵循此「圓融地截得上下最分明」之圓頓智慧看此語（因為這樣，不解者反以為不分明而難通矣），而是進一步**質實地**予此語以**分解表示**，而使之成為「**分解地截得上下最分明**」。如此，便無詭譎而順通矣，然而亦喪失圓頓之義。所謂進一步予以分解表示者，是如此：一陰一陽之謂道，總說，陰陽不是道，所以陰陽以是道；剋就此語而說，依伊川，「一陰一陽」並不是道，所以「一陰一陽」才是道；依朱子，陰陽不是道，所以陰陽才是道，而「一陰一陽」之「一」字即表示「所以」也。此便是對于此語作一**分解表示**，而成為「分解地截得上下最分明」。明道非不承認道器上下之分，因為他明說「陰陽亦形而下者」，又說：「形而上為道，形而下為器，須著如此說。」但對于此語卻不作分解表示，而作一圓頓觀，此即為**更活潑**而**不失上下之分**，故成為「**圓融地截得上下最分明**」，而為**詭譎**也。雖承認道器上下之分，然對于形上之道卻不如伊川、朱子之視為「只是理」，此則前已解明。

9.「一陰一陽之謂道」，自然之道也。「繼之者善也」，有道則有用，「元者善之長也」。「成之者」卻只是性，「各正性命」也。故曰：「仁者見之謂之仁，智者見之謂

之智，百姓日用而不知，故君子之道鮮矣。」如此，則亦無始，亦無終，亦無因甚有，亦無因甚無，亦無有處有，亦無無處無。（《二程全書·遺書第十二》，〈明道先生語二〉。戊冬，見伯淳先生洛中所聞。劉質夫錄。）

案：此條正式疏解〈繫辭傳〉「一陰一陽之謂道，繼之者善也，成之者性也。仁者見之謂之仁，智者見之謂之智，百姓日用而不知，故君子之道鮮矣。」一段。此種疏解甚簡略，上蔡所謂「只轉卻一兩字，點掇地念過，便教人省悟」者是也。但這順經典原文，「點掇地念過」，有時亦不甚顯豁。如此處「成之者卻只是性，各正性命也」之點掇即隱晦而不顯豁。「成之者性也」一語之原意似是說能成就或完成此「道」者是吾人之「性」也。「之」字代表道，與「繼之者善也」句法一律。此可類比《中庸》「率性之謂道」一語之義。但宋儒大體卻都是向「乾道變化，各正性命」那個語脈想，講成「天命之謂性」義。如是，「成之」與「繼之」句法不一律，而語意亦成極曲折而複雜。朱子注此兩語云：「道具於陰而行乎陽。繼言其發也，善謂化育之功，陽之事也。成言其具也，性謂物之所受，言物生則有性，而各具斯道也，陰之事也」。此注其他不管（其實皆不諦），只就「成之者性」言，成是成具之成，即具有義。「成之者性也」言物生各具有斯道以為性也。此是「天命之謂性」義，是「**性之存有**」義。朱子此注，「之」字亦代表道，如是，可與「繼之」同。但朱子解「繼之」就道之「行乎陽」說而言「繼言其發也」，則又成別扭。蓋如此，「之」字又虛脫。原本「之」字代表道，為受詞，今虛脫而只言道之「行乎陽」（發用）

爲繼，是則繼又成自動詞。如此，則又與「成之」句不一律。原文之語意只是：「一陰一陽之謂道」，把這道繼續下來而不斷絕就是善，此是善之宇宙論的規定，是動態地說；同時，能成就或完成此「道」的便是吾人之性，言性復能成就此道也，此是實踐地言「性之義用」，不是物具有斯道以爲性以示「性之存有」，故下文即繼之曰：「仁者見之謂之仁，智者見之謂之智，百姓日用而不知，故君子之道鮮矣。」性何以能成就此道？性是道德創造之眞幾（先天而超越的根據），能盡性即能成就此道，或完成此道之生化于一己之生命中，此是重現此道于一己之道德行爲之純亦不已中也。此顯是「率性之謂道」義，不是「天命之謂性」義。後者是說「性之存有」，前者是說盡性之實踐。雖說性能成道，然人大都不能充分地圓滿地盡其性，故有下文仁者智者云云而結之以「故君子之道鮮矣」。此解似是較順，可能較合原意。《孔疏》即順此語脈解，似較恰合。（《才性與玄理》第四章第五節提到此問題，以朱子解爲準，故以《孔疏》爲非。今思之，似不盡然。《孔疏》亦未必定非也）

但此解人或以爲亦有不妥處。蓋「繼之者善也」一語是善之界定，而「成之者性也」卻又是說「性之義用」，句法似亦不甚一律。若由「繼之」說善，由「具之」說性（性之存有），此是善與性之名與實之所以立，此則豈不更爲一律乎？此是可有之致疑。宋儒大體都是向性之名與實之所以立（性之存有）處想，此亦未必定非也。

但明道此處言「成之者卻只是性，各正性命也」，卻隱晦模稜。就「成之者卻只是性」一語看，好像亦是「率性之謂道」之

「盡性之實踐」義，但下句「各正性命也」之解語卻向「乾道變化，各正性命」語脈想，此則又成「天命之謂性」之「性之存有」義。此所以隱晦模稜也。「乾道變化，各正性命」只是「天命之謂性」之另一表示，言在乾道變化過程中，即天命流行中，萬物各得以正其性命也。「成之者性也」，若向此語脈講，便成「性之存有」義。但如此講，「成之」句甚爲曲折複雜，朱子解爲「具」義亦是可通之講法，亦可有其他之講法，而明道「成之者卻只是性」一語亦須大加修改補充始能顯明其意。詳見下第五節〈生之謂性篇〉。此處暫作如上之疏導。

　　明道點掇地念此段文，對于「成之者性」雖隱晦模稜，然彼之總觀此段文，目的在說道自身**亙古而常存，超有無而遍在**。故繼「君子之道鮮矣」而言「如此，則亦無始，亦無終」云云也。意即言：對于道雖見仁見智各有不同，不能盡道之全，然道自身卻「亦**無始，亦無終**」，此即**亙古常存永呈其生化之用**也。又「亦無**因甚有，亦無因甚無**」，此言道之存有是自存自有，不是因旁的東西而存有也；如因旁的東西而存有，則道爲一物而非道矣；既不因別的東西而存有，自亦不因別的東西而歸于無，此即道之**超有無而不可以相對之有無論**也。又「亦無**有處有，亦無無處無**」，此言道之遍在，無所謂「有處有」，亦無所謂「無處無」；如果「有處有」，自函「無處無」，此則不遍在而有「有」有「無」之時矣；因別的東西而有無（因甚有、因甚無）固不可，即不因別的東西而有無，而有處自有其有，無處自無其無（有處有、無處無），亦不可也。總之是一陰一陽之道其生化大用永恆常存，超有無而遍在，無所謂始終，亦無所謂有無也。此自是儒者肯認一「本體宇宙論的」即活

動即存有之道德創生之實體、宇宙生化之實體之彌滿一切之「充盈型的智慧」，而非佛老之「空無型」之智慧也。但明道繼「君子之道鮮矣」，而以「如此」字接此義，上下文語意亦太簡略而不顯豁。然默會其意自是如此。試看另一條即知之。

> 10. 這個義理，仁者又看做仁了也，智者又看做智了也，百姓又日用而不知，此所以「君子之道鮮矣」。此箇亦不少，亦不剩，只是人看他不見。（《二程全書・遺書第二上》，〈二先生語二上〉，呂與叔東見二先生語。〔未注明誰語。〕）

案：此條雖未注明誰語，然依前條，自係明道語無疑。此條「此箇亦不少亦不剩」即是前條「亦無始亦無終」云云之簡述，而承接仁者見仁、智者見智而言之，亦全同於前條也。但此條甚顯明。以此條為準，則前條亦顯明而無隱晦矣。（前條問題只在「成之者卻只是性」一語）。但此條見于《遺書第二上》，呂與叔錄。而前條則見于《遺書第十二》，劉質夫錄。卷數相隔如此之遠，而錄者又非一人，然而明道之思理則初未少變。若不類聚觀之，則前條之意甚難把握，人亦必視為恍惚之玄談而忽之矣。

> 11. 言有無，則多有字。言無無，則多無字。有無與動靜同。如冬至之前，天地閉，可謂靜矣，而日月星辰亦自運行不息，謂之無動可乎？但人不識有無動靜爾！（《二程全書・遺書第十一》，〈明道先生語一〉，〈師

訓〉，劉質夫錄。）

案：此與第9條「亦無始，亦無終」云云以及第10條「亦不少，亦不剩」理境全同。橫渠云：「《大易》不言有無。言有無，諸子之陋也。」（《正蒙・大易》篇第十四）又云：「知虛空即氣，則有無、隱顯、神化、性命，通一無二。」（《正蒙・太和》篇第一）又云：「知太虛即氣，則無無。」（同上）明道所言與此同也。此固儒家充盈型之智慧，乃承《中庸》、《易傳》而來者所共契也。

12.「生生之謂易」，是天之所以為道也。天只是以生為道。繼此生理者即是善也。善便有一個元底意思，「元者善之長」。萬物皆有春意，便是「繼之者善也」。「成之者性也」，成卻待佗萬物自成其性始得。（《二程全書・遺書第二上》，〈二先生語二上〉，呂與叔東見二先生語。〔未注明誰語，自係明道語無疑。〕）

案：此又從「生生之謂易」說「天之所以為道」。天就是道。此道是「生道」，即「為物不貳，生物不測」之生道，即創生之道，能起創生大用之道。此「生道」亦曰「生理」，即所以能生生不息之超越之理也。此生道、生理亦曰易體、神體、於穆不已之體、寂感真幾。「一陰一陽之謂道」即是指點的這個道，「一陰一陽」亦猶「生生」也。由生生不息指點「易體」即可明「天之所以為道」——生道。能繼復而呈現此生道、生理便是善。此善「便有一個元底意思」，蓋由繼復而呈現之而說此「元底意思」。元是始、

是首、是一價值觀念。直下能繼復而呈現此生道、生理便是一個好的開始，亦且是衆善之長、萬善之源。此是提起來超越地說。「萬物皆有春意，便是繼之者善也」。此是落實于萬物而內在地說，即由萬物之春意、生意、生機洋溢即可指點出生道、生理之無所不在，見生道、生理之「於穆不已」，此亦是「繼之者善也」。此皆是本體宇宙論地說「繼」說「善」。

此條又解說到「成之者性也」，而謂「成卻待佗萬物自成其性始得」。此與第9條「成之者卻只是性，各正性命也」同爲隱晦之語。此問題留待下第五節〈生之謂性篇〉詳解。此〈天道篇〉重在體悟道體，由易體、神體、生道、生理、於穆不已來體悟「上天之載，無聲無臭」之道體。此與濂溪、橫渠大方向上無以異也。

13.「生生之謂易」。生生之用則神也。（《二程全書·遺書第十一》，〈明道先生語一〉，〈師訓〉，劉質夫錄。）

14.「窮神知化」，化之妙者神也。（同上）

15.《中庸》言誠便是神。（同上）

16.天地只是設位。「易行乎其中者」，神也。（同上）

17.氣外無神，神外無氣。或者謂清者神，則濁者非神乎？（同上）

18.冬夏寒暑，陰陽也。所以運動變化者，神也。神無方故易無體。若如或者別立一天，謂人不可以包天，則有方矣，是二本矣。（同上）

19.「鼓萬物與不與聖人同憂」，聖人，人也，故不能無憂。天則不爲堯存，不爲桀亡者也。（同上）

案：以上七條皆顯天道「生物不測」之神用。〈繫辭‧上傳〉第五章：「生生之謂易」。明道于此點之曰：「生生之用則神也。」道之自體是易。易體能起生生之妙用即是神。神用與易體一也。而道之本質的全蘊即神與易也。〈繫辭‧下傳〉第五章：「窮神知化，德之盛也。」明道于此點之云：「化之妙者神也。」生化不測之妙即見易體之神用。〈說卦傳〉第六章：「神也者，妙萬物而爲言者也。」妙運萬物使之生化不測即是神。又〈繫辭‧上傳〉第五章：「陰陽不測之謂神。」第九章：「子曰：知變化之道者，其知神之所爲乎？」故「窮神」即所以「知化」，而能「知變化之道者」亦即「知神之所爲」矣。「神之所爲」即神之妙用也。〈繫辭‧上傳〉第七章：「天地設位而易行乎其中矣。」明道于此點之云：「易行乎其中者，神也。」又第十二章：「乾坤成列，而易立乎其中矣。」「天地設位」即「乾坤成列」，此是虛，而神與易則是實。又第六章：「夫易廣矣大矣。以言乎遠則不禦，以言乎邇則靜而正，以言乎天地之間則備矣。」「遠則不禦」即「感而遂通天下之故」。「邇則靜而正」即「寂然不動」、無思無爲、純正不二也。「天地之間」只是這個易體神用在充滿，故云「備矣」。「《中庸》言誠便是神」，此是誠體之神，不可以氣言也。

　　明道云：「氣外無神，神外無氣。」此亦**圓頓語**也。分解言之，陰陽是氣，神、易、理是道；濁者固是氣，即清者亦是氣。圓融言之，全神是氣，全氣是神。依全氣是神言，清者固神，即濁者亦神也；依全神是氣言，神固在清，亦在濁也。輕清者爲天，重濁者爲地，天固是神用以成其爲天，地獨非神用以成其爲地乎？然圓融不礙分解，故明道云：「冬寒夏暑，陰陽也。所以運動變化者，

神也。」此即**分解之表示**，不泯**道器上下之分**也。孰謂體用不二，即謂陰陽爲理道，混情識爲眞心乎？分解亦不礙圓融，此則盡性踐形之化境，「德之盛也」。「德之盛」即是誠之至。神化是客觀之實事實理，窮之知之是主觀之證悟。若非誠之至、德之盛，其窮知不足以盡也。盡其窮知，則誠體之神與宇宙之神化通而爲一矣。〈繫辭・上傳〉第四章：「神無方而易無體。」神用遍在無方所，易體遍運無形體。在天在人，神用一也，其是一誠體之神之「靜正」與「不禦」。只誠體之神便是天。現實有限存在之人自不可以包天，但人之所以爲人超越的誠體即是天，是即人而天矣。自誠體之一言，是無方、是一本。若自封于現實有限存在而不能使其生命通于誠體，則是汝自隔神，神不隔汝。象山所謂「宇宙不曾限隔人，人自限隔宇宙」者是也。自「人自隔神」言，人不可包天，儼若神有方，然自神體無隔言，則無方而一本也。人不可以包天，是人之自封。是故二本是假象。人之自封何能自成一本耶？「一本」義見下第四節。

　　〈繫辭・上傳〉第五章：「一陰一陽之謂道。〔……〕顯諸仁，藏諸用，鼓萬物而不與聖人同憂，盛德大業至矣哉！」此言天道顯之于仁，藏之于生化之大用，於穆不已地「鼓萬物而不與聖人同憂」。明道于此點之云：「聖人，人也，故不能無憂。」聖人之憂即聖人之仁也。旣言「顯諸仁」，則聖人憂患之仁心即是天道之見證也。參贊天地之化育，實即是聖人仁心之化育。聖人仁心之化育（存神過化）與天地之道之化育等同爲一（內容的意義相同），此即所謂「**一本**」也。而亦唯因聖人仁心之化育，故能證知天道之「顯諸仁」也。天道之生化實即是道德之創造，無二義也。老子

云：「天地不仁，以萬物爲芻狗，聖人不仁，以百姓爲芻狗。」此老子之以「自然」義等同聖人與天地也。而儒聖則以仁體之生化等同聖人與天地，此天道之所以「鼓萬物而不與聖人同憂」，而聖人則不能無憂也。此儒家之所以以**仁體證實**並**充實天道**，復即**以仁體之創造**提挈**天地之化**，故**道德之創造**等同**天道之生化**，所以絕異于道家而不可濫者也。天道無心而成化，聖人雖有憂患，亦不能有意必固我之私，無思無爲之誠體亦即函自然義，所存者神，所過者化，神化自不能有絲毫之造作，然此等等所示之「自然」，皆是**仁體誠體之自然**，非道家純由遮詮所顯之虛無、無道德實體以實之之自然也。

天道之生化，雖「不爲堯存，不爲桀亡」，不與聖人同其憂患，然在「一本」之下，亦必須重視聖人仁心之化育以證實天道生化之全幅義蘊，以肯認天道即仁體，以眞成其爲「一本」者，此明道之所以能首先正視孔子之仁而謂「學者須先識仁，**仁者渾然與物同體**」，又能正視孟子之盡心知性知天而謂「**只心便是天**」也。

以上共十九條可視爲明道對於天道之體悟，故輯錄於一起而曰〈天道篇〉。雖然，其體悟猶未止於此也。以下復更換一名而曰「天理」，復就「**天理**」而重新體悟之，此則更顯明道之姿態。蓋〈天道篇〉多就《易傳》語而點綴之，而〈天理篇〉則唯是明道之自意語也。

20. 形而上者謂之道，形而下者謂之器。若如或者以清、虛、一、大爲天道，則（一作「此」）乃以器言，而非道也。（《二程全書・遺書第十一》，〈明道先生語一〉，

〈師訓〉，劉絢質夫錄。）

21.〔橫渠〕立清、虛、一、大爲萬物之原，恐未安。須兼清濁虛實乃可言神。道體物不遺，不應有方所。（《二程全書·遺書第二上》，〈二先生語二上〉。元豐己未，呂與叔東見二先生語。〔未注明誰語，自係明道語無疑。〕）

22.橫渠教人本只謂〔爲〕世學膠固，故說一個「清虛一大，只圖得人稍〔當作消〕損得沒去就」道理來。然而人又更別處走！今日且只道敬（同上〔未注明誰語，亦明道語無疑。〕）

23.子厚以清虛一大名天道，是以器言，非形而上者。（《二程全書·二程粹言》卷之一，〈論道篇〉。〔案：〈粹言〉，龜山訂定，南軒編次，乃變語錄爲文言者，大都不出《遺書》之外。此條蓋即第20條之變文。此處只錄此條以識〈粹言〉之性質，餘處不錄此書。〕）

案：以上四條是批評張橫渠者，解見〈橫渠章·引言〉。前17及18兩條中之「或者」亦指橫渠言。橫渠之意皆見〈橫渠章〉。明道之批評未能盡其實。

第二節　天理篇

1.吾學雖有所受，天理二字卻是自家體貼出來。（《二程全書·外書第十二》，〈傳聞雜記〉，見《上蔡語錄》。）

案：「天理二字」雖說是明道「自家體貼出來」，然天理之實（天理之概念）並非明道所首創或首發見。即「天理二字」亦早見於〈樂記〉，亦非其所新造。帝、天、天命、天道、太極、太虛、誠體、仁體、性體、心體、中體、神體，乃至天叙、天秩、天命、天討、天倫、天德，以及「秉彝」與「敬以直內，義以方外」，俱是他體貼「天理二字」底根據。「天理」二字是這一切之總名。分別地自各分際上言之，有種種名，總之只是一個天理。天理之實是先秦正宗儒家共許之義，至乎宋明亦是明道前、明道後共許之義。就道體性命言「天理」自橫渠而已然。然則說「天理二字」是他「自家體貼出來」，其實意只是他真理會得這道理，他真實理會得那種種名之實義而拈出這兩個字以代表之。並非說此概念或此二字是他所獨創或所新造。說此兩字，是表示儒家言性命天道是徹底而嚴整的道德意識之充其極。這裡一下子可以定住言「性理」與言「空理」底意識之不同。

2.「天理」云者，這一個道理更有甚窮已？不爲堯存，不爲桀亡。人得之者，故大行不加，窮居不損。這上頭來更怎生說得存亡加減？是他元無少欠，百理俱備。（《二程全書·遺書第二上》，〈二先生語二上〉。呂與叔東見二先生語。〔未注明誰語。《宋元學案·明道學案》及〈伊川學案〉皆未列此條，自係明道語無疑。〕）

案：此下四條曾詳解于〈綜論部〉第二章第一節。現在可不詳解，只簡約述其要義。

此條是說天理這一個道理無「存亡加減」。無存亡是說天理永恆**常存自存**，不因堯而存在，亦不因桀而滅亡。無加減是說就「人得之」而爲性言，是圓滿窮盡，不因「大行」而增加一點，亦不因「窮居」而減損一點。這整條底函義是如此：一、它表示這是**靜態地默識天理**之爲**本體論的實有**；二、它表示天理**總持地說**雖是一，就「人得之」而爲**性說**亦**是一**，但卻**中含萬理**，亦示有**多相**。靜態的默識便容易顯這天理「平鋪放著」（見下第4條），亦容易顯「百理俱備」這天理之多相義。

> 3. 所以謂萬物一體者，皆有此理，只爲從那裡來。「生生之謂易」，生則一時生，皆完此理。人則能推，物則氣昏，推不得；不可道他物不與有也。人只爲自私，將自家軀殼上頭起意，故看得道理小了佗底。放這身來都在萬物中一例看，大小大快活！
>
> 釋氏以不知此，去佗身上起意思。奈何那身不得，故卻厭惡，要得去盡根塵，爲心源不定故，要得如枯木死灰。然沒此理。要有此理，除是死也。釋氏其實是愛身，放不得，故說許多。譬如負販之蟲，已載不起，猶自更取物在身。又如抱石沈河，以其重愈沈，終不道放下石頭，惟嫌重也。（同上。〔未注誰語。《宋元學案·明道學案》及〈伊川學案〉皆未列此條，自屬明道語無疑。〕）

案：此條就前半段說，其函義是如此：一、前條是**靜態地看天理**之爲**本體論的實有**，此條則是**動態地看天理**之爲**宇宙論的**生化眞幾或

道德創造的創造實體；二、前條是**靜態地默識天理**之**一相與多相**（元無少欠，百理俱備），而此條則是**動態地會觀百理**之**根源**而見**天理之一相**。「只為從那裡來」中之那裡指示一**本源**。這本源從「生生之謂易」來了解。「上天之載，無聲無臭，其體則謂之易。」天道之自體即是生生之易。但要指示一本源，則生生之易是偏重在生道、生生之源說，不是著迹于生生之氣說。此生生之源是創生之真幾，是理，亦是神。自此源頭而言，天理**是一**。萬物「生則一時生，皆完此理」，即皆完具此**創生之真幾**，表示此「神用無方」之生理（天理）之遍在性：人具備，物亦具備，不可小看了它。只是人「能推」，能盡性以推擴，故能重現一道德之創造，能彰顯天理而使之燦然明著，而「物則氣昏，推不得」，故不能重現一道德之創造，不能彰顯天理而使之燦然明著。然而實亦**本體論地**皆**完具此理**而**無一少欠**也。本體論地完具亦可說是潛存地完具，亦函有一**藝術性的觀照**之意。能推不能推，當然所關甚大。此義下條再言。現在只說此條與上條之動靜兩觀是表示：天理之為本體論的實有與天理之為宇宙論的生化真幾這兩者是同一的，是表示天理既是存有，亦是活動，是即存有即活動的（活動是動而無動之動、是神用神動之動，不是氣動之動），不是只存有而不活動之「只是理」。動而無動的活動與存有這兩者合而觀之，便可說天理是一個生化的真幾、創造的實體，以前名曰生化之理，現在亦可名曰「實現之理」、「存在之理」，是既超越而又內在的、動態的生化之理、存在之理。**生化之理**是言創生萬物的**真幾、實體**；**存在之理**是言「使然者然」的**存在性**。這是人乃至萬物底**真自己**。天道性命相貫通，儒者的智慧是通過「性」之觀念來契悟人與萬物之**真自己**，

並契悟天道之實義的。康德是由意志之自律、自由來契悟「**物自身**」，而儒家則是由作爲創生眞幾的性體來契悟人與萬物之**眞自己**。此爲同一路數，但「性體」一詞更爲綜攝、更爲眞切，因爲「性」字更切合于「眞自己」一觀念，更能表示通體達用使道德創造爲定然而必然，爲眞實的呈現，然而亦因此更爲複雜，因爲其中含有心、理底問題，而**良知**與**意志**亦俱在其中。此即構成宋明儒六、七百年之傳統中所爭論之問題與豐富之內容。與康德比論見〈綜論〉部第三章。

> 4.「萬物皆備於我」，不獨人爾，**物皆然**。都自這裡出去。只是物不能推，人則能推之。雖能推之，幾時添得一分？不能推之，幾時減得一分？百理俱在，平鋪放著。幾時道堯盡君道，添得些君道多，舜盡子道添得些孝道多？元來依舊。（同上。〔未注明誰語。《宋元學案・明道學案》列有此條。〕）

案：此條與上2、3兩條相連而生，必須**連在一起**看。《宋元學案・明道學案》列有此條，但卻不列前兩條，遂令人有突兀之感，莫如其實義以及其來歷。黃百家于此條下作案語云：「此則未免說得太高。人與物自有差等，何必更進一層，翻孟子案，以蹈生物平等，撞破乾坤？只一家禪詮！」案：此全不明其實義，故大驚小怪。由此似亦可見〈明道學案〉所以不列前兩條之故，蓋亦恐其類禪也。不然，此三條意思一貫甚爲重要，何以獨列此條，而不列前兩條？蓋亦未知其實也。實則此與禪何關？明道于此三條皆言天理之實，

正由之以別釋氏，而黃百家卻于此謂其「只一家禪詮」，此其懵懂可知！

　　「萬物皆備於我，不獨人爾，物皆然」，與前條「所以謂萬物一體者，皆有此理」、「生則一時生，皆完此理」、「不可道他物不與有也」，意思相連貫。在明道貫通《易傳》與孟子未加分別而言之，亦可以說完全相同，不只連貫而已也。惟前條是從**本源**處說，通過「生生之謂易，生則一時生」來說「皆完此理」，故云「只爲**從那裡來**」。而此條則借用孟子「萬物皆備於我」之語，而說「都自**這裡出去**」。因爲「皆有此理」，皆完此理，故一方旣可由此說「萬物一體」，一方亦可由此說「萬物皆備於我」，此其所以意思相連貫也。而當明道說「萬物皆備於我」時，實透視到「生生之謂易」之本源，實根據「皆從那裡來」而說，不必根據孟子盡心知性知天，擴而充之，仁不可勝用，義不可勝用之道德實踐而說「萬物皆備於我，反身而誠，樂莫大焉」，故此條亦可以說與前條完全相同。「只爲皆從那裡來」，皆完具此理，故每一主體（我）實亦皆可彰顯地或潛存地函攝一切，即一切復皆可彰顯地或潛存地「都自這裡出去」也。「都自這裡出去」即是「萬物皆備於我」。「皆備於我」不只是彰顯于事上的「百理」皆備于我，實即表現天理之**每一事**亦皆**具備于我**也。蓋我「從那裡來」所完具之天理性體實即是一**創造之眞幾**。一切事，嚴格言之，一切道德行爲、道德實事，皆爲此創造眞幾之所**創生**，亦即皆爲此創造眞幾之所**函攝**。依儒家道德的形上學言之，宇宙生化底宇宙秩序，與道德創造底道德秩序，其內容的意義完全同一。存在即是道德創造上的應當存在。總起來說，是天地之化，落在個體上分別說，每一個體皆完具此

理，即皆是一創造之中心，故皆函攝一切。是故具此創造真幾之**一理**實即已具備**彰顯于事上之百理，衆理**、甚至**萬理**，同時亦即具備（函攝）**表現天理**之**每一事也**。

　　此種具備之實，一是從本源上根據「皆從那裡來」而「皆完此理」而言之，此是**本體論地**言之。當然「皆從那裡來」邏輯上不一定能函著「皆完此理」，例如基督教，雖可說皆由上帝之創造而來，但卻並不說每一個體亦皆具上帝這樣創造的真幾。但在儒家，則必貫下來而說每一個體皆具此絕對的創造真幾。此所以道體既超越而又內在之故，而其關鍵是在天道性命相貫，此為儒者所共許，無一能有例外。性體之義用大矣哉！（關此詳辨見下第五節〈生之謂性篇〉。）即朱子亦說「論萬物之一源，則理同而氣異」。自「理同」說，亦是「皆完此理」。明道此三條皆是說此義。此義既定，其他諸語句皆是應有者，無所謂高不高，亦不是「翻孟子案」，與禪更無關係。二是從道德實踐上人實能作**道德的創造**而言之，此即明道之所謂「**推**」也。由推之實以見「皆完此理」、「皆備於我」之實。但是並非每一個體皆能推。故順「皆從那裡來」，「皆完此理」，明道于前條即繼之曰：「人則能推，物則氣昏，推不得。」此即朱子所謂「**氣異**」也。雖「推不得」，卻「不可道他物不與有也」。即：雖**道德實踐地**說，不能**彰顯地**見「皆完此理」之實，然不能因此即否決其**本體論地潛具**也。而此條則順「都自這裡出去」，明道同樣即繼之云：「只是物不能推，人則能推之。」此亦是「**氣異**」也。「雖能推之，幾時添得一分？不能推之，幾時減得一分？」此是**本體論地**言其于天理上、于體上，皆圓滿具足，「元無少欠」，不因推不推而有增減。本體論地言之，是平等，所

謂「理同」。道德實踐地言之，有差別，所謂「氣異」。如是，並未「翻孟子案以蹈生物平等」，抹殺人物之差別。（〈遺書第一〉，李端伯所記亦有一條云：「天地之間非獨人為至靈。自家心便是草木鳥獸之心也。但人受天地之中以生爾。」此亦當是明道語。此條亦當根據以上疏解來理解。「自家心便是草木鳥獸之心」，是本體論地言之，所謂「理同」，「但人受天地之中以生」，則是道德實踐地言之，顯出「氣異」。此條不甚嚴整，又從「心」言之，更易引起誤會。「心」可自兩層面而言之，一是本體論地言之之實體性的心，一是實踐地言之之自覺的心。自前者言之，人與物平等，而于此所言之心實即明道所言之「生意」、「春意」，由此生意、春意指點生理、形而上的實體，而于此言心亦是形而上的實體性的心也。蓋明道之言實體不只是理，乃是即活動即存有之實體，心即由此活動義而規定。活動義，就實體自身而言之，以寂感之神來規定，而在此處則由生意、春意來指點。通人物連帶而言之，既可言理，亦可言心，此心自是形而上的實體性的心也。但心之所以為心必須由道德自覺而見。自此而言，則實「獨人為至靈」也。其所以為至靈而能彰著此「心」義，實由于其「受天地之中氣以生」之「氣異」耳。明道言「非獨人為至靈」是本體論地言之也。就實踐地彰著之言，草木鳥獸實只是潛具此心耳。故只有形而上的實體義，並無實踐的道德自覺義。）

能推不能推確甚重要。明道雖知之，而此上三條乃至此〈天理篇〉所錄之各條皆是重在表示天理之恆常自存、不增不減；表示天理之為本體論的實有；表示天理之客觀而超越的尊嚴性，此是「先天而天弗違」，先立體、重客觀；且亦本體論地表示其遍在性而為

人物之所同具。此是徹底透出、圓滿之敎。悠悠之輩不能正視此義
之嚴整與重大，遂以爲「說得太高」、「撞破乾坤，只一家禪
詮！」實則此正是挺立乾坤，貞定乾坤，而人物之別亦不泯，與禪
有何關係耶？此只是撞破以往之習限耳。當然此種徹底透出之圓滿
表示與孟子之自道德實踐上而言盡心知性知天，言彰顯地「皆備於
我」，直顯人與物之差別，稍有不同，亦與象山、陽明之本孟子而
言本心之沛然，言「心即理」，言「致吾心良知之天理於事事物
物」，直顯人之盡心、致知以彰顯地明心外無物，心外無理，萬物
皆備于我，稍有不同，此明道之所以並不與象山、陽明同，同爲顯
明地純屬于孟子學也。然彼之此種表示亦並非不爲孟子學之所函與
所契，而自《中庸》、《易傳》之天道方面說起，亦必然允許有此
種表示也。而《中庸》、《易傳》之天道神化亦正是本孔孟而來之
發展之充其極，而與帝、天、天道、天命之老傳統打成一片，而且
與性命貫通而爲一者。自明道方面說，及至其一本論，則主客觀面
完全統一，人之自覺義之心性已完全凸顯矣。此〈天理篇〉各條不
過偏重說耳。

> 5. 「寂然不動感而遂通」者，天理俱備，元無欠少，不爲堯
> 存，不爲桀亡。父子君臣常理不易，何曾動來？因不動，
> 故言寂然。雖不動，感便通。感非自外也。（同上。〔未
> 注明誰語，《宋元學案·明道學案》列有此條。〕）

案：此條函義不出前三條，但是另換一個開端來說，即從「寂感眞
幾」說天理。前第3條是會觀百理之根源，而見天理之「一」相。

「根源」一詞，由「皆從那裡來」而指示，由「生生之謂易」來了解，因此，我們說這天理是生化之理，是存在之理，是生化所以不息的眞幾，是一創造的實體。但「根源」一詞是個籠統的形式字，「易」比較切實了，猶嫌籠統。故須進一步對于這根源作更具體更眞實的了解。明道于此從「寂感眞幾」來了解這個根源，了解作爲生道之易。這與濂溪、橫渠的體悟並無二致。在「寂然不動感而遂通」之誠體之神中，「天理俱備，元無欠少」，恆常自存，不增不減。總持地說，寂感眞幾就是理。即生化之理，其內容就是所謂「百理」，合寂感與百理爲一而言之，統曰天理。此天理不是脫落了神的「只是理」，故它是理、是道、是誠、是心，亦是神。不然，何以能說寂感？何以能說生物不測、妙用無方？父子君臣乃至隨事而見之種種理，所謂百理、衆理，或萬理，俱渾完于寂體之中，而復隨感而顯現于萬事之中以成事之爲實事。如對父便顯現爲孝以成孝行，對子便顯現爲慈以成慈行，對君便顯現爲忠以成忠義，對臣便顯現爲恕以成敬恕。其他例然，皆有定理。此皆寂感眞幾、誠體之神之所顯發，故無一少欠也。

　　但此條中「父子君臣，常理不易，何曾動來？因不動，故言寂然。」此記錄語意有混。吾人很易見出「常理不易」之不動並非「寂然」之不動。若尅就不易之常理本身說，實無所謂寂然不寂然。以「寂然」說此「不易」（不變動）是語意之滑轉與混擾。「寂感」之不動不是「不易」之不動，乃是「動而無動，靜而無靜」之神用。故此諸語之意實當爲：父子君臣之常理永恆常在，當吾人之性體「寂然不動」時，則此常理亦寂然于性體之中而不顯，而實潛隱具在，並無少欠；當吾人之性體「感而遂通」時，則燦然

明著，亦無增添。

以上四條實為一氣，不可支解，總之是表示天理為一本體宇宙論的、即活動即存有的實體。《宋元學案‧明道學案》只列4、5兩條，而又不相連屬，至于2、3兩條則根本不錄，如此支解孤露，遂使人不知明道所說之天理究屬何義，以為並無確切意義矣。實則此四條連同下文6、8、9、10四條俱見于《遺書第二上》，俱為呂與叔所記，在同卷中，極易類聚，亦極易見出明道所說之天理之嚴整義與正大義。只是人不真切理會，視為玄談而忽之，故亦不解其實義。朱子並未詳解此四條，而《宋元學案》鈔錄時之了草亦甚害事。

《朱子語類》卷第九十七，〈程子之書三〉，只有一條涉及此四條，如下：

> 問：《遺書》中有數段皆云人與物共有此理，只是氣昏，推不得。此莫只是大綱言其本同出。若論其得此理，皆大已不同。
>
> 曰：同。
>
> 曰：既同，則所以分人物之性者，卻是於通塞上別。如人雖氣稟異，而終可同，物則終不可同。然則謂之理同則可，謂之性同則不可。
>
> 曰：固然。但隨其光明發見處可見，如螻蟻君臣之類，但其稟形既別，則無復與人通之理。如獼猴形與人略似，則便有能解。野狐能人立，故能為性。如豬則極昏。如草木之類，荔枝、牡丹乃發出許多精英，此最難曉。

案：朱子之理解大體是本其「論萬物之一源，則理同而氣異，觀萬物之異體，則氣猶相近，而理絕不同」而說。此在表面上與明道所說無以異，然其**實蘊則不同**。依明道義，天理實體是即活動即存有者。**本體論地圓頓言之**，亦帶點**藝術性的圓照言之**，人與物皆從實體來，亦皆完具此實體以爲性。但**分解地**言之，能推不能推卻有大異。能推不能推固是氣之限制上的問題，然人稟得氣清而能推，而其所以能推之正面積極的根據則在心。心是道德的本心，本心即性，此亦是即活動即存有者，故能起道德之創造（道德行爲純亦不已），而可**實踐地、彰顯地**表現出「萬物皆備於我」之義。此是那普遍地言之的天理實體之實義，亦是那天理實體爲性之實義。故人既能**超越地**以那天理實體**爲體**（皆從那裡來），復能**內在地**以此天理實體**爲性**而起**道德之創造**。但在物處，雖本體論地圓頓言之，藝術性的圓照言之，亦皆完具此理，亦皆可以是「萬物皆備於我」，然彼因氣昏，推不得，實不能起道德之創造。故分解地、實踐地言之，彼實不能彰顯地「完具此理」，亦實不能彰顯地「萬物皆備於我」。自此而言，謂其只能**超越地**以**天理實體**爲其**外在之體**，而不能**內在地**以此天理實體爲其**內在之性**，亦無不可。後來徐子融、余方叔等與朱子辨，而謂「枯槁無性」，即無此種道德創造之性也。嚴格言之，枯槁之物，甚至鳥獸，實不能將那天理實體**吸納于個體內**而爲**其自己之性**。彼等只有**物質結構之性、本能之性、墮性之性**，而實並無**道德創造之眞幾之性**也。

　　但依朱子天理實體只存有而不活動，成爲只是理；性歸併于理，「性」義**減殺**；枯槁有性，實只有其所以爲枯槁之理，即枯槁存在之理；其存在之理即是其性，「性」義減殺，**喪失其「道德創**

造之能」之義；在人處，心不即是性，心是實然的心氣之心，不是道德的、實體性的本心，性仍只是理，仍是只存有而不活動者，惟因氣清心靈，能**認知地**攝具理，使心之動靜活動皆可如理，因而亦即表現理，而理可有行為事象上之彰著；但在物處則因氣昏心塞，理實不能有行為事象上之彰著，螻蟻、獼猴之類，略有點子表現，至草木瓦石、枯槁之物，則根本不能有表現，故只收縮而為一存在之理，亦即是「其存在為而此物」之性也。上錄問者之語「謂之理同則可，謂之性同則不可」，朱子然之。「理同」者本然之性同也。因枯槁亦有性故。性不可同者，此就氣質之性而言也。氣質之性，依朱子，是墜在氣質裡面的性。言就通過氣質而表現性言，則不能同也。同得此理以為本然之性，然就氣質裡面的性言，則其表現此性很不相同也。人表現的很多，其他動物略有一點子表現，草木瓦石、枯槁之物，根本無表現，故只一本然之性（存在之理）也。就同得此理以為本然之性言，則是「理同」，所謂「論萬物之一源，則理同而氣異」也。（同一太極之理）就通過氣質而表現此性言，則絕不同，此所謂「觀萬物之異體，氣猶相近而理絕不同」也。此語之實義當該是「觀萬物之異體，則氣有相近處，亦有很不相近處，正因有很不相近處，故理之表現絕不相同也。」

依以上明道義與朱子義之比較，其不相同處甚顯明。在明道處，理既為其體又為其性之同只能是**本體論地圓頓言之**，或**藝術性的圓照言之**是如此，而在朱子則成**斷定地言之**，為其存在之理即等于為其性，故理同即性同，此性同是**斷定語**也，枯槁之物**定然**地有此理以為其本然之性也。此即性只存有而不活動，性義減殺。而人與物之別不能自性體上別，只成只能就心氣之異上別矣。明道言能

推不能推固直接是表示氣異，然其所以能推之積極根據則在道德的實體性的本心，而本心即性，即此**道德創造之真幾也**。物不能推，正是表示物無此**道德創造真幾之性**也。此正是自性體上立人物之別，而亦函著「即活動即存有」的天理實體之超越地為體與內在地為性之分際上之不同，並亦函著「超越地為體即內在地為性」只能是本體論地圓頓言之、藝術的觀照言之是如此，而道德實踐地彰顯地言之，則物並不能如此，而唯在人始能如此也。要者是在明道所體悟之性體無論是本體宇宙論地言之，或是道德實踐地言之，皆是即活動即存有者，是心與性為一者，而由孟子之「本心即性」以實之。故性即是道德創造之性，性義不減殺也。

朱子大體是順伊川「性即理也」一語前進。故《朱子語類》卷第九十七、〈程子之書三〉，繼上錄之條又有一條云：

〔前略〕

又問：性即理何如？

曰：物物皆有性，便皆有其理。

曰：枯槁之物亦有理手？

曰：不論枯槁，它本來都有道理。因指案上之花瓶云，花瓶便有花瓶底道理，書燈便有書燈底道理。水之潤下，火之炎上，金之從革，木之曲直，土之稼穡，一一都有性，都有理。人若用之，又著順它理始得。若把金來削做木用，把木來鎔做金用，便無此理。

曰：〈西銘〉之意「與物同體」，體莫是仁否？

曰：固是如此。然怎生見得意思是如此？「與物同體」固是

仁，只是把「與物同體」做仁不得。恁地，只說得個仁
之軀殼！須實見得，方說得親切。如一椀燈，初不識
之，只見人說如何是燈光，只恁地摶摸，只是不親切，
只是便把光做燈不得。

案：朱子此段文前半段問答即「理同氣異」之義，一物之存在之理
即一物之定然之性（本然之性）。此與明道所說之皆「從那裡來」
之「皆完此理」，以及「都自這裡出去」之人與物，皆是「萬物皆
備於我」不同，故不可以其「理同氣異」之義儱侗明道，以為其
「理同氣異」之義即足以代表明道之所說，或明道之所說盡已吸收
於其中也。此表面之相同背後實隱伏**兩系統之異**，不可不察也。關
於朱子之「理同氣異」、「枯槁有性」諸義，詳論見〈朱子部〉第
八章第一節。

又後半段問答則是不滿於明道之以「渾然與物同體」說仁，蓋
猶是對於道體、性體、仁體之體悟有異也。明道〈識仁篇〉云：
「〈訂頑〉意思，乃備言此體」。〈訂頑〉即橫渠之〈西銘〉也。
故此處問者即以「〈西銘〉之意與物同體」為問。依明道意，仁體
無內外，「與物無對」，〈西銘〉意思亦「備言此體」。惟此
「體」字，是指仁體言，是「實體」義，與「渾然與物同體」之
「體」不同。「與物同體」是「渾然一體」之意，此「體」是虛
字。問者不知，遂混視為仁體矣。吾人由「渾然與物無分隔」而識
「仁體」，而仁體之無內外，「與物無對」，亦反而成此「渾然一
體」之境也。客觀地、本體宇宙論地言之，是道體、天理實體、於
穆不已之天命之體；而主觀地、道德實踐地言，則是仁體、心體、

性體；而主客兼攝，「一本」無二，則亦可曰誠體、神體、寂感眞
幾；總之，其實義皆是即活動即存有，皆是一道德創造宇宙生化之
眞幾也。「所以謂萬物一體者，皆有此理。」（第三條）此是客觀
地、本體宇宙論地言之。「仁者渾然與物同體」（〈識仁篇〉），
此是主觀地、道德實踐地言之。其義一也。朱子對於實體、性體，
理解爲只存有而不活動，不能眞切於明道之由於穆不已、純亦不已
體悟實體、性體、乃至仁體等等，故不喜以「與物同體」說仁，以
爲「恁地，只說得個仁之軀殼。」此段問答尙看不出朱子之實意，
好像只是在說問者未「實見得」，「說得不親切」。其實此不是親
切不親切的問題，其底子乃是朱子根本不贊同以「渾然與物同體」
說仁也。觀其〈仁說〉即可知矣。此是〈識仁篇〉之問題，因義理
相通，故於此處一提。

6. 得此義理在此，**甚事不盡**？更有**甚事出得**？視世之功名事
業，眞譬如閑！視世之仁義者，眞煦煦孑孑，如匹夫匹婦
之爲諒也！自是〔當爲「視」〕天來大事，處以此理，又
曾何足論？若知得這個道理，便有**進處**。若不知得，則何
緣仰高鑽堅，在前在後也，竭吾才，則又見其卓爾？（同
上。〔未注明誰語，《宋元學案·明道學案》列有此條。〕）

案：此條綜言天理之**尊嚴**與**崇高**，無有**能越之者**。人「若知得這個
道理」，其**德性生命**「便有**進處**」。末後以顏淵爲例，便是能「知
得這個道理」者，故能「仰高鑽堅」，**精進不已**也。此爲道德意識
之**透體挺立**。其所透之體而面對之者即是超越一切而定然如此之

「**天理**」也。惟此處所應注意者，即：「得此義理在此」句中之「**義理**」，「若知得這個道理」句中之「**道理**」，皆即指「**天理**」說。義理、道理是泛說字，天理是**實說字**。上第2條「天理云者，這一個道理更有甚窮已」，此句中之「道理」亦是泛說字，即以此泛說字之「道理」去意指那「天理」。又義理、道理所意指的天理不只是**靜態的道德法則**，亦不只是屬于「**本體論的存有**」之靜態的**實理**，亦不只是那「**平鋪放著**」之靜態的**百理之多相**，乃實是**本體宇宙論的**、**即存有即活動的實理（實體）**，燦然明著之百理一起皆統攝于**寂感眞幾**而爲**誠體之神**之所**顯發**，是這樣的**一多不二**、**存有活動不二**、**心理不二**、**神理不二的實體**，此即綜名之曰**天理**。此已函象山所說：「萬物森然於方寸之中，滿心而發，充塞宇宙無非斯理。」明道所說的超越一切的天理即是**這樣的天理**。象山謂知此即謂「**知至**」，明此即謂「**明善**」，達此所謂「**達天德**」。（參看《象山全集》卷一，〈與胡季隨〉書。）而明道于此則云：「若知得這個道理，便有進處。」「知得這個道理」是吾人正面之目標，「有進處」便是遷善改過、克己復禮，以這個道理（天理）來澈底清澈吾人之生命，而此步工作乃是「仰之彌高，鑽之彌堅，瞻之在前，忽焉在後，〔……〕欲罷不能，既竭吾才，如有所立，卓爾，雖欲從之，末由也已。」此即是德性人格之發展與進步，德性生命之**精進不已**也。若不能終日乾乾，對越在天，則生命隨時可以昏墮而自封于墮性以自安，固結于習氣之私以自便，焉能「**有進處**」而「**欲罷不能**」耶？焉能**暢開其生命**而**上達天德**耶？故樹立此天理之尊嚴，即是**照體獨立**之**關鍵**。此是存在主義者海德格所謂「掏空自己面對實有而站出來」之意也。但是海德格那個實有，其內容的意

義卻始終無明確之規定，只是存在與實有來回地倒，其能令吾人想像其爲存在之存在性，此則太空洞、太形式，而不能呈現其具體的真實義究爲何，確定其真切于吾人之生命者究何在也。而依明道觀之（亦是儒者之共同企向），如果說**實有（存有）**，**此澈法淵底之天理即是實有，而此實有是本體宇宙論的實有，是即活動即存有的實有**，是**寂感真幾、誠體之神的實有**，是此理之一多不二、心理不二、神理不二的實有，是道德的同時又是形上的這樣的**實有**。掏空自己（克己復禮），面對這樣的實有而**站出來**，便是儒者所謂**上達天德**，明道所謂「**有進處**」也。

> 7. 太山爲高矣，然太山頂上已不屬太山。雖堯、舜之事亦只
> 是如太虛中一點浮雲過目。（《二程全書・遺書第三》，
> 〈二先生語三〉。〔謝顯道記憶平日語：明道先生語。〕）

案：此言凡有限存在或現實事業無論如何高、大，皆總是有限者，不是絕對的、最後的。惟天理是絕對的、最後的。此是一切價值之標準，是最高的價值，是價值自己，一切事業因它而可能，亦因它而有價值。「雖堯、舜之事亦只是如太虛中一點浮雲過目」，此與前條中「自視天來大事，處以此理，又曾何足論」之語，意義相同。此皆是偏顯天理之尊嚴與崇高，無有能與之倫比者，並不是抹殺或輕忽事業。此是**反顯以透體**，「**先天而天弗違**」者。若通體達用，自其「曲成萬物而不遺」而言，則其所曲成之事事物物以及功名事業，亦皆是因天理流行於其中而有**絕對意義**者。自事言，皆是浮雲過目，桀紂之事與堯舜之事同樣是浮雲過目。然自意義言，堯

舜之事畢竟是堯舜之事，畢竟不可與桀紂之事同日而語。堯、舜之
事是因堯、舜之德而成，其德是**天理、實理**，其事是**天行、實事**。
雖如同「浮雲過目」，而亦不如同「浮雲過目」，它是有**普遍的意
義與永恆的意義**的。若再進一步圓融言之，堯、舜之德，是「**全體
是用，全理是事**」之德，堯、舜之事是「**全用是體，全事是理**」之
事。桀紂無體，故亦無用。焉可同日而語耶？堯、舜之事之不同以
及體用圓融之義，明道豈不知耶？然〈天理篇〉各條則唯在顯**天理
之自己**以及天理之尊嚴與崇高。

> 8.萬物皆只是**一個天理**，己何與焉？至如言「天討有罪，五
> 刑五用哉！天命有德，五服五章哉！」，此都只是天理，
> 自然當如此，**人幾時與？與則便是私意**。有善有惡，善則
> 理當喜，如五服自有一個次第以彰顯之；惡則理當惡（一
> 作怒），彼自絕於理，故五刑五用。曷嘗容心喜怒於其間
> 哉？舜舉十六相，堯豈不知？只以他善未著，故不自舉。
> 舜誅四凶，堯豈不察？只爲他惡未著，那誅得他？舉與誅
> 曷嘗有毫髮廁於其間哉？只有**一個義理，義之與比**。
> （《二程全書・遺書第二上》，〈二先生語二上〉，呂與叔東見
> 二先生語。〔未註明誰語，自係明道語無疑。〕）

案：天理範圍一切（範圍天地之化而不過），曲成一切（曲成萬物
而不遺）。「充塞宇宙，無非斯理。」（象山語）故凡積極的、正
面的存在或事物，既皆爲天理之所曲成，即皆爲天理之所許可；凡
消極的、負面的存在或事物，既皆非天理之所曲成（不依天理而

來），即皆非天理之所許可，乃天理之所制限者。是故一切事物，皆不外或是天理之所曲成，或是天理之所制限，總之，皆是天理之所綱紀。如以此天理爲客觀標準，則用之於處事，或曲成而彰顯之，或制限而去除之，一是皆**物各付物，順理而行**，自容不得**個人私意參與其中**：喜是理當喜，怒是理當怒，喜怒好惡是客觀的，是即喜而無喜，怒而無怒（「以其情順萬事而無情」，〈定性書〉語），好而無好（無有作好），惡而無惡（無有作惡），無有絲毫個人主觀的喜怒好惡之私情參與其中：是即爲「廓然而大公，物來而順應。」（〈定性書〉語）。「公」字是由對遮「參與之私」而顯。「與則便是私意」，此「與」即「舜有天下而不與焉」之「與」。「與」即是私，「不與」即是公。此觀念極爲明道所樂談。此條所說函攝〈定性書〉之全部。如〈定性書〉在前，則此條所說乃至〈天理篇〉之各條皆是〈定性書〉之闡發，當據此「天理」義而理解之，不得有誤解。

　　惟此條所說有一點須注意，即：若依客觀天理之所曲成與所制限而物各付物言，此豈非有類「義外」之義？曰：此非告子所謂「義外」，亦與「義內」並不衝突。蓋此條所說是就**處事**而言，「義內」是就道德行爲之發于道德心之**自律自決**而言。後者是提起來自作主宰、自端方向之事，深言之，是開**道德創造之源**，廣大言之，是**透體立極、開宇宙生化之眞幾，先天而天弗違者**，「內」者是仁義皆自此眞幾出，所謂**理由中出，攝理歸心**者，不是**物以定心，理由外至**，因而成爲他律者。此「義內」之義是**第一義**，是**根本義**。天理之爲生化之理，「皆從那裡來」，「都自這裡出去」，即是此義也。至于前者（處事）是落于第二義，故自當以第一義之

所曲成與所限制者為客觀標準而順付之**以成其廓然之公**，以除其**參與之私**，如是則心為**天理之心**，亦可**無往而不定也**。天理曲成一切，制限一切，就其所曲成與所制限之事言，天理即在此事上示現，亦即因事之為客觀而為客觀的，因事之為外在而為外在的。因事之善而理當喜，因事之惡而理當怒，此是處事之**順付以彰義**，非告子「**義外**」之說也。即此處事之順付亦非無內心之明決以成就之。〈乾〉九三〈文言〉曰：「知至至之，可與幾也。知終終之，可與存義也。」例如「天討有罪，五刑五用」，知其為有罪而即罪之，不以私意亂其明，即是「知至至之」，亦即知「**幾**」。知其為有罪而以五刑五用以成其天討，即是「知終終之」，亦即「**存義**」。處事如理得當，即是一道德行為。此雖順付客觀之理以應之，然事之是非善惡未易察也。顛倒惑亂者多矣。若非**內心明決**，亦不易至「知至至之，知終終之」之境。是則天理之所曲成與所制限者亦須在「知至至之，知終終之」之**內心明決**中彰顯明著，否則「理當喜」而不喜，「理當惡」而不惡，雖有客觀之善惡，而善惡不能彰，是即義不能存也。故客觀之善惡，天理之所曲成與所制限者，必須內在于「知至至之，知終終之」之內心明決中始能至彰顯明著之境。彰顯明著矣，則義始能存。而「知至至之，知終終之」之**內心明決**即是**仁義本心**之發用。子曰：「舉直錯諸枉，能使枉者直。」（《論語・顏淵》第十二）此即內心之明決而**仁智在其中矣**。是故客觀之義仍須通過內心之義以成之，**成之即所以存之也**。是即仍回歸于「義內」之第一義矣。客觀之義是隨事之**曲屈**而有**特殊內容**者，如五刑五用、五服五章等是也。而仁義本心之明決（內心之義）則是無特殊內容以限定之之「**自定方向**」。此儼若**無事者**

然。人不識此虛明無事者之妙用，遂以為**義外**矣。明道此條所說重在客觀天理之曲成與制限，殊不知內心之「無私意之與」而能「物各付物」亦殊非易事也，此非只是客觀之善惡所能決定也。故下第七節復有〈定性書〉以明之。

> 9.「立人之道曰仁與義」。據今日合人道廢則是，今尚不廢者，猶只是有那些**秉彝**卒殄滅不得。以此思之，天壞間可謂孤立！其將誰告耶？（同上。〔未註明誰語，自係明道語無疑。〕）

案：當時士大夫大率皆談禪（見下〈辨佛篇〉），眞能正視「那些**秉彝**」以覿體立定者，實只是寥寥幾個人，並不多見。此明道之所以有「孤立」之感也。此感是眞正地存在的實感，故其有見于「那些秉彝」是眞正地實見、灼見。實見、灼見並不要多，只是一點子，只此一點子秉彝便足以**貞定乾坤**，無有能移除而殄滅之者。當下在此**立定**，任何奇詭瓌麗之辭不足以搖動。此眞正是儒家澈底的道德意識挺立之所洞悟，而眞足以判開**苦業意識之空理**而不容**相混**者，這點秉彝是**眞正的實有、終極的實有**，是「**先天而天弗違**」者，無論自覺或不自覺，無論繞出去說出諸般教義，皆不能離此**定常之體以自足**。此如空氣，在你身外，也在你身內。當下便是，反身自見。若問立處，此即是**終極的立處**。若問定盤針，此即是**終極的定盤針**。天理、實理，俱從此說。天道性命亦俱從此說。乃至種種名、種種說，亦無非要顯示這點子**秉彝**，顯示這「**本體宇宙論的**」**實體、實有**。這是儒家的本質，亦是宋明儒的共同認定。而見

之最透、最切、最明澈、最圓熟者，則無過于明道。人或謂其太高、渾淪，恐使人下梢流于禪而以爲忌。夫高只是聖道之高，圓只是聖道之圓，流于禪者只是其人之不諦與不澈。若必以此爲忌，則勢必高者、圓者專讓給禪，而儒者只合于塵下矣。至如甚至謂明道本人即是「一家禪詮」，或陽儒陰釋者，則尤是下士鄙夫之誣枉之見，乃俚耳不堪聞大音者也。

> 10.死生存亡皆知所從來，胸中瑩然無疑，止此理爾。孔子言「未知生，焉知死？」蓋略言之。**死之事即生是也。更無別理**。（同上。〔此條下註一「明」字，示爲明道語。〕）

案：此條所說亦是辨別儒佛的肯要點。知生死存亡所從來，當然不是生物學地知，亦不是依無明業識去知，依根塵四大之分析去知，而是**盡人道之道德價值地知**。盡道而生，生其所應當生，盡道而死，死其所應當死。即此即是死生存亡所從來之理。于此瑩澈，便見只此一理，「更無別理」。此理即是天道性命之理，道德創造之眞幾。人生便是**盡此理以成德**，不是在緣起性空上**證空寂以求解脫**，盡此理以成德便是**眞解脫、大自在、大貞定**。孔子言「未知生，焉知死」即函說：旣知生之道即知死之道。只此一道，更無別道。明道言：「死之事即生是也，更無別理。」維特根什坦云：「人從未過過死」，此是邏輯頭腦之聰明人語，是懸在空中說風涼話。他從未過過死，他亦實從未過過生。他未眞實存在地過過道德生活去生。今之存在主義者便知把死含在人生內一同來正視。然則

明道之語眞乃**不躱閃**之**透澈語**也。

> 11.「樂天知命」，通上下之言也。聖人樂天，則不須言知
> 　　命。知命者知有命而信之者爾。「不知命無以爲君子」
> 　　是矣。命者所以輔義。一循於義，則何庸斷之以命哉？
> 　　若夫聖人之知天命則異於此。（《二程全書·遺書第十
> 　　一》，〈明道先生語一〉，〈師訓〉，劉質夫錄。）

案：〈繫辭·上傳〉第四章云：「樂天知命故不憂。」明道以爲此
是「通上下之言」。「通上」，就聖人而言。「通下」，就一般君
子而言。但彼進一步復以爲聖人「一循於義」，故其「樂天則不須
言知命」。「不知命無以爲君子」（《論語·堯曰》篇第二十，孔
子語），此則須「知有命而信之」。實則此種分別亦不必要。「聖
人樂天」，亦「須言知命」。此命是氣命之命，「樂天」必然函
「知命」。韓康伯注此句云：「順天之化，故曰樂也。」「知命」
未注，意在其中。此注不誤。朱子注云：「既樂天理，而又知天
命，故能無憂。」解「樂天」爲「樂天理」，非是。「知命」與
「知天命」，雖可相通，然亦有別。明道此條即于「知命」與「知
天命」置有分別。就「知命」言，命既是氣命之命，則聖人與君子
皆須「知命」。雖「一循於義」，亦不能無氣命之遭遇，亦不能不
受氣命之限制而無可奈何。「命者所以輔義」，而「命」之實究不
能泯。惟在此，義重命輕，不可一委于命而信託之也。孟子言「命
也，有性焉，君子不謂命也」是也。「不謂命」即是性重命輕，非
謂「不須言知命」也。「一循於義」，自是一切應當斷之以義，而

不須「斷之以命」，然命之實仍在，仍「須言知命」也。不斷之以命，非謂即「不須言知命」也。不然，孟子何以言「夭壽不貳，修身以俟之，所以立命也」耶？明道于此稍有不審。細會孟子「立命」之義可知。

「若夫聖人之知天命則異於此」，此明示「知命」與「知天命」有別。「知命」是就現實之遭遇與限制說，是落下來說，故此命純是氣命之命。「知天命」是提起來說，是向超越方面滲透。由此所成的限制是超越的限制，個人一切遭遇儼若由天而命之者。但此「天命」不是那「於穆不已」的天命之體之自身（因此純是以理言，以體言），而須是帶著氣化說。（若天為人格神的天，則其命吉命凶不須這樣帶著氣化說，因為這純是上帝的旨意，但若天之人格神之意漸減殺，漸轉化，而只為「於穆不已」之天，則須這樣帶著氣化說。）而氣化亦須通至天命之體說，不能割截其超越者而只落于現實之氣化（只是氣之條件串）。似這樣一種**超越的綜和關聯**始形成「知天命」之**超越義**與**嚴肅義**。此是儒家型的超越意識與宗教意識。大抵孔子之「知天命」、「畏天命」，以及有慨嘆意味的「天也」、「命也」（如「天之將喪斯文也」云云以及「道之將行將廢也與，命也。」）等，俱是指這種「天命」說。若光只是以理言的天命之體，則用不著慨嘆。若光只是現實之氣化，只是物質之條件串，則無嚴肅義，此用不著敬畏。故「天命」從體說與帶著氣化說俱須保存也。天命所帶之氣化若落下來，即成氣命之命，此則純是現實之氣化，形成純氣之條件串。「知命」之命以及一般人所了解之命，即是這種命。此種命所成之限制，因脫離其超越者而落下來，遂亦不是那超越的限制，此可曰物理的、純氣的限制。但此

兩種命實可相通。落下來落實說即是「知命」之命,提起來通上去說即是「知天命」之命。大抵孔孟所說的「天命」或單說的「命」常是上下通著說的,有時落實的意味重,有時超越的意味重。大抵孔子比較超越的意味重,即「不知命無以爲君子」語中之「知命」亦可上下通著說。而孟子則比較落實的意味重,因孟子所說的天多偏重以理言故也,但有慨嘆意味的「天也」之天則仍同于孔子所知所畏的天命,不純以理言也。此即「命」仍可通上去而有超越的意味,不純是落實說也。惟常人或一般之君子常能知命而不能透至命之超越義與嚴肅義,此明道所謂「知有命而信之者」,于此,始顯出聖人知天命之殊特。關于以上所說請覆看〈横渠章〉第二節第八段。

12. 道之外無物,物之外無道。是天地之間**無適而非道**也。即父子而父子在所親,即君臣而君臣在所嚴(一作敬),以至爲夫婦、爲長幼、爲朋友,無所爲而非道。此道所以不可須臾離也。然則毀人倫,去四大者,其分於道也遠矣。故君子之於天下也,無適也,無莫也,義之與比。若有適有莫,則於道爲有間,非天地之全也。彼釋氏之學,於敬以直內,則**有之矣**,義以方外,則**未之有也**。故滯固者,入於枯槁,疏通者,歸於**肆恣**。此佛之教所以爲隘也。吾道則不然,率性而已。斯理也,聖人於《易》備言之。(《二程全書・遺書第四》,〈二先生語四〉,游定夫所錄。〔未注明誰語。〕)

案：此條之意大體是明道所常說之觀念，亦是儒者之共同意識，即伊川亦能眞切地說出此義而肯認之。此在道理上不必明道才能說出。惟此條是游定夫所錄，字裡行間露呆滯氣，缺乏活潑之高致。此上〈天道篇〉、〈天理篇〉各條，以及下各篇各條，大抵皆是李端伯、劉質夫、呂與叔所記，皆有一種當時說話之語氣與口脗，故具體活潑，有高致，而此條則不類。如果眞是記錄語，則恐是錄伊川之所說。不然，即是游定夫照二程所常說之觀念而撰成此段文字。故此條，吾不明定其是明道語。然字裡行間雖顯呆滯笨拙氣，而於義理則大體不背，亦能顯出儒家道德意識之嚴整，故錄存之，以助明明道所說天理之意義。

　　綜觀此〈天理篇〉各條，見出此乃明道**分解地**反顯**天理之尊嚴與崇高、恆常自存與遍在**。至於此天理之實，則是本〈天理篇〉對於天道之體悟，另換一名以言之。依明道之體悟，此天理固是本體論的實有，但決不只是靜態的實有，而是即活動即實有之動態的實有，決不是只是理，而是亦是心、亦是神、亦是誠、亦是寂感眞幾之理，故吾喜以「本體宇宙論的實有、實體」（onto-cosmological being or reality）名之。若專以「本體論的實有」名之，容易使人想像爲只是靜態的實有，只是理。當然，此義底意味甚重，尤其當**靜態地**反顯其尊嚴與崇高或默識其恆常、自足與遍在時爲然。但當**豎起來**觀其爲生化之源時，則它亦是宇宙論的寂感眞幾、創造的實體。「理」是存於寂感眞幾中的這**動態的理**，「實有」是統攝於「動而無動、靜而無靜」的這**活動中之實有**。當這天理或理字一經提出，後來經過伊川之分解，漸傾向於只是**靜態的實有、實理**，意即只是理。到朱子，則明確地理解爲**只是理**，明確地將心、神**一條**

鞭地視爲氣，如是，理只成靜態的、本體論的實有（存有），而豎起來作爲生化之源的那動態的、宇宙論的寂感眞幾、創造的實體這意義便顯然**喪失而不能保**。此非明道之原意也。伊川云：「《書》言天敘、天秩。天有是理，聖人循而行之，所謂道也。聖人**本天**，釋氏**本心**」。（《二程全書·遺書第二十一下》，伊川先生語七下）。由天敘、天秩悟天理亦不錯。說「聖人本天」，重視客觀面的天、道、理，這亦不錯，儒家的共同意識當然實有此義，明道亦實有此義，但說「聖人本天，釋氏本心」，以此判別儒佛，便顯**偏差**，並不**周遍**，就此亦可顯出其所體悟之理乃**只是理**，只成爲**靜態的實有**。聖人豈不**本心**耶？明道告神宗曰：「先聖後聖，若合符節。非傳聖人之道，傳**聖人之心**也。非傳**聖人之心**也，傳己之心也。己之心無異聖人之心。**廣大無垠，萬善皆備**。欲傳聖人之道，**擴充此心焉耳**。」（《宋元學案·明道學案》）此顯本孟子而言也。「道心惟微，人心惟危，惟精惟一，允執厥中。」此是宋儒一般認爲歷聖相傳之心法，聖人豈不**本心**耶？胡五峰《知言》曰：「天命之謂性。性，天下之**大本**也。堯、舜、禹、湯、文王、仲尼，六君子先後相詔，必曰心，而不曰性，何也？曰：心也者，知天地宰萬物以成性者也。六君子盡心者也，故能立天下之大本，人至於今賴焉。」又曰：「聖人傳心，敎天下以仁也。」如是，聖人豈不本心乎？其他不必盡舉。伊川此言顯有偏差。釋氏本心，聖人亦本心，惟各本其所本而已。聖人所本之心是道德創造之心，是與理爲一之心。釋氏所本之心是識心，進一步是如來藏自性清淨心，然皆無道德的天理以實之者。伊川此語甚膾炙人口。若只說「聖人本天」則甚好；而加以「釋氏本心」以對顯，則成偏差，亦有流

弊。伊川本意固在偏顯特點，然此種說法確有病。

　　若執著此差別，則極有流弊。後來朱子即視以心為性為理而言本心者為禪矣，此則真成只本天而不敢本心矣！

附識：明道言第二義之天理：落於實然上言現實存在之種種自然曲折之勢之天理——虛說的天理。

1. 天下善惡皆天理。謂之惡者非本惡，但或過不及便如此，如楊、墨之類。（《二程全書‧遺書第二上》，〈二先生語二上〉，呂與叔東見二先生語。〔此條下注「明」字，示為明道語。〕）

2. 事有善有惡，皆天理也。天理中物須有善惡。蓋物之不齊，物之情也。但當察之，不可自入於惡，流於一物。（同上。〔此條下亦注一「明」字，示為明道語。〕）

3. 聖人即天地也。天地中何物不有？天地豈嘗有心揀別善惡？一切涵容覆載，但處之有道爾。若善親之，不善者遠之，則物不與者多矣。安得為天地？故聖人之志止欲「老者安之，朋友信之，少者懷之。」（同上。〔此條未注明誰語，自係明道語無疑。〕）

4. 天地萬物之理無獨必有對，皆自然而然，非有安排者。每中夜以思，不知手之舞之，足之蹈之也。（《二程全書‧遺書第十一》，〈明道先生語一〉，〈師訓〉，劉質夫錄。）

5. 以物待物，不以己待物，則無我也。聖人制行不以己。言

則是矣，而理似未盡於此言。夫天之生物也，有長有短、有大有小。君子得其大矣（一作者），安可使小者亦大乎？天理如此，豈可逆哉？以天下之大，萬物之多，用一心而處之，必得其要斯可矣。然則古人處事豈不優乎？（同上）

6. 服牛乘馬，皆因其性而爲之，胡不乘牛而服馬乎？理之所不可。（同上）

7. 《詩》曰：「天生蒸民，有物有則。民之秉彝，好是懿德。」故有物必有則。民之秉彝也，故好是懿德。〔案：以上皆《孟子》文〕萬物皆有理。順之則易，逆之則難。各循其理，何勞於己力哉？（同上）

案：以上共七條，除第七條當別有斟酌外，皆落實于實然上、就現實存在之種種自然曲折之勢而言理，與上正文十二條就體而言理或天理者不同。就體而言理是第一義之理，透體立極，先天而天弗違者，此則只有至善、純善，而且恆常、自存而遍在。這上頭既說不得「存亡加減」，又安有屬于氣質之偏雜與物情之不齊者之種種曲折之相耶？落于實然上就現實存在之種種自然曲折之勢而言理，是理之第二義，正是指氣質上之偏雜與物情物狀之不同而言一種自然之勢。此則自有物情物勢上善惡美醜之不同，大小之不同，宜此而不宜彼，宜彼而不宜此之不同。此理是虛說，並無實義，非實體字。實處是在物情物勢之曲折。如「天下善惡皆天理」（第一條）、「事有善有惡，皆天理也，天理中物須有美惡」（第二條），「天地中何物不有？天地豈嘗有心揀別善惡」？（第三

條），皆是就事之不齊或表現上之過與不及而說天理，故是虛說，不是就體上說天理之自身，此是實說。善惡即是好與不好。不好之惡，亦「非本惡，但或過或不及便如此」，即便成不好，便不合中正之道。如楊子為我、墨子兼愛，豈不也想為好？豈不也想表現眞理？但因見處有差，便成過與不及之惡。此皆是表現上的事，物勢上的事。設就超越眞理自身說，表現此眞理不能不通過一現實之個體生命，而現實之個體生命，即有其氣與質之結聚上之種種差別，此蓋是現實存在上之物理地必然的，而亦是自然的。依中國古語說，即是氣化上之必然的與自然的。此種種差別既是氣化上之必然的、自然的，則其或過或不及，有種種趨勢，有種種曲折，亦是物勢上之必然的、自然的。此亦自然之理如此。如明道論「生之謂性」時（見下第五節），亦說「人生氣稟，理有善惡」。此「理」字顯然是虛說，不是就體上說那第一義的天理自身，不是就天道性命秉彝處說的那實體性的天理。

「天下善惡皆天理」並不是說那第一義的天理還有善有惡。若如此，則成大悖謬。此亦不是說那作為實體、作為生化之道的動態的天理，因其創生出現實存在之不齊，所以那天理即賅攝有善惡。若如此，則善惡雖從現實存在之不齊說，而天理卻仍是就體上說的那天理。第三條從天地或聖人之「涵容覆載」處說，則可作如是觀。因天地與聖人即代表就體上說的天理故也。「但處之有道爾」一語中之道亦是第一義的天理。但「天下善惡皆天理」以及其他語句中之天理或理字皆就物情物勢之必然而自然者說，並無超越的意義，亦無道德價值的意義。此雖可觀賞，但體卻不從此立。「但當察之，不可自入於惡，流於一物。」此即是說一種逆反的工夫以證

體，來提住自己，不可順那物勢滾下去。逆反所證之體才是超越的天理、第一義的天理、自體上所說的天理。此體證現，才使吾人不「入於惡」，不「流於一物」。

「無獨必有對」之理（第四條）亦是物勢物情自然而必然之理。此雖可觀賞，然非超越意義的天理。若于此而說理氣相即，理氣不二，亦成悖謬。

「服牛乘馬，皆因其性而為之。」（第六條），此亦是因物情物勢之自然而說理。乘牛服馬即「理之所不可」。「因其性」之性是物性之性，氣之結聚之性，非性體之性。

「天之生物也，有長有短，有大有小。〔……〕天理如此，豈可逆哉？」（第五條）。天是超越的實體，是「為物不貳，生物不測」之「天地之道」，而所生之物之長短大小則是物情之不齊。長者不可為短，短者不可為長，大者不可為小，小者不可為大。此亦是物情物勢之自然。「天理如此，豈可逆哉？」此是自然之勢之「天理」，非「生物不測」的那「天地之道」之天理。此條說此義之天理是就聖人之「制行」與「處事」而言。先明白此物情不齊是天理如此，然後才能「制行不以己」，此即處之之「要」也。聖人處事之優裕而無己無我，正因其明白斯理耳。

惟第七條說「物皆有理，順之則易，逆之則難，各循其理，何勞於己力哉？」是順〈蒸民〉詩而說下來，此則可以上下其講，不必定是物情物勢之自然之理也。如自超越意義的天理說，則此條即同于上正文第八條「萬物皆只是一個天理，己何與焉」一整段文之意。人見此條有順、逆字，以為此條亦是講的自然之勢之理，則恐不然。「順之則易，逆之則難」，可就兩種意義的天理而說，不必

定就自然之勢說也。

　　明道說此第二義之天理，心目中實亦透至第一義的天理而說，故概以「天理」二字儱侗之也。蓋存在之「然」皆由第一義的天理所代表之「所以然」以實現之為如此，故皆是理上定然如此，自然如此。因此，落于自然之曲折之相上，亦儱侗地說是「天理如此」也。若割截其「所以然」處超越意義的天理，而只看此自然之勢，自然曲折之相之天理，則此天理即是虛說的天理。人若以為明道所說的天理只是此虛說的天理而無超越意義的天理，則大悖！

　　古人用「自然」一詞，有時狀物情物勢，有時狀體。不可因同是「自然」即混其所狀者而為一。謝上蔡曰：

> 所謂有知識，須是窮物理。只如黃金，天下至寶。先須辨認得他體性始得。不然，被人將鍮石喚作黃金，辨認不過，便生疑惑，便執不定。故經曰：物格而后知至，知至而后意誠。
>
> 所謂格物窮理須是認得**天理**始得。所謂天理者，**自然底道理，無毫髮杜撰**。今人乍見孺子將入於井，皆有怵惕惻隱之心。方乍見時，其心**怵惕**，即所謂**天理**也。要譽於鄉黨朋友，內交於孺子父母兄弟，惡其聲而然，即人欲耳。天理人欲相對。有一分人欲，即滅卻一分天理。有一分天理，即勝得一分人欲。人欲纏肆，天理滅矣。**任私用意，杜撰做事，**所謂人欲肆矣。故莊子曰：去智與故，循天之理。若在聖人分上，即說循字不著。勿忘，又勿助長，正**當恁地時，自家看取，天理見矣**。

所謂天者，理而已。只如視聽動作，一切是天。天命有德，
便五服五章。天討有罪，便五刑五用。渾不是杜撰做出來。
學者直須明天理爲是自然底道理，移易不得。不然，諸子百
家，便人人自生出一般見解，欺誑眾生。識得天理，然後能
爲天之所爲。聖門學者，爲天之所爲，故敢以天自處。佛氏
卻不敢恁地做大。明道嘗曰：吾學雖有所受，天理二字，卻
是自家拈出來。（《宋元學案》卷二十四，〈上蔡學案〉）

案：此段文顯然是發揮明道所自家體貼出來的**道德實體性的天理**，
即所謂第一義的天理，就體上說的天理。但有人不解此文，並亦不
解孟子所謂怵惕惻隱之心之爲本心，純爲天理之心，無一毫人欲私
意之心，純爲無條件的至善之心，便以爲上蔡此段所說與上列七條
中前六條明道落於實然上就**物情物勢**之**自然曲折**而說的理相同，同
爲一種**自然趨勢**。此不但是誣枉，而且是大混亂。並以爲明道所說
的天理就是上七條中前六條就物情物勢之自然曲折而說的理，是並
不離物而獨存的，即是說，並無超越的意義與道德的意義（作此說
者以爲上第七條亦如此）。並想把上〈天理篇〉正文中2、3、4、5
諸條引歸爲伊川的思想。若誠如此，則明道焉得成其爲明道？即伊
川亦不敢謂其老兄是如此也。殊不知〈天理篇〉正文十二條才眞正
是明道所自家體貼的**實體性的天理**、**第一義的天理**。其中2、3、
4、5四條決然是明道語，不是伊川語，雖然伊川亦可以承認，但卻
多偏重其**靜態的本體論的存有義**。伊川、明道之別是在此，豈在**實
體性的天理**是伊川之**所說**，而明道所說唯是**物情物勢**之**自然趨勢之
理耶**？若如此，則明道之思想實卑陋塵下，並無多大價值，焉能爲

開創六百年傳統之一中堅人物，且爲正宗人物耶？又，即上蔡此段
文亦正是發揮明道所說實體性的天理之義。文中雖謂天理是「自然
底道理」，然此自然是狀**性體本心之自然**，無**杜撰無私意**，「**當體
是理**」之**自然**，並不是狀物情物勢之自然。（宋儒語錄用「底」字
表狀詞，吾人今日用「底」字表所有格，用「的」字表狀詞，正相
反。）「若在聖人分上，即說循字不著〔意爲：即不須說循字〕。
勿忘，又勿**助長**，正當**恁地時，自家看取，天理見矣。**」此是純粹
至善、無一毫人欲之私之天理，寧有善惡之差別耶？豈可與物情物
勢之「理有善惡」混同而俱視爲一種**自然趨勢耶**？此種混亂，對于
宋、明儒天道、性命、心性問題太過無知。眞上蔡所謂「被人將鑛
石喚作黃金」，遂「辨認不過」，而將黃金亦作鑛石看矣。然則明
道何以俱用天理或理字以滋後人之惑耶？曰：理字虛實高下使用最
爲廣泛，古人自有隨語意文勢使用之**便**。不獨古人爲然，即吾人今
日亦不能免。是故當察其使用之機，看其語意**著實處**何在也。亦如
「**自然**」可廣泛使用，豈可因俱用「**自然**」，便可不察其**所狀之實
而一律混同之耶**？

第三節　辨佛篇

一

> 伯淳先生嘗語韓持國曰：如說妄、說幻爲不好底性，請別尋
> 一個好底性來，換了此不好底性著！道即性也。若道外尋
> 性，性外尋道，便不是聖賢論天德。蓋謂自家元是天然完全

自足之物。若無所汙壞，即當直而行之。若少有汙壞，即敬以治之，使復如舊。所以能使如舊者，蓋爲自家本質元是完全之物。若合修治而修治之，是義也。若不消修治而不修治，亦是義也。故常簡易明白而易行。

禪學者總是強生事。至如山河大地之說，是他山河大地，又干爾何事？至如孔子，道如日星之明，猶患門人未能盡曉，故曰：予欲無言。如顏子則便默識，其他未免疑問，故曰：小子何述？又曰：天何言哉？四時行焉，百物生焉。可謂明白矣。若能於此言上看得破，便信是會禪也。非是未尋得，蓋實是無去處說。此理本無二故也。（《二程全書·遺書第一》，〈二先生語一〉，端伯傳師說。〔此明標爲伯淳先生說。〕）

二

昨日之會大率談禪，使人情思不樂，歸而悵恨者久之。此說，天下已成風，其何能救？古亦有釋氏盛時，尚只是崇設像教，其害至小。今日之風，便先言性命道德，先驅了智者。才愈高明，則陷溺愈深。在某，則才卑德薄，無可奈何佗。然居今日次第，便有數孟子亦無如之何。只看孟子時，楊、墨之害能有甚？況之今日，殊不足言。此事，蓋亦繫時之汙隆。清談盛而晉世衰。然清談爲害，卻只是閒言談，又豈若今日之害道？今雖故人，有一爲此學而陷溺其中者，則既不能回，今只有望於諸君爾！直須置而不論。更休曰：且待嘗試。若嘗試，則已化而自爲之矣。要之決無取。

其術大概且是絕倫類。世上不容有此理。又其言待要出世，出那裡去？又其迹須要出家，然則家者，不過君臣父子夫婦兄弟處。此等事皆以爲寄寓。故其爲忠孝仁義者，皆以爲不得已爾。又要得脫世網，至愚迷者也。畢竟學之者不過至似佛。佛者一懶胡爾。他本是個自私獨善、枯槁山林、自適而已。若只如此，亦不過世上少這一個人。又卻要周遍！謂既得本，則不患不周遍。要之決無此理。今日所患者，患在引取了中人以上者。其力有以自立，故不可回。若只中人以下，自不至此，亦有甚執持？今彼言世網者，只爲些秉彝又殄滅不得，故當忠孝仁義之際，皆處於不得已。直欲和這些秉彝都消殺得盡，然後以爲至道也。然而畢竟消殺不得！如人之有耳目口鼻，既有此氣，則須有此識：所見者色，所聞者聲，所食者味。人之有喜怒哀樂者，亦其性之自然。今強曰必盡絕爲得天眞。是所謂喪天眞也。

持國之爲此學者三十年矣。其所得者儘說得，知有這道理，然至於反身而誠，卻竟無得處。他有一個覺之理，可以敬以直內矣，然無義以方外。其直內者，要之其本亦不是。譬之贊《易》，前後貫穿，都說得，是有此道理。然須默而識之，不言而信，存乎德行。德行處，是所謂自得也。談禪者，雖說得，蓋未之有得。其徒亦有肯道：佛卒不可以治天下國家者，然又須道：得本，則可以周遍。（《二程全書·遺書第二上》，〈二先生語二上〉，呂與叔東見二先生語。〔未注明誰語，自係明道語無疑。〕）

三

佛學只是以生死恐動人。可怪二千年來，無一人覺此！是被他恐動也。聖賢以生死爲本分事，無可懼，故不論生死。佛之學爲怕生死，故只管說不休。下俗之人，固多懼，易以利動。至如禪學者，雖自曰異此，然要之只是此個意見，皆利心也。籲曰：此學，不知是本來以公心求之，後有此蔽，或本只以利心上得之？曰：本是利心上得來，故學者亦以利心信之。莊生云不怛化者，意亦如此也。如楊、墨之害，在今日則已無之。如道家之說，其害終小。惟佛學，今則人人談之。瀰漫滔天，其害無涯。

舊嘗問學佛者，《傳燈錄》幾人？云：千七百人。某曰：敢道此千七百人，無一人達者！果有一人見得聖人朝聞道夕死可矣，與曾子易簀之理，臨死須尋一尺布帛裹頭而死，必不肯削髮胡服而終。是誠無一人達者！禪者曰：此迹也，何不論其心？曰：心迹一也。豈有迹非而心是者也？正如兩腳方行，指其心曰，我本不欲行，他兩腳自行。豈有此理？蓋上下、本末、內外，都是一理也，方是道。莊子曰：游方之內、游方之外者，方何嘗有內外？如此，則是道有隔斷，內面是一處，外面又別是一處，豈有此理？

學禪者曰：草木鳥獸之生，亦皆是幻。曰：子以爲生息於春夏，乃至秋冬便卻變壞，便以爲幻，故亦以人生爲幻。何不付與他物？生死成壞，自有此理，何者爲幻？（《二程全書·遺書第一》，〈二先生語一〉。端伯傳師說。〔未注明誰語，

自係明道語無疑。〕）

案：以上三段爲明道辨佛之重要文字。在涉及對方處，辭意上雖有所不盡，亦不必盡諦，然自外部儱侗而言之，大體亦不甚差。若自其所明澈于自己方面者而言之，則在大界限之判別上，一方面積極，一方面消極，即對他方面稍有不盡或甚疏略，亦不甚影響其判別之**本質上之中肯**。若對方教義本質上無甚差別，只是表現方式有不同，或表面辭語有不同，則了解若有不盡或甚疏略，即足以影響其判別，甚至使其判別多無謂。今佛家教義本質上實與儒家有別（儘管有許多方面相同），則如果對自己方面甚爲明澈，不是恍惚之見，則對他方雖不甚深入，而其大端之原委與自己不同固甚易對照而出者，雖稍有不盡或甚疏略，亦不至影響其判別之本質上之中肯。佛之由諸行無常、諸法無我、緣起性空、涅槃寂靜，而建立其教義，此與儒家之由道德意識出發而肯認一道德實體，以爲一本體宇宙論的實有者，固顯然有不同。此點，一經對照，不必說雙方都能明澈者，即若稍有眞切于任何一方者，亦能見出其本質上有差別。此差別既有**本質性**，不是一時之皮相，則即使對于對方雖十分深入，十分詳盡，十分諦當，亦不能抹殺或融解此**差別**。然則反之，雖稍有不盡，或甚疏忽，亦不至影響此**本質之差別**。儘管雙方各如其分，進而可互相補助，再進而更可得一較高級之融和，然而亦不礙雙方教義之各有其**本質的自性**。宋、明儒雖大抵出入佛老，然對于佛老所涉**並不深**。（出入並不壞，並非一出入即不純，或如普通所謂陽儒陰釋。純者自純，不純者自不純。焉有如此大教、如此顯學如佛老者，而可以充耳不聞？焉有擔當世運、弘揚聖教，而

可以不正視對方者？所憾者唯其在所涉不深耳。明道說「直須置而不論」，又勸人不必「嘗試」，「若嘗試，即已化而自為之矣。」此只是對一般人說，又是護教之情切。其實這是堵不住的。若真是有生命、有性情，正不怕去嘗試。）然此不深並不礙**判別大界限**之**不謬**。張橫渠從本體宇宙論的「有無、隱顯、神化、性命，通一無二」之體用義判別佛老體用義之不諦與偏枯，吾已詳論于前。而明道此判別則直從「秉彝」之「殄滅不得」，以及「敬以直內，義以方外」之道德意識與道德意識中之**道德實體**來照察出佛教之緣起性空、苦業生死之說為不澈，此皆**大界限不謬**者也。明道之判別尤為後來之規範，大抵不出其範圍（承之而說者以象山為最明澈，無滯辭）。明儒泰州派下焦弱侯（師事耿天臺、羅近溪，而又篤信李卓吾之學），辯斥明道諸論點，以佛學即為聖學，此則頭腦混雜，兩不真切，不足言學。釋氏自有善言妙語，若隨機學用，自無妨礙。若必辯斥明道論點為非是，則徒見其混雜而已矣。若云「聖人懷之，眾人辯之相示也」（莊子語），不必辯，則試問焦竑敢自居此境乎？彼實亦不自此義而非明道也。彼以為明道未究佛乘，故言不得當。是則彼自以為曾究佛乘，故欲平反之也。實則彼不究尚可，愈究愈糊塗耳。究而能澈，談何容易哉！（關此，請參看《明儒學案》卷三十五，〈泰州學案四〉。）

　　關此〈辨佛篇〉，吾不詳加疏解。詳見前章〈附錄：佛家體用義之衡定〉。

第四節　一本篇

1. 目畏尖物，此事不得放過。須與放下，室中率置尖物，須以理勝他，尖必不剌人也。何畏之有？（《二程全書·遺書第二下》，〈二先生語二下〉，〈附東見錄後〉，呂與叔所記。〔未注明誰語。〕）

2. 觀天理，亦須放開意思，開闊得心胸。便可見。打揲了習心兩漏三漏子。今如此混然說做一體猶二本。〔案：此句不甚明。〕那堪更二本、三本？今雖知可欲之為〔謂〕善，亦須實有諸己，便可言誠。誠便合內外之道。今看得不一，只是心生。〔案：「心生」猶言不熟。〕除了身，只是理。便說合天人，合天人已是為不知者引而致之。天人無間。夫不充塞，則不能贊化育。言贊化育，已是離人而言之。（《二程全書·遺書第二上》，〈二先生語上〉，呂與叔東見二先生語。〔未注明誰語，《宋元學案·明道學案》將「除了身」以上刪去，將第1條移于其上，兩條合并為一條。〕）

3. 凡言充塞云者，卻似個有規模底體面，將這氣充實之。然此只是指而示之近耳。氣則只是氣，更說甚充塞？如化育，則只是化育，更說甚贊？贊與充塞又早卻是別一件事也。（同上）

案：第1條就「目畏尖物」說起，提出「理」字，「須以理勝

他」。此事並非容易。生理機體自成一機栝，看得透，忍不過。若
非大貞定，要想「以理勝他」，未必能勝他。然無論如何，理想地
言之，人生只是一義理之當然。將生命一立，立定于理上，乃是不
容有疑者。更無其他曲折可言。此條已顯出道德意識之嚴整與夫實
體性的天理之尊嚴。將此條列首者，爲其有承上啓下之關聯性也。

　　接著第2條即言「觀天理」。「開闊心胸」，**直觀天理**，即**直
下承當天理**。「打揲了習心兩漏三漏子」猶言將有漏習心全部收拾
起。「打揲」是「收拾起」的意思。「兩漏三漏子」大概是從佛家
言「有漏」而來。將有漏習心打掃得乾乾淨淨，即**通體是天理呈
現**。更不須說「混然一體」。「混然說做一體」即有不混然、不一
體爲背景，猶有「二本」之嫌。故云：「今如此混然說做一體，猶
二本。」此語似不甚明曉。蓋「混然一體」，平常即可認爲是一
本，何以說「猶二本」？然細案之，其意似是「混然」猶有差別之
預設，「一體」猶有隔別之預設，故須混而冥之，化而一之，此猶
有二本之嫌也。故「混然一體」還不算是到家的話頭。眞到家者，
無所謂「混然」，亦無所謂「一體」，只是「通體是一天理呈現」
也，只是**天理如如之呈現**。此方眞正是「一本」。既「混然一體」
已是甚好，猶有二本之嫌，更那堪再執實二本乃至三本？

　　此下言「除了身，只是理」，此猶是分解地言之。此顯天理之
尊嚴與超越。若眞圓頓地言之，則只是一「天理如如之呈現」，更
無身、理之別。身即是理，理即是身。就此而觀「合天人」，「合
天人」亦不必要。言「合」是「爲不知者引而致之」。「天人本無
間」。若眞只是「天理如如呈現」，則人就是天，天亦就是人。現
實的習心有漏之人自不是天。天與人自有間。自現實望理想，才說

「合」，此即所謂「為不知者引而致之」。若是真明得透澈，則人即天，更無「合」之可言。聖人生命通體是天，更無所謂「合」。通體是天意即通體是理之充塞。只此便是「化育」，不必言「贊」。「夫不充塞，則不能贊化育」。此言「充塞」是就理言。此理即至誠盡性之誠體性體之理。通體是理，意即通體是性體之呈現，亦即通體是誠體之流行，是誠體之於穆不已。《中庸》言：「誠則形，形則著，著則明，明則動，動則變，變則化。唯天下之至誠為能化。」故通體是一誠之充塞流行即是「化育」。至誠盡性之極，人處之化育即「天地之化育」，人與天地渾然一體，更不分彼此，只是一誠體之流行也。如此，即不必言「贊」。「言贊化育，已是離人而言之。」此言：若是「言贊化育」，是「贊天地之化育」，化育屬他天地，不屬于人，只是人去贊之耳，故云：「已是離人而言之。」《中庸》言贊，是顯人能，是就人言，明道此處言「離人而言之」是就「化育」言。人與天地渾然是一化育，只我這裡便是天地之化育，故不必言「贊」。此雖就《中庸》推進一步說，然亦為《中庸》之所函，非有不滿于《中庸》也。去「合」廢「贊」便是「一本」。

　　第3條是此義之補充，言「充塞」與「贊」之不必要。「氣則只是氣，更說甚充塞？如化育則只是化育，更說甚贊？」此言「充塞」是孟子「氣，體之充也」之「充塞」，是就氣說。「凡言充塞云者，卻似個有規模底體面，將這氣充實之。」以此充彼，此是擬議地「指而示之近耳」。實則「氣只是氣」，只是一氣之豐盛，「更說甚充塞？」此譬「如化育，則只是化育」，只是一誠體之流行，只是一誠之形、著、明、動、變、化，「更說甚贊？」此唯是

直下平說，以顯「一本」。此是極端的圓滿之教。言以此充彼，言我去贊他，此猶是兩個路頭，此孟子所謂「二本」也。明道由不二本進言一本，故以爲合與贊俱不必要也（說到「充塞」，則只是助解）。此唯是明道有此圓頓之智慧。

> 4.言體天地之化，已膌一體字。只此便是天地之化，不可對此個別有天地。（同上。〔未注明誰語，《宋元學案・明道學案》列有此條。〕）

案：此條義與前同。「體」字與「贊」字「合」字爲同類詞意。不是去體驗、體會，或體貼那「天地之化」，只我這裏便是天地之化。此是透體立極，一「體」之沛然。只我的生命便通體是一誠體之沛然，「不可對此個別有天地之化」。

> 5.天人本無二，不必言合。（《二程全書・遺書第六》，〈二先生語六〉。〔未注明誰語。〕）
>
> 6.若不一本，則安得「先天而天弗違，後天而奉天時」？（《二程全書・遺書第二上》，〈二先生語二上〉，呂與叔東見二先生語。〔未注明誰語，《宋元學案・明道學案》將此兩條合併爲一條，非是。〕）

案：〈乾・文言〉曰：「夫大人者與天地合其德，與日月合其明，與四時合其序，與鬼神合其吉凶，先天而天弗違，後天而奉天時。天且弗違，而況於人乎？況於神鬼乎？」大人即聖人。大人生命通

體是天，通體是理。自理、道言，透體立極，天亦不能違之，「況
於人乎？況於鬼神乎？」此中之天、人、鬼神，俱是現實存在。此
是大人之**先天性**。先天是指其生命之體現理、道言。自此而言，只
大人就是理、道。然大人雖是大人，一方仍有其個體生命之**現實性**
與局限性。自此而言，便是「**後天而奉天時**」。此是大人之**後天
性**。奉天時即是奉天地之化也。即大人，亦不是可以**隨意爲之**。進
一步，**圓融**言之，**奉天時**即是**奉其自己之化**，天地之化與其自己之
化一體不離而爲一也。再進一步，圓頓言之，即「奉」字亦不必
要，即**大人便是天地之化**，便是**天時**。盡其先天性之理道不是抽象
的、空懸的理道，乃是具體的、生化的理道，即與其現實生命通潤
而爲一。凡其現實生命所應有之**一切姿態**皆是其一「**體**」之**化育流
行也**。此時**先天、後天之分即泯**。此是澈底的一本論，亦即**圓頓之
教之一本論**。若猶有先天、後天之分，此是分解地言之，猶有二本
之痕跡。若不至圓頓之境，則其「奉天時」不必**真能奉天時**，即勉
強奉之，亦不必真能**一體而化**也。不必真能一體而化，則其先天性
亦不必真能**具體而真實**也。故凡明道言「一本」皆非只**分解地、抽
象地**只反顯一理道以爲**本體**，乃是**圓頓地言之也**。「只此便是天地
之化」，只此便是「先天而天弗違」，亦便是「後天而奉天時」。
「一本」並不單限于「先天而天弗違」也。從「先天而天弗違」容
易見出一本之義，但這只是從**體**上顯**一本**。從「**體**」上顯一本，人
易識也。從「**用**」上顯**一本**，從「後天而奉天時」上顯一本，便不
易識。然而真正的一本是在通體達用一體而化上顯，此即**圓頓境之
一本也**。故明道云：「若不一本，則安得**先天而天弗違，後天而奉
天時**？」此是先天後天一起**貫下來的**。

7. 嘗謂以心知天，猶居京師往長安。但知出西門，便可到長安。此猶是**言作兩處**。若要**至誠**，只在**京師**，便是**到長安**，更不可別求長安。只**心便是天**，**盡之便知性**，知性便知天。當處便認取，更**不可外求**。（同上。〔未注明誰語，《宋元學案‧明道學案》列有此條，自是明道語。〕）

案：上面明，此條亦明。若以此條列首，上面所說亦甚易明。此亦圓頓言之也。而且**圓頓之意特顯**。心性天一也。上面作為本體的理道亦決非「只是理」。乃是心神理一也之理。

8. 「窮理盡性以至於命」，三事**一時並了**，元無次序。不可將窮理**作知之事**。若實窮得理，即**性命亦可了**。（同上。〔此條下注一「明」字，示為明道語。〕）

9. 理則須**窮**，性則須**盡**，命則不可言窮與盡，只是**至於命**也。橫渠昔嘗譬命是源，窮理與盡性如穿渠引源。然則渠與源是**兩物**。後來此議**必改來**。（同上）

10. 「窮理盡性以至於命」，一物也。（《二程全書‧遺書第十一》，〈明道先生語一〉，〈師訓〉劉質夫錄。）

案：〈說卦傳〉曰：「昔者聖人之作易也，幽贊於神明而生蓍，參天兩地而倚數，觀變於陰陽而立卦，發揮於剛柔而生爻，**和順於道德而理於義，窮理盡性以至於命**。」又曰：「昔者聖人之作易也，將以**順性命之理**。是以立天之道曰陰與陽，立地之道曰柔與剛，立人之道曰仁與義。兼三才而兩之，故易六畫而成卦。分陰分陽，迭

用柔剛，故易六位而成章。」此是〈說卦傳〉之首兩章，此可說是綜述《易經》一書製作之**全部規模**以及其**總意指**。如生著、倚數、立卦、生爻，即是其全部設施之**規模**。「和順於道德而理於義，窮理盡性以至於命」，便是其**總意指**。此就首章而言之。至第二章則先標**意指**，次明**施設**。「將以順性命之理」即**總標意指**。如何「順性命之理」？通過陰陽、剛柔、仁義，即足以順之也。在天爲陰陽，即以陰陽立天之道。在地爲剛柔，即以剛柔立地之道。在人爲仁義，即以仁義立人之道。天以氣言，故曰陰陽。地以質言，故曰剛柔。人以德言，故曰仁義。此不過就其有形者分別而言之，故如此分屬。實則天地可統於一，故陰陽剛柔只是一義，實即一陰陽也。再進一步，統於一而言之，天地人只是一道。此道即是生化之道，道德的創生之道也。此創生之道，就天地而言之，由陰陽變化之不測、不息而見。就人而言之，由仁義之精熟與配合而見。張橫渠《正蒙·神化篇》云：「義以反經爲本，經正則精。仁以敦化爲深，化行則顯。義入神，動一靜也。仁敦化，靜一動也。仁敦化，則無體。義入神，則無方。」此即是**義精仁熟**而見**道德的創生實體**之**沛然不禦也**。天地之道之爲物不貳、生物不測亦不過即此**實體之沛然也**。至乎此，則眞至「**順性命之理**」矣。蓋由陰陽不測與義精仁熟所見之**道德創生之實體即吾人之性**也。性所定之**大分**與盡性而**至此大分**，即吾人之「**命**」也。此是性之所命，亦即「通極於性」之正面之命、本分之命也。盡性之所命（義理當然之所命）而不爲吉凶禍福所搖動，一切遭際皆順受之而不違義以躲閃，此即莊子所謂「安之若命」之命，亦即孟子所謂「殀壽不貳，修身以俟之，所以立命也」之命，此是消極意義的**負面之命**。正面之命是內部性體

之所命，此是**命令之命**。依此命而言「**分**」。即孟子所謂「大行不加，窮居不損，分定故也」之分，此是吾人之**大分**，亦曰本分。**負面**之命是從個體生命與客觀氣化（宇宙的或歷史的）間之距離與參差而見，此是自外而來之**限制**，此是屬於**幸福原則**者，依此命而言「**限**」。屬分者曰「**義命**」，屬限者曰「**福命**」。如果福命之限亦有**分義**，則此「分」是就吉凶禍福、死生壽夭言，是氣之凝聚與遭際之一定，是**屬於氣之分**。如果義命之分亦有**限義**，則此限是就行為之義不義言，是性體之命所給於吾人之定向，吾人必須盡而至之，乃責無旁貸者，此是**屬於理之限**。理之限是積極的，由之以成吾人之德，是積極地使吾人成仁取義。氣之分是消極的，由之以節吾人之欲，是消極地使吾人不行險僥倖，不投機取巧，不妄冀非分。無論是由**理之分**而**成限**，或是由**氣之限**而**成分**，皆是所以成就一**義理之當然**。理之分所成之當然，是性體自律之當然，氣之限所成之當然是由「順受其正」而不妄為而反顯。此一當然之完成亦可以說是**一幾二用**。能盡理之分即能安於氣之限，不能盡理之分亦不能安於氣之限。**一幾**是發動於**性之盡**，**二用**是在命之**有分屬**。一幾處不真切，二用處必糊塗。理之分與氣之限是「命之**分屬**」之**存有**，一幾處（性之盡）之真切是所以彰著此「命之分屬」之存有（二用）而完成一義理之當然者。〈說卦傳〉所謂「順性命之理」即是順通此**一幾二用**之**性命之理**也。順通「性之理」即是明性為道德創生之實體而期有以**盡之也**。順通「命之理」即是順通「**命之分屬之存有**」而期有以**至之也**。《易》之卦爻之施設，其總意指即在此也。首章之「和順於道德而理於義，窮理盡性以至於命」亦是明此**意指**。生蓍、倚數、立卦、生爻，此一象數卦爻之施設無非明陰

陽之不測，由此陰陽之不測而「和順於道德而理於義」，亦無非要
通那**道德創造之真幾**。陰陽之變不測不息而成**動序**即曰**道**，其動而
「**以易知，以簡能**」即曰**德**。易簡理得而**不可亂**即為「**和順於道
德**」（此道德是宇宙論的意義）。易簡理得之化發於道德創造之真
幾，由此而見其**定然**與**當然**，此即為「**理於義**」。「理於義」者言
統理於義以定之也（此是道德的意義）。故「和順於道德」即函蘊
著「理於義」。由「和順於道德而理於義」即可進而言「**窮理盡性
以至於命**」。「**窮理**」者總言之，明**天道生化**之理也。若再進一步
落實言之，即〈說卦傳〉第二章所謂「順性命之理」也。聖人作易
以順通性命之理即是「窮理」。先綜言「窮理」（「順性命之
理」），次進而分別言「盡性」與「至於命」。天道為物不貳，生
物不測，此創生之實體，或天命於穆不已之體，其內在於人，即是
吾人之性。此性即是道德創造之真幾。此是順通「性」之理。「盡
性」者即盡此道德創造之真幾以成道德創造之不已也（純亦不
已）。「至於命」者即至於理之分與氣之限以彰著命之分屬之二用
也。〈說卦傳〉所說之「命」當是由性向前看之「理之分」與「氣
之限」之命，非是由性向後看之「天命之謂性」之源頭處之命。蓋
源頭處天命之命，其命於吾人，即為吾人之性。性字有獨立的意
義，命字無獨立的意義。由性處向前看，則性體所給與吾人之命令
以及其所定之方向乃是吾人之大分，就此說理命（理之分）有獨立
之意義。在盡此性上所見之氣之限（氣命）亦有獨立之意義。盡性
至命即至此兩種命也。「理性命之理」，就順性之理言，即通極於
道、通極於源頭處天命之命，而就順命之理言，則即順通此兩種命
之理也。窮理既即是順通性命之理，則「至命」即是經過「盡性」

後而向前看，向前推致以至於「性之分」，以安於氣之限。如此疏通，吾信較能恰合〈說卦傳〉之本義。

明道說「窮理盡性以至於命，三事一時並了，元無次序」，此自可說。在此，「窮理」是重要關鍵。「不可將窮理作知之事。若實窮得理，即性命亦可了。」此即函知行合一之義。「窮」字即解為究明之知，亦是究明「性命之理」而澈知之，既不是散開究明外物之理，亦不是對于「性命之理」只作一外在之知解。「不可將窮理作知之事」，即不可只視為外在之知解。如只視為外在之知解，則與盡性至命是有次序，而此三事亦不必能「一時並了」。惟窮理是究明「性命之理」而澈知之，是澈知至極而朗現之，故「若實窮得理，即性命亦可了」。「了」字是了當之了，不是明了之了，「盡」字「至」字皆含于其中。「窮」字是澈知而朗現義。王陽明所謂「知之真切篤實處即是行，行之明覺精察處即是知」是也。（〈答顧東橋書〉）澈知「性命之理」而朗現之，則「性」自然盡，而亦自然可「至於命」也。「理則須窮，性則須盡，命則不可言窮與盡，只是至於命。」是則「命」處之「至」並無工夫可言。積極工夫唯在窮與盡也。

惟「至於命」之命是指從性處向後看以理言的源頭處天命之命，抑還是從性處向前看的「性之分」與「氣之限」？此則明道並未明言。但衡之第9條批評橫渠「譬命是源」之說而觀之，則明道似亦視命為向後看的源頭處天命之命也。蓋明道只反對其「穿渠引源」，以為若如此，則「渠與源是兩物」，並不反對其從源頭處說命也。如果命是指從性處向後看的源頭處天命之命，則「至命」是向後至，而理、性、命是一物，實即一「天命性體」也。理是「天

命不已」之理，性亦即是此理之具于吾人，命即是此理之命于吾人。如是，則窮理盡性至命三事不但是「一時並了」，而且實即是一事。如果命是指從性處向前看的「性之分」（理命）與「氣之限」（氣命）而言，則「性之分」之理命其內容的意義與向後看的源頭處天命之命固完全相同，皆命令義，但「氣之限」之氣命則是命運，命運、命限之命，此則與源頭處天命之命固不同也。如果至命是從性處向前看，向前推致以至于性之分與氣之限，則窮理、盡性、至命三事不是一事，但可因工夫之函蘊而「一時並了」。而「理則須窮，性則須盡，命則不可言窮與盡，只是至於命」之語亦仍可以說。此則自工夫言之，命處仍無積極的工夫，只是「窮理盡性以至於命」也。此即爲因工夫之函蘊而「一時並了」也。「一時並了」雖不受影響，然「至命」如是向前至，則在道德踐履上爲**嚴切**，而有**獨立之意義**。如是向後至，則只是至于性之源，即喪失「至命」之**獨立意義**，而亦喪失其道德踐履上之嚴切義。此則恐非〈說卦傳〉原語之本義。蓋此只是一條鞭地從正面說，此則甚同于孟子之「盡心知性知天」也。但孟子除「盡心知性知天」、「存心養性事天」外，還有「夭壽不貳，修身以俟」之「立命」。「窮理盡性以至於命」似乎不能只同于盡知存養之一面，似乎還應兼顧到「修身以俟」之一面。故「至命」實不能意解爲「向後至」也。

至于明道此處提及橫渠「譬命是源，窮理與盡性如穿渠引源」之思想，明道以爲若如此，「渠與源是兩物」。其實如果「譬命是源」，則命是從性處向後看的源頭處天命之命，則兩物一物並無嚴重之問題。如命是向後看的天命之命，則「穿渠引源」以通之，亦不算錯。開始施設渠源之喻，好像是兩物，但引而通之，亦是一

物。此是**分解的展示**。明道之圓頓地說爲一物並不能抹去此分解的
展示。而分解的展示亦非必定爲二物也。橫渠言天、言道、言虛、
言神，皆結穴于性。如果命是天命天道，則「窮理盡性以至於命」
不但可以「三事一時並了」，而且實即一事。亦不礙其爲一物。渠
源之喻並無甚妨礙也。

　　蘇季明有一段記錄表示橫渠不贊成「三事一時並了」之義。如
云：「二程解窮理盡性以至於命，只窮理便是至於命。子厚謂亦是
失於太快。此義儘有次序。須是窮理，便能盡得己之性，則推類又
盡人之性，盡得人之性，須是並萬物之性一齊盡得，如此，然後至
於**天道**也。其間煞有事。豈有當下理會了？學者須是**窮理爲先**。如
此，則方有**學**。今言知命與至於命，儘有近遠，豈可以**知**便謂之**至**
哉」？（《二程全書・遺書第十》，〈二先生語十〉，〈洛陽議
論〉。蘇昞季明錄）。明道所謂「橫渠昔嘗」云云，大概即指洛陽
議論時而言。彼三人曾在洛陽有一次聚會，二程（當以明道爲主）
主「三事一時並了，元無次序，不可將窮理作知之事。」橫渠則主
「此義儘有次序」。不管橫渠當時對于「窮理」如何理會，然其視
窮理爲「學」，則其「將窮理作知之事」，則甚顯然。如果其心目
中所意謂之「窮理」不至太有異解，只是窮的天道生化之理，天命
於穆不已之理，則雖在實際次序上布散開說，先將窮理視作「知之
事」，亦不礙本質上三事實只一事，而亦可「一時並了」。其辨駁
明道恐只是一時之不澈，衡之其思理，彼實不能于本質上反對「一
時並了」也。此種漸敎之態度並不礙于「一時並了」之頓敎也。蓋
理、性、命視爲一物故也。（衡之《正蒙》，橫渠言理命、氣命，
多就性向前看，是則後來已不視「至命」爲「向後至」矣。）

惟伊川亦言三事「只是一事」，則有問題。此蓋因其言窮理落在《大學》致知格物上言，而彼又無實體性的本心義，心與性爲二，故「盡性」亦有殊指，是則窮理與盡性實不能爲一事，而漸教終于在本質上即是漸教，難與頓教相通也。故其言三事「只是一事」，或只隨其老兄如此說，或只一時之乍見，衡之其思理之本質實不合也。詳見〈伊川章〉第八節格物窮理篇。

11.「**居處恭，執事敬，與人忠**」。此是**澈上澈下語，聖人原無二語**。（《二程全書·遺書第二上》，〈二先生語二上〉，呂與叔東見二先生語。〔此條下注一「明」字，示爲明道語。〕）

案：此亦圓頓義。恭、敬、忠，只是一「純亦不已」。通體是一「純亦不已」。澈上澈下只此一語，並無二語。蓋此三語是孔子答樊遲問仁而說。恭、敬、忠直通仁體，故云：「此是澈上澈下語」也。明道確有此圓頓之洞悟，此其創闢智慧之所以爲不可及也。

以上共十一條，除第10條外，俱爲呂與叔所記。首七條雖未注明誰語，然此圓頓一本之思想決是明道之思想，其爲明道語無疑。《宋元學案》列入〈明道學案〉，是。（第3條未列）。以下試看劉質夫所錄，則明標是明道先生語，可資以爲證。

12.至誠可以贊天地之化育，則可以與天地參。「贊」者，〔贊字衍〕，參贊之義，「先天而天弗違，後天而奉天時」之謂也。非謂贊助。只有**一個誠**，何助之有？《二

程全書・遺書第十一 》，〈 明道先生語一 〉，〈 師訓 〉，劉質
夫錄。 ）

案：《中庸》云：「唯天下至誠爲能盡其性。能盡其性，則能盡人
之性。能盡人之性，則能盡物之性。能盡物之性，則可以贊天地之
化育。可以贊天地之化育，則可以與天地參矣」。《中庸》此文是
由至誠層層前進，最後則是「可以贊天地之化育」而「與天地
參」。此是透人極以贊化育。明道則就此推進一步說，意與前文 2.
3. 4. 三條同。「至誠」就「是天地之化，不可對此個，別有天
地」，故無所謂參贊。《中庸》言「可以贊天地之化育」，「可以
與天地參」，還是「離人而言」天地之化育，不過是去**贊**之、**參**
之。是則參贊字猶表示有**彼此之別**，是**二本也**。「本」者，就字面
說，是根本、根源之意。然明道言一本、二本之本則較輕鬆，意即
「**路頭**」之意，不是指抽象地反顯一個**本體**爲根本而言**一本**也。本
體即一矣，而凡有**彼此對待說**，不能**消融**而爲**一體之化而爲一**，便
都是**二本**，意即猶有**兩個路頭**也。例如「天地之化」處是**一路頭**，
我這裡因至誠而能去參贊它，又是**一個路頭**，這便是**二本**。並非說
我這裡的本體與天地之化處的本體二，故爲二本也。本體自是一，
但只要有**我這裡**與**它那裡**之別，即是**二本**。消融這分別而泯除參
字、贊字，「只有一個誠」，只此至誠之形、著、明、動、變、
化，便是天地之化，更無所謂參贊，亦無所謂別有一天地之化，這
便是**一本**，意即**一個路頭**。反顯地認一個本體爲一本，此易知也。
人皆能言之。消融彼此的對待而成爲一個路頭。如此**言一本**，是**圓**
頓之境，此爲**圓頓之一本**，此則並非易明也，亦非易事也，而唯明

道特喜言之,此朱子所謂「渾淪、難看」也。此是其創闢智慧之無
礙處、圓熟處,與明澈處也。明道此條目的即在消除或化掉**參贊之**
對待而使參贊之義成爲「先天而天弗違,後天而奉天時」之「**只是**
一誠」之形、著、明、動、變、化之**一本**。先天後天貫而爲一之一
本義,解見前第6條。

13.「大人者與天地合其德,與日月合其明」,非**在外**也。
   (同上)

案:此就〈乾・文言〉推進一步說。「合」字亦不必要。夫大人既
是「先天而天弗違,後天而奉天時」,則大人之德即是天地之德,
大人之明即是日月之明,大人之動序即是四時之序,吉凶與民同
患,大人之吉凶即是鬼神之吉凶,渾然**一體而化**,無所謂**以此合彼**
也。合「非在外」,**合義亦泯**。

14.道,**一本**也。或謂:以心包誠,不若以誠包心,以至誠
   參天地,不若以至誠體人物:是二本也。知不二本,便
   是「篤恭而天下平」之道。(同上)

案:或說中,「以誠包心」也許比「以心包誠」較好一點,「以至
誠體人物」也許比「以至誠參天地」較好一點,但依明道觀之,不
管是「以心包誠」或是「以誠包心」,皆有一種「**包**」的**關係**,不
管是「以至誠參天地」,或是「以至誠體人物」,皆仍是有彼此之
對待,或是**去參**,或是**去體**,皆仍是**兩端之關係**;此即仍是**二本**

也，不是**一本之道**。若言一本，只應：只心便是誠，只誠便是心，只心便是天，只誠便是天，只是此心此誠之形、著、明、動、變、化即是天地之化，更無**所謂包**，無**所謂參**，亦無**所謂體**，體亦是**多餘字**。此是圓頓之一本，亦是具體而眞實之道——道之**圓頓地顯現**。所謂「道，一本也」，不是抽象地反顯道之爲本體，乃是言「**爲道**」（「人之爲道而遠人」之爲道）而至**明澈之境**，成爲**圓頓的顯現**，此方眞正是道，即方是具體而眞實之道，此是**圓頓地爲道上之一本**，不是**分解地就道體本身**說**一本**。若說道體本身是一本，乃不通之語。只有一個本體，道體本身自是一但不能說**道體本身是一本**。故「道，一本也」，此語明確之，應是：「道，**一本而現也**」。言包、言參、言贊、言體，皆非一本而現之道，乃是二本而現之道，故亦非具體而眞實之道，乃支解割裂之道。故若知道是一本而現，不是二本而現，「便是篤恭而天下平之道」。一篤恭而天下平，便是一本而現之道之。此自是道之**圓頓地呈現**。若篤恭是篤恭，另外還有個「天下平」之道，便不是一本而現之道，亦不是道之圓頓地呈現。

15.「範圍天地之化而不過」者，模範出一天地耳。非**在外**也。如此，「曲成萬物」豈有遺哉？（同上）

案：範圍、曲成之句見〈繫辭・上傳〉第四章。該章從「易與天地準，故能彌綸天地之道」說起，直至「範圍天地之化而不過，曲成萬物而不遺，通乎晝夜之道而知，故神無方而易無體。」「《易》與天地準」之《易》是指《易》書言。此言《易》書所言之道是相

應天地如如而言之,「故能彌綸天地之道」而毫無過與不及之處。
是以其所言之道即內在于天地萬物而恰恰即是天地萬物自身之道。
《易》書模範出此道即等于模範出「天地之化」。自《易》書而
言,當然是在外。然其所言之道與天地之化**相應如如**,恰恰即是**天
地之道之自身**,自此而言,則「非在外」。「聖人之作《易》也」
是聖人精誠之心之寫照。「聖人以此〔圓而神、方以智、易以貢〕
洗心,退藏於密,吉凶與民同患,神以知來,智以藏往。」故聖人
之心即是「天地之化」,即是「先天而天弗違,後天而奉天時」。
其作《易》是**從天而降**,故既能**模範出天地之化**,亦自能「**曲成萬
物而不遺**」也。故外而非外,實與天地之化**如如爲一也**。「範圍」
解爲「模範出」可,解爲「範圍出」亦可。總之是虛靈地(超越
地)總言之,而「曲成」句則是細密地(內在地)分言之。前者是
大德敦化而無外。(天地之化函盡一切,是至大無外。模範出此天
地之化者雖虛靈而不蕩,雖超越而不過,故亦相應如如而無外也。
過則有外。)後者是**小德川流而無內**。(萬事萬物細如牛毛,是至
小無內。易道一一曲成之而無所遺漏,是亦分別地相應如如而無內
也。如有內,則內而又內,無窮盡,是即有遺也。無內,雖無窮複
雜而一一盡皆呈現。)無內,則小德即大德,雖一微塵,亦圓滿具
足也。雖無窮複雜,而盡皆呈現也。無外,則大德即小德,大非抽
象的大,仍即融于小而爲大也。**融于小而爲小**,則**雖大而無大**。雖
大而無大,大即小矣。一微塵而具足,一一皆呈現,則**雖小而非
小**。雖小而非小,小即大矣。大小之分泯,則範圍曲成之分亦**泯化
而爲一體矣**。比即是具體而眞實的「天地之化」也。天地是萬物之
總名,天地與萬物對言,只是一時之權說,非眞離萬物之化而別有

天地之化也。

　　以上劉質夫所錄之四條（12、13、14、15）皆極言「一本」義，與呂與叔所錄之（2、3、4、5、6、7）六條意旨全同。所以言一本者無非要烘託出「純亦不已」這本體宇宙論的、創生直貫實體而已，而當下由誠敬體證這「純亦不已」之實體，只有一個誠，只是這實體直上直下之直貫，便是所以極成一本者。此下劉質夫所錄即精言此義也。而以上呂與叔所錄者亦是歸于誠敬也。

16.「天地設位而易行乎其中」，只是敬也，敬則無間斷。體物而不可遺者，誠敬而已矣。不誠則無物也。《詩》曰：「維天之命，於穆不已。於乎不顯，文王之德之純。」「純亦不已」。純則無間斷。（同上）

案：〈周頌·維天之命〉詩四句是開發本體宇宙論的實體之最原初而亦最根源的智慧。首先正視此詩，由之以言天之所以爲天與文王之所以爲文者，是《中庸》。宋儒興起，言天道性命，亦無非要展示此實體。而體會得最恰當而明澈者，則無過於明道。此實體亦曰**誠體**。誠敬連言，亦得曰**敬體**。「敬」本是工夫字，然工夫即本體，故即通過此「敬」字以體證「純亦不已」之**實體**，而明道亦實即以此「**敬**」字指**實體**也。故得曰「**敬體**」。敬同時是作用的（工夫的），同時亦是實體的（本體）。故云：「天地設位而易行乎其中，只是敬也。」此實體亦曰「**易體**」。**易體**由「**於穆不已**」來定。前〈天道篇〉曾引明道之問「易畢竟是甚」，以明明道實在要指點易也、此也、密也（聖人以「此」洗心，退藏於「密」），只

是此**實體**。此實體，再具體言之，只是一寂感眞幾，故得曰神體，亦得曰**誠體**。誠即函著敬，故亦得曰**敬體**。只是這「於穆不已」、「純亦不已」之**實體**。「不已」不是落在氣邊的變化，而是尅體而言。此體是心、是神、亦是理。但不是「只是理」。心、神亦不能一條鞭地屬於氣。此即體而言之心是**本心**，即體而言之神是「動而無動、靜而無靜」之**神**，此者不可**以氣言**。心、神、理合一，綜起來亦得曰**理**。此理是動態的理，是本體宇宙論的、即活動即存有的理，不是只是靜態的理，只是本體論的存有之理。

17.「**敬以直內，義以方外**」。**合內外之道也**。（**釋氏內外之道不備者也**。）（同上）

案：〈坤〉六二曰：「直、方、大，不習無不利。」〈文言〉曰：「直，其正也。方，其義也。君子敬以直內、義以方外，敬義立而德不孤。直、方、大，不習無不利，則不疑其所行也。」**敬體**即是**義體**。義代表理。理由中出以方外，則事事物物皆得其理。義**以方**之，即是**貞定而成之**，故理爲實理，非空理；事爲實事，非幻妄。此所謂「敬以直內、義以方外」，言內外唯是一**敬體、義體之所直貫也**。佛家無論如何言定、言慧、言菩提、言般若、言清淨心，要之是以緣起性空、諸行無常、諸法無我、涅槃寂靜爲底子，固與此**敬義實體之直貫不類也**。明道云：「他有一個覺之理，可以敬以直內矣，然無義以方外。其直內者，要之其本亦不是。」（見前〈辨佛篇〉二）。「可以敬以直內」，是就其戒、定、慧說。「無義以方外」是就其緣起性空，如幻如化說。既「無義以方外」，則其

「可以敬以直內」，亦只是類比地說，其內容意義實非儒者之敬體義體也，故云：「要之其本亦不是」。而此處則注云「釋氏內外之道不備者也」，即指「可以敬以直內，然無義以方外」言。此自以敬義體為標準而作如此判。若自佛家自義言之，不毀世間而證菩提，世、出世亦可圓融為一，生死涅槃亦可圓融為一，此亦可以說「合內外之道」。但其底子是**緣起性空**，是**空理**，不是**實理**，不是**敬義實體之直貫**。故其合內外亦自不同。此方是最後的、最**本質的判別**。

18.「**純亦不已**」，天德也。「造次必於是，顛沛必於是」，「三月不違仁」之氣象也。又其次，「則日月至焉」者矣。（《二程全書‧遺書第十二》，〈明道先生語二〉。戊冬見伯淳先生洛中所聞，劉質夫錄。）

19.「居處恭，執事敬，與人忠。」充此，便睟面盎背，有諸中必形諸外。觀其氣象便見得天命不已。〔案：此語有病〕文王純於天道亦不已〔此語尤差〕純則無二無雜，不已則無間斷先後。（《二程全書‧遺書第五》，〈二先生語五〉。〔未注明誰語，亦不知何人所記，但係記明道語則無疑。〕）

案：此案19條當與上第11條（呂與叔所記）及第16條（劉質夫所記）合看。此條雖顯是記明道之語，但措辭多有不諦。如「觀其氣象便見得天命不已，文王純於天道亦不已」，前句下「天命不已」，後句下「天道」，皆不諦之辭。就前句言，其句意若是伊川

所云「觀乎聖人，則見天地」，亦可無病。但恐不是此意。其句意順上文下來，似是「觀其氣象便見得**是天命不已**」。「見得」是在其氣象這裡「見得」也。此則便成不諦。「天命不已」是客觀地說「天命」自身之辭語，而此句順上文說下來，卻是說人之踐履之「純亦不已」。就後句說，「文王之德之純」明是說德行「純亦不已」，焉可說「純於天道」？此當是記者之差。

20. 心具天德。心有不盡處便是天德處未能盡，何緣知性知天？盡己心，則能盡人盡物，與天地參。贊化育，贊則直養之而已。（同上）

案：此條與前條相連，亦不知何人所記，亦未注明誰語。但亦可視為明道語。惟衡之以前盛言「一本」義之各條，此條亦不甚顯豁警策。此或記者之差，未能盡達其意。《宋元學案》將此條列於〈伊川學案〉中。順其語意亦可講成伊川義。但將此條視為伊川語，則在伊川系統中不能有決定性之作用。如視為明道語，則易符合其心性天是一義以及一本義，但措辭又不甚諦。姑列於此，同時亦列於〈伊川章〉第五節〈論心篇〉。詳解見該處。

21. 中者天下之大本，天地之間**亭亭當當、直上直下**之正理。出則不是。唯敬而無失最盡。（《二程全書・遺書第十一》，〈明道先生語一〉，〈師訓〉，劉質夫錄。）

案：此本體宇宙論的實體亦曰中體。「唯敬而無失最盡」，即以敬

之盡，名曰敬體，即工夫即本體也。

22.「民受天地之中以生」，天命之謂性也。「人之生也直」，意亦如此。（〈遺書第十二〉，〈明道先生語二〉，戌冬見伯淳先生洛中所聞，劉質夫錄。）

23.且喚做中，若以四方之中爲中，則四邊無中乎？若以中外之中爲中，則外面無中乎？如「生生之謂易」，「天地設位而易行乎其中」，豈可只以今之《易》書爲易乎？中者且謂之中，不可捉一個中來爲中。（同上）

案：此兩條相連，與第21條同言中字。22條以「民受天地之中以生」與「天命之謂性」同，此不必合劉康公說此語之原義。但明道則借之以說中體即性體。「人之生也直，意亦如此」，則是直下以人之原初之直生爲體。此可曰**直體**，直即體也。如是，則中體、性體、誠體、敬體、直體，乃至心體、神體、易體、仁體，與夫寂感眞幾、純亦不已、於穆不已之實體皆一也。而天理實體亦不外此。直下只是一體之直貫，一體之沛然不禦，更無內外彼此之可分。此即爲圓頓之一本。

　　第23條首句「且喚做中」，「且」字上疑脫一「中」字。此「且」字不是「而且」之且，似是由「姑且」之且轉來。句意是「中且只喚做中」，意即「中就只是中」。末句「中者且謂之中，不可捉一個中來爲中」。吾人即以此句來了解首句。蓋中即是體，無內外故也。此須直下**稱體印證**，不可東指西指，予以限定，鬧出無謂的膠著。蓋中非一物也，亦非是一個有方所的觀念。以此衡

之，則伊川之論中差之遠矣，未得其老兄之風範也。彼兄弟二人之
體會道體以及言工夫自有異。此緊要關頭正決定系統之異，不可
忽。焉可混而同之，只以程子儱侗之，或甚至只以伊川之程子代表
之耶？

24.「天下雷行，**物與无妄。**」天下雷行，**付與无妄**。天性
　　豈有妄耶？聖人「**以茂對時，育萬物**」，各使得其性
　　也。无妄，則一毫不可加，安可往也？往則妄矣！无
　　妄，震下乾上，**動以天，安有妄乎？動以人，則有妄
　　矣。**」（同上）

案：《易·无妄卦》象曰：「天下雷行，物與无妄。先王以茂對
時，育萬物」。朱子注云：「天下雷行，震動發生，萬物各正其性
命，是物物而與之以无妄也。先王法此，以對時育物，因其所性，
而不爲私焉。」明道解「物與无妄」爲「付與无妄」，言萬物皆付
與无妄也。朱注意同。雷動風行，一皆誠體之流行，故皆眞實无妄
而各正性命也。「動以天」而无妄，則雖動而常定也。此誠體之動
而無動也。在誠體流行之動而無動中，萬物各正其性命，則萬物亦
皆付與无妄而常自貞定也。此亦示誠體之直貫。

25.顏子曰：「仰之彌高，鑽之彌堅。」則是深知道之無窮
　　也。「瞻之在前，忽焉在後！」他人見孔子甚遠，顏子
　　瞻之，只在前後，但只**未在中間爾**。若孔子，乃**在其中**
　　焉。此未達一間也。（《二程全書·遺書第十二》，〈明道

先生語二〉。戌多,見伯淳先生洛中所聞,劉質夫錄。)

案:此由聖人之體現中體而見中體之「亭亭當當、直上直下」也。

26.洒掃應對,便是形而上者,理無大小故也。故君子只在**慎獨**。(《二程全書·遺書第十三》,〈明道先生語三〉。亥八月見先生於洛所聞,劉質夫錄。)

案:此由「**慎獨**」以明**一本**。亦即由慎獨以見中體、誠體乃至心體、性體之直貫也。

27.明道曰:「維天之命,於穆不已,不其**忠**乎?天地變化草木蕃,不其**恕**乎?」(《二程全書·外書第七》。胡氏本〈拾遺〉。)

28.或問明道先生:如何斯可謂之恕?先生曰:「充擴得去,則爲恕。」心如何是充擴得去底氣象?曰:「天地變化草木蕃。」充擴不去時如何?曰:「天地閉,賢人隱。」(《二程全書·外書第十二》,〈傳聞雜記〉,見《上蔡語錄》。)

案:此由忠恕以明此誠體之直貫也。忠即函恕。忠恕連言,亦如誠敬連言。故此誠體可曰**敬體**,亦可曰**忠體**也。此皆是表示本體宇宙論的實體之直貫。

29.蘇季明嘗以治經爲傳道居業之實，居常講習，只是空言
　　無益。質之兩先生。伯淳先生曰：修辭立其誠，不可不
　　仔細理會。言能修省言辭，便是要立誠。若只是修飾言
　　辭爲心，只是爲僞也。若修其言辭，正爲立己之誠意，
　　卻是**體當自家敬以直內、義以方外之實事。道之浩浩，**
　　何處下手？惟立誠才有可居之處。有可居之處，則可以
　　修業也。終日乾乾，大小大事，卻只是「忠信所以進
　　德」爲實下手處，「修辭立其誠」爲實修業處。〔下伊
　　川說，略。〕（《二程全書·遺書第一》，〈二先生語一〉，
　　端伯傳師說。）

案：此爲李端伯（籲）所錄，主要亦是表示「立誠才有可居之
處」。立誠以「體當自家敬以直內、義以方外之實事」即是立誠以
復誠體。如是，則一切德業皆是誠體之流行，亦皆是「敬以直內、
義以方外」敬義實體之所貫。大道浩浩，立誠以實之，誠是形、
著、明、動、變、化之基點。而誠之形著明動變化即是天地之化
也。不然，「道之浩浩」只是**光景**，亦只是**虛脫**。誠以**實之**，則**一
切皆實**。此亦是**攝于一點**而爲**一本**也。「當處便認取，更不可外
求。」當下在此**立定**，便是「亭亭當當、直上直下」之**大本**。

30.持國曰：若有人便明得了者，伯淳信乎？曰：若有人，
　　則豈不信？蓋必有生知者，然未之見也。凡云爲學者，
　　皆爲此。以下論孟子曰：盡其心者知其性也，知性則知
　　天矣；存其心，養其性，所以事天。便是至言。（《二程

全書・遺書第十四》,〈明道先生語四〉,劉質夫錄。）

案：孟子盡心知性知天，存心養性事天，夭壽不貳，修身以俟，所以立命，此三義便是**大中至正之綱維**，便是「**至言**」，便是眞「**明得了者**」。信是**信此**，不是信「**緣起性空**」也。象山云：「夫子以仁發明斯道，其言**渾無罅縫**。孟子**十字打開**，更**無隱遁**。」此即是天縱之「**生知**」，此是眞「**明得了者！**」明道述而明之，可謂明矣！

31.佛氏不識陰陽晝夜死生古今，安得謂形而上者與聖人同乎？（同上）

案：佛氏所識之陰陽晝夜死生古今是**無明業識之幻妄**，是「緣起性空」下之**幻現**，是「流轉、還滅」對翻下之**流轉邊事**，而儒者所識之陰陽晝夜死生古今則是**天道之神化、太虛神體之大用**。此仍是**實理**與**空理**之異。其形而上者固與聖人不同也。明道此條是根據〈繫辭・上傳〉第四章而說，請參看該文。

32.佛言前後際斷，「**純亦不已**」是也。彼安知此哉？子在川上曰：「逝者如斯夫，不舍晝夜！」自漢以來儒者皆**不識此義**。此見聖人之心純亦不已也。《詩》曰：維天之命，於穆不已。蓋曰天之所以爲天也。於乎不顯，文王之德之純。蓋曰文王之所以爲文也，**純亦不已**。此乃**天德也**。有天德，便可語王道。其要只在**慎獨**。（同上）

案：此最後總歸于「維天之命，於穆不已」、「文王之德之純，純亦不已」這本體宇宙論的實體，這道德創生的實體，即這立體直貫的實體。《詩》只四句，「蓋曰天之所以爲天也」以及「蓋曰文王之所以爲文也，純亦不已」是《中庸》之贊語。就「天之所以爲天」說，是**本體宇宙論的實體**。就「文王之所以爲文」說，是**道德創生的實體**。總之其義一也，**是立體直貫的實體**。此實體在以前名曰「**天命流行之體**」。「流行」一詞須善會，是就**天之不已其命**言。命是命令之命。不已其命即後來王船山所謂「命日降」也。天是不已地時時在降命也。形而上地言之，即是不已地起作用起創生之用也。剋就此**不已地起作用**言，即曰**流行**，實無所謂**流**，亦無所謂**行**也。此流行不是**氣邊事**，不是**氣化之過程**，不是現實存在物之**變化過程**，乃是指體而言，是指誠體神體寂感眞幾之神用言，故曰「**流行之體**」，此是指目此體爲「即活動即存有」之體，是「動而無動靜而無靜」之神體，非是一往是動之**流行也**，亦非是動了又靜靜了又動有**動靜過程**之**流行也**。有此創生之眞幾（不已地起作用），始有氣化之實事。在氣化上始可說是動了又靜，靜了又動，有動靜之過程。然則「流行」者亦是假託氣化之動靜過程而顯耳，即顯其不已地起作用，亦顯其無所不在耳。子在川上見「逝者如斯夫，不舍晝夜」，如就此說「流行之體」，便是由此悟到生化之所以生化之**眞幾**，悟到天命之**不已地起作用**，並非此「逝者如水流」本身即爲體也。逝者如水流本身正是**氣化之事**也。故明道云：「此見聖人之心**純亦不已也**。」並非謂聖人之心尙如水之流蕩也。水之流過去、流過去，是象徵聖人之心之「純亦不已」，不是今天精純，明天便不精純。故前第16條云：「純**則無間斷**」。此仍是「造

次必於是，顛沛必於是」之意。並非言聖人之心「生滅起伏如水流」為體也。若如此，則成**大荒謬**，焉得言「**純亦不已**」？

此「**純亦不已**」之心即**仁心**。以此為體，即曰仁體。故天命之不已亦即**仁體之不容已**也。天命、天道、太極、太虛、誠體、神體、中體、性體、心體、仁體，乃至敬體、義體，其義一也。總指這「**於穆不已**」之**實體**（易體）而言。自理言，此即是天理、實理。其「範圍天地之化而不過，曲成萬物而不遺」，即所以使事為實事，而非幻妄也。此一本體宇宙的實有之立體直貫之骨幹、道德創生之骨幹，顯非佛家緣起性空、涅槃寂靜之骨幹。佛家並無此「**天命流行之體**」之義也。若有此，則即為儒而非佛矣，即有**自性**而非**性空**矣。即言到如來藏自性清淨心、真空妙有，亦非此「天命流行之體」之道德的創生之立體直貫之義。「**實理實事**」與「**空理幻妄**」固不同也。此是最核心最本質的差異，固不可濫也。其他種種相似，皆不足以影響此**本質的差異**。

佛家言「前後際斷」即言世間相無盡，眾生無盡也。「前際斷」即**無始**，「後際斷」即**無終**。**此好像是「純亦不已」，其實根本不是**。此實不是「純亦不已」，乃是無明煩惱之不已、**緣起之不已**。

無明法性不離，菩提煩惱不離，去病不去法，此是圓融下不離之**不已不盡**，並非自體上客觀地、創生地肯定「生生不息」也。菩提並不創生煩惱，法性並不創生無明。分解地說，無明煩惱乃是無根的，說斷就斷，說滅就滅，執著就有，不執著就無。無前際無後際之不斷不滅之**無盡**，乃只是**圓融地無礙說**，此只是**順應而無礙地不已無盡**，是消極的無盡，不是**積極的無盡**。「眾生即涅槃，不復

更滅」(《維摩詰經》),即依此義而說**不已不盡**。當體即空,當體即寂,即在此當體不離之義下而**無礙地維繫著眾生之不已無盡、不增不減**。雖無礙地不更滅,卻亦不是自體上客觀地、創生地肯定其「生生不息」也。這種不已無盡、不增不減,似亦有一種**必然性**。但此必然性是以圓教為根據,是由圓教涅槃而虛籠著而顯的必然性(不管是何型圓教),不是由肯定一「本體宇宙論的實體」而然也。關此問題,可參看法藏賢首《華嚴一乘教義·分齊章》所詮差別第九,言種性差別、「明佛種性」處。此是佛教中甚有趣而亦甚深遠之問題。法藏賢首辨之甚詳。于此可見大乘佛教所謂眾生不已不盡、不增不減是何意義。明道顯然已看出此中本質之差異,故雖以「純亦不已」比之,而又云「彼安知此哉」?眾生不已無盡,不增不減,實非此「純亦不已」之義也。(至于言工夫之精進不已,則與此不相干,不可混擾。)儒家「純亦不已」、「於穆不已」,實在表示一道德創生之實體、本體宇宙論的實體之立體的直貫,故理為實理(體為實體),事為實事,自非緣起性空如幻如化之論也。請看〈橫渠章〉附錄:〈佛家體用義之衡定〉。

附識:黃宗羲對于「天命流行之體」之誤解

儒家道德的創生實體之直貫所顯之實理實事系統,由明道之一本論,反覆鄭重「於穆不已」之義,全盤脫出。只要一知此義,儒佛之判甚為顯然。而後之來者,除象山外,未有能如明道之明澈而全盡者也。伊川「聖人本天,釋氏本心」之語即已不盡不諦。至朱子,視性與太極只是理,視心與神俱屬于氣,則「於穆不已」之「天命流行之體」之義即已泯失,是故只以靜態的、只是「本體論

的存有」之理判儒佛，而視即心言性、主本心即性者所說之性爲知覺運動之「生之謂性」，以爲此既同于告子，亦同于禪家之「作用是性」（「作用見性」），是則眞成只本天而不敢本心，對己方之實體契悟有不盡，有偏差，而對彼家之義亦不明澈，且有誤解也。夫禪家「作用是性」是詭辭，是當體即空、即覺、即佛性義，並不是實然的或指謂的陳述（factual, predicative statement）。朱子不明此義，而認爲是實然之陳述，是誤解也。象山本孟子言本心之沛然，言心即性、心即理，豈是虛靈之氣之知覺運動耶？與「生之謂性」有何關？又與禪家「作用是性」有何關？此明是對于自家道德創生之實體體悟有不盡，而又隨意呵斥象山也。然自象山言本心，陽明承之言良知，以心攝性攝理，心性天是一，此雖足以復活「於穆不已」之「天命流行之體」之義（即純從心體流行見），而承王學之發展，至最後黃宗羲就「流行之體」判儒佛，本已甚足，然而其措辭則恍惚而不諦，是則對自家「於穆不已」之體了解有不澈，甚至有差謬，而對于彼家之綱維亦不了了也。黃氏之言如下：

> 夫儒、釋之辨眞在毫釐。今言其偏於內而不可以治天下國家，又言其只是自私自利，又言只消在迹上斷，終是判斷不下。〔案：黃氏不知明道雖有種種說，根本上實自於穆不已之體上判也。〕以愚論之，此流行之體儒者悟得，釋氏亦悟得。然悟此之後，復大有事，始究竟得流行。今觀流行之中，何以不散漫無紀？何以萬殊而一本、主宰歷然？釋氏更不深造，則其流行者亦歸之野馬塵埃之聚散而已。故吾謂釋氏是學焉而未至者也。其所見固未嘗有差。蓋離流行亦無所

謂主宰耳。（《明儒學案》卷三十四，〈泰州學案三〉，參政羅
近溪先生汝芳）

觀此，即知其不諦與差謬。彼所謂「流行之體」是指實然之氣化本
身說，此非宋儒所說「天命於穆不已」之「流行之體」，亦非王學
良知周流遍潤之「流行之體」。彼雖只言「流行之體」，未言「於
穆不已」之「天命流行之體」，亦未言良知周流遍潤之「流行之
體」，然此詞語之根源實自「於穆不已」之「天命流行之體」與良
知周流遍潤之「流行之體」而來，無人能有異解也。宋儒說「天命
流行之體」是直就「於穆不已」之天命之體本身說；王學說此「流
行之體」是直就良知周流遍潤說，而羅近溪盛著此義，如所謂道體
平常、「捧茶童子是道」、所謂「骨肉皮毛渾身透亮」、所謂「擡
頭舉目，渾全只是知體著見，啓口容聲，纖悉盡是知體發揮」、如
良知本體之周流遍潤而無所不在也。而黃梨洲卻落在氣化之事上
說，須待于「流行」中見「主宰」。此豈非謬之甚矣乎？

彼謂此「流行之體，儒者悟得，釋氏亦悟得。」如「流行之
體」指氣化之事說，夫誰不知？豈待儒、佛始能悟得？彼謂「儒、
釋之辨眞在毫釐」。如果流行之體是「天命於穆不已」之體，是良
知周流遍潤之體，則以此判儒、佛正是本質的差異，實理實事與空
理幻妄之對照正由此而顯，此正是天淵之別，何言「眞在毫釐」？
何言「釋氏亦悟得」？彼謂儒佛同悟一「流行之體」，只是儒者知
其有則而不可亂，能深造其「何以不散漫無紀？何以萬殊而一本、
主宰歷然？」而釋氏則「更不深造」，故只「歸之野馬塵埃之聚散
而已。」若「流行之體」誠如黃氏所意味，則如此說固亦足以區以

別矣。然「流行之體」一詞本由言於穆不已之體與良知本體而來，本直指於穆不已之體與良知本體而說，而如此說之流行之體其本身即是體，即是紀，即是則，即是主宰，並非指氣化之事變說，須待就事變之流行中見其有則，于變易中不易也。黃梨洲習而不察，忘其初矣。若如梨洲所說，則「流行之體」並非是體，而不易之則、主宰歷然，方是體也。此是對于「流行之體」之誤解，故亦轉移論點為于變易中見不易也。

劉蕺山除就「心之所存」之「意」言獨體外，復就「於穆不已」之性體言獨體。前者是「心宗」之獨體，後者是「性宗」之獨體。蕺山對于「於穆不已」之體體會最深，言之最精。梨洲為其弟子，何竟無所聞耶？彼對于「流行之體」如此誤解，是不獨全接不上宋儒與王學之提綱，且並其師之學脈亦接不上也。

彼既誤解「流行之體」為氣化之流變，試觀其就此「流行」所見之「主宰」（不易之則）又如何？其所「深造」者又只是以下之說法：

> 抑知理氣之名由人而造。自其浮沈升降者而言，則謂之氣。自其浮沈升降不失其則者而言，則謂之理。蓋**一物而兩名，非兩物而一體**也。（《明儒學案》卷四十四，〈諸儒學案上二〉，學正曹月川先生端）

其所深造者如此，蓋欲亟言理氣之為一，而批駁朱子之析理氣為二也。彼以為如此便可避免理為一物，理能生氣、理氣為二之說法。夫如此說，理氣固為「一物而兩名」矣，抑豈知此說之有弊乎？豈

不落于自然主義之實然之平鋪乎？此非古人言天命天道與就之而言
理之義也。又只是以下之說法。

> 〔浚川〕先生主張橫渠之論理氣，以為氣外無性。此定論
> 也。但因此而遂言性有善有不善，並不信孟子之性善，則先
> 生仍未知性也。蓋天地之氣有過有不及，而有愆陽伏陰，豈
> 可遂疑天地之氣有不善乎？夫其一時雖有過不及，而萬古之
> 中氣自如也，此即理之不易者。人之氣稟，雖有清濁強弱之
> 不齊，而滿腔惻隱之心，觸之發露者，則人人所同也。此所
> 謂性即在清濁強弱之中，豈可謂不善乎？若執清濁強弱，遂
> 謂性有善有不善，是但見一時之愆陽伏陰，不識萬古常存之
> 中氣也。先生受病之原在理字不甚分明。但知無氣外之理，
> 以為氣一則理一，氣萬則理萬，氣聚則理聚，氣散則理散，
> 畢竟視理若一物，與氣相附為有無。不知天地之間只有氣，
> 更無理。所謂理者，以氣自有條理，故立此名耳。亦以人之
> 氣本善，故加以性之名耳。如人有惻隱之心，亦只是氣。因
> 其善也，而謂之性。人死則其氣散，更何性之可言？然天下
> 之人各有惻隱，氣雖不同，而理則一也，故氣有萬氣，理只
> 一理。以理本無物也。宋儒言理能生氣，亦只誤認為一物。
> 先生非之，乃仍蹈其失乎？（《明儒學案》卷五十，〈諸儒學
> 案中四〉，肅敏王浚川先生廷相）

王浚川之意且不論，梨洲如此言理，非古人言天命、天道、於穆不
已之流行之體之義也。如此言性，亦非孟子言性善之義也。甚至

亦非象山言「心即理」、陽明言「良知之天理」之義也。其視心爲
氣，既已無異于朱子矣，而于理則又完全喪失其超越之意義，如此
言理氣爲「一物而兩名」、「只有氣更無理，所謂理者，以氣自有
條理，故立此名」，此則純成爲自然主義實然之平鋪，不幾成爲唯
氣論乎？亟欲內在而一之，結果理與性爲虛名，有何優于朱子處？
其不如朱子之分理氣爲二也遠甚！如此深造，其距釋氏之不深造亦
無幾矣。又有以下之說法：

〔莊渠〕先生言理自然無爲，豈有靈也？氣形而下，莫能自
主宰。心則虛靈而能主宰。理也、氣也、心也，歧而爲三。
不知天地間祇有一氣。其升降往來即理也。人得之以爲心，
亦氣也。氣若不能自主宰，何以春而必夏、必秋、必冬哉？
草木之榮枯，寒暑之運行，地理之剛柔，象緯之順逆，人物
之生化，夫孰使之哉？皆氣之自爲主宰也。以其能主宰，故
名之曰理。其間氣之有過不及，亦是理之當然。無過不及，
便不成氣矣。氣能主宰而靈，則理亦有靈矣。若先生之言，
氣之善惡無與於理，理從而善之惡之，理不特死物，且閒物
矣。其在於人，此虛靈者氣也，虛靈中之主宰即理也。善固
理矣，即過不及而爲惡，亦是欲動情勝，此理未嘗不在其
間。故曰不爲堯存，不爲桀亡。以明氣之不能離於理也。
（《明儒學案》卷三，〈崇仁學案三〉，恭簡魏莊渠先生校）

此則愈說愈悖，全失正宗儒家言理之體統。其對于「何以不散漫無
紀？何以萬殊而一本、主宰歷然？」之問，竟如此深造，深造的結

果只是「氣之自為主宰」，則其對于「於穆不已」之「天命流行之體」無所解甚顯，難怪其自氣化之事而言也。

夫其視「流行之體」為氣化之事，為儒佛之所同悟，乃由評議羅近溪而說下來。然而羅近溪不如此也。其述羅氏之學云：

> 先生之學以赤子良心不學不慮為的，以天地萬物同體、激形骸、忘物我為大。此理生生不息，不須把持，不須接續，當下渾淪順適。工夫難得湊泊，即以不屑湊泊為工夫。胸次茫無畔岸，便以不依畔岸為胸次。解纜放船，順風張棹，無之非是。學人不省，妄以**澄然湛然為心之本體，沈滯胸膈**，留戀景光，是為**鬼窟活計**，非天明也。論者謂龍溪筆勝舌，近溪舌勝筆。微談劇論，所觸若春行雷動。雖素不識學之人，俄頃之間能令其心地開明，道在眼前。一洗理學*膚淺套括*之氣，當下便有受用，顧未有如先生者也。然所謂渾淪順適者，正是佛法一切現成〔案：何必佛法〕。所謂鬼窟活計者，亦是寂子速道莫入陰界之呵。不落義理，不落想像，先生真得祖師禪之精者。蓋生生之機，洋溢天地間，是其流行之體也。至流行而至畫一，有川流便有敦化。故儒者於流行見其**畫一**，方謂之**知性**。若徒見氣機之鼓盪，而玩弄不已，猶在陰陽邊事。先生未免有一間之未達也。〔下接「夫儒、釋之辨，真在毫釐」云云，見前引。〕

案：此所述近溪言學之理境並不錯。然須知近溪之喜言此境是承陽明之言知體、心體而來，是本王艮父子之喜言自然、平常、活潑，

而更經過**拆穿光景之艱苦工夫**而**真切言之**。其所本仍是心體、性體、誠體、仁體之範圍與曲成，只是特重**具體表現**上之「當下即是」而已耳。此完全是**圓頓**之境也。蓋分解地建立綱維、居位正體，前人已言之備矣，只剩**具體表現**上之**化境**以待發揮耳。聖教之道德實踐，內聖之學，發展至此，應有此一步圓熟之工作。而羅近溪講學之特色即在特重此點，遂成為闡揚此義之典型代表。王艮父子只是開端，猶未至近溪言此之精微與明澈。此義，即陽明已有之，象山已有之，明道尤有之，即伊川、朱子亦有之（惟從入之路不同）。孟子言所存者神，所過者化，上下與天地同流，以及睟面盎背，已早有之，而孔子則是此化境之體現者。是以凡正宗儒家言內聖踐履至成熟之境者無不函有此義，而無論自覺或不自覺，皆必然默許而不能否認之。惟往聖前賢皆重綱維之建立，而惟至近溪始專以此為**勝場**。歷來未有如此之專注，而又言之如此精微與明澈者。梨洲所謂「一洗理學膚淺套括之氣，當下便有受用，顧未有如先生者也」，意即在是。顧吾不如此說。吾只說前人皆重綱維之建立，已言之備矣，惟至近溪始專以此為勝場。其新鮮與精采是在其承當了這歷史的必然。他人無此生命，無此智慧，既無綱維可立，只有落于庸俗，陷于「膚淺套括之氣」，呫嗶呻吟于其中而不能自拔。此所以迂腐拘謹而令人生厭也。理學本聖賢豪傑之學，今乃落于迂腐，豈不重可憐乎？此皆無真實生命者也。近溪之專以此為勝場，固可說有得于「祖師禪之精」，但正不必說其「所謂渾淪順適者，正是佛法一切現成」，好像專從佛法得來者。此實是儒家本有之化境，何必佛法耶？凡有真實生命者，主重踐履以至理想人格之完成者，無論其目標為成聖，抑或成佛，此皆其應有之義，無所謂

誰來自誰也。禪宗之出現亦是承當了佛教發展史之必然。此是共
法，非不共法。此既不足以定儒、佛之同，亦不足以判儒佛之異。
必以爲來自禪者，猶是對于聖教尚未光暢者之見也。吾讀其書《盱
壇直詮》，但覺其皆是儒家「大而化之之謂聖」之化境所應有必有
之義，不覺其來自禪也，亦不覺混雜有佛家之氣息也。自此而言，
近溪可謂純且熟矣。

　　何以說近溪以上爲勝場是內聖之學發展中應有必有之義？蓋無
論本體宇宙論地言之之「天命於穆不已」之流行之體，或是道德地
言之之心體、性體或知體，皆須在道德實踐之體現中始成爲具體而
眞實之體，吾人在分解之綱維中，是**反顯以立體**。但即此在分解之
反顯中，體亦被置定在抽象的狀態中，此一步置定是抽象地顯示體
之自己，是使體歸于其自己，即使體在其自己，是顯體之爲純普遍
性之自己。此步固是必要，但若只停于此，則是抽象的體，而非具
體而眞實的體。停滯于此，以爲見道，則即是所謂「一念耿光，遂
成結習」，此是入而不出之「執念」，所謂「妄以澄然湛然爲心之
本體，沈滯胸膈，留戀景光，是爲鬼窟活計，非天明也」，即指此
境地而言也。在抽象地反顯體之自己時，心之本體自是**澄然湛然**。
但停滯于此，則澄然湛然者即轉爲**光景**，「非**天明也**」。非體之自
身是光景，乃是投置體于抽象狀態中，對具體而眞實之天明、天常
言，此**抽象狀態之體**即是**光景**，是天明天常之影子，故曰**光景**。吾
人之意識停滯于體之抽象狀態中是「**執念**」，剋就此執念言，亦曰
光景。停滯于此而不出，即是入于「**鬼窟**」，言入于幽而不反也。
是以在道德踐履之體現「體」而使之成爲具體而眞實的體，使之成
爲天明天常的體，以成道德之實事，成具體的道德行爲之「純亦不

已」中，拆穿此光景而消化之，把那投置于抽象狀態中的體，懸掛的體，拖下來而使之歸于**具體而眞實**的體，把那**鬼窟打散**，使體**恢復其天明**，使吾人之生命亦出于幽而歸于**順適平常**，乃成道德踐履中最**艱苦的工夫**。此步作到，便是**化境**。羅近溪對此確有存在的切感，亦確經過此步艱苦的工夫。

　　「少時，讀薛文淸語，謂：『萬起萬滅之私，亂吾心久矣。今當一切決去，以全吾**澄然湛然之體**。』決志行之，閉關臨田寺。置水鏡几上，對之默坐，使心與水鏡無二。久之而病心火。」後遇顏山農指點以孟子「擴而充之，如火之始燃，泉之始達」之義，乃如大夢得醒。「又嘗過臨淸，劇病。恍惚見老人語之曰：『君自有生以來，觸而氣每不動，劬而目輒不瞑，擾攘而意自不分，夢寐而境悉不忘，此皆心之**錮疾也**。』先生愕然曰：『是則予之心得豈病乎？』老人曰：『人之**心體**，出自**天常**。隨物感通，原無定執。君以夙生操持強力太甚，**一念耿光**，遂**成結習**。不悟**天體**漸失，豈惟心病，而身亦隨之矣！』先生驚起叩首，流汗如雨。從此**執念漸消，血脈循軌**。」（以上俱見《明儒學案》卷三十四，〈泰州學案三〉）吾人讀此，或以爲此有類于學道人之神話，殊不知此中確有一體現道體上之眞實問題，即從**抽象置定**到**具體表現**之問題，而羅近溪確是專注意于此問題者。此問題表示吾人生命發展中吾人自己所起之**波濤**與**曲折**，吾人亦必須自己消化掉這些**波濤**與**曲折**，然後始可歸于**順適平常**。羅近溪確是經過這一些波濤與曲折，其一生即是這一問題之呈現與消解底過程，故其體會道體專就其具體而眞實處說，其講學重點亦專落在如何**拆穿光景**而歸于**順適平平上**。所謂「以赤子良心不學不慮爲的，以天地萬物同體、澈形骸、忘物我爲

大。此理生生不息，不須把持，不須接續，當下渾淪順適。工夫難得湊泊，即以不屑湊泊爲工夫。胸次茫無畔岸，便以不依畔岸爲胸次。」凡此云云，皆是就**拆穿光景，打消鬼窟**而言。並不是**空頭說大話，隨意氾濫**也。不知者以爲此只是「**氣機鼓蕩**」矣。未經過此問題者，而若空言「以不屑湊泊爲工夫」，「不依畔岸爲胸次」，此方眞是隨意氾濫、「**情識而肆**」（劉蕺山語）之「**相似法流**」（似之而非之類）。蓋此類人尙不知**抽象**與**具體**之眞實意義，尙不知湊泊不湊泊、畔岸無畔岸之眞實意義，而妄言不屑湊泊、不依畔岸，此**眞肆無忌憚**也。曾謂經過如許之曲折，專注意于拆穿光景、打銷鬼窟之羅近溪，而尙不知「於流行見畫一」，只是「氣機之鼓蕩」耶？黃梨洲于此議其「未免有一間之未達」，則亦未免淺陋之譏也。于此對未知者施警戒可，而直謂羅氏「一間未達」則不可。

　　由上所述，則知：如果羅近溪之由拆穿光景而歸于順適平常，無之非是，自然、活潑、生機盎然、一團和氣、無拘謹矜持險怪之象，乃至所謂當下即是、眼前即是、「捧茶童子是道」、「骨肉皮毛，渾身透亮」，「擡頭舉目，渾全只是知體著見；啓口容聲，纖悉盡是知體發揮。」（皆近溪語）凡此等等所示之境，亦可以「流行之體」指目之，則此流行之體決然是指心體、知體、仁體之隨事著見而言，是體之**具體而眞實地呈現、圓頓地呈現**，亦如「天命於穆不已」之流行于天地生化之中，隨時著見，隨處著見，**全用是體即全體是用，全神是氣即全氣是神**。如此而言天命流行之體，決然是指體而言，所謂「流行」者是「隨事著見」之意。心體、知體、仁體之流行，亦復如是。此體雖是即活動即存有之體，然其本身實無所謂流行。流行者，隨事、隨時、隨處著見之謂也。事有變化流

行，氣有變化流行，而體無變化流行，言流行者託事以現耳，與事
俱往而曲成之耳，亦是遍在之意也。**擡頭舉目是事，啓口容聲是
事，捧茶童子之捧茶亦是事**。事之所在，體即與之而俱在以曲成
之。乃至視聽言動俱是如此。故曰當下即是或眼前即是也。「即
是」者即是體之呈現也。事因體而曲成，則事有理而爲**實事**，事非
幻妄。體在事上著見，則體具體而**眞實**，體非空掛。此所謂渾淪順
適，一體而化也。如此悟流行之體，則流行之體決非指**氣機之鼓蕩**
言，亦非只落于**氣化之事**上就**氣化之變**言。若只是氣化之變或只是
氣機之鼓蕩，則何事待悟？是以悟者或是悟那「**天命於穆不已**」之
本身，悟此天命之體爲即活動即存有之實體，此是就天命自身永遠
不已地起作用言，此是**分解地悟、反顯地悟**；或是悟此「**於穆不
已**」之實體之隨事著見，全體是用，全用是體，當下即是，只在眼
前，此是體現上之**圓頓地悟、詭譎地悟**。「心即理」是就**前一種悟**
說，「道即器」是就**後一種悟**說。此兩種悟皆可說流行之體。此是
「天命流行之體」一語之本義。從心體、知體、仁體處說亦復如
此。決非指「氣化之變」本身而言流行之體也。如此悟流行之體，
是先秦儒家古義。濂溪、橫渠、明道，亦是如此悟。順象山、陽明
下來，而至羅近溪，由心體、知體言流行之體，更是如此悟。無有
以流行之體只解爲「氣變之化」者。伊川、朱子視體只爲本體論的
存有，視心神屬于氣，天命於穆不已之流行之體（分解地言之
者），嚴格言之即不能言，蓋其**活動義（動而無動之動）脫落故
也**。然其不自覺地提到天命流行之體，亦皆是指體言，不指「氣化
之變」本身言也。惟朱子不能詳察此語之確義，又未察及其對于天
命實體（太極）之體悟與此語有相違處耳。

黃梨洲順羅近溪之當下即是而言流行之體，而不解此是體之圓頓呈現，誤認流行之體只是氣變之化，以爲此流行之體儒、佛皆悟得，差處只在毫釐，即儒者知「至流行而至畫一」，知其有則而不可亂，而佛則只知流行而不更求其則，此其別也。而同悟流行之體，具「固未嘗有差」。此其所以彌近理而大亂眞。以爲此是最後之判斷而可以判斷得下者。然而此既誤解自家天命流行之體之義，而轉移論點爲于至變（流行之體）中見不變（畫一之則），以爲見到「不變」，「方謂之知性」，而不知依儒者之本義，「**天命於穆不已**」之體**即是性也**。又不解佛家「緣起性空」之義，以及「作用見性」之義，只以悟得流行之體儱侗之，以爲彼只知流行而不知畫一之則，所差只在此，故以爲「儒、釋之辨，眞在毫釐」，以爲此即是其彌近理而大亂眞處，以爲如此即可以判斷得下，而不知有理無理固是儒、佛本質之差異，而只以氣變之化之流行之體儱侗其緣起性空（無自性、無自體，亦可以說是無儒家義之理）與作用見性，則非是。夫佛家豈只是一氣機之鼓蕩而無則，即足以盡之，而判斷得下乎？此必令人失笑，而更不足以使其心服也。是則其以氣變之化之流行之體爲儒、佛所同悟得，以此爲首出觀念，由此出發以其中有理無理判儒、佛，正示其兩不眞切，亦不明澈。故雖彷彿一二，而多乖舛不諦也。

梨洲類上述之觀念不只見于一處，其論胡居仁曰：

> 先生之辨釋氏尤力，謂其想像道理，所見非眞。又謂是空其心、死其心、制其心。此皆不足以服釋氏之心。釋氏固未嘗無眞見。其心死之而後活，制之而後靈，所謂眞空即妙有

也。彌近理而大亂眞者皆不在此。蓋大化流行，不捨晝夜，
無有止息，此**自其變者而觀之**，氣也。消息盈虛，春之後必
夏，秋之後必冬，人不轉而爲物，物不轉而爲人，草不移而
爲木，木不移而爲草，萬古如斯，此自其**不變者而觀之**，理
也。在人亦然。其變者，喜怒哀樂、已發未發、一動一靜、
循環無端者，**心也**。其不變者，惻隱羞惡辭讓是非，梏之反
覆、萌蘗發現者，性也。儒者之道，從**至變**之中以得其**不變**
者，而後**心與理一**。釋氏但見流行之體，變化不測，故以知
覺運動爲性，作用見性，其所得不生不滅者，即其至變者
也。層層掃除，不留一法。天地萬物之變化，即吾之變化，
而至變中之不變者，無所事之矣。是故理無不善，氣則交感
錯綜，參差不齊，而清濁偏正生焉。性無不善，心則動靜感
應，不一其端，而眞妄雜焉。釋氏既以**至變爲體**，自不得不
隨流鼓蕩。其猖狂妄行，亦自然之理也。當其靜坐枯槁，一
切降伏，原非爲存心養性也。不過欲**求見此流行之體**耳。見
既**眞見**，儒者謂其所見非眞，只得形似，所以過之而愈張其
焰也。」（《明儒學案》卷二，〈崇仁學案二〉，文敬胡敬齋先生
居仁）

案：此文義理與評論羅近溪處所說者同。一爲自家方面理氣觀念，
二爲涉及佛敎方面。在涉及佛敎方面，以流行之體之至變儱侗其緣
起性空與作用見性，此爲總不諦。就緣起性空說，此爲諸行無常、
諸法無我、十二緣生諸觀念之總持說與究竟說。言「緣起」即所以
明性空（無自性、無自體、以空爲性），明性空即所以證寂滅。此

是佛家之通義。就其言緣起，而謂其「以至變爲體」，此已不諦，謂其「不過欲求見此流行之體」，尤其不諦。彼非以緣起至變爲體者也，亦非只以見此緣起至變爲「眞見」者也。能於緣起見性空，方是「眞見」。能眞明性空，方眞明緣起。故《中論》云：「因緣所生法，我說即是空。亦爲是假名，亦是中道義。」要證寂證空，不起執念，不生煩惱，根除無明，方是眞解脫。非是停于緣起至變、流行之體之「隨流鼓蕩」也。若如此，則正是生死流轉，焉得爲「眞見」耶？證寂證空爲菩提、爲般若。後來言涅槃佛性者，就此菩提般若之覺用或智用之心向裡收攝而攝于一「如來藏自性清淨心」之實體性的「眞常心」，此即圭峰宗密所判爲異于空宗之性宗或心宗。在中國，後來禪宗興起，即順此眞常心而言「即心是佛，無心爲道」、「心佛與眾生，是三無差別。」（《華嚴經》）。故言「即心是佛」，心乃眞常心也。此是分解反顯以立佛體。而「無心爲道」則是般若學也。不但無常無我當體即空爲般若，無一法可得，即空亦不可得，心亦不可得，般若亦不可得，方是眞般若，呵佛罵祖亦是般若，此即「無心爲道」之妙用也。「作用見性」即在此妙用下而成立。「作用見性」者當體即是空性、佛性、菩提性也。「作用」是事，耳聽目見、知覺運動亦皆是事，緣起事也。凡緣起事皆當體即空，故作用見性，或作用是性，意即就作用之事當體即見空性、佛性、菩提性也，當體即是空性、佛性、菩提性也。故佛性、眞心不是遼遠地隔絕在那裡，即在眼前也。此亦佛性眞心之圓頓地呈現，故是具體而眞實之佛性眞心，不是抽象地分解地說的佛性眞心也。故「作用是性或見性」是**圓頓教之詭辭**，不是**實然之陳述語**，不是**指謂之斷定語**。自朱子即已不解此義，故視之爲**實**

然之陳述、指謂之斷定，故以告子之「生之謂性」視之也。今黃梨洲仍不解此義，仍與朱子同，亦視之為**實然之陳述、指謂之斷定**。誤解佛性眞心之圓頓表示為知覺運動之至變，誤以知覺運動之至變之流行之體本身即為性，亦猶誤解心體、知體、仁體之圓頓表示為氣化之變，誤以氣化之變為流行之體也。此是絕大之誤解，故以流行之體儱侗佛家之緣起性空與作用是性，實仍未判斷得下也。此有何彌近理而大亂眞處？「流行之體」是儒家**專用辭語**，是專指「**天命之於穆不已**」言。「天命於穆不已」之眞體是理、是神，亦是心。故凡言本心、言知體、言仁體者，皆義同于此「於穆不已」之眞體也。此皆是能起道德創生的實體，本體宇宙論的、即存有即活動的實體。理是從此實體說，性亦從此實體說，心即理、心即性，亦從此實體說。此是一立體創造的直貫之實體。儒、佛之差唯在**此實體之不同**。在佛家是「如來藏自性清淨心」，在儒家則是道德創造的本心、仁心、天命於穆不已之眞體，而流行之體是專就此**眞體說**，不就**氣化之變說**，何得謂為儒、佛之所同悟？儒、佛所同悟者，在同悟一眞心、同悟一圓頓之表示，而於穆不已之天命流行之體是儒者所悟之體之專義，不可用來形容「如來藏自性清淨心」。此差別唯在一是「道德創造的」，一是「非道德創造的」，其差別甚微細而亦甚顯著，因而亦影響體用義之不同，比方是彌近理而大亂眞者，人不易透至此而辨也。唯明道能之，故專以「**於穆不已**」、「**純亦不已**」判儒、佛也。而黃梨洲之所言則成大差謬、大乖舛，故恍惚相似而實不諦也。

　　就其于自家方面之理氣觀念說，本來于至變中見不變之則，一般地說，實可視為儒、佛之本質的差異。但此「不變之則」一語確

嫌太儱侗，它可有各種講法，可有各層次之規定。經驗主義也可以
就變化之經驗現象講出一點不變之則，自然主義也可以就自然現象
之變化講出一自然的不變之則，唯物主義也可以就物質現象之變化
講出一物理的不變之則。但這些不變之則都不一定真能稱得起「不
變之則」之名，亦不一定真能抵得住佛家「緣起性空」之挑戰。是
以就儒、佛之辨言，「不變之則」必須有一**超越的規定**。經驗主
義、自然主義、唯物主義那些講法都是無濟于事的。黃梨洲以至變
之氣爲首出而言「天地之間只有氣，更無理；所謂理者，以氣自有
條理，故立此名耳。」所謂于至變之中見不變，只是見出「氣自爲
主宰」、「氣自有條理」。而所謂「氣自爲主宰」、「氣自有條
理」，只是「消息盈虛，春之後必夏，秋之後必冬，人不轉而爲
物，物不轉而爲人，草不移而爲木，木不移而爲草。」此即至變之
氣之不變的定則。是則此種不變之則，實只是自然主義之講法。如
此講法，理氣誠可爲「一物而兩名」矣，然而理亦實只是氣之**自然
質性**，理徒爲**虛名**，理不成**其爲理矣**。此只是自然的實然之相，並
不是超越的所以然之理。是則大失傳統的正宗儒家所言之道德的、
形上的、超越的天理之意義。朱子之理雖只是靜態的本體論的存有
之理，而喪失其心、神活動之義，然猶是**超越的理**，由**靜態的超越
的所以然**而規定，尚不是氣之**自然質性**。爲厭朱子之理爲一物、理
氣爲二、理能生氣（在朱子此語須有特別之解說），而竟將理落成
氣之自然質性，則非正宗儒家之所許可也。如此講不變之則不足以
抵禦佛家「無自性」之挑戰，亦不足以爲儒、佛之辨之本質的差異
也。然則就此而言，朱子之理爲一物（分解地說理有獨立自存
義）、理氣爲二、理能生氣，並非朱子之短，乃正朱子之長也。所

憾者未能充分盡其長耳。此中之關鍵唯在其視理只爲**本體論的存有**，而非本體宇宙論的、**即存有即活動**之存有。此而復之則足矣。明儒曹月川以爲「朱子謂理之乘氣，猶人之乘馬。馬之一出一入，而人亦與之一出一入。若然，則人爲死人，而不足爲萬物之靈，理爲死理，而不足以爲萬物之原。今使活人騎馬，則其出入行止疾徐，一由乎人馭之如何爾。活理亦然。」此言是也。唯彼不知理**如何能成爲活理耳**。朱子之理何以死以及其如何活之**關鍵**，曹氏不能明澈也。詳見〈濂溪章〉第二節第三段。然黃梨洲辨之曰：「先生之辨，雖爲明晰，然詳以理馭氣，仍爲二之。氣必待馭於理，則氣爲死物。」（下接「抑知理氣之名，由人而造」云云。見上引。參看《明儒學案》卷四十四，〈諸儒學案上二〉，學正曹月川先生端）梨洲並「理馭氣」亦反對之，此可謂言理之極端下落者。並欲求活與靈於氣之自身，此則非正宗儒家所言之天道、天命、天理之義也。梨洲不知求活求靈于天道、天命、天理之自身，不知朱子之理何以死，不知心理一、心性一，是何意義，不知心理一與心性一是同義語，而心理一、心性一與理氣一、道器一、形上形下一並非**同義語**，遂乃混而同之「言心與理一」矣。

　　梨洲謂：「在人亦然，其變者，喜怒哀樂、已發未發、一動一靜、循環無端者，心也。其不變者，惻隱羞惡辭讓是非，梏之反覆、萌蘗發見者，性也。」而其于評王浚川處（見上引）則謂：「不知天地之間**只有氣**，更**無理**。所謂理者，以氣**自有條理**，故立**此名**耳。亦以**人之氣本善**，故加以**性**之名耳。如人有**惻隱之心**，亦**只是氣**。因其**善也**，而**謂之性**。人死則其氣散，更何性之可言？然天下之人，各有惻隱。氣雖不同，而理則一也。故氣有萬氣，理只

一理。以理本無物也。」是則喜怒等之至變者固是氣，即惻隱等之不變者「亦只是氣」。理爲**虛名**，性亦爲**虛名**。此是澈頭澈尾以氣論心。分別言之，至變者是心，至變之中有惻隱等之不變者，遂加以性之名或理之名。「理本無物」，性亦本無物。然惻隱等既「亦只是氣」，則心氣之有惻隱等，亦可無惻隱等。惻隱等固可說是「**中氣**」，然清濁強弱過與不及，便不是中氣，而「氣之有過不及，亦是理之當然。無過不及，便不成氣矣。」（見前引評魏莊渠文）如是，爲得謂「人之氣本善」耶？人之中氣表現而爲惻隱等，並無必然，則氣善只是一時之偶然，並無必然性，亦無普遍性。如是，則性善之義亦成偶然，亦不能必然地、普遍地被建立。然則王浚川「言性有善有不善，並不信孟子之性善」，非無故矣。黃梨洲以氣視惻隱之心，而又曲辨性善，則只是勉護權威，反不若王浚川之一致也。朱子雖亦一條鞭地視心爲氣，然于性、理，則必維持其超越性，是則仍可保持性善義之必然性與普遍性。而黃梨洲之論則悖矣。如其所論，心與理固爲一矣。然此「一」之意義很特別。所謂「一」者是就心氣之有惻隱等之中氣說。惻隱等之中氣固不離心，而且即是心氣之一相。然心氣有惻隱等之**中氣**，亦可有過、不及之**非中氣**。是則「心與理一」只是部分地一，並非全部是一也。此非孟子、象山、陽明等所說之心即性，心即理，心與理一之義也。依梨洲論理氣之態度，「氣自有條理」、「氣自爲主宰」，出之以自然主義之講法，理爲虛名，則「理與氣一」可爲全稱命題，然將此方式應用于心性，一條鞭地視心爲氣，以心氣之中氣說性，則在此處說「心與理一」，此語卻並非**全稱命題**。是則「理與氣一」與「心與理一」，即在梨洲，亦不能爲同義語也。而梨洲混而

同之，轉相借證，遂並「心即理」、「心與理一」之**本義**亦**喪失矣**。

吾以上之疏解，只在明以下兩點：

一、「天命於穆不已」之實證為即活動即存有之實體。朱子對此實體，通過太極之觀念，只了解為本體論的存有，而活動義則脫落，是則「天命於穆不已」之義即不能說。朱子之不足只在此，不在其分理氣為二與理能生氣也。此總義函以下兩義。

1.「於穆不已」之所以為於穆不已即因此實體中含有心、神等義，不只是理。而此處所說之心、神不能**以氣論**。

2.孟子之盡心知性知天，是由道德的心性明此於穆不已之實體，而心為本心，亦不能**以氣論**。惻隱羞惡等心亦只是本心之具體呈現，亦不能**以氣論**。

二、自本心處而言心即理、心理為一，與理氣一、道器一，不是**同義語**。心即理、心理為一，是本心一概念之建立上之**斷定語句**，而理氣一、道器一，則是**圓頓語句**。此總義函以下兩義：

1.心即理函蘊心即性，心性是一，乃至心性天是一。

2.心即理、心理為一，心即性、心性為一，此皆是說體自身，皆是**概念斷定語句**，而此仍可進一步言其具體表現上之理氣一、道器一，乃至形上形下一，此皆是**圓頓之一**。概念斷定上之一不是**于至變中見不變**，圓頓之一則是。

吾如此疏解，乃在明以上兩總義足以盡先秦儒家之古義，以及宋明儒自朱子起所以分派之故，並以此為綱領，足以鑑別一切不成熟之雜論與語意混擾之語句。黃梨洲之論點，是承其師劉蕺山于理氣問題上之滯辭而誤引者，不足為憑。即蕺山亦不如此。蕺山十分

正視「天命於穆不已」之實體。彼由此言**性體**、言**獨體**。貫其血脈，雖于理氣問題上不免有滯辭與多無謂之爭論，然決不至如梨洲之講法。詳見〈胡五峰章〉。黃梨洲博雅多聞，大體似亦不外行，然對此學究未用過真切工夫也。對于其師，所得亦淺。

第五節　生之謂性篇

> 1.「生生之謂易」，是天之所以為道也。天只是以生為道。繼此生理者即是善也。善便有一個元底意思。「元者善之長」，萬物皆有春意，便是「繼之者善也」。「成之者性也」，成卻待佗萬物自成其性始得。（《二程全書‧遺書第二上》，〈二先生語二上〉，呂與叔東見二先生語。〔未注明誰語，《宋元學案‧明道學案》列有此條，自係明道語無疑。〕）

案：「生生之謂易」之易，在前天道篇第3條中解「其體則謂之易」句時已詳釋過。今論明道所說之「生之謂性」義，須從這裡說起。此條是就《易‧繫辭‧上傳》第五章「一陰一陽之謂道，繼之者善也，成之者性也」三語而說「於穆不已」之生道、生理，以及其所貫成。

「生生之謂易」亦〈繫辭‧上傳〉第五章語。此語，就字面言，意即：生而又生，不止于一生，就叫做是易。易，變易也。此是就現象之**實然**而平說，意即**描述地說**。此描述地說之之「易」，可曰「**易相**」。然〈繫辭傳〉說易，常是**指點語**，不盡于**易相**，常是由變易之相指點到所以能成此變易之相之**真幾**，即生而又生之**真**

幾，簡言之，即生之**眞幾**。此即表面雖**平說**，而實意涵著**提起來
說**。此提起來說所指點至之眞幾可曰「**易體**」。此即是「易」字
（當作一形而上的概念看）之本義。若鬆動一點言之，觀天地萬物
之生化無盡，即可體悟到全宇宙總起來只是一生機之洋溢。由此生
機之洋溢即可體悟到只是一「**生之眞幾**」在**流行，在不已地起作
用**，此即是「**易**」也。顯然「易」字不盡于事物之變易之相。是以
易體者，一、對易相而言曰**易體**，二、此**眞幾**之易即是體，故曰**易
體**。蓋變易之相固是變動，即作爲其體的生之眞幾亦不只是靜態的
理，而亦是**活動**之物也。惟此活動是「**動而無動**」之動，因而其靜
亦是「**靜而無靜**」之靜。濂溪曰：「**動而無動，靜而無靜，神
也**。」故此眞幾亦可曰「**寂感眞幾**」，亦可曰「**誠體之神**」。此即
「**於穆不已**」之**易體**也。「**於穆不已**」即易體，「之」字爲虛繫
字。此即「**生而又生**」之超越而又內在的、動態的所以然之眞幾
也。此眞幾即是易，此易即是體，故曰「**易體**」，亦如言「**性體**」
或「**心體**」，性即是體、心即是體，非言**性底體、心底體**也。如
是，「**生生之謂易**」一語，實是通體達用之語句，非是止于平說之
易相之用也。前〈天道篇〉第3條，明道云：「**上天之載，無聲無
臭，其體則謂之易**。」言天道之自體即是「**易**」。此言易即「**易
體**」之易，生之眞幾也。明道又叫我們仔細理會「**易也、密也、此
也，是甚物**」，仔細理會「**易畢竟是甚物**」（已見前〈天道篇〉第
6條之疏解中）。顯然，易、密、此，即指此生之**眞幾**言。如是，
「**生生之謂易**」一語，若通體達用地解之，當該是如此，即：能使
萬物生而又生，而不止于一生者即叫做是易。此即「**上天之載**」之
自體也，亦即「**天之所以爲道也**」，此亦是天道之**自體**。「天只是

以生爲道」，此「生」顯然不指「易相」言，是指「易體」言，指生之眞幾、能創生之道言。此能創生的道即曰**生道**，亦曰「**生理**」，即能去創生萬物（生物不測）的那「眞幾」。（爲物不貳，那超越的、動態的、最高、最後而極致的原理、根源也。）〈繫辭・上傳〉第四章：「神無方而易無體。」神妙萬物，無所不在，而亦無所在，故曰「無方」。「無方」者，言無方所也。「上天之載，無聲無臭」，只是一「於穆〔之〕不已」，故曰「易無體」。「無體」者，言無形體、無定體也。若止于**變易之相**，則不能云**無形體，無定體**。此是分解地剋體而言之。

　　然神體雖無方，易體雖無體，而體不離用，即用而見，故〈繫辭・上傳〉第五章亦曰「陰陽不測之謂神」，又曰「一陰一陽之謂道」，而第九章則引子曰：「知變化之道者，其知神之所爲乎？」「陰陽不測之謂神」，言即就陰陽變化之不可測度而見**神用**也。此亦是指點語，非是說**氣之質性**之**指謂語**也。（朱子視神屬氣，是氣發出來的光彩，即成**指謂語**）「知變化之道者，其知神之所爲乎？」此亦由變化之超越的「所以然」（道）而見「神之所爲」，故道與神皆剋體而言也。「一陰一陽之謂道」，言由一陰一陽之變化而見道也。此亦是**指點語**，非是實然平說之**指述語**。「道」即作爲生之眞幾的那易體、那「於穆不已」之眞體。此眞體由一陰一陽之氣化而見，故可由「生生之謂易」而見之生道來會通「一陰一陽之謂道」一語也。生道、生理、神體、易體是一。（朱子知「一陰一陽之謂道」非平說之指述語，即非陰陽氣化本身即是道，乃所以陰陽才是道。但于「生生之謂易」卻完全落在**變易之相**上說，于「陰陽不測之謂神」卻亦看成是說**氣之質性**之**指謂語**。此即未能知

生道、生理、神體、易體是一，亦即其所以視道體、太極、性體爲只是理，而視心、神一條鞭地屬氣之故。此則其對于道體之體會有**偏差**也。）

　　生道、生理、神體、易體旣是一，皆就體所說，則「繼此生理者即是善也」，意即：能繼此生理而不斷，使其永永呈現，不斷地起作用，便是善。此是善之動態地說，亦是本體宇宙論地說。「繼」函「復」義，亦函形著、呈現義。生理呈現不斷地起作用，即不斷起生化之大用，萬善皆從此出，故此生理呈現自亦是善。由繼、復、呈現說善，善之實仍是落在生理之體上。不是單說此繼、復之活動本身是善也。是由繼、復之活動而至生理之呈現，而著重在生理呈現也。故曰：「善便有一個元底意思，元者善之長。」生理呈現，起生化之大用，對生化之大用言，此生理呈現便是一個「元」。元者，始也。此「始」是**價值觀念**，非**時間觀念**。生理呈現之所在即是「元」之所在。〈乾・彖〉曰：「大哉乾元，萬物資始。」即生理呈現爲元，故曰「乾元」，而亦萬物所資以爲始也。〈乾・文言〉曰：「元者，善之長也。」生理呈現，萬善皆從此出（萬善即含在生化之用中），故此生理呈現即是萬善之長。此是由「繼之者善」會通「大哉乾元，萬物資始」，以及「元者善之長」諸義。此亦是剋體而言也。「萬物皆有春意，便是繼之者善也。」此是就用說。「**春意**」即「**生意**」。萬物處處生機洋溢，即處處是生理之所在。處處是生理之所在，即處處是生理呈現而不斷滅也。故由萬物之春意、生意，即可表示「繼之者善也」之義。故此是就用說，「**全用是體**」也。就體說，是「**全體是用**」也。生道、生理、神體、易體，是**超越地說**，以顯「元者，善之長」，萬善皆從

此出，故「**全體是用**」也。此亦〈繫辭・上傳〉第五章「顯諸仁，藏諸用」之義也。春意、生意，是**內在地說**，即用而見，故「**全用是體**」也。

　　至于「成之者性也，成卻待佗萬物自成其性始得」，此語卻模稜，極難確定。前〈天道篇〉第9條「成之者卻只是性，各正性命也」，此語亦模稜難明。明道常是順經典原文加幾個口語字，予以轉換點撥，順便適調暢，語意豁然，上蔡所謂：「點撥地念過，便教人省悟。」但此處「點撥地念過」，不但不能「教人省悟」，而且極難確定，且幾乎是莫知所云。若不能了解其對于「成之者性」一語之了解其大端方向何在，則此處之「點撥」幾乎是不可通的。照字而看，「成卻待佗萬物自成其性始得」，此是把「成之者性」中的「之」字代表「性」，所成的是性。但萬物如何「自成其性」呢？如何是「自成其性」呢？此極難落在原句上。又「成之者卻只是性，各正性命也」，此是向「乾道變化，各正性命」之義走。但「成之者卻只是性」是所成的是性呢？抑還是性去完成它呢？依「各正性命」說，好像是所成的是性。但這是無頭無腦的話。如果是「性去完成它」，這它字（之字）代表什麼呢？性如何去成之呢？又如何能聯到「各正性命」呢？所以照這語句本身說簡直無法說得通。不但是與原句合不合的問題，而且是這語句本身表意不表意的問題。

　　「成之者性也」，此語有三解：

　　一、其意是：「成就此道者是性也」。「之」字代表道，與「繼之者善」句一律。此解，語意亦確定。《孔疏》如此解。性如何能成就此道？曰：盡性以成就德行之純亦不已，便是成就此道于

己身。性是道德創造之眞幾，能充分盡之，便是道之再現。成就是
形著或再現的成就，不是「本無今有」的成就。此即是《中庸》
「率性之謂道」義。此是盡性之實踐義，重點落在「道」上，言所
成就的是道。整句便是：能重新成就或完成此道者是吾人之性也。
明道所說「成之者卻只是性」好像亦可以向這方面想。「之」字亦
是代表道，性能去成就它。但這又與「各正性命」連不上。故明道
語不能作此解。明道心目中是想「乾道變化，各正性命」那本體宇
宙論的順成義，重點是落在性命上。但由「成之者性」句來表示，
卻別扭，此其所以模稜難明也。

　　二、則解爲：萬物各具有斯道即是其性。意即：萬物各具斯道
以爲性。此是朱子說。朱子注「繼之者善也，成之者性也」兩語
云：「道具於陰而行乎陽。繼，言其發也；善，謂化育之功：陽之
事也。成，言其具也；性，謂物之所受，言物生則有性而各具斯道
也：陰之事也。」此中「成言其具」即言道之被具，言爲物所具
也。物之具斯道之關鍵是在「性」字。「物生則有性，而各具斯
道」意即物各具斯道以爲性也。此即表示吾人所以能說道之被具或
物之具道，其關鍵即在物生而有性。物所有之性並非別的，即是其
所具之道也，此即具斯道以爲性矣。此並非說「物生有性」是一
事，「各具斯道」又是另一事。若如此，則性與道爲平行之兩事，
性與道爲二。此非朱子意。故此語實即物各具斯道以爲性也。若如
此解，則「成之者性也」一語實即「天命之謂性」義之轉換表示，
此是「**性之存有**」義，重點落在「**性**」字上，「**成**」須解爲
「**具**」。誰具？曰物具。具誰？曰具道。即物生（個體存在時）而
具斯道以爲己性也。此可與「各正性命」相連。朱子如此解，實以

「乾道變化，各正性命」爲背景也。明道語若意在「各正性命」
義，則須如朱子解成爲具，「之」字仍代表道，始可通。但他那兩
句隨便「點掇」的話，一句是「自成其性」，「之」字顯然代表
性，一句是「成之者卻只是性，各正性命也」，「之」字似亦向代
表「性」走，但「成之者卻只是性」之句法又不能如此，此其所以
難解、難通也。明道意若實在「乾道變化，各正性命」那本體宇宙
論的順成義，則他那兩句隨便「點掇」的話，須大加改造補充方能
表意。吾人亦只能順他的大端意向去改造補充之。

　　三、張橫渠轉生另一義，解「成之者性」爲「成性」，「性」
是需要繼善化氣來成就的，所成的是性，是則「之」字代表性。如
是，「成之者性」意爲：吾人所要去成就它的就是性。此根本不合
原句之句意。但其觀念卻清楚。《正蒙・誠明篇》云：「性未成，
則善惡混。故亹亹而繼善者，斯爲善矣。惡盡去，則善因以亡。故
舍曰善，而曰成之者性。」原句是繼道、成道，「之」字俱代表
道，今則「之」字俱略，而成爲繼善成性。此不合原意。詳解已見
〈橫渠章〉第二節第七段。明道所謂「卻待佗萬物自成其性」，以
及「成之者卻只是性」，似亦可以向橫渠所說之義想，但實則並非
此義。蓋其大端意向實定在「乾道變化，各正性命」那本體宇宙論
的順成義故也。他實是想類比「天命之謂性」而說「**性之存有**
義」。

　　〈乾・彖〉曰：「乾道變化，各正性命。」此是說：在乾道元
亨利貞的變化過程中，萬物各得以「正其性命」也。〈乾・文言〉
曰：「乾元〔亨〕者，始而亨者也。利貞者，性情也。」（原文
「乾元者」脫「亨」字）。此由「利貞」處說「性情」。乾道之

「利貞」處即是個體之成處。濂溪亦曰：「元亨誠之通，利貞誠之復。」又曰：「乾道變化，各正性命，誠斯立焉。」（《通書・誠上第一》）不至「各正性命」，誠體無由立，即無收煞而流逝焉。《中庸》曰：「誠者，物之終始，不誠無物。」「無物」，則誠體亦無以自見，即無以自立。誠體之終始即乾道變化之終始。元亨是始，利貞是終；元亨是生，利貞是成。「成」是成個體也。在利貞之終成處表示個體之成，亦表示「性情」之名與實之所以立，亦即表示「各正性命」也。「各正」即是「各成」。此是天命流行之轉換表示。天命於穆不已，命到何處即是流到何處，流到何處即形成該物之性。命于人即爲人之性，命于物即爲物之性，是以「各正性命」也。（當然天命之流行、乾道之變化，是帶著**氣化**以俱赴，否則個體之成即不可能。故「各正性命」可通**氣之性命**與**理之性命**兩面說。但因是承天命流行乾道變化而說，故正宗儒家俱是以**理之性命**爲「性命」之**本義**，即以「於穆不已」之眞幾爲其性命也。而此唯人能彰顯之。物則不能。是則物雖亦爲天道之所生化，然卻不能吸納此眞幾以爲其性，故其性命只剩**氣之結聚**所成之**性命**。然依明道說，物雖不能彰顯、不能推，「不可道他物之不與有也」。實則此亦只是潛能地有，或甚至是本體論地、外在地有。天命之體只是超越地、外在地爲其體，而不能內在地爲其性。朱子謂「論萬物之一源，則理同而氣異」，似與明道之意同，其實不同。詳解見〈朱子部〉第八章。）

　　生成、終始是《易傳》本體宇宙論格局之重要概念。「大哉乾元，萬物資始。」資以爲始即依而有其始生。「至哉坤元，萬物資生。」資而有生，即資而有終成，此「生」是個體之終成義、存在

義。有乾元之創始，即有坤元之終成。乾元是創始原則，坤元是凝聚原則。故由坤元言終成也。乾道變化之利貞處，坤元之凝聚即含攝于其中矣。尊乾而法坤，以乾元爲宗主故也。〈繫辭・下傳〉第九章：「《易》之爲書也，原始要終以爲質也。」〈上傳〉第四章：「原始反終，故知死生之說。」第一章：「乾知大始，坤作成物。」終始、生成，要之最後皆在乾始坤終，乾生坤成也。知終始即知死生、幽明。知生成即知乾道之創造。此一本體宇宙論的格局，由之而明個體之成與性命之正，便是本體宇宙論的直貫順成義。依此而言「個體之成」是宇宙論地成，依此而言「各正性命」是宇宙論地正，正即成也。此一意識是北宋諸儒自《中庸》、《易傳》言天道性命相貫通之共同的意識，亦確是儒家之意識。明道即在此意識下解說「成之者性也」一語。他們只重視這**本體宇宙論的格局之義理綱維**，不甚重視語句與語意，故常不顧語句原意而渾淪于一起。例如此「一陰一陽之謂道，繼之者善也，成之者性也」三語本自成一義，本不必與「乾道變化，各正性命」拉在一起說。但明道一見「成之者性也」，便向那「宇宙論地成」去想，而不知此語實不必在說「各正性命」也。即朱子解成爲具，雖可以連過來，然亦迂曲。在此，《孔疏》實比較恰合原意。

　　此兩系義理拉在一起以明本體宇宙論的直貫順成義，實亦不自明道始。濂溪即已如此。《通書・誠上第一》云：「誠者，聖人之本。大哉乾元，萬物資始。誠之源也。乾道變化，各正性命。誠斯立焉。純粹至善者也。故曰：一陰一陽之謂道，繼之者善也，成之者性也。元亨，誠之通；利貞，誠之復。大哉易也，性命之源乎！」此即兩系拉在一起說。惟濂溪只引原文，未加「點掇」。而

對于「大哉乾元，萬物資始」、「乾道變化，各正性命」，以「元亨利貞」去點掇，卻非常精到而諦當。最後則贊之曰「大哉易也，性命之源乎」，此明是本體宇宙論的直貫順成義。中間則配入「一陰一陽之謂道」三語，好像亦很順適。如以元亨利貞順通之，似亦明順。「一陰一陽之謂道」是總說「道」義，或總說「乾道變化」義。「繼之者善也」是說元亨義、生始義。「成之者性也」是說「利貞」義、終成義。兩「之」字俱代表道，亦很一律。成是「終成」義，既不是成具，亦不是形成，亦不是完成或成就。言終成此道者即是性也。詳言之，即是在利貞處：在個體之成處，終成**此道**（不使它流逝下去）而**具之于個體之中**，即**是性也**。此亦甚明順。此是道之本體宇宙論的直貫順成義，甚可表示「性命之源」也。順成是成個體。在個體之成（形成）處，表示「道」之**終成與利貞**，亦表示「性」之**名與實**之**所以立**。此是道、個體、性三者關聯在一起說，故甚爲複雜。而由「成之者性也」一語來表示，則只能是著眼在「**終成斯道**」（不是「物具斯道」）以爲**關鍵**，由之以透示三者之關聯，而不能說「成之」爲「成性」，爲「萬物自成其性」。此一複雜之關係，本甚難表示。明道之輕鬆儱侗的點掇，其著眼點是在成性，但合不上原句，故成別扭難通也。

　　如依本體宇宙論的直貫順成義以觀明道之「點掇」，則其所謂「成之者卻只是性，各正性命也」，其意當是：在乾道變化而至**個體之成處**，始形成「**性**」之**觀念**，而個體亦即**因此**而得正**其性命也**。其所謂「成，卻待佗萬物自成其性始得」，其意當是：在乾道變化而**至個體之成處**，萬物始「**自成其性**」也。若不提「乾道變化」那個帽子，直從萬物（個體）處說，則其意當是：所謂「成」

者，意即須「待佗萬物」在其個體形成之時即「自成其性始得」。「始得」猶言「始可」，或「才可以」。意即在個體形成時始自成其性也。此是就個體而爲本體論地、存有地說成性也。「自成其性」即是「**自有其性**」。成是**形成義**，「之」字**無義**。這樣，可不管那個原句的語意。可是這樣說，雖不提「乾道變化」那個帽子，卻自是以那個帽子爲背景。不管有無那帽子，這只是說的「**性之存有**」義。

《易‧繫辭‧上傳》第七章：「天地設位，而易行乎其中矣。成性存存，道義之門。」「易行乎其中」即是「乾道變化」。在此**易體流行**中，萬物（其著者在人）于其個體形成時，即自形成其性，而又存而又存不令泯滅，那便是道義之所從出。明道之意似乎是本此而說。此仍是本體論地形成其性，而非橫渠之「**亹亹繼善以成性**」之**實踐地成也**。但「存而又存」若就人說，卻函攝盡性、復性之**實踐義**。若本體宇宙論地說，則是「**生生不已**」義。下第3條明道即提到「成性存存，道義之門」兩語，而順便「點掇」之曰：「亦是萬物**各有成性存存**，亦是**生生不已之意**。天只是以生爲道。」此完全是**本體宇宙論地**「**成性存存**」。吾人須知本體宇宙論的直覺力（洞悟力），宋明儒中明道爲最強，而本體宇宙論的興趣亦以他爲最濃，故其對于本體宇宙論的實體，亦體會得最爲明澈而深奧，而且復言之眞切而圓熟，故能直下于此立定而判儒、佛之別也。朱注：「成性，本成之性也。存存，謂存而又存，不已之意也。」此解，「成」爲狀詞，實則當爲動詞。言：各自**形成其性**，而又**存而又存**之也。能**成其性而存存**，自函本體宇宙論的「於穆不已」、「生生不已」之意。此是從「本體論的存有」義說「**成**

性」。若從「乾道變化」說下來，則是從「本體宇宙論的直貫順成」義說「成性」。總之，皆是說「性之存有」義也。

　　吾以上費如許文字疏解明道那兩句「點掇」語，不專在糾纏他那兩句模稜難解的話，而實在要藉此烘托出那「本體宇宙論的直貫順成」之格局。此義明，則其所謂「生之謂性」之義亦明矣。

　　　2.「天地之大德曰生」、「天地絪縕，萬物化醇」、「**生之謂性**」（原注：「告子此言是。而謂犬之性猶牛之性，牛之性猶人之性，則非也。」），**萬物之生意最可觀。此「元者善之長也」，斯所謂仁也。人與天地一物也，而人特自小之，何耶？**（《二程全書·遺書第十一》，〈明道先生語一〉，〈師訓〉，劉質夫錄。）

案：此條，除特說「生之謂性」一句外，其他與前條全同。故在此只解說「生之謂性」義即可。

　　「天地之大德曰生」是《易·繫辭下傳》第一章語。「天地絪縕，萬物化醇」是〈繫辭·下傳〉第五章語。「生之謂性」是《孟子·告子》篇告子語。在此，明道是借用而另與一新義。自另與一新義言，是明道之創造。但其創造亦確有一套**義理模式**爲其根據。直接確切言之，此義理模式即是《中庸》、《易傳》所表示之**本體宇宙論的直貫順成之格局**。一般地自歷史背景或思想背景言之，《左傳》成公十三年劉康公所謂「民受天地之中以生，所謂命也」，以及《大戴禮記》「分於道謂之命，形於一謂之性」，亦皆是此義理模式。劉康公所說，自《左傳》該整段文觀之，雖不是說

性，而是說「命」（根命），然自個體之成、存在（生）以說此命與自個體之成以說性為同一**義理模式**。《大戴禮記》語尤近「乾道變化，各正性命」之義。「分於道謂之命」即天之賦與而命之也。全宇宙只是一大道（天命）之流行，每一個體分得之即是天命流命之，在此「分得」或「流命」之過渡上即叫做是「命」。從個體方面說，是「分得」，分得大道流行之所命也。自道方面說，是「流命」，天命流行而命之也。分得是分得于道，流命是道之流命，皆示一源于理之「定向」也。此定向在分得與流命之過渡活動上顯，即依此狀態說「命」。此命是以命令與定向定。不是命運、命限之命，亦不是根命之命。根命，猶俗語所謂性命根子，是生命之強度。命運、命限是個體生命與宇宙氣化乃至歷史氣運間之距離所成之參差與遭遇。而此「分於道」之命則是原于理而來的命令與定向，以決定吾人應當如何之定然而必然的方向者。此原于理而來的命令與定向，即過渡狀態中的「命」，形著而落實于個體之一即叫做是「性」。此一義理模式顯然同于「乾道變化，各正性命」，亦顯是**本體宇宙論的直貫順成之模式**。明道即依此模式而說其所新創之「生之謂性」義。依此，「生之謂性」一語，雖首始于告子，自此而言，明道是借用，但若依義理模式說，則是新創而不是借用。依此，吾人可說有**兩個義理模式**下的「**生之謂性**」：

　　一、本體宇宙論的直貫順成模式下之「生之謂性」；

　　二、經驗主義或自然主義的描述模式下之「生之謂性」。

　　前者是明道所創，後者是告子所說，而告子說此語是以「性者生也」一老傳統（古訓）為背景。明道之新創所依據之義理模式則較為後起。

　　「生之謂性」，不管在何義理模式下，皆意即「成之謂性」。「成」即形成或成為一個個體，「生」即一個體之存在。（「民受天地之中以生」即「民受天地之中」以有其個體之存在。《老子》「有物混成，先天地生」，即「先天地」而存在。）「生之謂性」意即：任何一物在有其個體存在時始得說性，就任何一物之有個體存在而說其性。「成之謂性」意即：任何一物在其成為一個個體時始得說性，即就其成為一個個體而說其性。依此而言，「生之謂性」不是性之定義，而是說性或理解性之原則。惟「生之謂性」之生、存在、成為一個體，依其所依據之義理模式而有不同之意義，因而亦須有不同之理解。依本體宇宙論的直貫順成之模式說，「生」字所表示的「個體存在」是**宇宙論地說的**存在，其所表示的「成為一個體」**是宇宙論地**說的「成」。依經驗主義的描述模式說，「生」字所表示的「個體存在」是**現象學地說的存在**，其所表示的「成為一個個體」亦是**現象學地說的**「成」，或**邏輯地說的**「成」，不問其**本體宇宙論的根源**。

　　因為成、生（存在）有此不同之意義，故「生之謂性」雖是說性或理解性的一個原則，但亦可由此原則之應用而指點出或呈現出「生」（個體存在）或「成」（個體之成）這兩字所表示的**客觀的實際內容**。例如在直貫順成之模式下，一物之性是通生道、生理、生德、於穆不已之真幾，而關聯著個體之宇宙論地成而說，此即「生」字在此模式下所呈現出的客觀實際的內容，而即依此內容而說「生之謂性」。同時，在經驗描述之模式下，一物之性是直就一個體之現象學地或邏輯地成所具之種種實然的質性而說，直就一個體之自然生命或自然存在所呈現之種種實然的徵象而說，此亦即此

「生」字在此模式下，所呈現出的客觀實際內容，而亦即依此內容而說「生之謂性」。以前無論告子或明道，皆直就客觀實際內容而說「生之謂性」，並未察及其爲說性或理解性之一原則之義。

茲順明道義而說。「天地之大德曰生」，此句所示之生德即前條之生道、生理。天以創生爲德。《中庸》曰：「天地之道可一言而盡也，其爲物不貳，則其生物不測。」即此「天地之大德曰生」義。天地之大德，簡言之，即天之大德。天以創生爲德，是即天之所以爲天，其實義即「維天之命，於穆不已」。故《中庸》引此詩句而贊之曰：「蓋曰天之所以爲天也。」即以「於穆不已」規定天道之本質。

天道「於穆不已」之生德引生陰陽之氣之生化，而亦即由此氣之生化而見「於穆不已」之生德。「天地絪縕，萬物化醇」，即陰陽之氣之生化也。此云天地以氣言。實際在生者化者是形氣之事，而天道之生德則是所以神妙之者。陰陽之氣之絪縕生化即結聚而爲個體。此即本體宇宙論地成其爲一個體之存在也。「性」之名是對應個體而立，故由此而想到「生之謂性」也。由天道之生德，說到陰陽之氣化（生意），接著就說「生之謂性」，好像直由此生德生意（生德是超越地說，生意是內在地說）而說「生之謂性」，實則有許多關聯，不是直由此生德生意而說「生之謂性」一語也。說到陰陽之氣之絪縕化醇，即是爲的說個體之成。「生之謂性」是對應個體之成而說性，不是**寡頭地**直**以生德生意爲性**也。性之**實際內容**或其**內容的意義**自然即是那**生德生意**，但說性則必對應個體之成而說。故那兩層生字，一是生德，一是生意，實在是通形上形下渾一而言之。**生德**在備說**性之內容**，**生意**乃在說**個體之成**。如是，「生

之謂性」意即在個體之成上而說性，復即以「於穆不已」之生德為此性之**本質內容也**。由此本體宇宙論的直貫順成之義理模式而說「生之謂性」（成之謂性）甚為明順而恰當。前條由「成之者性也」一語而說此義，即成別扭。

當然，對應個體之成而說性，性之本質的內容不必是那「於穆不已」之生德，亦可是發自個體的種種徵象。在個體之成上，「各正性命」亦然，所正的不必是**理之性命**，亦可是**氣之性命**。然如果此「成」是本體宇宙論地成，則正宗儒家必以「於穆不已」之生德**為性之本義，為性之當體**，而所正的性命亦必直指「**理的性命**」說。明道亦不例外也。此顯然不是告子所說的「生之謂性」。明道不甚知其所說之「生之謂性」所依據的義理模式不同于告子說此語時所依據的義理模式，而以為「告子此言是」。在對應個體之成而說性上，告子此言自然是。但若以為告子此言同于其所說，因而謂之是，其不是處只在不能區別犬之性與牛之性，牛之性與人之性，則非是。

告子言「生之謂性」所依據的義理模式是經驗主義、自然主義的描述模式，並無以「於穆不已」之生德為性之意。告子說此語只是「性者生也」一老傳統之綜結，就實際內容說，其意是「如其生之自然之質謂之性。」（董仲舒語）此是此模式下一個十分恰當的定義（就客觀實際內容說，始可成為定義）。其「性猶杞柳」之喻、「性猶湍水」之喻、「性無分於善不善」之義、「食色性也」之義，皆是「如其生之自然之質」而言也。若就明道說此語所依據之義理模式說，「生之謂性」在其客觀實際內容方面之恰當定義當是：性者**生德也**，如其**於穆不已之生德**而能起**道德創造之純亦不已**

者謂之性。

至于謂告子「謂犬之性猶牛之性，牛之性猶人之性，則非也」，實則此並非告子語，乃是孟子之推論語。此下告子無答辭，或可以爲告子至此語塞。「犬之性猶牛之性，牛之性猶人之性」，顯然非是。孟子以此相問，告子自能見出此非是。然以爲如此即可駁倒其所說之「生之謂性」乎？告子亦很可能一時語塞。但吾人代其疏通，其所說之「生之謂性」亦並不函「犬之性猶牛之性，牛之性猶人之性」。吾人仔細檢查，孟子之推辯亦確有病。告子曾不詳察，而直承「曰然」、「曰然」，故最後陷于此不通之結論而被窘。試看《孟子・告子》篇關此之辯論：

> 告子曰：生之謂性。
>
> 孟子曰：生之謂性也，猶白之爲白與？
>
> 曰：然。〔案：此不盡然。從古訓生性有時通用說，性之名就是生，此同于「白之謂白」。「白之謂白」是套套邏輯。「生之謂性」，就其爲說性之一原則說，則不是套套邏輯；就其所指點之實際內容而說「如其生之自然之質謂之性」說，則是一定義，亦不是套套邏輯。從個體生命或個體存在到其所呈現之種種自然之質，乃是綜合命題，非分析命題。〕
>
> 曰：白羽之白也，猶白雪之白，白雪之白，猶白玉之白與？
>
> 曰：然。〔案：此曰然，可。蓋此表示「白」爲一普遍的屬性，所謂「共相」者是。同爲「白」，而白羽、白雪、白玉仍不同〕

然則犬之性猶牛之性，牛之性猶人之性與？〔案：此「然則」非是〕

茲詳檢此推辯顯然有病。孟子最後「然則」下之結論「犬之性猶牛之性，牛之性猶人之性」，並不能從「白羽之白猶白雪之白，白雪之白猶白玉之白」推下來。「白」是一個體之一普遍的**屬性**、**共相**，而「生之謂性」中「生」字是指**個體生命**或**個體存在**說，此不是一**屬性**；「性」字是「如其生之自然之質謂之性」中的「性」，此是就個體生命之種種自然之質而**總說**，此亦不是一**屬性**。生與性兩者與「白」並非為同一類型之**概念**。而生與性兩者亦不相等。就古訓通用說相等，此是名字之相同，而就「由生說性」之實說，此兩概念並不相等。不能因同是一個體生命或個體存在，便謂其「性」相等也。同「生之謂性」是就個體生命之自然之質而說性，此是理解性的一個原則。將此原則應用於人，可如人之自然生命之自然之質而說其性；應用於犬牛等，可如犬牛等之自然生命之自然之質而說其性；此即為「如其生之自然之質謂之性」。同是「生之謂性」（原則同），而「如其生之自然之質」而說的性可各不相同。故「生之謂性」並不函「犬之性猶牛之性，牛之性猶人之性。」孟子此推辯顯然有誤，告子不及知也。（注意，此謬誤雖甚顯然，然要表明出來卻並不容易。人都可覺得這裡面有點病，然病在那裡，卻又說不出來。人大都不求甚解而糊塗過去，又憑藉孟子之權威而滑過去。要想不滑過去而清楚地說出來，卻又不容易。此並非有甚高之理境，只因各概念之義理分際糾纏於一起，極不易清理。此是**名理問題**，非**玄理問題**。陸象山〈與邵中孚〉書勸其對此

「不必深考，恐其力量未到，則反惑亂精神。」此並非無故也。見下〈附識〉三）。

孟子可說：「生之謂性」所呈舉之個體之性雖可各自不同，但人之性若只是食色等等自然之質，則在道德價值上說，人即與禽獸無以異，是即「生之謂性」仍不能顯出人之真所以異於禽獸者，即仍不能顯出人之道德創造之真幾也。吾人以為此固可說，但此是價值問題，不是實然之事實問題。而「生之謂性」所呈舉之性本就是**實然之性**，而不是**道德創造**之**應然之性**。因告子明說「性猶杞柳」、「性猶湍水」、「性無分於善不善」，仁義並不內在於性也。（告子雖說仁內義外，但其實仁義俱是外。）「生之謂性」所說的性是**實然之性**，亦是**類名之性**，因此它仍可以區別人類與犬牛類，乃至犬類與牛類之不同。但孟子心目中所想之性卻正是道德創造性之性，此雖亦顯人之殊勝，但卻不是一個**類名**，不是**定義**所顯的**類名之性**。告子所說之「生之謂性」透視不到此點，此固是其說性所依據之義理模式之不足，然謂因不能透視到此點，便推證「生之謂性」可函「犬之性猶牛之性，牛之性猶人之性」則非是。孟子是就人之內在道德性、道德創造之真幾說人之性，以顯人之殊勝，而告子則是就人之自然生命之自然之質說人之實然之性，亦函是類名之性，可以標舉出類不同之性，故雖不能顯人之道德創造之道德價值上之殊勝，而仍可標識出人類之不同於犬牛類。因為「犬之性猶牛之性，牛之性猶人之性」之否定，仍可是實然之性之類不同，而不必即能至人之道德創造之真幾之性。總之，「生之謂性」不函「犬之性猶牛之性，牛之性猶人之性」，而道德創造之真幾之性以顯人之殊勝，亦不函：告子不能透視到此，便是泯犬牛人之類不同

之分也。此明示孟子與告子言性之層次有不同，而不可以相混以致辯。孟子「以道德創造之眞幾之性」之思想摻入告子實然之性之層次中以推辯，故顯有謬誤也。

由孟子與告子之辯論，可知言性有兩層面：一是經驗描述之義理模式下之「生之謂性」所說之實然之性、類不同之性；一是自道德創造之眞幾說人之性，此是作爲實現之理之性，而不是類不同之性，因爲此性是意許爲絕對普遍的，而可以直通天道仁體也。類不同之性（實然之性）是作爲**形構之理**之**性**，是橫列的作爲**括弧之性**，而道德創造之眞幾之性則是作爲**實現之理**之**性**，是縱貫的**創造之性**。人有此雙重性，而犬牛等則只有括弧之性。孟子是由縱貫的**創造之性**區別**人與物**，不是由橫列的**括弧之性**區別**人與物**。吾曾以以下之符式表示之：

一、括弧之性：〔X

二、創造之性：→X

三、人之雙重性：$\xrightarrow{}$人

四、犬牛等之只是括弧之性：→〔犬、牛等

此第四項箭頭不貫于括弧之內，表示無此創造之性。

宋儒興起，明道本《中庸》、《易傳》本體宇宙論的直貫順成之義理模式而說另一種意義的「生之謂性」。此亦是就個體之成而說性，但卻不是就個體之成所呈現的種種自然質性而說實然之性、類不同之性，乃是就個體之宇宙論的成而透視到其本源，而以於穆不已之眞幾爲眞性。此則通于孟子，而不同于告子。而亦言「告子此言是」者，謂同自個體之成而言性也。蓋性之實雖同於於穆不已之眞幾，而性之名卻必須對應個體之成而立。即以此故，彼亦得言

「生之謂性」也;而亦即以此故,謂「告子此言是」也。惟彼不知此是兩不同之義理模式下之「生之謂性」,而只以其心目中所想者儱侗地謂「告子此言是」,而不察或不過問其言性之實際內容也。若一察及其所言之性之實際內容,彼必以為不是矣。是則「生之謂性」作為一原則看,則可,而依經驗描述之義理模式應用此原則于個體之自然生命而就其種種自然質性而說性,則有不盡。實則進一步,若分成兩層,即就自然生命之種種質性而說一種性亦未始不可,惟此非正宗儒家所說之性耳。此亦張橫渠所謂:「氣質之性,君子有弗性者焉。」雖不以此為性,但此實然層之事實則不能不承認。伊川就此言才性,明道則只就此言氣稟,明其對于性體之限制,而性則只一性。朱子則根據明道此義自覺地解說「氣質之性」為氣質裡邊的性,即只是義理之性之在氣質裡邊濾過,此即氣質對于性之限制,並不就氣質之殊而說一種性也。此非「氣質之性」一詞之常解。明道只就此言氣稟對于性體之限制,此義見下第4條。而彼不能分別言性之兩層,又不能知告子之「生之謂性」亦是類不同之性,亦仍可區別開犬牛人之不同,遂有下第3條之出入混雜,極難看,而有待于分別釐清者。

> 3. 告子云:「生之謂性」,則可。凡天地所生之物,須是謂之性。皆謂之性則可。於中卻須分別牛之性、馬之性。是他便只道一般,如釋氏說蠢動含靈,皆有佛性,如此則不可。
>
> 「天命之謂性,率性之謂道」者,天降是於下,萬物流形,「各正性命」者,是所謂性也;循其性而不失,是所

謂道也。此亦通人物而言。循性者，馬則爲馬之性，又不做牛底性；牛則爲牛之性，又不爲馬底性，此所謂「率性」也。人在天地間與萬物同流，天幾時分別出是人是物？「修道之謂教」者，此則專在人事。以失其本性，故修而求復之，則入於學。若元不失，則何修之有？是由仁義行也。則是性已失，故修之。

「成性存存，道義之門」，亦是萬物各有成性存存，亦是生生不已之意。天只是以生爲德。（《二程全書・遺書第二上》，〈二先生語二上〉，呂與叔東見二先生語。〔未注誰語，自係明道語無疑。〕）

案：此本爲一整條，茲順其語勢分爲四段。首段「凡天地所生之物，須是謂之性」，語太簡略含混。若只從字面解之，此語是不通的。其意當是：「凡天地所生之物」，一有其個體存在，「須是」即就其個體存在（個體之成）而言其性。因此而言「生之謂性」。故「凡天地所生之物」皆就其個體存在而說其性，則可（「皆謂之性則可」，語亦不通）。雖是皆可就其個體存在而說其性，但「於中卻須分別牛之性、馬之性。」「是他〔告子〕便只道一般，〔……〕則不可。」案：此並非告子意。告子並未說牛馬之性是一樣。「生之謂性」亦不函牛馬之性是一樣。若從「分別牛之性、馬之性」說，告子是可以分別的。但其分別只是實然之性之分別、類不同之性之分別，並不能見到道德創造之性也。孟子即據其不能見到道德創造之性，而推辯其混犬牛人之性而爲一。明道亦據此義而謂其不能「分別牛之性、馬之性」。此皆兩層混雜以致辯，又是語

意不明以致誤，非是。「生之謂性」不是因有生（有生命或有存在）就叫它是性也。「皆謂之性」語不通。乃是就其自然生命或個體存在而說其性，乃是「如其生之自然之質謂之性」。「謂之性」等于「之謂性」。即依照它的生之自然之質而叫它是性，而說這是性，而說這是它的性，這是「謂之性」，「之」字代表「自然之質」；或即依照它的生之自然之質說即叫做是性（之謂性）。同是「如其生之自然之質」而說性，然此卻並不函說牛之自然之質同于馬之自然之質。此須分辨釐清者一。又「釋氏說蠢動含靈皆有佛性」，此不是「如其生之自然之質謂之性」也，而是說凡蠢動含靈者（眾生）皆有超越之佛性也。此佛性可類比于儒者所說之聖性（成聖之性）、道德創造之性。本體宇宙論地言之，則類比于於穆不已之真幾。不類比于告子之「生之謂性」，可類比于明道所說之「生之謂性」。明道亦說：「生則一時生，皆完此理，人則能推，物則氣昏，推不得。不可道他物不與有也。」（見前〈天理篇〉）釋氏所說「眾生皆有佛性」亦類同于此處所說「皆完此理」語中之理，理即生道、生理、於穆不已之真幾也。而明道拖于「自然之質」上說釋氏之佛性，豈不謬哉！如不承認「蠢動含靈皆有佛性」，汝何以說「皆完此理」耶？牛馬之自然質性可各不同，而「皆完此理」，或「皆有佛性」，則同。此明是兩層之性，不可將超越層之性之同拖于實然層上而謂其不辨牛馬之殊異也。此須分辨釐清者二。

第二段，解「天命之謂性，率性之謂道」，無問題。惟「通人物而言」，則有辨。「天降是於下，萬物流形〔〈乾‧彖〉：「品物流形」〕，各正性命者，是所謂性也」。此層若「通人物而

言」，則在人處，理之性命與氣之性命同正，而在物處，則只正氣之性命。是以「是所謂性也」，此「性」若眞就「於穆不已」之眞幾以立，則有此性者唯人耳，而物則不能有此性。是以天命流行之體，在人處，旣超越地爲其體，復內在地爲其性；而在物處，則只是超越地爲其體，而不能內在地復爲其性。其所以不能者，只因物不能吸納之以爲性之故也。不能吸納之以爲性，即函明道所說「不能推」。惟明道謂其具有而不能推，吾此處所言，則是不具有，故不能推。若具有而不能推，則其不能推是一時的，無永不能推之理。就「性體之實」之立言，當謂其不具有。此「不具有」並無邏輯的必然性，只是宇宙進程中之一時地，故亦只是經驗地。一旦彼亦能推而見道德之創造，則即有此性矣，亦可謂能吸納天命流行之體以爲性矣。明道謂其「具有」是**體用圓融地**說，亦是帶點**觀照的意味**，亦是由「萬物皆有春意」而見。但由「春意」而見，只是見天命流行之體（生德）之無所不在，「萬物之生意最可觀」亦是由此可悟生德之無所不在。生德之體之無所不在，乃至體用之圓融，與個體是否能具有此體以爲性，與性體之名與實之所以立，似乎尚有**一點距離**。若只形上地或形式地謂此無所不在之體即是其所在處之性，則此性字即只有**本體宇宙論的意義**，並無**道德實踐上的意義**，亦即並不能**道德實踐地**以爲**其所在處之性**，此即性之名與實之不能**眞實地被建立**。只可說此無所不在之體是**呈現地爲其體**（因皆是天道之所生化故，皆是天命流行之所流命故），而**潛能地、潛存地爲其性**。明道是把這兩者混同說了。若必謂其具有，則亦只是潛能地、潛存地、外在地具有，而不是實現地、呈現地、內在地具有。潛能地具有只是有此具有之可能，此與已具有之而未呈現，而

只是潛存，不同。明道亦是把此兩義混同看了。依此分辨，就性體之名與實之所以立說，吾將不謂物**具有此性**。在宇宙進程底現階段中，吾仍說物只具**括弧之性**，不具**創造之性**，只有**氣之性命**，並無**理之性命**。

天命之性，通人物而言，既有不同之意義，則「率性之謂道」通人物而言，亦當有不同之意義。人既能吸納「於穆不已」之真幾于自己之生命內以為性，故能盡性、率性，重現此「於穆不已」以為道，即能起道德創造之「純亦不已」也。但物如牛馬木石等，既不能有此性，自亦無所謂盡性、率性以為道。就物言，明道云：「循性者，馬則為馬之性，又不做牛底性，牛則為牛之性，又不為馬底性，此所謂率性也。」此所率性之性顯然不是「於穆不已之真幾」之性，而是「如其生之自然之質」之實然之性，類不同之性，故馬是循馬之性而不同于牛，牛是循牛之性而不同于馬。若是循而盡之者為「於穆不已」之真幾之性，為道德創造之性，則其「率性之謂道」應與人同，儘管有括弧之性之不同。因為此「性」是絕對普遍的，人亦因此而凡聖等，則物如具有之，自亦應與人等。但顯然物無此創造之性，故其所循者只能是**括弧之性**、**氣之結構之性**，如所謂**本能**、**墮性**等便是。此只是差別性之性，而不是那等同性（普遍性）之性。明道若以為物所循之性是同于人之於穆不已之真幾之性，而又于此謂牛循牛性，馬循馬性，藉以分別馬之性與牛之性，則不但是混擾，而且是大悖。故通人物而言，必分別言性之兩層。雖皆可謂「生之謂性」，而如果要分別牛之性與馬之性之不同，則「生之謂性」只能是告子之說法，只能是實然之性，氣之結構之性。若循此氣之結構之性亦是道，則只能是天命流行帶著氣化

以俱赴所成之氣化之**自然之勢**，而不能是人之率性以爲道之
「道」。此亦必須辨明者。「人在天地間與萬物同流，天幾時分別
出是人是物？」此從「天無心而成化」方面說，固是如此。但從性
體之名與實之所以立以及率性盡性之不同方面說，則人與物**儘有差
別**。雖在天地間同流，而亦各自**率其所應率之性**以**各自流其所應流
而已**：人率其**於穆不已之眞幾之性**而流**道德創造**之**純亦不已之流**，
物則**率其氣之結構之性**而流**其本能之流**或**墮性之流**。此則不可混
也。人若不能盡性、率性，而亦只率其氣之結構之性，則雖在分類
上，可有別于牛馬，而在道德價值上，亦無以異于牛馬也。此孟子
之所辨也。

　　第三段即「專在人事」上就人喪失其道德創造之性而言復其
性，由此以立教與學。下第4條專言此義，此見儒者言性之本義，
亦見明道言「生之謂性」之切義。

　　第四段「成性存存，道義之門」，解見前第1條之疏解末。茲
不贅。

　　4.「**生之謂性**」，性即氣，氣即性，生之謂也。人生氣稟，
　　理有善惡。然不是性中元有此兩相對而生也。有自幼而
　　善，有自幼而惡，是氣稟有然也〔「有然」一作「自
　　然」〕。善固性也，然惡亦不可不謂之性也。蓋「生之謂
　　性」，「人生而靜」以上不容說，才說性時，便已不是性
　　也。凡人說性，只是說「繼之者善也」，孟子言人性善是
　　也。

　　夫所謂「繼之者善也」者，猶水流而就下也。皆水也，有

流而至海，終無所污。此何煩人力之爲也？有流而未遠，固已漸濁；有出而甚遠，方有所濁。有濁之多者，有濁之少者。清濁雖不同，然不可以濁者不爲水也。如此，則人不可以不加澄治之功。故用力敏勇，則疾清。用力緩怠。則遲清。及其清也，則卻只是元初水也。亦不是將清來換卻濁，亦不是取出濁來置在一隅也。水之清，則性善之謂也。故不是善與惡在性中爲兩物相對，各自出來。

此理天命也。順而循之，則道也。循此而修之，各得其分，則教也。自天命以至於教，我無加損焉。此「舜有天下而不與焉」者也。（《二程全書·遺書第一》，〈二先生語一〉，端伯傳師說。〔未注明誰語，《宋元學案·明道學案》列有此條，朱子亦以此爲明道語，是。〕）

案：此段文是明道言性之重鎮，亦是其所說之「生之謂性」之義之**最明切者**，亦是天道性命通而爲一，且涉及「澄治之功」以言之者。前第2、3兩條言「生之謂性」，語意尙渾淪而不明確，吾已明其是就「於穆不已」之生德生理而帶著個體之宇宙論地成而說性。然則明道所謂「生之謂性」，意即：於穆不已之生德生理在個體之成時而具於個體之中即叫做是性。「個體之成」即所謂「生」也。此義明確地表示于此第4條中。

此第4條明確地說：「生之謂性，性即氣，氣即性，生之謂也。」又明確地說：「蓋生之謂性，人生而靜以上不容說，才說性時，便已不是性也。」此明顯表示出「生之謂性」，是就個體之成而說性。此是此語之爲一說性或理解性之原則之本義，即在告子說

此語時亦函此義。但因說此語所依據之**義理模式**有不同，故對于性之實之理解亦不同。在告子，性之實（客觀的實際內容）是「如其生之自然之質謂之性」，是實然之性、類不同之性，而在明道則是指「於穆不已之眞幾」言，是道德創造之性。

明道說此語既明顯地是就個體之成而說性，而性之實又指「於穆不已之眞幾」言，則此條言「生之謂性」即顯明地表示出重點是在：一、性之名與實之所以立（性之名就個體之成而立，性之實就「於穆不已之眞幾」而立）；二、個體形成時氣稟對于性體之限制。因重在此兩點，故「生之謂性」之義始明切。但亦因重在此兩點，故此條言「生之謂性」，「生」字之「通于於穆不已之生德生理以爲性體之實」之義即不顯（前第2條從「天地之大德曰生」說下來，即甚顯此義），好像是單指個體之成言。如此，若孤立地單看此條，則「生之謂性」意即自個體形成時說性，性是斷自有生以後說。有生以後即是個體之成。至于作爲性體之實的那於穆不已之生德生理則不在此「生」字中見，而是隱藏于「性」字中，由明道思理之全部系統，甚至宋明儒之全部系統，而預定性體之實即是那「於穆不已」之生德生理或眞幾。此是在共許之預設中，不在此「生」字中見。然若知此個體之成是本體宇宙論地成，則此條說「生」字雖明確地表示只是斷自有生以後，然亦必然地隱含著通於那「於穆不已」之生德以爲性體之實，決不會是「如其生之自然之質謂之性」，蓋其所依據之**義理模式**不同故也。

斷自有生以後個體之成說性，既不是如告子「如其生之自然之質謂之性」，亦不是想就個體之成于「於穆不已之眞幾」之性外，復說另一種性如氣性、才性之類，而卻是只說**氣稟對于性體之限**

制。是則性仍是超越之性，性命仍是理之性命，而非氣之性命。否則何言氣稟對于性體之限制耶？又何言「澄治之功」而求復性耶？是即明道言「生之謂性」之切義也。下〈附識〉伊川、朱子論「生之謂性」，即符應告子原意而說一種氣性、才性，或知覺運動之性。明道此條無此意，惟是就「於穆不已」之生德生理或眞幾而說性體也。只此一性，並無二性。然卻可以相應個體之成而說氣稟對于性體之限制。

　　氣稟與氣性、才性，或氣質之性實相通。吾于此不如劉蕺山然，作反對義理之性與氣質之性之分之無謂的爭辯，亦不以爲明道反對此分。其不說一種氣性、才性或氣質之性，而只說氣稟對于性體之限制，亦不表示其反對此分。其不說，亦只是一時不說到而已，非表示其否認氣性、才性，或氣質之性也。不管是就個體之成只言氣稟對于性體之限制，抑還是進一步就之言氣性、才性，或氣質之性，皆表示本體宇宙論的眞貫順成之義理模式之下「生之謂性」可以統攝告子經驗描述義理模式下之「生之謂性」。如是，遂成功宋儒既透本源又明限制之完備的人性論，而「論性不論氣不備，論氣不論性不明，二之則不是」，遂成一有名之法語，此實是宋明儒論心性所共同遵守亦應遵守之規範，無人能反對之者（劉蕺山之反對，只是語意之轉換表示，徒增加攪擾，實不能構成一反對）。此法言見之于《二程全書·遺書第六》，二先生語六。未注明誰語，亦未注明何人所記。但衡之此條「性即氣，氣即性，生之謂也」，以及《遺書第六》有許多妙語皆係明道意，則此法言亦可能是明道語。當然伊川亦極端遵守此法言，即謂之是伊川說亦無不可。此可是二程所共同發明共同信守之思想。不以此法言決定二人

之殊異也。吾于下章論伊川〈氣稟篇〉，即以此法言列首。

以上所言是了解此第4條之大眉目。有此眉目，則見此條之義理甚為明白。不然，則冒昧從事，必覺難通，易生誤解。

首先，「性即氣，氣即性，生之謂也」，此不是「**體用圓融**」義，乃只是性氣**滾在一起**之意，說粗一點，是性氣**混雜、夾雜在一起**，因而**不相離**也。蓋就個體之成說性，性體之實固就「於穆不已眞幾」而立，然而一有個體，即不能無「氣稟」之殊。個體之成是本氣化而來，所謂「天地絪縕，萬物化醇」也。「於穆不已」之天命生德帶著氣化以俱赴，因而有個體之成，此亦是形而上地必然者。不成個體，則天命流行即無終成、無收煞，因而成一虛無之流，天命生德亦無以見。故天命生德必帶著氣化以俱赴，因而成個體，此乃是形而上地必然的。有氣化而成之個體，即有由氣之結聚而成之種種顏色，如所謂清濁厚薄、剛柔緩急之類，此即所謂「氣稟」也。此亦是形而上地必然者。「氣稟」者即氣方面的稟受，或稟受於氣，言此種種顏色皆稟受於氣而然也。有此氣方面之稟受，則性體即不能離此氣稟而獨存。「性即氣，氣即性」之「氣」即指此「氣稟」而言，乃是此氣稟之簡稱，非只是宇宙論的「氣化」中之單純的「氣」也。性體不能離此「氣稟」而獨存，則是所謂「生之謂性」也。意即：性體與氣稟滾在一起而不離，此即是於個體之成或個體存在時所說之性也。性不離氣稟而獨存，則性即**與于氣稟**而「**即氣**」。氣稟之顏色混雜於性上而與性一起呈現，則氣稟所在即性之所在，而**氣稟處即性**矣。「性即氣，氣即性」不是**概念斷定的陳述語（指謂語）**，乃是性體與氣稟滾在一起而不離之**關聯語**。此須辨清者一。又「性即氣，氣即性，生之謂也」，此不是說生化

之生生不已中性與氣同流也，乃是說性體與氣稟滾在一起，即是「個體存在時說性」之謂也。「生之謂也」是「生之謂性之謂也」之簡說。「〔……〕生之謂也」是說有生以後，就是性體與氣稟滾在一起的。此須辨清者二。

其次，「人生氣稟，理有善惡」，此善惡是指**氣稟**說，不指**性體說**。故云：「不是性中元有此兩物相對而生也。」若指性體自己說，則是純粹至善，焉有氣稟上之或善或惡之對待？氣稟上「理有善惡」，言由氣之結聚自然呈現出種種顏色之不齊。此「理」字是**虛說**。不得誤解。前〈天理篇・附識〉中「天下善惡皆天理」、「事有善有惡，皆天理也」，此「天理」與此處之「理」字爲同一語意，同是虛說之「理」。氣稟之不齊乃氣稟之本性是如此，此所謂「理有善惡」也。性既與氣稟滾在一起，則氣稟之善者（譬如淸者厚者），性體自然在此呈現而不失其純。至如氣稟之惡者（譬如濁者薄者），性體不能在此自然呈現而不失其純，則即不免爲其所拘蔽、所染汙，因而成爲惡的表現。下言「善固性也，然惡亦不可不謂之性也」，此云善惡是指**性的表現**言，不是指**性之自體**言。言其因氣稟之善而成爲善的表現固是**屬於性之事**（此是性之自然呈現而不失其純者），意即性之善的表現；即因氣稟不善（惡）而成爲惡的表現，此亦是**屬於性之事**，意即性之惡的表現。此或善或惡不是對於性體自己而說的**概念斷定語**，即不是說性善或性惡，或性有善有不善，乃是關聯著氣稟之不齊而言其有**不同之表現**。表現上雖有種種殊異，然皆是性之事也。故下文有淸濁水之喻，有「淸水濁水皆是水」之說。故此善惡是表現上的事，是流變上的事。至於性體自己則是純粹至善，在此，**是概念斷定語**。若「善固性也，然惡

亦不可不謂之性也」，亦視作對於性體自己之**概念斷定語**，則大悖。

　　何以說善惡的表現皆屬於性之事？性何以必有善惡的表現之不齊？蓋正因「生之謂性」之故也。既就有生以後，個體存在而說性，則性就是與氣稟滾在一起的，其表現之不齊，因而有善惡，蓋亦是形而上地必然的。蓋性之名與實是斷自有生以後說，有生以前即無「性」之可言，只是一本體宇宙論地說的「天命生德之於穆不已」而已。故云：「人生而靜以上不容說也。」「人生而靜，天之性也」是〈樂記〉語。〈樂記〉原意如何，是另一事。而此處明道之借用此語，則是表示自有生以後，個體形成時說性。有生以後個體形成時，就其「未感於物而動」之靜上狀態以見「性」一概念之義，即性之名與實之所以立。（我這樣虛籠說，是就〈樂記〉語隱隱指向明道或正宗儒家所說之性體義，至于〈樂記〉語原意究如何解，則是另一回事，故這樣虛籠言之也。此表示此處只是借用「人生而靜」這一語，並不著實于〈樂記〉之原意也。）至于「人生而靜」以上，則「不容說」也。「不容說」是無性之名與實之可言，並非言語道斷、不可思議之義也。有生以上既不容說性，則一說性時，便在有生以後，便與氣稟滾在一起，便有因氣稟之不齊與拘蔽而成之不同之表現，便已不是**性體自己**之**本然而粹然者**，故云：「才說性時，便已不是性也。」「不是性」是說不是**性之本然與粹然**，並非言不是性，而成了別的。**實仍是性**，不過不是性體自己之本然與粹然而已。蓋性之名與實雖就有生以後說，而性體之實之所以為實，固即是那「於穆不已之真幾」也。性體之實之所以立，固由那於穆不已之真幾而立也。是故「不是性」云者意即「便已不

是」作爲性體之實的那「於穆不已之眞幾」之純粹而自然地呈現，並非說已不是性而轉成別的，如只是氣之類，亦不是說若眞是性，便須在有生以前之不可說不可說也。

如是，最後，「凡人說性，只是說繼之者善也，孟子言人性善是也。」此處借用《易‧繫辭‧上傳》第五章「繼之者善也」一語表示「性體自然呈現而不失其純」之善的表現，乃爲一般說性善之意。孟子亦是這樣說「性善」。故下文即承之解析曰：「夫所謂繼之者善也者，猶水流而就下也。」孟子曰：「水信無分於東西，無分於上下乎？人性之善也，猶水之就下也。人無有不善，水無有不下。今夫水，搏而躍之，可使過顙。激而行之，可使在山。是豈水之性哉？其勢則然也。人之可使爲不善，其性亦猶是也。」（〈告子〉篇）此言人之性如無外力以阻撓或拘蔽之，它自然有向善爲善之能，此即是其自然呈現而不失其純之善的表現，一如水之自然「就下」也。自然就下、自然呈現，即所謂「繼」也。自然呈現而不失其純即所謂「繼之者善」之善的表現也。言由此即足見性體自身之爲至善也。（案：此由以於穆不已之體言性者會通孟子，故如此云。若單就孟子言，如此云並不諦。〈五峰章〉第六節關此有詳簡。）然有是自然呈現之善的表現，亦有時不自然呈現而成爲不善或惡的表現，但這是氣稟之不善有以使然，非性之本性如此也。故下以水流爲喻，有清濁之異。水之本身自是清，即所謂「元初水」也。此喻性體至善。如「元初水」之清而流便是清水，此喻性之自然呈現而不失其純之爲「繼之者善」的表現。流而爲外力所激所擾所阻而不自然就下，或混有泥沙，皆不是水之本性如此。過顙、在山，皆非自然就下。即非水之本性。混有泥沙，成爲濁水，亦非水

之本性如此。此皆是喻性之不善或惡之表現。表現上有善惡相對之表現，而性之自體只是一善，是謂純然之至善。亦如水自己只是純清，清濁相對只是流變上的事。清是如水之自性而流，固是水，濁不如水之自性而流，亦不可不謂之水。水只是一，而在流變上有清濁相對之異。如以澄治之功，則「只是元初水」。此喻性只是一，只是至善。並「不是性中元有此兩物相對而生」，「不是善與惡在性中爲兩物相對，各自出來」。就水說，只是一水，並不是水中原有清濁兩種「相對而生」，「各自出來」。現爲濁水而與清水相對，只是因泥沙之混入，非水之自性原是如此也。澄清之，則只是元初之一水。故「不是將清來換卻濁，亦不是取出濁來置在一隅也。」明道之意藉此喻表現得甚爲清楚。然則開頭「性即氣，氣即性，生之謂也」、「善固性也，惡亦不可不謂之性也」，以及「人生而靜，以上不容說，才說性時，便已不是性也」諸語，其意亦甚顯然，此可貫通而明也。

此條總起來不過只是兩句話，即「堯舜性之也，湯武反之也。」或：「自誠明謂之性，自明誠謂之敎。」自然呈現而不失其純之善的表現（清水）即「堯舜性之也」，亦即「自誠明謂之性」。此是「由仁義行」，「何煩人力之爲也？」但一般人常無此氣稟之善，故不免有不善或惡的表現，此如濁水，故須「加澄治之功」以復其初，此即「湯武反之也」，亦即「自明誠謂之敎」。及其功夫純熟，全是繼之者善，性體流行而一無所汙，則全性是氣，全氣是性，全體是用，全用是體，此方是**圓融**之**一體而化**，而不是「生之謂性」時性體與氣稟混雜在一起之「性即氣，氣即性」之**一起滾也**。（說「用」固不能離氣稟說，但只是氣稟並不就是用。顯

然氣稟之善者而能永永繼之者善是用，而氣稟之惡者之成為不善或惡之表現，並不可說「用」也。此須分別，不可顢頇。）

復有一義，亦須一提，即善惡既只是表現上的事，則性體自己自是粹然至善而無善惡相對之相。後來胡五峰說性不可以善惡言，即根據此義說。即到陽明說本心之體或良知本體無善無惡亦只是此義。此皆非告子「無善無不善」之中性義也。此既值不得張皇，亦不足以構成一問題而橫加辨駁。義理不精透者，恍惚見到絕對而施遐想，此則不免張皇。實則不說這種話而只說粹然至善，已是甚好。若精透了，即這樣說說亦無妨，亦不可以辭害意。此本不值得張皇，亦值得構成一問題。視為嚴重，當作一問題而橫加辨駁，亦是義理不精透而以辭害意者也。朱子之辨駁胡五峰，劉蕺山之辨駁陽明與王龍溪，即此類也。是故張皇與辨駁，其失均也。皆不及明道之正大與明透。（其實劉蕺山亦言「夫性無性也，況可以善惡言？」見下〈附識〉五〈劉蕺山之涉及告子〉，詳見〈五峰章〉第十一節〈綜述知言大義〉。本節正文止于此。下

附識：

一、伊川論「生之謂性」。

二、朱子論「生之謂性」。

三、象山少說性以及其關于孟子與告子論性處之態度。

四、陽明論「生之謂性」。

五、劉蕺山之涉及告子。

附識一：伊川論「生之謂性」

1.「性相近也，習相遠也」，性一也，何以言相近？

曰：此只是言氣質之性。如俗言性急性緩之類，性安有緩急？此言性者，「生之謂性」也。

又問：「上智下愚不移」，是性否？

曰：此是才。須理會得性與才所以分處。

又問：「中人以上可以語上，中人以下不可以語上」，是才否？

曰：固是。然此只是大綱說。言中人以上可以與之說近上話，中人以下不可以與說近上話也。

「生之謂性」。

凡言性處，須看他立意如何。且如言性善，性之本也。「生之謂性」，論其所稟也。孔子言「性相近」，若謂其本，豈可言「相近」？只論其所稟也。告子所云固是，爲孟子問他，他說便不是也。（《二程全書・遺書第十八》，〈伊川先生語四〉）

2. 犬牛人知所去就，其性本同。但限以形，故不可更。如隙中日光，方圓不移。其光一也，惟所稟各異。故「生之謂性」，告子以爲一，孟子以爲非也。（《二程全書・遺書第二十四》，〈伊川先生語十〉）

3. 「生之謂性」與「天命之謂性」同乎？

性字不可一概而論。「生之謂性」止訓所稟受也。「天命之謂性」，此言性之理也。今人言天性柔緩，天性剛急，俗言天成。皆生來如此。此訓所稟受也。若性之理也，則無不善。曰「天」者，自然之理也。（同上）

案：此三條疏解，詳見〈伊川章·氣稟〉篇。

附識二：朱子論「生之謂性」

1. 生，指人物之所以**知覺運動**者而言。告子論性，前後四章，語雖不同，然其大指不外乎此。與近世佛氏所謂「作用是性」者略相似。（《孟子·告子》篇「生之謂性」注）

2. 愚案：性者，人之所得於天之理也。生者，人之所得於天之氣也。生，形而下者也。人物之生，莫不有是性，亦莫不有是氣。然以氣言之，則**知覺運動**人與物若不異也。以理言之，則仁義禮智之稟豈物之所得而全哉？此人之性所以無不善，而為萬物之靈。告子不知性之為理，而以所謂氣者當之。是以杞柳、湍水之喻，食、色、無善無不善之說，縱橫繆戾，紛紜舛錯，而此章之誤，乃其根本所以然者。蓋徒知知覺運動之蠢然者人與物同，而不知仁義禮智之粹然者人與物異也。孟子以是折之，其義精矣。（《孟子·告子》篇「生之謂性」章總注）

3. 告子以人之**知覺運動**者為性，故言人之甘食悅色者即其性。（《孟子·告子》篇「食色性也」注）

案：朱子以自然之知覺運動解「生之謂性」本不錯。但以為此「知覺運動」與「佛氏所謂作用是性者略相似」，則非是。又以此「知覺運動」之作用批評胡五峰之言性與陸象山之言心，尤非是。

關于胡五峰之「性不可以善惡言」

1. 郭子和性論與五峰相類。其言曰：「目視耳聽性也。」此語非也。視明而聽聰乃性也。箕子分明說「視曰明，聽曰聰。」若以視聽爲性，與僧家「**作用是性**」何以異？五峰曰：「好惡性也。君子好惡以道。小人好惡以欲。君子小人者天理人欲而已矣。」亦不是。蓋好善惡惡乃性也。（《朱子語類》卷一百一，程子門人郭立之條）

2. 問：「誠者物之終始」，而「命之道」。

   曰：誠是實理，徹上徹下，只是這箇。生物都從那上做來。萬物流形天地之間，都是那底做。五峰云：「誠者命之道，中者性之道，仁者心之道。」此數句說得密。如何大本處都含糊了！以性爲無善惡，天理人欲都混了，故把作「同體」。

   或問：「同行」語如何？〔案：胡五峰有云：「天理人欲同體而異用，同行而異情。」〕

   曰：此卻是只就事言之。

   直卿曰：它〔他〕既以性無善惡，何故云：「中者性之道」？

   曰：它〔他〕也把「中」做無善惡。（同上。胡康侯條下附論五峰）

3. 因言久不得胡季隨〔五峰幼子，師事張南軒〕諸人書。季隨主其家學，說性不可以善言。本然之善本自無對。才說善時，便與那惡對矣。才說善惡，便非本然之性矣。本然

之性，是上面一箇，其尊無比。善是下面底。才説善時，便與惡對，非本然之性矣。孟子道性善，非是説性之善，只是贊嘆之辭，説好箇性！如佛言「善哉」！（原注：此文定之説。）某嘗辨之云：本然之性固渾然至善，不與惡對。此天之賦予我者然也。然行之在人，則有善有惡。做得是者爲善，做得不是者爲惡。豈可謂善者非本然之性？只是行於人者有二者之異。然行得善者便是那本然之性也。若如其言，有本然之善。又有善惡相對之善，則是有二性矣。方其得於天者此性也，及其行得善者亦此性也。只是有箇善底，便有個不善底。所以善惡須著對説。不是元有箇惡在那裡，等得他來與之爲對。只是行得錯底，便流入於惡矣。此文定之説，故其子孫皆主其説。而致堂〔胡寅字明仲〕、五峰〔胡宏字仁仲〕以來，其説益差，遂成有兩性：本然者是一性，善惡相對者又是一性。他只説本然者是性，善惡相對者不是性，豈有此理？

然文定又得於龜山，龜山得之東林常摠。摠，龜山鄉人，與之往來。後住廬山東林。龜山赴省，又往見之。摠極聰明，深通佛書，有道行。龜山問孟子道性善，説得是否？摠曰：是。又問性豈可以善惡言？摠曰：本然之性不與惡對。此語流傳自他。然摠之言本亦未有病。蓋本然之性是本無惡。及至文定，遂以性善爲贊嘆之辭。到得致堂、五峰輩，遂分成兩截，説善底不是性。若善底非本然之性，卻那處得這善來？既曰贊嘆性好之辭，便是性矣（原注：個錄作「便是性本善矣」。〔案：「性」當作「善」。

錄是〕）。若非性善，何贊嘆之有？如佛言「善哉善
哉」，爲贊美之辭，亦是説這個道理好，所以贊嘆之也。
二蘇論性，亦是如此。嘗言：孟子道性善，猶云火之能熟
物也。荀卿言性惡，猶云火之能焚物也。龜山反其説而辯
之曰：火之所以能熟物者，以其能焚故耳。若火不能焚，
物何從熟？蘇氏論性説：自上古聖人以來，至孔子不得已
而命之曰一，寄之曰中，未嘗分善惡言也。自孟子道性
善，而一與中始支矣。盡是胡説！他更不看道理，只認我
説得行底便是！諸胡之説亦然。季隨至今守其家説。
〔……〕（同上）

4. 因論湖湘學者崇尚《知言》。曰：《知言》固有好處，然
亦大有差失。如論性，卻曰：「不可以善惡辨，不可以是
非分。」既無善惡，又無是非，則是告子湍水之説爾。如
曰：「好惡性也，君子好惡以道，小人好惡以己」，則是
以好惡説性，而道在性外矣。不知此理卻從何而出？

問：所謂「探視聽言動無息之際，可以會情」，此猶告子
「生之謂性」之意否？

曰：此語亦有病，下文謂：「道義明著，孰知其爲此心？
物欲引誘，孰知其爲人欲？」便以道義對物欲，卻是性中
本無道義，逐旋於此處攙入兩端，則是性亦可以不善言
矣。

如曰：「性也者，天地鬼神之奧也。善不足以名之，況惡
乎？孟子説性善云者，歎美之辭，不與惡對。」其所謂
「天地鬼神之奧」，言語亦大，故誇逞。某嘗謂聖賢言

語，自是平易。如孟子尚自有些險處，孔子則直是平實。「不與惡對」之說，本是龜山與摁老相遇，因論孟子說性，曾有此言。文定往往得之龜山，故有是言。然 老當時之語，猶曰「渾然至善，不與惡對」，猶未甚失性善之意。今去其「渾然至善」之語，而獨以「不與惡對」爲歎美之辭，則其失遠矣！〔……〕（同上）

5. 五峰云：「好惡性也。」此說未是。胡氏兄弟既闢釋氏，卻說「性無善惡」，便似說得空了，卻近釋氏。但當云：好善而惡惡性也。

　　筍謂：好惡情也。

　　曰：只是好惡，卻好惡個甚底？

　　伯豐謂：只「君子好惡以道」亦未穩。

　　曰：如此，道卻在外，旋好惡之也。（同上）

6. 直卿言：五峰說性云「好惡性也。」，本是要說得高，不知卻反說得低了。

　　曰：依舊是氣質上說。某常要與他改云：所以好惡者性也。（同上）

7.「好惡性也」。既有好，即具善。有惡，即具惡。若只云有好惡，而善惡不定於其中，則是性中理不定也。既曰天，便有天命、天討。（同上）

8.《知言》云：「凡人之生，粹然天地之心，道義全具，無適無莫，不可以善惡辨，不可以是非分，無過也，無不及也，此中之所以名也。」即告子性無善無不善之論也。唯伊川「性即理也」一句甚切至。（同上）

案：關于胡五峰之《知言》，見後〈五峰章〉。朱子謂其是告子性無善無不善之說，非是。

關于佛家「作用是性」

1. 徐子融有枯槁有性無性之論。先生曰：性只是理。有是物，斯有是理。子融錯處是**認心為性**，正與佛氏相似。只是佛氏摩擦得這心極精細。如一塊物事，剝了一重皮，又剝一重皮，至剝到極盡，無可剝處，所以磨弄得這心精光，它便認做性。殊不知此正聖人之所謂心。故上蔡云：「佛氏所謂性，正聖人所謂心；佛氏所謂心，正聖人所謂意。」心只是賅得這理。佛氏元不曾識得這理。一節便認**知覺運動**做性。如視聽言貌，聖人則視有視之理，聽有聽之理，言有言之理，動有動之理，思有思之理，如箕子所謂明、聰、從、恭、睿是也。佛氏則只認那能視、能聽、能言、能思、能動底便是性。視明也得，不明也得；聽聰也得，不聰也得；言從也得，不從也得；思睿也得，不睿也得。它都不管，橫坐豎來，它都認做性。它是怕人說這理字，都要除掉。此正告子「**生之謂性**」之說也。〔……〕（《朱子語類》卷第一百二十六，釋氏）

2. 釋氏專以**作用為性**。如某國王問某尊者曰：如何是佛？曰：見性為佛。曰：如何是性？曰：作用為性。曰：如何是作用？曰：云云。禪家又有點者云：當來尊者答國王時，國王何不問尊者云：未作用時，性在甚處？（同上）

3. **作用是性**。在目曰見，在耳曰聞，在鼻臭香，在口談論，

在手執捉，在足運奔，即告子「生之謂性」之說也。且如手執捉，若執刀胡亂殺人，亦可爲性乎？龜山舉龐居士云：神通妙用，運水搬柴，以比徐行後長。亦坐此病。不知徐行後長，乃謂之弟。疾行先長，則不爲弟。如曰：運水搬柴，即是妙用，則徐行疾行皆可謂之弟耶？（同上）

4. 問釋氏作用是性。

曰：便只是這性，他說得也是。孟子曰：「形色天性也。惟聖人然後可以踐形。」便是此性。如口會說話，說話底是誰？目能視，視底是誰？耳能聽，聽底是誰？便是這個。其言曰：「在眼曰見，在耳曰聞，在鼻臭香，在口談論，在手執捉，在足運奔。徧現俱該法界，收攝在一微塵。識者知是佛性，不識喚作精魂。」他說得也好。又舉《楞嚴經》波斯國王見恆河水一段云云。所以禪家說「直指人心，見性成佛。」他只要你見得，言下便悟，做處便徹，見得無不是此性也。說存養心性，養得來光明寂照，無所不徧無所不通。唐張拙詩云：「光明寂照徧河沙，凡聖含靈共我家。」云云。又曰：「實際理地，不受一塵。佛事門中，不捨一法。」他箇本自說得是，所養者也是。只是差處便在這裡。

吾儒所養者是仁義禮智，他所養者只是視聽言動。儒者則全體中自有許多道理，各自有分別，有是非，降衷秉彝無不各具此理。他只見得箇渾淪底物事，無分別，無是非，橫底也是，豎底也是，直底也是，曲底也是，非理而視也是此性，以理而視也是此性，少間用處都差，所以七顚八

倒，無有是處。吾儒則只是一個真底道理。他也說我這箇是真實底道理，如云：「惟此一事實，餘二則非真。」只是他說得一邊，只認得那人心。無所謂道心，無所謂仁義禮智、惻隱羞惡、辭遜是非。所爭處只在此。吾儒則自「天命之謂性，率性之謂道」，以至至誠盡人物之性、贊天地之化育，識得這道理無所不周，無所不徧。他也說我這箇無所不周，無所不徧。然眼前君臣父子兄弟夫婦上便不能周徧了，更說甚麼周徧！他說治生產業皆與實相不相違背云云，如善財童子五十三參，以至神鬼神仙、士農工商技藝，都在他性中。他說得來極闊，只是其實行不得。只是譚其所短，強如此籠罩去！他舊時瞿曇說得本不如此廣闊。後來禪家自覺其陋，又翻轉案臼，只說「直指人心，見性成佛。」（同上）

5. 昨夜說「作用是性」。因念此語亦自好。雖云釋氏之學是如此，他卻是真箇見得，真箇養得。如云：說話底是誰？說話底是這性。目視底是誰？視底也是這性。聽底是誰？聽底也是這性。鼻之聞香，口之知味，無非是這個性。他凡一語默，一動息，無不見得此性，養得此性。

或問：他雖見得，如何能養？

曰：見得後，常常得在這裡，不走作，便是養。今儒者口中雖常說性是理，不止於作用，然卻不曾做他樣存得養得。只是說得如此，元不曾用功，心與身元不相管攝，只是心粗。若自早至暮，此心常常照管，甚麼次第！這個道理在在處處發見，無所不有，只是你不曾存得養得。佛氏

所以行六、七百年，其教愈盛者，緣他也依傍這道理，所
以做得盛。他卻常在這身上。他得這些子，即來欺負你秀
才。你秀才無一人做得似他。今要做，無他，只說四端擴
充得便是。孟子說存心養性，其要只在此。「凡有四端於
我者，知皆擴而充之矣。若火之始然，泉之始達。」學者
只要守得這箇。如惻隱、羞惡、辭遜、是非，若常存得這
惻隱之心，便養得這惻隱之性。若合當愛處，自家卻不起
愛人之心，便傷害了那惻隱之性。如事當羞惡，自家不羞
惡，便是傷害了那羞惡之性。辭遜是非皆然。「人能充無
欲害人之心，而仁不可勝用矣。人能充無受爾汝之實，無
所往而不爲義也。」只要就這裡存得養得。所以說利與善
之間只爭這些子，只是絲髮之間。如人靜坐，忽然一念之
發，只這個便是道理，便有個是與非，邪與正。其發之正
者理也，雜也不正者邪也。在在處處無非發見處，只要常
存得，常養得耳。（同上）

案：朱子不解禪家「作用是性」之義，將此詭辭之指點語視作實然
之陳述，以告子「生之謂性」之義說之，此皆非是。前〈一本篇〉
附識已略有解說，茲不贅。

關于評斥象山爲禪、爲告子，謂其以心爲性，以氣爲理

《朱子語類》卷第一百二十四評論陸氏兄弟，其斥象山爲禪尚
只就其揮斥意見、議論、定本而說，並就大悟、頓悟、當下即是、
三頭兩緒東出西沒、不說破、只管說一個心本來是好底物事，上面

著不得一個字，等怪姿態而說，尚不好意思就其所說之「本心」之實義而說。及至陳北溪（淳）便應用朱子知覺運動、作用是性、生之謂性之聯想，認象山爲以心爲性，以氣爲理，把其根據孟子所說之本心視作屬于形氣之虛靈知覺之心，自此說其爲禪便是就其所說之「本心」之實義說其爲禪。此並非陳淳之發明，實亦朱子固有之義也。朱子只說性是理，從不說心即是理，心即是性，不說心即性即理，當然性亦不會是心。在朱子，心與神俱屬于氣，是形而下者，當然不會是性，是理。性是理，是形而上者。朱子從未明言孟子所說之本心是屬于形而下者，但彼將其本心即性分解爲心性情三分、理氣二分，則固應視心爲形而下者。惟就孟子，則不便明言之耳。其批評胡五峰之「心無生死」之義云：

> 天地生物，人得其秀而最靈。所謂心者乃**虛靈知覺之性**，猶耳目之有見聞爾。在天地則通古今而無成壞，在人物則隨形氣而有始終。知其理一而分殊，則又何必爲是心**無生死**之說，以駭學者之聽乎？（見下胡五峰之〈知言章〉）

朱子如此說心，則其應視孟子所說之本心，亦爲形而下者，固理之甚順者也。而陳淳依其知覺運動、作用是性、生之謂性之聯想，就象山所說之「本心」之實義而斥其爲禪，亦甚自然之思想也。

《朱子語類》卷第一百二十四有一條云：

> 象山死，先生率門人往寺中哭之。既罷，良久曰：可惜死了告子。（原注云：此說得之文卿。）

王懋竑《朱子年譜・考異》卷三于朱子五十六歲「辨陸學之非」下，指明「可惜死了告子」，「語太輕，必非朱子語」。朱子在主觀上或不至說此語，然在客觀思理上，其師弟正是視象山之言心為自知覺運動言性之「作用是性」與「生之謂性」之告子也。此不但對于象山為絕大之誤解，並對于孟子亦成絕大之誤解。若依此思理說，則孟子亦成告子矣！

陳北溪（淳）曰：

> 象山教人終日靜坐以存本心，無用許多辯說勞擾。此說近本，又簡易直捷，後進易為竦動。若果是能存本心，亦未為失。但其所以為本心者，只是認形氣之虛靈知覺者。以此一物甚光輝燦爛，為天理之妙。不知形氣之虛靈知覺，凡有血氣之屬皆能趨利避害，不足為貴。此乃舜之所謂人心者，而非道心之謂也。今指人心為道心，便是告子生之謂性之說，蠢動含靈皆有佛性之說，運水搬柴無非妙用之說。故慈湖專認心之精神為性，指氣為理，以陰陽為形而上之道。論天、論易、論道、論德、論仁、論義、論禮、論智、論誠敬、論忠恕，萬善只是此一一個渾淪底物，只此號不同耳〔案：明道已如此，決不如陳淳所想之渾淪。〕夫諸等名義各有所主。混作一物，含糊鶻突，豈得不錯？遂掃去格物一段工夫，如無星之稱、無寸之尺。默坐存想，稍得髣髴，便云悟道。將聖賢言語來手頭作弄，其實於聖賢言語不甚通解。輔漢卿所錄：譬如販私鹽人，擔頭將鮝魚妝面。發得情狀甚端的也。以晦翁手段，與象山說不下，況今日其如此等人何！

（《宋元學案》卷五十八，〈象山學案‧附錄〉）

又曰：

　　人心之虛靈知覺一而已。其由形氣而發者以形氣為主，而謂之人心，由理義而發者以理義為主，而謂之道心。饑思食、渴思飲、冬思裘、夏思葛，此皆人心也。視思明、聽思聰、言思從、動思義，道心之謂也。二者固有脈絡，粲然於方寸之間而不相亂。自告子以生言性，則已指氣為理而不復有別。今佛者以作用是性，以蠢動之類皆有佛性，運水搬柴無非妙用，專指人心之虛靈知覺而作弄之。明此為明心，見此為見性，悟此為悟道。其甘苦食淡，停思絕想，嚴防痛抑，堅持力制，或有見於心如秋月碧潭之潔者，遂以為造道。而儒者見之，自顧有淨穢之殊，反為歆慕，舍己學以從之。不知聖門自有克己為仁，瑩淨之境。所謂江漢之濯，秋陽之暴，及光風霽月者，乃此心純是天理之公，而絕無一毫人欲之私。而彼之所謂月潭清潔者，特不過萬理俱空，而百念不生耳。相似而實不同也。心之所具者惟理。彼以理為障礙而悉欲空之，則所存者特形氣之知覺。此是第一節差錯處。至於無君臣父子等大倫，乃其粗迹悖謬極顯處。心本活物，如何使之絕念不生？必欲絕之，死而後可。程子以為佛家有一個覺之理，自謂敬以直內，而無義以方外，則直內者亦非。正謂此也。（《宋元學案》卷六十八，〈北溪學案〉）

又曰：

> 此一種門户全用禪家宗旨，祖述那作用是性一説，將孟子所
> 闢告子生之謂性底意重喚起來。指氣爲理，指人心爲道心。
> 謂此物光輝燦爛，至靈至聖，天生完具，瀰滿世界，千萬億
> 劫，不死不滅。凡性命道德仁義禮智都是此物而異名。凡平
> 時所以拳拳向内矜持者不把作日用人事所當然，只是要保護
> 那光輝燦爛、不死不滅底物事，是乃私意利心之尤！其狀甚
> 有似於存養，而實非聖門爲己之學也。所主在此，故將下學
> 工夫盡掃，合下直向聖人生知安行地位上立。接引後進，亦
> 直向聖人生知安行地位上行。（同上）

案：以上三段皆承朱子之意而來。其以告子「生之謂性」與禪家
「作用是性」視作同義，並以之評斥象山之承孟子言本心爲禪、爲
告子，此皆非是。若如此，則孟子，亦禪亦告子也。朱子與北溪何
不於此一反省其對於心與性之了解乎？孟子所言之超越的道德的本
心亦虛靈知覺之氣乎？若謂孟子所言之本心是「由理義而發，以理
義爲主」，故「謂之道心」，然此所謂「道心」亦只是如理合道之
心，而心爲之虛靈知覺之氣則固自若也。故曰：「人心之虛靈知覺
一而已。」其或下墮而爲「人心」，或上升而爲「道心」，單視其
所以爲主者爲何耳，而其自身之爲「氣之虛靈知覺」則一也。若必
視孟子所說之「本心」亦爲虛靈知覺之氣，視性爲理，將其「本心
即性」拆爲心與性之二，而以形上形下之理氣概括之，則孟子之就
心言性者，其將轉爲告子自無疑矣。（「作用是性」與此不相干，

故不說。）孟子反覆闢告子，今復落於告子之圈套，寧有斯理乎？朱子與北溪何不於此一想耶？是孟子之誤乎？抑其理解「本心」有誤乎？此方是真問題之所在。

關於謝上蔡之以覺訓仁

朱子最厭以覺說仁。蓋彼視覺只為「知覺運動」之覺，或屬於形氣之「虛靈知覺」之覺。此正是心理學的、認知意義的「知覺」之覺，非道德的、惻隱意義的覺也。彼言覺是智之事，而不知仁亦可說覺也。此兩覺義並不同。

《朱子語類》卷第一百一，程子門人評論謝顯道處有云：

1. 或問：謝上蔡以覺言仁是如何？

   曰：覺者是要**覺得箇道理**。須是分毫不差，方能全得此心之德，這便是仁。若但知得箇痛癢，則凡人皆覺得，豈盡是仁者耶？醫者以頑痺為不仁，以其不覺，故謂之不仁。不覺固是不仁，然便謂覺是仁，則不可。

2. 問：上蔡說仁本起於程先生引醫家之說而誤。

   曰：伊川有一段說「不認義理」，最好。只以覺為仁，若**不認義理**，只守得一個**空心覺**，何事？〔案：「不認義理」一段亦承「醫家以不認痛癢謂之不仁」說下來，此仍是明道語，非伊川語。蓋伊川亦反對以覺言仁也。凡取譬醫家者皆明道語也。見下第六節〈識仁篇〉。〕

3. 上蔡以知覺言仁，只知覺得那應事接物底如何便喚做仁？須是**知覺那理**方是。且如一件事是合做與不合做，覺得這

箇方是仁。喚著便應，抶著便痛，這是**心之流注在血氣上底**。**覺得那理之是非，這方是流注在理上底**。喚著不應，抶著不痛，這固是死人，固是不仁。喚得應，抶著痛，只這便是仁，則誰箇不會如此！須是分作三截看：那不閒痛癢底是不仁；只覺得痛癢，不覺得理底，雖會於那一等，也不便是仁；須是**覺這理**方是。

4. 問：謝氏以覺訓仁，謂仁爲**活物**，要於日用中**覺得這個活物**，便見**仁體**。而先生不取其說，何也？

日：若是識得仁體，則所謂覺，所謂活物，皆可通也。但他說得自有病痛。畢竟如何是覺？又如何是活物？又卻別將此箇意思去覺那箇活物，**方寸紛擾**，何以爲仁？如說克己復禮，己在何處？克又如何？**豈可以活物覺之而已耶**？
〔案：此條須了解其駁斥胡伯逢等之「觀過知仁」說方能明。詳見〈朱子部〉「關于仁說之論辨」一章。〕

案：朱子言仁是遵守伊川之綱領而前進，本不同于明道，故凡于明道之所說皆不能契。上蔡本明道醫家之譬而以覺言仁並無誤，只朱子不解耳。彼必欲以「知覺道理」之**認知關係**辨之，即示其未能了解「以覺言仁」之義。以上所說皆非是。關此，詳見下第六節〈識仁篇〉、〈伊川章‧性情篇〉，以及〈朱子部〉「關于仁說之論辨」章。吾在此所注意者，只在其以「生之謂性」中之「知覺運動」視上蔡所說之「覺」。既不許以知覺運動之心氣說性，自亦不許以知覺運動之覺說仁也。朱子思理固一貫，然既違明道，亦違孟子。

附識三：象山少說性以及其關于孟子與告子論性處之態度

《朱子語類》卷第一百二十四評論陸氏中有一條云：

> 舜功云：陸子靜不喜人說性。曰：怕只是自理會不曾分曉，
> 怕人問難，又長大了，不肯與人商量，故一截截斷了。然學
> 而不論性，不知所學何事！

案：象山依據孟子只說本心之沛然，溥博淵泉而時出之，本心即是
理，本心即是性，明得本心即明得性，即明得理，**心性理一也**，故
很少說性字，亦很少**作分疏工夫**。即關聯《中庸》、《易傳》說，
明得本心即明得天命之性。孟子明說盡心知性知天，則**心性天亦是
一也**。亦未見得有不足。故其不分疏性命亦並非「只是自理會不曾
分曉」。

《象山全集》卷三十五〈語錄〉中語李伯敏有云：

> 孟子云：盡其心者，知其性。知其性，則知天矣。心只是**一
> 個心**。某之心，吾友之心，上而千百載聖賢之心，下而千百
> 載復有一聖賢，其心亦只如此。心之體甚大。若能盡我心，
> 便與天同。為學只是理會此。誠者自成也，而道自道也。何
> 嘗騰口說！伯敏云：如何是盡心？性、才、心、情，如何分
> 別？先生云：如吾友此言，又是枝葉。雖然，此非吾友之
> 過，蓋舉世之弊。今之學者讀書，只是解字，更不求血脈。
> 且如情、性、心、才，都只是**一般物事**。言偶不同耳。伯敏

云：莫是同出而異名否？先生曰：不須得説，説著便不是。
將來只是**騰口説**，爲人不爲己。若理會得**自家實處**，他日自
明。若必欲説時，則**在天者爲性，在人者爲心**。此蓋隨吾友
而言，其實不須如此。只是要盡去爲心之累者。如吾友適意
時，即今便是。牛山之木一段，血脈只在仁義上。以爲未嘗
有材焉，此豈山之性也哉？此豈人之情也哉？是**偶然説及**，
初不須分別。所以令吾友讀此者，蓋欲吾友知斧斤之害其
材，有以警戒其心日夜之所息。息者，歇也。又曰生息。蓋
人之良心，爲斧斤所害，夜間方得歇息。若夜間得息時，則
平旦好惡與常人甚相遠〔案：此解孟子「日夜之所息、平旦
之氣，其好惡與人相近也者幾希」，不諦〕。惟旦晝所爲，
梏亡不止，到後來，夜間亦不能得息，夢寐顛倒，思慮紛
亂，以致淪爲禽獸。人見其如此，以爲未嘗有才焉，此豈人
之情也哉？只與**理會實處**，就心上理會。俗諺云：痴人面
前，不得説夢。又曰：獅子咬人，狂狗逐塊。以土打獅子，
便徑來咬人。若打狂狗，只去理會土。聖賢急於教人，故以
情、以性、以心、以才，説與人，如何泥得？若老兄與別人
説，定是説如何樣是心，如何樣是性、情與才，如此分明，
説得好劃地，不干我事。須是血脈骨髓，理會實處始得凡讀
書皆如此。

案：原文爲李伯敏（敏求）所錄，問答甚長，皆精闢。茲只節錄此
段以明象山所以不分疏之故。

又《象山全集》卷七，〈與邵中孚〉書云：

大抵讀書、訓詁既通之後，但平心讀之，不必強加揣量，則無非浸灌培益、鞭策磨勵之功。或有未通曉處，姑缺之無害。且以其明白昭晰者，日加涵泳，則自然日充日明。後日本原深厚，則向來未曉者，將亦有渙然冰釋者矣。〈告子〉一篇自牛山之木嘗美矣以下，可常讀之，其浸灌培植之益，當日深日固也。其卷首與告子論性處，卻不必深考。恐其力量未到，則反惑亂精神。後日不患不通解也。此最是讀書良法。

案：以上兩段，一段是與李伯敏當面問答，一段是以書答邵中孚，皆表明讀書之法。前段是略偏重在內聖之學之本質，後段是略偏重在讀書之過程與方法。茲分別略申其意。

宋明儒六百年之傳統以講內聖之學為主。內聖之學之本質只在相應道德本性而為道德的實踐。道德的實踐即是道德行為之純亦不已。表現而完成此道德行為之純亦不已惟在毫無條件地依超越的本心之自律而行。本心之自律即表示：本心即是理。本心起自律之用，本心亦不容已地起創生道德行為之用，不容已地起睟面盎背之潤身之用。統于本心而言，此即為本心之沛然莫之能禦，本心之溥博淵泉而時出之。此確然是儒家內聖之學之本質的意義。依聖教經典而言，此義始開之于孔子，確然見之于孟子。象山〈語錄〉有云：「夫子以仁發明斯道，其言渾無罅縫。孟子十字打開，更無隱遁。」此言確然道出孔孟之教之真實義。是以孟子之「十字打開，更無隱遁」，確然是儒家內聖之學之弘規、諦規，亦確然是定規。孟子「十字打開」所成之弘規，俱見之于〈告子〉篇及〈盡心〉

篇。故為內聖之學者,從讀書說,首先只應著實理會此兩篇;從理說,只應首先著實通透此超越的本心。「心,只是一個心」、「心之體甚大」,「為學只是理會此」。此亦孟子所說:「學問之道無他,求其放心而已矣。」

理會本心從讀孟子文句說,要通解「血脈」,要「理會得自家實處」、「只與理會實處,就心上理會」,「須是血脈骨髓,理會實處始得」。這只是說貫通文句血脈之何所是,而以己心來印證。因為孟子那些語句亦不過只是啟發人之真生命,指點人人所本有而相同之本心。通過孟子之語句而引歸到自己心上來,就要著實警悟自己之本心,使自己之本心呈現而起用;同時亦要體驗自己是否真是本心流行,是否真能使本心暢達而無一毫私欲之障隔。一有私欲之障隔,便是「本心之累」,「要盡去為心之累者」!當「為心之累者」盡去,則生命順適暢達,而本心亦沛然暢遂而莫之能禦,而可呈現其「純亦不已」之用矣。此時吾人自然「適意」快足,此即《大學》所謂「自慊」,孟子所謂「反身而誠,樂莫大焉。」引歸到自己心上來,就是要見諸德行。此即《易·繫辭傳》所謂「默而成之,不言而信,存乎德行」,此亦即後來所謂「受用」。讀書讀到默識心通,方有真受用。(默識心通有是解悟上的,有是德行上的。孟子所說固是一客觀的道理,但不是純然外在的客觀道理,而卻是要指點出本心之沛然暢遂而莫之能禦這一成「純亦不已」之德行的客觀道理,故于此言默識心通,便要通過警悟與體驗而使自己之本心亦真能呈現起純亦不已之用,此即「存乎德行」之默識心通。不只是解悟上的認真了解一個道理,如數學的道理之默識心通也。)

　　由通貫文句血脈之何所是而以己心來印證，進而到引歸自己心上來，來著實警悟自己之本心並體驗自己之存心，而至于適意快足，「默而成之，不言而信，存乎德行」，便是不要只作字面的了解與分疏。「今之學者讀書只是解字，更不求血脈。」不貫通血脈，自亦不曉義理。解字解到家只成《說文》、《爾雅》之翻騰，而茫然不知亦不求知義理者，清之校刊訓詁家是其典型，今之新校刊訓詁家殆尤甚焉，而美其名曰科學方法。象山時學者尚不至此，然眞能「求血脈」、「理會實處」者，則亦甚少，故云：「此非吾友之過，蓋舉世之弊。」當然，讀書第一步是要通字句、通語意。但眞說到通字句、通語意，亦不容易，決非只是《說文》、《爾雅》之事。焦循可謂精于古訓矣，然其《孟子正義》眞能通孟子之句意乎？除解「爲長者折枝」中之「折枝」爲按摩外，其貢獻蓋甚小也。《四書》、《易傳》究能用得上多少《說文》、《爾雅》耶？故知通語意亦非易事也。即通語意矣，而不「就心上理會」，亦「只是騰口說」，只成外在之知解，全「不干我事」。即此外在之知解，若眞解得的當，亦非容易。朱子即已著重通語意而求各字義之疏解。此已不是《說文》、《爾雅》之事，已進于概念義理之分疏矣。然其分疏孟子語意中之性、才、心、情，即未見的當。此即表示未能貫通孟子所言之血脈，而只就各字本身而思其義，宜其未能合于孟子所言之實也。在此，象山云：「且如情、性、心、才，都只是一般物事，言偶不同耳。」此卻諦當，象山雖未詳明其「只是一般物事」之所以然，然貫通孟子所言之血脈而觀之，孟子之意亦確是如此。象山所以不詳予分疏之故，只在令伯敏「理會得自家實處，他日自明。」若不「理會實處」，不「就心上理會」，

只膠著于字眼而分疏之，亦「只是騰口說」，「說得好剗地，不干我事」，故暫不予分說。說與不說皆只一時之權宜，非定不可說也。

　　茲且略為說之，以明朱子之分疏未見盡當。案：《孟子·告子》篇公都子問性，而孟子卻答曰：「乃若其情，則可以為善矣，乃所謂善也。若夫為不善，非才之罪也。」明是問性，當說「非性之罪」，卻答之以「非才之罪」，而又有一「情」字。凡此皆須貫通血脈而解之，不得孤離地單就各字本身說。須知此處說「才」即指性體之能說，性體自然有向善為善之能，故此能即是性能，亦即孟子所謂「良能」。〈盡心〉篇孟子曰：「人之所不學而能者，其良能也。所不慮而知者，其良知也。孩提之童無不知愛其親也。及其長也，無不知敬其兄也。」知愛即能愛，知愛是良知，能愛是良能。知敬即能敬，知敬是良知，能敬是良能。故良知是性體所發之靈覺，良能卻是性體所發之才能。良知之覺是心，良能之才是**心不容已之起用**。合而言之，即是性。蓋孟子即心說性也。此心不只是認知之智心，乃是精誠惻怛能發動道德行為，能睟面盎背、生色潤身之道德的心。自其能發動道德行動、生色潤身言，即為才。此才是心能即性能也。故此「才」字並非一般意義之「才」字之為一獨立的概念。如文學天才、數學天才，以及特殊技能之才等，便是伊川所謂「稟於氣」之才，此是一般意義的才，亦是一個獨立的概念。此不能人人皆同，亦不能人人皆有，亦不能是道德意義的。但孟子所說的才則是普遍的人，人人皆有的，亦是道德的。故知此「才」並無獨立的意義，乃指性說，落實言之，即指道德的本心說。但必須心性是一，心即是性，方能說這個「才」字。若心性不

一，心不即是性，性只是理，而心屬于氣，則不能說此「才」字。
因性只是理，並不能起用也。不能起用即不能說才，亦不能以才指
性。心始能有不容已之起用。心性是一，心即是性，始能說此才字
字，而亦可即以此才字指性。故孟子既曰：「非才之罪也」，又
曰：「不能盡其才者也」，又曰：「非天之降才爾殊也，其所以陷
溺其心者然也。」此明是以才字代性能。陷溺其心，心不能呈用，
故其向善為善之才能亦不顯。即其「能」發不出也。此若一般言
之，即是「不能盡其才」。然不能因此即謂「天之降才有殊」，亦
不能謂無此才（性能），故亦不能說是才（性能）之罪，即不能影
響其性之善。朱子亦知孟子此才是「專指其發於性者言之」，與伊
川所說之「稟於氣」之才不同。但若依朱子之訓解，性只是理，此
「發於性」一語便不好說。性只是理，不能起用，性能之義不好
說，便不能有「發於性」之才。在朱子之訓解中，嚴格言立，「發
於性」只能是才之順性而發者，而不能是性能之所發。才一也，有
是能順性而發者，有是不能順性而發者。其所以有此差別，即在其
稟于氣，故「有昏明強弱之不同矣」。朱子仍是從氣說才。以此通
義用于孟子所說之才，不過以「發於性」一語加以限制耳。然孟子
所說之才、良能，並不屬于氣，乃屬于性，而道德的本心亦不可以
氣言。是則有「稟於氣」之通義之才，有屬于性（心）之良能之
才，而良能之才即指性言，並無**獨立之意義**。此兩種才之意義，顯
須精別，固不能以**稟于氣之才來概括之也**。朱子不能真切于此良能
之才之義，對于孟子所說之才字即不能算有諦解。

　　至于「乃若其情」之情字，作「實」解，乃「情實」之實。實
即是「性」之實，亦非一獨立的概念。而朱子解為性情之情，注

曰：「情者，性之動也。」是則情爲一獨立概念矣，顯然非是。而
且由發動于外之情以推性善，亦無必然。若發動之情爲善，可以推
性善，若發動之情爲惡，豈不可以推性惡乎？而且性只是理，如何
能動而爲情，亦不好說。朱子有許多不自覺的因襲語，與其所自覺
而堅持者常不一致，亦其一例也。「是豈山之性也哉」，「是豈人
之情也哉」，此「情」顯是「實」義，即指性字說。「乃若其情」
之「情」亦不會指發動于外之情感之情說。

　　朱子所以解情爲情感之情，是因孟子下文「惻隱之心，人皆有
之，羞惡之心，人皆有之」等等而言。朱子視惻隱、羞惡、恭敬、
是非之心等爲「情」，仁義禮智是性，是理。「乃若其情，則可以
爲善」，意即就惻隱等之情，可以證知或推知性之爲善。此是理氣
二分、心性情三分格局下之講法，顯非孟子意。《朱子語類》卷第
五十九載云：

> 問「乃若其情」。曰：性不可說，情卻可說。所以告子問性
> 〔案：當爲「公都子問性」〕，孟子卻答他情。蓋謂情可爲
> 善，則性無有不善，所謂四端者皆情也。仁是性，惻隱是
> 情，惻隱是仁發出來底端芽。如一個穀種相似，穀之生是
> 性，發爲萌芽是情。所謂性只是那仁義禮智四者而已。四件
> 無不善。發出來則有不善。何故？殘忍便是那惻隱反底，冒
> 昧便是那羞惡反底。

案：朱子如此分疏，造成許多難理的糾結，有許多難通的語意，亦
須要詳細分析以確定其義。在此，且不作此工作，俟講朱子時再

講。現在我只說此種分疏並非孟子原意。

　　依孟子意，超越的道德的本心就是吾人發展道德人品的性。惻隱、羞惡、恭敬、是非之心只是那本心之具體眞實處。這雖可說是情，然亦明說是心，並不是與心分，又與性分的情，故只是本心之具體呈現，眞實呈現。此具體呈現、眞實呈現的本心是心也是情，是情也即是心，而此亦即是吾人之性，即內在道德性之性之具體而眞實地說之性。此具體而眞實地說之性，雖即是情，此情亦是實位字，即指心性言，此與「乃若其情」之情以及「是豈人之情也哉」之情之爲虛位字不同。虛位字之情解爲「情實」之情。情，實也。其所指之實即心性之實。就實位字說，「心、性、情、才都只是一般物者，言偶不同耳」，象山此語確是諦當。就虛位字之情說，其所指之實即是性，故在孟子語句說中，實位字之才、性、心亦都只是一般物事，並未特說一實位字之情字。只一心字即足夠了。此確是象山眞能貫通孟子所言之血脈，「只與理會實處，就心上理會」，所眞實見到者。若眞能貫通血脈，理會實處，則不但孟子中「心性情才都只是一般物事，言偶不同」，即擴大而至天道性命相貫通之天道、天命、太極、太虛、誠體、神體、性體、中體等等，亦「都只是一般物事，言偶不同耳」。「若理會得自家實處，他日自明」，不必強探力索騰爲口說。若自家不眞地見得，不眞地徹底明透，即使去摸索分疏，或中或不中，皆偶然耳，並無準的。實亦只是咬文嚼字，徒騰口說，連「爲人不爲己」亦說不上也。故當一人不能著實「理會實處」，而泛爲口問心性情才如何分別，實亦不必與之分疏。分疏了，徒增加葛藤，徒益使其支離歧出，毫無實益。

　　雖然，「理會實處」也自默默含藏著一個不分疏的分疏。「理會實處」，亦並非容易。若真「實處」理會得明透了，則把道理分解地說出來，同者同之，異者異之，此在客觀的溝通以助人有諦解，甚至助人引歸到心上去，亦是極有價值的事。此雖是爲人，亦是爲己。而且古人言詮既必不可已，又有許多不同的字眼出現，則其出現亦自有義理上之分際。此種分際，把握極不易。即使心中明透了，而著於紙上，見之於語言文字，概念思辨地表而出之，亦仍是極不易。是以「理會實處」，固是重要，而此分解說出，亦自有其獨立的意義，亦自有其思辨上的獨立工巧。說之既難，又須忍之耐之，所謂「堪忍」是也。此非「他日自明」所能了，亦非只是心中明白了所能盡。此中自有一套獨立的工夫在。光只是住著於這一套工夫上，不向實處理會，固不行，而只住著於「理會實處」，不注意這一套工夫亦不行。兩者貫通爲一，都成實處。爲己、爲人在某層境上說正是不可分的。即就象山言，其耐心，所謂堪忍力，亦並不必甚足夠。其理會實處，心中明透，吾自能信得及，然真能分解表出否？吾不能無疑。真能分際不亂、義理諦當否，吾亦不能無疑。概念思辨本非中國先賢之所長，即朱子雖甚注意分解表說，而於概念思辨之工巧則甚不足。此是西哲之所長，此照而觀之，利弊甚顯。當然，內聖之學固不必專限於此。孔子不作此，不礙其爲人聖。耶穌不作此，亦不礙其於宗教真理之明透。象山亦說：「若某則不識一個字，亦須還我堂堂地做個人。」然既說之，則必須清楚地說之。既有如許名言，如許義理分際，即須如理地表白之。表白不清，分際混亂，義理有睽，此固是智心之不滿足，亦即非仁心之所能安。此固非人人皆能作，亦不須人人皆去作，然有作之者，亦

是弘揚此學之一道，有欲作之者，即必須有此思辨之訓練。吾今未能免俗，費此大力撰此《心體與性體》，即在分解表白宋明儒弘揚先秦儒家所表現出之許多義理分際，疏通而會歸之，順適而條暢之，以期歸於諦當，而求智心之足與仁心之安。為己亦正所以為人，為人亦即所以為己。吾之理會實處，不敢謂超過先賢，而概念思辨之疏通致遠，則自以為有進於古人者。此亦吾人所處之時代不同，非敢貪天之功以為己力也。

　　象山告邵中孚云：「〈告子〉一篇，自牛山之木嘗美矣以下，可常讀之。其浸灌培植之益，當日深日固也。其卷首與告子論性處，卻不必深考。恐其力量未到，則反惑亂精神。後日不患不通解也。」

　　案：告子論性本卑之無高論，而「牛山之木嘗美矣」以下，孟子正面之論，亦非真容易把握其實義、的義，而不走作者。然象山之所以如此告之者，乃因孟子正面之論氣機暢達，義理充沛，了無滯處，而又喻解切至，的然分明，而告子論性，雖卑之無高論，而孟子層層與之辯，大端雖明白，而辯之過程以及義理之曲折分際反有不甚能諦當者，即大體諦當矣，而亦有不必真能絲絲入扣者，即盡絲絲入扣矣，各層面、各分際，綜錯複雜，客觀地言之，亦確有難把握而確不易董理者。自非名理精熟，義理明透，實難照澈其曲折。此並非境界甚高之論，亦並不須要有若何深遠之智慧。然欲將其論辨處理明白，亦確是不易。此是一個典型的具有邏輯思辨意義的例子。象山已感到此中之麻煩，故告之以暫「不必深考，恐其力量未到，則反惑亂精神。」處理此種問題確須要有「力量」。此種「力量」固賴有識見，但大部分是學力、功力、思辨力的問題。初

學淺識固未必力量能到，即久學高慧之士亦未必真能到也。中國學人玄悟極高，而唯名理思辨則甚差。象山〈語錄〉有云：

> 告子與孟子並駕其說於天下。孟子將破其說，不得不就他所見處，細與他研磨。一次將杞柳來論，便就他杞柳上破其說；一次將湍水來論，便就湍水上破其說；一次將生之謂性來論，又就他生之謂性上破其說；一次仁內義外來論，又就他義外上破其說。窮究異端，要得恁地使他無語始得。（《象山全集》卷三十四）

案：象山亦只儱侗如此說。但究竟如何是破？杞柳之喻函義如何？湍水之喻函義如何？生之謂性函義如何？食色性也，仁內義外函義如何？象山亦並未分解思辨地給我們詳細說出。看他於此四大關節說的如此端的懇切，則其明透可知，於每一關節之函義當必能理解諦當。但只提綱挈領儱侗如此說，易。若著實言之，果真能一一辨出而盡其曲折，一一諦當而無罅漏乎？此亦未敢必也。蓋：

　　1.「生之謂性」本是承「性者生也」之古訓而來之老傳統，告子猶繼承此傳統而說性。先秦道家、荀子，下賅董仲舒、揚雄、王充、劉劭等，皆是承此傳統而言。此可見「生之謂性」一語之內容。

　　2.孟子辨「生之謂性」一章，推理有不諦處，此須精簡。

　　3.「仁義內在」之義，是孟子言性善超出「性者生也」一老傳統之本質的關鍵。他不是由「生之謂性」以說人之自然的實然之性，而是由人的內在道德性以說人之道德實踐之性，人之當該如何

亦即理想地能如何之性。其背景是另一老傳統，即天、帝、天命、天道、敬德、秉彝，以及孔子之仁。而由此傳統正式說性，則是孟子之創闢。但仁義內在（尤其義內在）並非容易辨明者。古今來真能透徹此義而復真能思辨地說出者，並無幾人。孟子說：「長者義乎？長之者義乎？」此一致問可謂豁朗之至。實是一語破的，直下扭轉過來。但當時其弟子公都子即不能明透。觀孟季子與公都子之問答可知。又孟子嗜炙之辯之不諦當。朱子理氣二分、心性情三分之格局，即表示不能真了解仁義內在之義。象山主心即理也，自函仁義內在，然彼未能思辨建地立此義，以示人以確乎不拔之道。直至陽明〈答顧東橋書〉始顯得辨得透徹，真顯出確乎不拔的思辨建立之意。而邏輯思辨之堅強，真能顯出其邏輯的必然性，則見之於康德。此固西哲之所長，自非有思辨之訓練，實難企及。

由此三點即可知此問題實非容易處理者。然則象山所謂「力量未到，則反惑亂精神」，實非虛語也。康德之辨，有幾人能解乎？言道德者，學說不一，大抵皆不相干之浮辭也。孟子開**真知見之大門**，宋明儒**弘揚玄微之理境**，然處今日亦須有**康德之思辨**以**助成之**。

就吾個人言，對此〈告子〉篇之論辨，初覺甚易，後覺甚難。近十年來，年年講授，漸磨漸熟，始敢自信漸能盡其曲折，庶幾不謬於名理。多年來迄未敢動筆。將於講先秦儒家時，取此篇逐句疏解之。吾今所言，只在藉象山之意以明此問題之不易耳。

附識四：陽明論「生之謂性」

《傳習錄》卷三：

告子病源從性無善無不善上見來。性無善無不善，雖如此說亦無大差，但告子執定看了，便有箇無善無不善的性在內。有善有惡，又在物感上看，便有箇物在外。卻做兩邊看了，便會差。無善無不善，性原是如此。悟得及時，只此一句便盡了。更無有內外之間。告子見一個性在內，見一個物在外，便見他於性有未透澈處。

案：此解完全不濟事，好像只是閉著眼隨意說。他是把他心目中的「無善無惡心之體」來想告子的「無善無不善」，一似未曾讀〈告子〉篇者！

又有一段云：

問：「古人論性各有異同，何者乃為定論？」先生曰：「性無定體，論亦無定體。有自本體上說者，有自發用上說者，有自源頭上說者，有自流弊處說者。總而言之，只是這個性，但所見有淺深爾。若執定一邊，便不是了。性之本體原是無善無惡的，發用上也原是可以為善、可以為不善的，其流弊也原是一定善、一定惡的。譬如眼，有喜時的眼，有怒時的眼，直視就是看的眼，微視就是覷的眼，總而言之，只是這個眼。若見得怒時眼，就說未嘗有喜的眼，見得看時眼，就說未嘗有覷的眼，皆是執定，就知是錯。孟子說性，直從源頭上說來，亦是說個大概如此。荀子性惡之說，是從流弊上說來，也未可盡說他不是，只是見得未精耳。眾人則失了心之本體。」問：「孟子從源頭上說性，要人用功在源

頭上明澈。荀子從流弊說性，功夫只在末流上救正，便費力了。」先生曰：「然。」

案：此亦顢頇，完全說不著。此不是「只是這個性，但所見有淺深」，亦不是只是一性而有多相。以眼有喜怒相作喻亦非是。性之多論，非是如眼有多相，「執定一邊，便不是」。性亦非「無定體」，論亦非「無定體」。全不著實去理會各層面之義理，只是儱侗隨己意一說。于法疏矣！

試以陽明之言心性之義衡之，看可以如此儱侗否？

1. 澄問：「仁義禮智之名因已發而有。」曰：「然。」他日，澄曰：「惻隱、羞惡、辭讓、是非，是性之表德耶？」曰：「仁義禮智也是表德。性一而已：自其形體也，謂之天；主宰也，謂之帝；流行也，謂之命；賦於人也，謂之性；主於身也，謂之心；心之發也，遇父便謂之孝，遇君便謂之忠。自此以往，名至於無窮，只一性而已。猶人一而已，對父謂之子，對子謂之父。自此以往，至於無窮，只一人而已。人只要在性上用功。看得一性字分明，即萬理燦然。」（《傳習錄》卷一）

2. 尚謙問：孟子之不動心與告子異。先生曰：告子是硬把著此心，要他不動。孟子卻是集義到自然不動。又曰：心之本體原自不動。心之本體即是性，性即是理。性元不動，理元不動。集義是復其心之本體。（同上）

3. 定者，心之本體，天理也。動靜，所遇之時也。（同上）

4.惟乾問：知如何是心之本體？先生曰：知是理之靈處。就其主宰說，便謂之心；就其稟賦處說，便謂之性。〔……〕（同上）

5.性一而已。仁義禮智，性之性也。聰明睿智，性之質也。喜怒哀樂，性之情也。私欲客氣，性之蔽也。〔……〕（《傳習錄》卷二，〈答陸原靜書〉）

6.樂是心之本體，雖不同於七情之樂，而亦不外於七情之樂。雖則聖賢別有眞樂，而亦常人之所同有。〔……〕（同上）

7.理一而已：以其理之凝聚而言，則謂之性；以其凝聚之主宰而言，則謂之心；以其主宰之發動而言，則謂之意；以其發動之明覺而言，則謂之知；以其明覺之感應而言，則謂之物。〔……〕（同上，〈答羅整菴少宰書〉）

依此七條觀之，陽明所說之心性正是本孟子、《中庸》、《易傳》所說之超越的道德心性。此心之本體、性之自體、無善相無惡相，而渾然至善，故可以說「無善無惡心之體」。「無善無惡」是陽明晚年集成四句時，就心之本體之絕對性、渾然純一性而說，其背景是絕對之至善、渾然純一之至善，而且亦是對「有善有惡意之動」而反顯。「知善知惡是良知」，知駕臨于意念之動以上而知之，知即為是非善惡之準則，是則是之，非則非之，善則好而肯認之，惡則惡而化除之，良知是超越而絕對之至善，是一切是非善惡之標準，而其自身則非如意念之動之有善相與有惡相也，故曰：「心之本體，元自不動。」又曰：「定者心之本體，天理也。」「知是心

之本體」，良知之天理無動相無靜相，亦可以說是「動而無動、靜而無靜，神也」，因良知是心亦是理，非純然之「但理」也。良知本體（自體）無善相無惡相，而渾然至善，寂寂惺惺，常自如如，非謂可以為惡也，亦非謂無所謂善惡而為中性無記也。「無善無惡心之體」，意本如此，知者不會有誤解，亦不會有異解。吾人能以此「無善無惡」視告子之「無善無不善」乎？吾人能視告子之「無善無不善」是說的此心之本體、性之自體乎？告子所說之性是自然生命所自然具有之種種自然徵象、自然質性，他根本未想到那超越的道德心性。是以其所說之性是材質義，其所謂「無善無不善」乃真是中性無記義。「性猶湍水也。決諸東方則東流，決諸西方則西流。人性之無分於善不善也，猶水之無分於東西也。」其「無善無不善」、「無分於善不善」之為中性無記，不亦甚顯然乎？「性猶杞柳也，義猶桮棬也。以人性為仁義，猶以杞柳為桮棬。」其「無分於善不善」之性之為「材質義」（材料義），不亦甚顯然乎？「食色，性也」。其就自然生命之自然徵象、自然質性而說性，不亦甚顯然乎？「生之謂性」是杞柳、湍水、食色三義之總說，是承「性者生也」之老傳統而說。董仲舒曰：「性之名非生與？如其生之自然之質謂之性。」此是「生之謂性」之諦解。此是抽象地總說。如具體地指其實，則杞柳、湍水、食色三義足以盡之。以今語言之，「生之謂性」意即就自然生命之種種自然徵象、自然質性而說性；自然生命生而有此自然徵象、自然質性，就叫做是性。種種自然徵象、自然質性，如具體地列舉之，不外是生物、生理、心理三串現象之總聚。此完全是就人的自然生命，乃至凡有生者之自然生命之實然而說性。在此，就其為材質之自然而本然言，當然是中

性無記者，是「無分於善不善」者。陽明不考其實，欲以「心之體」之「無善無惡」來儱侗告子之「無善無不善」，而謂其「亦無大差」，只是如何如何云云，可謂全不相應，差之遠矣，謬亦甚矣。陽明所說之性，與告子所說之性，正是兩層面之兩種性，焉可以己所說之「性一而已」、「只是這個性」，來儱侗告子所說之性耶？「性之本體原是無善無惡的」，以此來儱侗告子之「無善無不善」，顯然大謬。「無善無不善，性原是如此」，陽明說此語，其所意指之「性」顯非告子所說之性。如其意眞同于告子，則良知教全部倒塌！如以一性儱侗告子，以爲告子所說之「無善無不善」之性正是其所說之「性之本體」，故「亦無大差」，則爲與告子全不相應，根本未正視告子所說之何所是！若眞如陽明所想，則孟子之辨斥其非亦可謂多事而過分矣！

　　以自「性之本體」上說的無善無惡儱侗告子之「無分於善惡」既非，則自一性之「發用」上說的「可以爲善，可以爲不善」，儱侗公都子所引述之「或曰：性可以爲善，可以爲不善」，亦非。公都子所引述之「或曰：性可以爲善，可以爲不善，是故文武興則民好善，幽厲興則民好暴」，此說明表示善惡皆後天所成，受環境之制約，及風尚之熏習，而可以轉成善或惡，善惡皆非其性之本然；其好善之善性，非性之所本有；其好暴之暴性，亦非性之本有，惟是熏習而始然。然此說明爲「無分於善惡」之中性無記說所函蘊：自材質義說，是中性無記；自材質之可塑造義說，是可善可惡。兩說原是一說，非獨立之兩說也。兩說皆爲「生之謂性」一原則下之所函。焉可視爲超越的道德心性之一性之發用乎？自一性之發用上說的「可以爲善可以爲不善」，是就一性之表現上受氣質之限定或

受私欲客氣之蒙蔽而說。爲氣質之偏雜所拘限、所桎梏，則其發用（表現）爲惡、爲不善；不爲氣質之偏雜所拘限、所桎梏，而變化其氣質，則其發用（表現）爲善。爲私欲客氣所蔽，則其錄用爲惡、爲不善；否則爲善。此非公都子所引述之「或曰」之意也。爲可以一性之發用而儱侗之乎？

　　以自一性之發用上說的「可以爲善、可以爲不善」儱侗公都子所引述之「或曰性可以爲善、可以爲不善」既非，則自一性之流弊上說的「一定善、一定惡」儱侗公都子所述之另一或曰：「有性善、有性不善」，尤非。公都子又引述另一說曰：「有性善、有性不善。是故以堯爲君而有象，以瞽瞍爲父而有舜，以紂爲兄之子，且以爲君，而有微子啓、王子比干。」此說明表示性不是中性無記之可以爲善、可以爲不善，乃是生物學的先天生就的：有是其生就之性就是善，有是其生就之性就是惡（不善），並不是其父母所能遺傳，亦不是環境與熏習所能決定。此種生物學的先天生就的性，在以前就說是氣性，或氣質之性，是其稟受之氣所凝結成之氣質就是如此，故有性善、有性不善也。而超越的道德心性之一性則是普遍地人人皆道體上或義理上所先天具有的，自然不能說有善有惡。而亦不能自此一性之發用的流弊上之「一定善、一定不善」之義來儱侗此生物學的先天生就的氣性之有善有不善。又陽明說：「其流弊也原是一定善、一定惡的」，此語亦難解，或甚至不通。「一定惡」可說是流弊，「一定善」何能說是流弊？原當說「其發用而成定型，有是善、有是不善」。「流弊」只能說惡，不能賅善。順其發用上之可以爲善而精純不一，則其發用之流終成全善矣。此只能說發用之流，而不能說「流弊」。順其發用上之可以爲惡，而終不

變化氣質，或終不能用克己復禮工夫，則其發用之流遂終成全惡，此方是流弊而成定惡矣。故發用與流弊不是獨立之兩邊。陽明不察，只儱侗地比配著說，遂有「其流弊也原是一定善、一定惡」之不通之語。又，此生物學的先天生就之氣性之有善有不善，表面上似與材質義之中性無記相衝突，而實亦不衝突。蓋皆自然生命所自然有之種種徵象與種種質性。自然生命本有此不同之顏色。材質義之中性無記是指種種質性之大體共同之一般性說，如飲食男女、知覺運動之類是。生物本能、生理欲望、心理情緒，大體皆相差不遠。就此而言，即是材質義之中性無記。有善有惡，則指其種種質性中之特殊性而言，如上智下愚之類，生性殘忍、生性慈愛之類。故兩義雖不同，而卻並不衝突，皆為「生之謂性」一原則之所函。

至于視「荀子性惡之說」，亦是從一性之發用之「流弊上說來」，則尤其非是。此看荀子〈性惡〉篇從何處說性便可知。不應如此儱侗拉扯也。「亦未可盡說他不是，只是見得未精耳。」此亦不相應之語。荀子自然有是處，但其所成之是，是動物性之是，是生物本能、生理欲望、心理情緒之是，決不是超越的道德心性之一性之發用的流弊上的是，這與自流弊上說決不相干。荀子說：「生之所以然者謂之性。生之和所生，精合感應，不事而自然，謂之性。」（〈正名篇〉）此云「所以然」是現象地、內在地、描述地說的「所以然」，不是超越的所以然，如「天命之謂性」之類。仍是就自然生命之徵象而綜說，第二句「生之和所生」云云是也。仍是「如其生之自然之質謂之性」之義。具體地說，便是「今人之性，生而有好利焉，〔……〕生而有疾惡焉，〔……〕生而有耳目之欲，有好聲色焉」（〈性惡篇〉）、「今人之性，饑而欲飽，寒

而欲煖，勞而欲休，此人之情性也」、「若夫目好色，耳好聲，口
好味，心好利，骨體膚理好愉佚，是皆生於人之情性者也。感而自
然，不待事而後生之者也」。凡此皆〈性惡篇〉文，其所說之自然
之性顯是動物性之性，顯是生物本能、生理欲望、心理情緒等類之
質性。其言「禮義法度者，是生於聖人之偽，非故生於人之性
也」，與告子「性猶杞柳，義猶桮棬」之說同。順生物本能、生理
欲望、心理情緒，放縱下去而無節，便可「爭奪生而辭讓亡」、
「殘賊生而忠信亡」、「淫亂生而禮義文理亡」，此即謂性惡，至
少從這裡建立不起道德地善的性。然則荀子性惡之說幾全與告子所
說同，亦「生之謂性」一原則下之所函。後來董仲舒關于性所說之
一切，以及揚雄之善惡混、王充之三品說，皆「生之謂性」一原則
之所函。凡此諸說皆可同時成立，而不相違。其詳請參看《才性與
玄理》中〈王充之性命論〉章。

　　至于謂「孟子說性，直從源頭上說來，亦是說個大概如此」，
此種謙虛亦不必要。陽明所說之自本體、發用、源頭、流弊四面
說，決不能超出孟子所說之範圍。豈以其未以其所說之性善來儱侗
「無善無不善」、「可以為善、可以為不善」、「有性善、有性不
善」，便是只「說個大概如此」，尚有不盡處耶？

　　是故性有定體，論亦有定體。謂「性無定體，論亦無定體」
者，不諦之辭也。自「性者生也」、「生之謂性」說性，是就人的
自然生命而說人的**實然**之性，在此，告子、公都子所引述之兩「或
曰」，荀子、董仲舒、揚雄、王充，以及劉劭《人物志》等之所說
皆成立，皆是一原則之所函，皆是有定者。此一大流傳焉可不正
視，而只以一性之自本體說、自發用說、自流弊說，去儱侗而混之

耶？但此種人的實然之性，雖甚重要，卻決不能由之說明人的眞正
道德行爲，決不能說明人之所以眞正異于禽獸者。因此，必須推進
一步，直就人之眞正的道德行爲所以可能而建立一種人的**應然之**
性。此種應然之性不只是道德上之**理論的要求**，而且必須是一種**眞**
實的呈現。因爲眞正的道德行爲實是有的，不純是一種幻想，因此
作爲其超越根據的性亦必須是一**眞實的呈現**，而不能只是**一種要**
求。就其爲一眞實的呈現言，即無所謂**建立**，乃是一種**本然之實**
有。如此看法的應然之性就是正宗儒家所透視的超越的道德心性，
即孟子所謂「盡心知性知天」之性，《中庸》「天命之謂性」之
性。此種性，就孟子說，就是人的「內在道德性」之性，就《中
庸》、《易傳》說，就是由天命流行、物與無妄之實體所規定之
性。（此實體落于個體上而爲個體所具有即爲性，故此種性之意
義，可完全爲此天命流行物與無妄之實體所**規定**。）故此種性雖在
個體而見，卻完全是宇宙性的、是絕對普遍的，它雖是人之所以眞
正異于禽獸者之所在，但卻不是定義之類名，它實是一個道德創造
之眞幾。天地之道，亦不過就是一道德創造之眞幾。自個體處所說
之性與綜宇宙而說的天地之道，其內容與意義完全是一。故可以說
「盡心知性知天」也，而《中庸》亦可以說「天命之謂性」也。此
種性與「生之謂性」完全不同。「生之謂性」一原則有其所函之一
系。而此種性亦有其所函之一系。皆有**定體**，而論之亦**有定論**，決
不可隨便**儱侗**，亦不可隨便混冒也。即如陽明所說之自本體說、自
發用說、自流弊說，亦只能適用于此超越的應然之性，但卻不能由
此三面而儱侗「生之謂性」一原則下所函之諸說。而且此超越的應
然之性之所以可有自本體說、自發用說、自發用之精純與流弊說，

正因此性不只是一**自存之體**，而且定須有表現以成道德行為，而表現上之所以有善惡之差數亦正因有自然生命處**實然之性之險阻故**。如此，則「生之謂性」一大流傳，豈可不予以正視耶？

《傳習錄》卷三復有一條云：

> 問：生之謂性，告子亦說得是，孟子如何非之？先生曰：固是性，但告子認得一邊去了，不曉得頭腦。若曉得頭腦，如此說亦是。孟子亦曰：形色天性也。這也是指氣說。又曰：凡人信口說，任意行，皆說此是依我心性出來，此是所謂生之謂性，然卻要有過差。若曉得頭腦，依吾良知上說出來，行將去，便自是停當。然良知亦只是這口說，這身行。豈能外得氣，別有個去行去說？故曰：論性不論氣不備，論氣不論性不明。氣亦性也，性亦氣也。但須認得頭腦始得。

案：此段理解「生之謂性」大體是本明道「生之謂性。性即氣，氣即性，生之謂也。」云云一段文之義而說。此非告子意。依明道該文全段之義觀之，其引用「生之謂性」一語。其意是說：言性最好是斷自有生以後，生而後可謂之性，蓋「人生而靜以上不容說」也。然生而後謂性，性即與氣稟混雜，故云：「才說性時，便已不是性也。」「不是性」是說：不是性之本然與純然。由此而言「性即氣，氣即性」。此語之意是**性氣一滾**說，不是**泯滅性氣之分**，亦不是**性氣圓融之辭語**。乃是著重性在氣稟之限制中，亦著重性在氣稟限制中表現之差數，因而有工夫之可言。明道借用「生之謂性」而表示另一義可，謂是告子之原意則不可。其所謂「性」仍是「天

命之謂性」之性，非告子「生之謂性」之性也。

　　陽明此段話亦是**繼**承明道之意而說。但問者說：「告子亦說得是，孟子如何非之」，則不辨告子說性之層次。陽明答曰：「固是性」，則是想成自己所說之良知之性之假氣而現，亦非告子說「生之謂性」一語之意。大體陽明之意以爲「生之謂性」一語可成立，但「告子認得一邊去了，不曉得頭腦。」此是「生之謂性」一語之推進一步說，非原意。「生之謂性」原是「性者生也」一**老傳統之結成**，人性就是這個性，並無所謂「超越的道德心性」之性。孟子之說、《中庸》之說，乃是根據**另一老傳統而來**，即《詩》、《書》中帝、天、天命、敬德諸觀念以及孔子之仁、智、聖與天諸觀念。「生之謂性」是另一傳統，其義甚**確定**，不可隨便**游移滑轉**。孟子根據另一老傳統，要開出人之超越的道德的心性，故不得不辨斥告子以明其非。此是原初爭辯之**實意**、**本意**，決非如陽明所說之輕鬆。宋儒未經深考，不曉得此來歷。自明道起，將「生之謂性」推進一步，提升一層，依本體宇宙論的直貫順成之義理模式轉出一個新的意思，即：就「生德、生理」之直貫于個體之成而說「生之謂性」，是故「生之謂性」，即是**斷**自一個體有生以後與氣稟混雜而說其於穆不已之眞幾之性。陽明此處會通告子，即本此新義而說也。

　　陽明本明道之新義而會通「生之謂性」，是著重在良知之性之在氣中行，假氣之表現。假氣以表現、以流行，即「生之謂性」也。而假之以行者是良知，此即所謂「曉得頭腦」也。但又提到「孟子亦曰：形色天性也。這也是指氣說。」此固是指氣說，但卻是指氣說一種性，並非說天命之性或良知之性之在氣中行，或假氣

以流行。孟子亦謂「口之於味，耳之於聲，目之於色，四肢之於安佚，性也，有命焉，君子不謂性也。」初說「性也」，即「形色天性也」之意。自此而言，是告子之「生之謂性」。但孟子要就道德實踐而建立其所以可能之先天根據，故以「內在道德性」爲性，並不以此「形色」之性爲性也。故既云：「惟聖人然後可以踐形」，又云：「有命焉，君子不謂性」也。陽明引此以明其所想之「生之謂性」之爲「亦是」，實不相干。

又由明道或伊川言「論性不論氣不備，論氣不論性不明」而言「氣亦性也，性亦氣也」，此種語句皆須善會。在此，既非泯性氣之分，亦非性氣圓融之語句。

《傳習錄》卷二，〈答周道通書〉：

> 來書云：有引程子人生而靜以上不容說，才說性，便已不是性。何故不容說？何故不是性？晦庵答云：不容說者，未有性之可言。不是性者，已不能無氣質之雜矣。二先生之言皆未能曉。每看書至此，輒爲一惑。請問。
> 生之謂性，生字即是氣字，猶言氣即是性也。氣即是性，人生而靜以上不容說，才說氣即是性，即已落在一邊，不是性之本原矣。孟子性善，是從本原上說。然性善之端須在氣上始見得。若無氣，亦無可見矣。惻隱、羞惡、辭讓、是非即是氣。程子謂論性不論氣不備，論氣不論性不明，亦是爲學者各認一邊，只得如此說。若見得自性明白時，氣即是性，性即是氣，原無性氣之可分也。

案：此文大體同于前，但又有推進一步處，亦須有精簡。首先，解「生之謂性」為「猶言氣即是性」，說的太死殺，易生誤會。明道原意只是性氣一滾說，應依此作解。次說「孟子性善，是從本原上說，然性善之端須在氣上見始得」，如此解孟子亦非是。此是依「天命之謂性」、「人生而靜以上不容說」、明道「生之謂性」之新義疏解孟子，把孟子所說之性首先推遠到本原上，然後再說「性善之端須在氣上始見得」，此非孟子意也。孟子並無「人生而靜以上不容說」之「本原」義，亦無「性善之端須在氣上見」之義。若孟子性善之論真是從本原上說，則「人生而靜以上不容說」，還說什麼性善？豈非自相矛盾乎？豈非自己撤銷乎？孟子說性善是直就人之「內在道德性」說，此即是人之**大本**。若說**本原**，此就是「性之本原」，此性即是**本原之性**，再並無一「人生而靜以上不容說」之本原。此性是道德創造之真幾，可以印證而直通生物不測之天道，即直通天命流行、物與無妄之真體。到最後，此兩者之內容意義可完全同一。明道本《中庸》、《易傳》天命流行之體之落在個體上說性，故有「人生而靜以上不容說，才說性，便已不是性」之說。但以此格局分疏孟子，雖可相通，而入路非一。其次，「性善之端須在氣上見」，依陽明，「惻隱、羞惡、辭讓、是非，即是氣」。此須有簡別。惻隱、羞惡等明是心，而不是氣，尤其不是明道所說之「人生氣稟，理有善惡」之氣稟。明道說「才說性，便已不是性」，是說性與氣稟混雜。「性即氣，氣即性」，性氣一滾說，此氣亦是氣稟之簡稱，仍是指氣稟之清濁、厚薄、剛柔等等說，不是指惻隱、羞惡之心說也。陽明謂惻隱、羞惡等即是氣，自非全無理，蓋即所謂心氣、知氣是也。凡心皆以動用為性，一說到

動用，便可以「氣」說。亦如在宇宙論處，神亦可以氣說。氣之清通即是神，氣之靈即是心。此是氣之觀念之無限制地直線應用（除理外）。朱子即如此使用，故在朱子，心與神俱屬于氣也。在氣之此種一條鞭地無限制地直線使用中，最後必歸于朱子之系統，至少亦以朱子爲最一貫而完整。此是一大癥結，亦是一極難應付之癥結。故吾在講濂溪與橫渠時，首先建立一限制，不允許氣之觀念如此混漫。濂溪「動而無動、靜而無靜，神也」之義，是一最好之標準。在講橫渠時，吾亦首先申明太虛神體之神不是氣之質性，鬼神之神不是太虛神體之神。太虛神體不可以「氣」論。神雖是寂然不動、感而遂通，自有其動用義，然卻是動而無動，用而無用，並無「動」相，亦無「用」相，此即是不可以「**氣**」**說**，而亦實無「**氣**」**之義**。若一見「動用」義，便一條鞭地用上「氣」，此實只是**形式的、抽象的思考**，而未能眞諦見「神」之實也。此猶如西方順亞里士多德下來以 pure activity, pure actuality 說上帝（神），上帝自非死物，亦非抽象物，但卻不可以「氣」之觀念說上帝。《中庸》、《易傳》之誠體之神、寂感之神，亦是如此。屬于氣之神自是氣之質性，非此誠體之神、寂感之神也。屬于氣之靈之心自是氣之質性，亦並非孟子之本心也。惻隱、羞惡、辭讓、是非之心即是本心隨感而應之**示現**：對所不忍、可悲憫之事，而自應之**惻隱相**（示現惻隱相），對可羞惡、不合理之事，而自應之以**羞惡相**；對賓祭之事，而自應之以**恭敬辭讓相**；對是非善惡之事，而自應之以**是非相**。示相**無限**，而其本身實**不可以相言**，故皆泯攝于其身而曰惻隱之心、羞惡之心等等也，又曰仁義禮智等等也。仁義禮智尤不可以「相」言。但仁義禮智亦非抽象地只是理。仁義禮智之實即

是惻隱羞惡等等之心，兩者同一。反之亦然。事**有相，屬氣**；但心並不是**事**，故亦**無相**，亦不可以**氣說**。心理學的心、識心，可以說**是事**，羅素所謂心理事（mental events）是也。但超越的本心則**不是事**。雖非死物有動用義，但動而無動，**實無動義**，用而無用，亦**無用義**，當然**靜而無靜**，亦**無靜義**。本心**假事現假氣行，假事與氣而示現其相**，而**其本身實無相**可說，亦**不可以相論**，因而自不可以**事論以氣說**。所對應之事**有相**、是**氣**。依陽明前段，「良知亦只是這口說，這身行」，口說身行**亦是事，有相**，是**氣**。但良知不是事，亦**不是氣**。惻隱、羞惡、辭讓、是非之心，從心說，**不是事，不是氣**。屬心之惻隱相是無影無形的，**相是虛說**，若假疾首蹙額，或憂形於色，或傷痛在懷等等以現，則疾首蹙額等等**是事，是相，是氣**，此相是**實說**。羞惡、辭讓、是非之心亦然。陽明謂「性善之端須在氣上見」，此既不合孟子意，而謂「惻隱等即是氣」亦是一條鞭之**形式的思考**，而未眞能**諦見超越本心之實也**。在此，當有「**本心**」一概念之建立，「**氣**」之**應用**自有其**界域**，不可**混漫而蹂越**也。

最後，陽明謂：「若見得自性明白時，氣即是性，性即是氣，原無性氣之可分也。」此似又超出明道說「性即氣，氣即性」之原意，而似是表示性氣之圓融義。圓融是**境界**，是表示**化境**。睟面盎背，聖人踐形，全性是氣，全氣是性，此時「原無性氣之可分」，是**圓融義**，是**化境**。而明道本「生之謂性」之新義而說「性即氣，氣即性」，則不是**圓融義**。又，亦不能本「惻隱等即是氣」而說性氣之不可分之**圓融**。

附識五：劉蕺山之涉及告子

戴山並未正面注解告子，只是涉及，而由其涉及，亦知其全不相干也，好像只是借題發揮耳。

〈原性〉云：

> 告子曰：性無善不善也，此言似之而非也。夫性無性也，況可以善惡言？然則性善之說，蓋爲時人下藥云。夫性無性也，前人言之略也。自學術不明，戰國諸人，紛紛言性。立一說，復矯一說，宜有當時三者之論。故孟子不得已而標一善字以明宗。後之人猶或不能無疑焉。於是，又導而爲荀、楊、韓。下至宋儒之說益支。（《劉子全書》卷七）

案：戴山正面言心性皆極精。其言「性無性」，由心以見性，不能外心以言性。「外心言性，非徒病在性，並病在心。」、「性與天道不可得而聞，則謂性本無性焉亦可。雖然，吾固將以存性也。」性不可說，不可說，由心以見，存之可也。性是在心之形著中而存識之。此皆極精。亦同於胡五峰。此是由《中庸》、《易傳》而會通孟子，故謂孟子說善亦是對「時人下藥」，蓋亦「不得已」之權言。此與胡五峰同其思路。實則「善」之義是實事實理，並非權言。惟自《中庸》、《易傳》入，說「性無性」亦可。根據此義，說善是不得已之權言，亦無不可。蓋明其絕對義、最後義而已。性是「天地鬼神之奧」，是「天地之所以立」，是「天下之大本」（皆五峰語），是天地萬物之自性自體，已到盡頭，自無話可說。

性非是一可以以**指謂語**述之之對象。既不可以指謂語述之，自是無「性」（無相對的特性）可言，但只可由心之形著以存識之而已。既無性，自不可以善惡言，善惡亦是指謂語中之相對特性也。然相應性之自體而存識之，此無性之性體實即絕對之至善。絕對之至善，非**指謂語**中作爲一**特性**之相對的善質之善也。由此想到告子之「無善無不善」。「無善無不善」，字面上即無善惡之特性，此豈不更恰合「性無性」之旨乎？徒以「性無性，況可以善惡言」斥告子爲「似之而非」，實不足以折服告子也。然則「似之而非」之語，雖貶告子，實是高抬告子也。故云「似之」。實則此種「似之」之高抬，告子必受寵若驚，必不受也。告子言性實無這些深奧玄微之義。其言性猶杞柳、性猶湍水、生之謂性、食色性也，皆卑之無高論。其言無善無不善只是中性義、材質義。焉可以「性無性」爲準，見到「無」字，便涉遐想，謂其爲「似之」耶？謂之爲「似之而非」根本是不相干之聯想。與王陽明之以「無善無惡心之體」想告子之無善無不善同。是則蕺山亦根本未讀或讀而未解〈告子〉篇之首段也。「下至宋儒之說益支」之語，尤其是隨意作文章。若如蕺山所言，則宋儒之論性反不若荀、楊、韓矣。

〈中庸首章說〉云：

> 或曰：有氣質之性，有義理之性。則性亦有二與？爲此說者，正本之人心道心而誤焉者也。程子曰：「論性不論氣不備，論氣不論性不明，二之則不是。」若既有氣質之性，又有義理之性，將使學者任氣質而遺義理，則「可以爲善、可以爲不善」之說信矣。又或遺氣質而求義理，則「無善無不

善」之説信矣。又或衡氣質義理而並重，則「**有性善有性不善**」之説信矣。三者之説信，而性善之旨復晦，此孟氏之所憂也。（《劉子全書》卷八）

案：蕺山反對氣質之性與義理之性之分，甚無謂，徒增繳繞。茲且不論。案《孟子・告子》篇公都子所舉之三説，實皆「生之謂性」一原則下之説，皆宋儒所謂氣質之性也。荀子之性惡，下賅董仲舒、揚雄、王充等之所言，亦皆是此路。蕺山不察，概欲以一義而統之，而斥此諸説之非是，又以為此諸説皆由氣質義理之分而產生，此皆不相干之混漫。以為「可以為善、可以為不善」，單屬氣質；「無善、無不善」單屬義理；「有性善、有性不善」則屬氣質義理並重。如此拚合，儼同機械，不察實義，竟何謂哉！如此諸説而不信，則氣質義理斷不可分。此諸説之信不信，豈由氣質義理之分不分而然耶？又，告子之「無善無不善」豈屬義理之性耶？此則差之遠矣！蕺山與陽明皆欲以一義而混統諸義，而不察諸義之立之分際與層面。夫統而一之可也，然統必有所以能統之理據與層次。桌子與筆可以在某依據上而為一，然不能混抹桌子與筆截然殊異之實。混抹其殊異成立之層面而一之，此不是一，而是混亂。於以見陽明、蕺山學知之疏，而忽視客觀之實也。夫學知無限，知之為知之，不知為不知。不知則不提可也，提之則必考其詳。欲一之，則必須先正視其曲折之實之殊異。否則，則蹈空而不相干，徒增誤引。

〈答王右仲州刺〉書云：

　　竊謂當戰國時，諸子紛紛言性，人置一喙，而孟子一言斷之曰性善。豈徒曰可以爲善而已乎？他日，又曰：天下之言性也，則故而已矣。故者以利爲本。可見此性見見成成，亭亭當當，不煩一毫安排造作。這便是天命流行、物與無妄之本體，亦即此是無聲無臭。所謂無聲無臭，即渾然至善之別名，非無善無惡也。告子專在無處立腳，與天命之性尙隔幾重！孟子姑不與之深言，而汲汲以惻隱、羞惡、辭讓、是非指出個善字，猶然落在第二義耳。〔……〕（《劉子全書》卷十九）

案：此書戢山正面所言皆極佳，惟由「渾然至善」而想到「告子專在無處立腳」，則全不相干。一見「無」字，便涉遐想，全不考其實，此即示其未能著實理解告子之所說也。若眞能知告子之所說，則由「天命流行、物與無妄之本體」、「渾然至善」，何能聯想到告子之「生之謂性」乎？告子所說與「天命之性」根本不相干，豈只「尙隔幾重」而已耶！此種「涉及」，雖只是捎帶著予以遮撥，然適成誤引之帶累。旣滋生混亂，又足以泯忽古人立說之實。

　　〈學言下〉云：

　　孟子道性善，蓋爲紛紛時人解嘲，以挽異端之流弊，其旨可謂嚴切。然他日立言，並未輕惹一善字，人性之善也一語稍執，亦承告子之言而破之。

　　告子累被孟夫子鍛鍊之後，已識性之爲性矣。故曰：生之謂性。直是破的語。只恐失了人分上本色，故孟夫子重加指

點。蓋曰生不同而性亦不同云。孟夫子已是盡情剖露了，故
告子承領而退。（《劉子全書》卷十二）

案：道性善「為時人解嘲」，他日立言「並未輕惹一善字」，「人
性之善也一語稍執」，蓋皆依「性無性」而說，亦胡五峰「善不足
以言之」之意。依《中庸》、《易傳》天命流行之體言，雖可如此
說，然就孟子，則實不可如此說。說「解嘲」，說「未輕惹一善
字」，說「人性之善也一語稍執」，以及〈原性〉中所謂「為時人
下藥」、「不得已而標一善字」等語皆未能真切正視孟子性善之
義。正不必在此處說這些乖巧話。性體通於「天命流物、物與無妄
之本體」，固奧微無聲無臭，然「性體」之義並不必只限於此奧微
無聲無臭之狀態，亦在人自覺地作道德實踐中彰顯。孟子說性是直
下說人之內在道德性之性，說善是此性自身之善。此是性自身、善
自身在道德實踐中之挺立。說「善」正是性體彰彰之實本是如此，
有何「解嘲」、「不得已」、「為時人下藥」、「稍執」等等之可
言？「未輕惹一善字」、「指出個善字，猶然落在第二義」，此尤
乖謬。此道德實踐中內**在道德性自身之挺立、善之實之彰彰之呈
現**。固可通於「天命流行、物與無妄之本體」（奧體），此時固可
說「性無性」，渾然而至善，然此「無性」之性體亦必由道德實踐
中內在道德性之性體貞定而證實之，實其為性體奧體之義，貞定其
為「渾然至善」之義。否則，那「無性」之奧體真搬入葉水心所謂
「冥惑」之虛空裡去了，那「渾然至善」真成迷離怳恍之光景矣。
是以「天命流行、物與無妄之本體」與「內在道德性」之性兩者會
通而一之可，說些抑揚乖巧話則不可。蕺山明知「外心言性，非徒

病在性，並病在心」，然則孟子即心言性以明道德實踐中吾人「內在道德性」這性體之挺立，如何便「猶然落在第二義」？無性之奧體，固是第一義，此內在道德性之性體亦是第一義。第一義與第二義之分並不可用於此。一般自《中庸》、《易傳》言道體性體者，以爲必通至無聲無臭始是第一義，始是最根本，孟子猶不到家，**猶落在第二義，落在迹相上，猶不過癮**，此即是未能正視、切視道德實踐中**內在道德性**挺立之**實義**，遂多涉足玄遠以爲妙理，以馳騁其玄談。宋、明儒皆有緊嚴之道德意識，大體亦皆能守住儒家道德人倫之立場，然其後來講說之過程與其所呈現之姿態，常令人生厭：或厭其拘迂萎縮而不開朗，疲軟而無力，或厭其清談孔、孟，玩弄光景，徒示智悟與美趣，而不知不覺落於蕩而肆。外人所生之厭棄，正反顯宋、明儒後來所生之弊端。而此兩厭與兩弊，實皆由於不能**眞切孟子之性善義**也。孔、孟之文雅、蘊藉、光暢、剛拔之風範，宋、明儒未能有以善紹也。

以上所言是就蕺山正面之義略說，不覺已遠。茲仍就其所涉及之告子而說。

蕺山謂「告子被孟子鍛鍊後，已識性之爲性」，此又不知心中作何妙想。告子誠知「性之爲性」，但其所知者卻是「性猶杞柳」、「性猶湍水」、「食色性也」之性，而不是天命流行之性，更不是內在道德性之性。「生之謂性」固是一語「破的」，但其所破之的卻是「性者生也」之老傳統，是自然生命之種種特徵，是「如其生之自然之質謂之性」（董仲舒語），並不是「天地之大德曰生」之生理不息之性。蕺山於此贊其「已識性之爲性」可謂自己之遐想。「只恐失了人分上本色，故孟夫子重加指點」，此好像孟

子已甚贊同其「生之謂性」之說，只須「重加指點」而已。豈眞若
此之相順相契乎？「孟子已盡情剖露，故告子承領而退」，豈眞若
此之順適樂觀乎？凡此諸語，皆示其未能正視告子言性之層面，亦
不合孟子駁斥之意也。

第六節　識仁篇

1. 學者須先識仁。「仁者」渾然與物同體。義禮智信皆仁
   也。識得此理，以誠敬存之而已。不須防檢，不須窮索。
   若心懈，則有防。心苟不懈，何防之有？理有未得，故須
   窮索。存久自明，安待窮索？
   此道與物無對。大，不足以明之。天地之用皆我之用。孟
   子言「萬物皆備於我」，須「反身而誠」，乃爲大樂。若
   反身未誠，則猶是二物有對，以己合彼，終未有之，又安
   得樂？〈訂頑〉意思，乃備言此體。以此意存之，更有何
   事？
   「必有事焉而勿正，心勿忘、勿助長」，未嘗致纖毫之
   力。此其存之之道。若存得，便合有得。蓋良知良能元不
   喪失。以昔日習心未除，卻須存習此心，久則可奪舊習。
   此理至約，惟患不能守。既能體之而樂，亦不患不能守
   也。（《二程全書・遺書第二上》，〈二先生語二上〉，呂與叔
   東見二先生語。〔此條下注一「明」字，示爲明道語。〕）

案：此條即有名之〈識仁篇〉。吾茲以此條列首，並概列其餘，統

名曰〈識仁篇〉。此條為呂與叔（大臨）所記，亦是答與叔之問而說。《宋元學案》卷三十一，〈呂范諸儒學案〉，述呂大臨云：「初學於橫渠。橫渠卒，乃東見二程先生。故深淳近道，而以防檢窮索為學。明道語之以識仁，且以不須防檢、不須窮索開之。先生默識心契，豁如也。作〈克己銘〉以見意。」〈克己銘〉云：

> 凡厥有生，均氣同體。胡為不仁，我則有己？立己與物，私為町畦。勝心橫生，擾擾不齊。大人存誠，心見帝則。初無驕吝，作我蟊賊。志以為帥，氣為卒徒。奉辭於天，孰敢侮予？且戰且徠，勝私窒欲。昔焉寇讎，今則臣僕。方其未克，窘我室廬。婦姑勃豀，安取厥餘？亦既克之，皇皇四達。洞然八荒，皆在我闥。孰曰天下，不歸吾仁？癢疴疾痛，舉切吾身。一日至之，莫非吾事。顏何人哉？希之則是。

案：大臨此作乃本孔子「克己復禮為仁」之語並承明道「渾然與物同體」之義而成；亦可謂言下有省，並無差謬。葉水心《習學記言》中有一條譏之曰：「〔……〕曾子仁以為己任。不如是，何以進道？而呂大臨〈克己銘〉方以不仁為有己所致。其意鄙淺，乃釋老之下者。」（〈呂范諸儒學案〉引）葉氏無知，隨便亂道。曾語意之不解，何足以與之辨？

防檢、窮索，乃有志于道而未明澈者所不可免之事。明道對大臨指點之以「須先識仁」與「以誠敬存之」，使其推進一步，以端正其事道之方向，並示以簡易之工夫。「先識仁體」是道德實踐

（道德行爲之純亦不已）所以可能之本質的關鍵，亦即其明確的方向，而「誠敬存之」則是實現此「純亦不已」之簡易的工夫。自此而言，防檢與窮索俱落後著。若只停滯于此，則是無頭腦者。

　　仁體、仁理、仁道，或仁心，此四詞通用。「識得此理，以誠敬存之而已」，此是說仁爲「理」，故可曰「仁理」。「此道與物無對，大不足以明之」，此是說仁爲「道」，故可曰「仁道」。「萬物皆備於我」、「蓋良知良能元不喪失」，此是就心說仁，故可曰「仁心」。下第2條「欲令如是觀仁，可以體仁之體」；第7條「學者識得仁體，實有諸己，只要義理栽培」，此皆是說「仁體」，仁即是體。

　　仁體，依明道之理解，首先是人人俱有，而亦遍體一切而「與物無對」者。故曰：「仁者渾然與物同體。」此言與天地萬物爲一體，渾然無物我內外之分隔，便是仁底境界，亦就是仁底意義了。「同體」是「一體」之意，不是同一本體。由「仁者渾然與物同體」來識仁體之實義。此句用佛家詞語說，是以人表法，以「仁者」之境界表「仁體」之實義。目的本在說仁，惟藉「仁者」之境界以示之耳。故下即繼之云：「義禮智信皆仁也。識得此理，以誠敬存之而已。」又云：「此道與物無對，大，不足以明之。」此皆是說仁體、仁理，或仁道之自身，重點不在說「仁者」。惟「仁者渾然與物同體」一語句則不能直解爲是說「仁」，以仁爲主詞。照此語句本身說，只能看成是由「仁者」底境界來了解仁體底實義。下第2條「醫書言手足痿痺爲不仁，此言最善名狀。仁者以天地萬物爲一體。莫非己也。」此亦是由「仁者」境界說「仁」。「痿痺爲不仁」，則「仁」之義便是感通無礙，而以「仁者以天地萬物爲

一體」以示之矣。故云「此言最善名狀」，言由痿痺麻木之爲不仁，最足以名狀（反顯）仁之實義也。後來王陽明在〈大學問〉中云：「大人者，以天地萬物爲一體者也。」此是說人。但下繼之云：「大人之能以天地萬地爲一體也，非意之也，其心之仁本若是其與天地萬物而爲一也。」此末句便是說「仁心」。此亦是由「大人」境界直透示其本心仁體也。

　　仁體之實義何以是如此？此須進一步作更具體而眞實的了解。此可從兩面說：一、是「反身而誠，樂莫大焉」。二、是感通無隔，覺潤無方。前者是孟子之所說，後者是明道之所獨悟。但人可問：明道之所獨悟者于《論語》亦有據乎？孔子之仁可得如此而言乎？曰：可。

　　明道說此感通義是總持並消化孔子所指點之仁而眞切地體貼出者。字面上並無根據，但落實了，一句說出來，卻亦實是此義。孔子說仁說義，吾人可說其文制的根據即是周公之制禮。周公制禮不外兩行，即親親之殺與尊尊之爭。由親親啓悟仁，由尊尊啓悟義。但一旦啓悟出，則雖不離親親尊尊，而亦不爲親親尊尊所限。而仁尤有其成德上之**本體性**與**根本性**，故《論語》中說仁獨多，而孔子又不輕許人以仁也。仁道之大可知，而亦甚親切。故孔子說仁大抵皆指點語也。首先說：「人而不仁如禮何？人而不仁如樂何？」又說：「禮云禮云，玉帛云乎哉？樂云樂云，鐘鼓云乎哉？」此即示凡禮樂決不只是一些虛文，必須有眞實生命方能成就其爲禮樂。而仁即代表眞實生命也。孔子由許多方面指點「仁」字，即所以開啓人之眞實生命也。對宰予則由「**不安**」指點。親喪，食夫稻、衣夫錦，于汝安乎？宰予說「安」，即宰予之不仁，其生命已無悱惻之

感，已爲其關于短喪之特定理由所牽引而陷于僵滯膠固之中，亦即麻木不覺之中，而喪失其仁心，亦即喪失其柔嫩活潑、**觸之即動、動之即覺**之**本心**。是以不安者即是**眞實生命之躍動**，所謂「活潑潑地」是也。此處正見「仁」。然則「安」者正是停滯下來，陷于痴呆之境而自固結也。此不是安于義理，乃是安于桎梏。不是「仁者安仁」之安，乃是功利者著于利之「著」。不是「欽思、文明、安安」之安，乃是墮性之安，習氣固結之安。孔子指點仁正是要人**挑破此墮性固結之安**，而由**不安**以**安于仁**也。故重憤啓、悱發。有憤，始啓；有悱，始發。「不憤，不啓；不悱，不發。」此雖是就教學言，啓與發爲他動詞，然收回來作自動詞看亦可。無論他動之啓發，或是自動之啓發，皆須有憤悱作根據。而憤悱即是眞生命之躍動。推之，一切德性之表現皆由憤悱而出也。憤悱即是**不安**，即是**不忍**。故後來孟子即以「不忍人之心」說仁，以「惻隱之心」說仁。此雖另撰新詞，而意實相承也。孔子之學不厭，教不倦，亦不過是眞實生命之憤悱之「**不容已**」。此亦即眞實生命之「純亦不已」也。孟子引子貢曰：「學不厭智也，教不倦仁也。仁且智，夫子旣聖矣。」此雖是子貢之注語，然其師弟生命之親炙，其間自有相應處，故由「學不厭」、「教不倦」而啓悟仁智亦自是順適相應而毫無杜撰處也。若由字面觀之，「教不倦」與仁有何相干？由「教不倦」說仁，可謂全無根據。然此不是字義訓詁之事，乃是眞實生命之指點與啓悟之事。「學不厭」是智之表現，亦轉而成其爲智；「教不倦」是仁之表現，亦轉而成其爲仁。子貢有此生命之感應，故能即由孔子之「學不厭」、「教不倦」而體悟到仁且智也。若非**精誠惻怛**，焉能「學不厭」、「教不倦」乎？故由**不厭不倦**單

體悟仁字亦可也。若從字義訓詁觀之，即孔子答弟子之問，亦幾乎無一語是訓詁上相對應者，然而卻皆足以指點仁。此可以獲得體悟仁體實義之消息矣。

原來仁是要超脫字義訓詁之方式來了悟。孔子根本不取此方式，他是從生活實例上「能近取譬」來指點仁之實義，來開啓人之**不安、不忍、憤悱、不容已**之**眞實生命**。仁甚至亦不是一固定之德目，甚至亦不能爲任何德目所限定。孔子本人根本未視仁爲一固定之德目。恭、敬、忠，都足以表示仁，恭、寬、信、敏、惠，亦都足以表示仁。「克己復禮爲仁」。「出門如見大賓，使民如承大祭」、「己所不欲，勿施於人」、「在邦無怨，在家無怨」爲仁。「夫仁者，己欲立而立人，己欲達而達人，能近取譬，可謂仁之方也已」、「剛毅木訥近仁」、「仁者其言也訒」、「不仁者不可以久處約，不可以長處樂」、「惟仁者能好人，能惡人」、「觀過，斯知仁矣」、「巧言令色鮮矣仁」、「仁者，先難而後獲，可謂仁矣」、「仁者樂山」，「仁者靜」、「仁者壽」，凡此等等，如從字面觀之，似乎無一字與仁有關係（除「樊遲問仁，子曰愛人。」此是最簡單的答覆）。然而孔子卻正是從這些德與不德、「仁者」如何如何、「不仁者」如何如何，來指點仁。仁不爲任何一德目所限定，然而任何一德目亦皆足以指點仁。仁是超越一切德目之上而綜攝一切德目，是一切德性表現底根源，是道德創造之總根源，故仁是**全德**。故明道曰：「義禮智信皆仁也。」此不是明道之推稱，孔子已經作如是之綜攝。明道所說猶簡約也。孟子說：「仁也者人也，合而言之道也。」此亦是根據孔子之指點而綜說。「合而言之，道也」，即表示仁是人成全其爲一人、成全其爲一德性生命之

總根源。

由不安、不忍、憤悱、不容已說，是**感通之無隔**，是**覺潤之無方**。雖親親、仁民、愛物，差等不容泯滅，然其為不安、不忍，則一也。不安、不忍、憤悱、不容已，即直接函著**健行不息，純亦不已**。故吾常說仁有二特性：一曰**覺**，二曰**健**。健為覺所函，此是精神生命的，不是物理生命的。覺即就**感通覺潤**而說，此覺是由不安、不忍、悱惻之感來說，是生命之洋溢，是溫暖之貫注，如時雨之潤，故曰「**覺潤**」。「覺」潤至何處，即使何處有生意，能生長，是由吾之覺之「潤之」而誘發其生機也。故覺潤即起創生。故吾亦說仁以**感通為性、以潤物為用**。橫說是**覺潤**，豎說是**創生**。橫說，覺潤不能自原則上劃定一界限，說一定要止于此而不當通于彼。何處是其極限？並無極限。其極也必「以天地萬物為一體」。此可由覺潤直接而明也。此即仁之所以為「**仁體**」。此非明道之誇大。孟子說：「萬物皆備於我」，亦非孟子之誇大。此乃是孔子言仁所必函。孔子雖未說，非必為其所意許也。孟子、明道說之，亦非其杜撰也。此非執詞執義者所能解也。

橫說是如此，豎說，則**覺潤**即函**創生**。故仁心之覺潤即是道德創造之**真幾**，此即函健行不息，純亦不已，亦即所以是一切德之總根源、綜攝一切德而為一全德之故也。故明道說「仁者渾然與物同體」，「仁者以天地萬物為一體，莫非己也」，「此道不與物對，大不足以明之」，于《論語》有根據也，即就「**覺潤**」義而說也。說「義禮智信皆仁也」，于《論語》亦有根據也，即就「**創生**」義、「**全德**」義而說也。

綜此**覺潤**與**創生**兩義，仁固是「**仁道**」，亦是「**仁心**」。此仁

心即是吾人不安、不忍、憤悱、不容已之本心，觸之即動、動之即覺、活潑潑地之本心，亦即吾人之真實生命。此仁心是遍潤遍攝一切，而與物無對，且有絕對普遍性之本體，亦是道德創造之真幾，故亦曰「仁體」。言至此，仁心、仁體即與「維天之命，於穆不已」之天命流行之體合而為一。天命於穆不已是客觀而超越地言之；仁心仁體則由當下不安、不忍、憤悱、不容已而啓悟，是主觀而內在地言之。主客觀合一，是之謂「一本」。

朱子對于如此體會仁之思路完全不能相契。《朱子語類》卷第九十七，〈程子之書三〉，有一條云：「明道言學者須先識仁一段，說話極好，只是說得太廣，學者難入。」他實根本不能理解。他是根據伊川「仁性愛情」之說而進行，遂規定仁為心之德、愛之理。他反對由「以天地萬物為一體」之義說仁，他說這是「仁之量」，「可以見仁之無不愛，而非仁之所以為體之真」。他又反對以覺說仁，他說覺是「智之事」，「可以見仁之包乎智，而非仁之所以得名之實」。他力反上蔡之「以覺訓仁」，又力反五峰之「先識仁之體」，又極不喜張南軒之「強窺仁體」，根本不喜「仁體」一詞，又力斥胡廣仲、胡伯逢、吳晦叔等「觀過知仁」之說。凡此等等，雖皆未明指明道，實皆是對明道義而發。其所以不明指者，特為賢者諱耳。凡此俱見〈朱子部〉第四章，〈關于仁說之論辨〉。本節所說者俱將因該論辨而得明確，而朱子義之不同亦得因而確定焉。以下直錄其他條，統名曰「識仁篇」。

2. 醫書言手足痿痺為不仁，此言最善名狀。「仁者」以天地萬物為一體，莫非己也。認得為己，何所不至？若不有諸

己，自與己不相干。如手足不仁，氣已不貫，皆不屬己。
故博施濟眾，乃聖人之功用。仁至難言，故曰：「己欲立
而立人，己欲達而達人。能近取譬，可謂仁之方也已。」
欲令如是觀仁，可以體仁之體。（同上。〔亦注一「明」
字，示為明道語。〕）

案：《朱子語類》卷第九十五，〈程子之書一〉，有一條云：「伊
川〈語錄〉中說『仁者以天地萬物為一體』，說得**太深**，無**捉摸
處**。《易傳》其手筆，只云：『四德之元猶五常之仁，偏言則一
事，專言則包四者。』又曰：『仁者天下之公，善之本也。』《易
傳》只此兩處說仁，說得極平實。學者當精看此等處。」

　　案：「一體」語明是明道語，卻說為伊川語！朱子謂此語「說
得太深，無捉摸處」，明示其對于明道言仁之思路完全不解。伊川
《易傳》言仁是伊川之思路，朱子認為「說得極平實」。朱子是順
伊川之路了解仁，不契明道也。關于伊川言仁，見〈伊川章·性情
篇〉。

　　3. 醫家以不認痛癢，謂之不仁。人以不知覺、不認義理，為
　　　不仁。譬最近。（同上。〔此條雖未注「明」字，自亦係明道
　　　語。〕）

案：《朱子語類》卷第一百一，〈程子門人〉，論謝顯道（上蔡）
處，有一條云：「問：上蔡說仁，本起於程先生引醫家之說而誤。
曰：伊川有一段說『不認義理』，最好。只以覺為仁，若不認義

理，只守得一個**空心覺**，何事？」

　　案：「不認義理」一段，雖未注明誰語，自係明道語無疑。朱子視爲伊川說，非是。彼以爲此段「最好」，是取其以心覺「認義理」之義。意謂心有知覺是要知覺義理。「若不認義理，只守得一個空心覺，何事？」此示「覺」是認知意義的知覺之覺，不是以此覺爲仁也。此合得上伊川、朱子心性爲二心理爲二之義，故抓住「認義理」一語，將此段歸給伊川也。然「人以不知覺、不認義理，爲不仁」之語是承上文「醫家以不認痛癢，謂之不仁」而來。語脈語意完全相同，當照「不認痛癢」去了解這個覺字。麻木不識痛癢，即是沒有感覺，是死的，故不仁。仍重在覺也，豈是重在識痛癢之**認知關係**耶？人麻木不覺，不認義理，不明是非，亦然。豈是重在「認義理」之**認知的關係**，而以覺爲**認知的知覺**耶？不安、不忍、有感覺，即是仁心之呈露，仁體之呈現。義理、是非，是仁心之自發。有知覺、認義理，即是認其自發之理。爲得視爲認知關係、心理爲二之智之事？上蔡不誤，只朱子混智之知覺與仁心之覺情而爲一，而又只許于智言覺，不許于仁言覺耳。

　　4. 剛毅木訥，質之近乎仁也。力行，學之近乎仁也。若夫至仁，則天地爲一身，而天地之間，品物萬形爲四肢百體。夫人豈有視四肢百體而不愛者哉？聖人，仁之至也。獨能體是心而已。曷嘗支離多端而求之自外乎？故能近取譬，仲尼所以示子貢求仁之方也。醫者以手足風頑謂之四體不仁，爲其疾痛不以累其心故也〔案：累字不諦當〕。夫手

足在我，而疾痛不與知也，非不仁而何？世之忍心無恩者，其自棄亦若是而已。（《二程全書・遺書第四》，〈二先生語四〉，游定夫錄。〔未明誰語，義理自屬明道，惟語脈較差，又變口語爲文言。〕）

案：以上三條乃上蔡「以覺言仁」之所本。焉得視覺爲智之事，而不可以之說仁？智心之知覺與仁心之知覺（覺情）意義不同也。

5.孔子言仁，只說「出門如見大賓，使民如承大祭」。看其氣象，便須心廣體胖，動容周旋中禮自然。惟愼獨便是守之之法。聖人修己以敬、以安百姓，篤恭而天下平。惟上下一於恭敬，則天地自位，萬物自育，氣無不和，四靈何有不至？此體信達順之道，聰明睿智皆由是出。以此事天饗帝，故《中庸》言鬼神之德盛，而終之以微之顯，誠之不可掩如此。（《二程全書・遺書第六》，〈二先生語六〉。〔未明誰語，亦不知何人所記，自係明道語無疑。〕）

案：此言「惟愼獨便是守之之法」。此與〈一本篇〉第29條「道之浩浩何處下手？惟立誠才有可居之處」，語脈語意同。又衡之〈一本篇〉第11條，「居處恭，執事敬，與人忠，此是澈上澈下語，聖人原無二語」，則此條爲明道語無疑。「體信達順」亦是明道之思理。此是由誠敬直通仁體，故亦得曰**誠體**、**敬體**。

6.孟子曰：「仁也者人也，合而言之道也。」《中庸》所謂

「率性之謂道」是也。仁者人此者也。「敬以直內，義以
方外」，仁也。若以敬直內，則便不直矣。行仁義，豈有
直乎？「必有事焉而勿正」，直也。夫能「敬以直內，義
以方外」，則與物同矣。故曰：「敬義立而德不孤。」是
以仁者無對。放之東海而準，放之西海而準，放之南海而
準，放之北海而準。醫家言四體不仁，最能體仁之名也
（原註：一本醫字下別爲一章）。（《二程全書·遺書第十
一》，〈明道先生語一〉，〈師訓〉，劉絢質夫錄。）

案：此條最爲賅貫，可視爲明道言仁之綜括。「一體」之義在此，
「覺」之義亦在此。由「敬以直內，義以方外」體悟仁體，由「必
有事焉而勿正，心勿忘、勿助長」體悟仁心覺情之於穆不已，純亦
不已。此即是吾人之性體。由此而合釋「率性之謂道」，由此而合
釋孟子「仁也者人也，合而言之，道也」之語。「仁」是人之所以
爲人、所以發展完成其德性人格之超越的根據、內在的實體。人而
體之于具體生活中便是道，此即所謂「合而言之道也」。言仁與人
合一說，便是道，意即成就人爲一眞正的人之道也。與「率性」之
謂道之道同也。蓋仁心仁體，人而體之，亦與「率性」同也。人而
體之即仁與人合一說。仁心仁體在人之體之中即成成人之道也。就
道再說到仁，則人化此道就是仁。故曰：「仁者人此者也。」
「此」代表道，「人」字是動詞。「人此道」意即「人以體之」
也。「以人體之」，則儱侗地、形式地、客觀地言之之道即成一具
體而眞實的成人之道，此時即曰「仁」。此語等于孟子語之另一種
說法。此與伊川在仁性愛情之原則下，以「公」字說仁，「公而以

人體之故爲仁」之說，語句上有相同處，而義理背景不同。詳見
〈伊川章・性情篇〉。

　　以上是此條之綜述。惟此條中有一句似不通順，須予以點撥。
「敬以直內，義以方外，仁也。若以敬直內，則便不直矣。」此兩
語，表面觀之似是衝突。「敬以直內」，若翻成語體文的語句，即
是以敬或由敬去直吾人內部之生命（「義以方外」即是以義去方正
外部之事物）。然則明道何以接著又說「若**以敬**直內，則便不**直
矣**」？此豈非相衝突矣？但細看之，又不然。語法上翻爲「以
敬」，或「由敬」，是造句的必然，是語法上的問題。而明道說
「以敬直內便不直」，其實意是在表示：拿著一個外在的敬去直
內，便無法直得起。故下文即云：「行仁義，豈有直乎？」「行仁
義」與「由仁義行」不同也。是則明道說「以敬直內便不直」，此
不是語法問題，而是想藉此表示「敬」爲外在之不可。若從語法上
說，「以敬」去直，並不表示所拿或所由的敬究是外在，抑是內
在。即使是內在，亦可以說「以敬去直內」也。此義明白，則明道
之語顯然是在表示：敬是直通「於穆不已」之**仁體**而**自內發**，亦如
仁義之由中出，並非是外在的東西而可以假借襲取也。不是拿外在
的敬去直吾人之內部，若如此，便直不起，至少其直亦是**偶然**，並
無稱體而發的必然性。伊川、朱子所言之「涵養須用敬」，落在實
然的心氣上說，正是此種敬。詳見〈伊川章・中和篇〉及〈居
敬〉、〈集義篇〉。而明道所說的「敬以直內」卻正是自己體發的
敬，此是**即本體即工夫**，即是**仁體流行**，亦曰「**敬體**」，言敬即是
體，亦如言「**誠體**」，誠即是體。故明道云：「敬以直內，義以方
外，仁也。」言此**敬義**即是**仁體**也。此是明道之透澈，其言誠敬顯

與伊川、朱子有不同。「天地設位，而易行乎其中，只是敬也。敬則無間斷。」亦同此義（見前〈天道篇〉與〈一本篇〉）。

> 7. 學者識得仁體，實有諸己，只要義理栽培。如求經義，皆栽培之意。（《二程全書·遺書第二上》，〈二先生語二上〉。元豐己未，呂與叔東見二先生語。〔未注明誰語，自係明道語無疑。〕）

案：「仁體」一詞出此條。此朱子之所不能契，故亦不喜也。《朱子語類》卷第九十五，〈程子之書一〉，有一條云：「問：明道說『識得仁體，實有諸己，只要義理栽培』一段，只緣他源頭是個不忍之心，生生不窮，故人得以生者，其流動發生之機亦未嘗息。故推其愛，則視天地萬物均受此氣、均同此理，則無所不當愛。曰：這道理只熟看，久之自見。如此硬椿定說，不得。如云：『從他源頭上便有個不忍之心，生生不窮』，此語便有病。他源頭上未有物可不忍在，未說到不忍在。自有個陰陽五行有闔闢，有動靜，自是用。生不是要生。到得說生物時，又是流行已後。既是此氣流行不息，自是生物，自是愛。假使天地之間淨盡無一物，只留得這一個物事，他也自愛。如云：『均受此氣、均同此理，所以須用愛。』也未說到這裡在。此又是說後來事。此理之愛如春之溫，天生自然如此。如火相似，炙著底，自然熱。不是使他熱也。」案：此問者之語尚不離譜。朱子答語簡直是纏夾，離題太遠！但他卻說問者是「硬椿定說」！

8.滿腔子是惻隱之心。（《二程全書‧遺書第三》，〈二先生語三〉。〔謝顯道記憶平日語，標明爲明道語。〕）

9.切脈最可體仁。（同上）

10.觀雞雛，此可觀仁。（同上）

11.觀天地生物氣象。（《二程全書‧遺書第六》，〈二先生語六〉。〔未明誰語，亦不知何人所記，自係明道語無疑。〕）

12.靜後見萬物自然皆有春意。（同上。〔自亦明道語〕）

13.只理會生是如何。（《二程全書‧遺書第七》，〈二先生語七〉。〔未明誰語，亦不知何人所記，自係明道語無疑。〕）

14.鳶飛戾天，魚躍於淵，言其上下察也。此一段，子思吃緊爲人處。與「必有事焉而勿正」之意，同活潑潑地。會得時，活潑潑地。不會得時，只是弄精神。（《二程全書‧遺書第三》，〈二先生語三〉。〔謝顯道記憶平日語，標明爲明道語。〕）

15.詩可以興。某自再見茂叔後，吟風弄月以歸，有吾與點也之意。（同上）

16.顏子簞瓢，非樂也，忘也。（《二程全書‧遺書第六》，〈二先生語六〉。〔未明誰語，亦不知何人所記，自係明道語無疑。〕）

17.人心常要活，則周流無窮，而不滯於一隅。（《二程全書‧遺書第五》，〈二先生語五〉。〔未明誰語，亦不知何人所記，自係明道語無疑。〕）

18.百官萬務，金革百萬之眾，飲水曲肱，樂在其中。萬變皆在人，其實無一事。（《二程全書‧遺書第六》，〈二先生

語六〉。〔未明誰語，亦不知何人所記，自係明道語無疑。〕）

19.堯、舜知他幾千年？其心至今在。（《二程全書·遺書第
七》，〈二先生語七〉。〔未明誰語，亦不知何人所記，自係明道
語無疑。〕）

20.復卦非天地之心。復則見天地之心。聖人無復，故未嘗
見其心。（《二程全書·遺書第六》，〈二先生語六〉。〔未
明誰語，亦不知何人所記，自係明道語無疑。〕）

案：聖人「性之也」，只是本心仁體之**如如地呈現**，無所謂
「復」。復是逆覺，湯武反之也。逆覺見**心之自體**，聖人「性
之」，是**超自覺**，故亦「**未嘗見其心**」，只是**如如呈現，一體流
行**。

由第8條至此第20條止，共十三條，都是指點天心仁體，其意
義同于「於穆不已」的天命流行之體，而天命流行之體之真實意
義，亦即由此天心仁體來證實，天心仁體之覺與健的真實意義全部
滲透于此天命流行之體中，故其極也，兩者完全同一，而**仁體即天
命流行之體也**。此之謂「**一本**」──一本之於穆不已、純亦不已
也。

人之生命中能呈現此仁體，自能「滿腔子是惻隱之心」；自能
生機活潑，「不滯於一隅」；自能渾化而忘，「有吾與點也之
意」；自能于驚天動地之中，寂天寞地而常貞定，「其實無一
事」；自能如如呈現，一體而化，亦無所謂「復」。此體也，是
心、是理、亦是情。亘古常在、遍體萬物而不可遺者只此一天心仁
體。「堯、舜知他幾千年？其心至今在。」象山詩「墟墓興哀宗廟

欽，斯人千古不磨心」，亦此意也。（《朱子語類》卷第九十七，
〈程子之書三〉，有一條云：「問：《遺書》云：堯舜幾千年，其
心至今在。何謂也？曰：此是心之理。今則分明昭昭具在面前。」
案：此解非是。當依象山詩句理解。）

　　是故以上十三條決不只是一些亦妙有趣的渾淪話頭，其後面的
義理背景以及其所指點者乃是「純亦不已」之**仁體**與「於穆不已」
的**天命流行之體**。朱子對這些語句全不能相契，都只視爲「渾淪、
難看」，而放過一邊。彼亦知仁是生道，亦知「天地只是以生物爲
心」，然說來說去，天地之心亦虛脫了，仁亦成只是理，而天命流
行之體亦成只存有而不活動者，而「於穆不已」亦泯失而不見矣！
總因其所能把握者，只是伊川「仁性愛情」之一語，而對于明道之
體悟仁體與天命流行之體則完全不能契入也。凡此皆見〈朱子部〉
第四章。

　　此〈識仁篇〉當與〈一本篇〉合看，義理完全相同。仁體、心
體、性體、道體、天命流行之體、誠體、神體、敬體、忠體，意義
皆完全相同。

第七節　〈定性書〉：答橫渠先生

　　承教諭：以定性未能不動，猶累於外物。此賢者慮之熟矣，
尚何俟小子之言？然嘗思之矣，敢貢其説於左右。
　　所謂定者，動亦定、靜亦定，無將迎、無內外。苟以外物爲
外，牽己而從之，是以己性爲有內外也。且以性爲隨物於

外，則當其在外時，何者爲在內？是有意於絕外誘，而不知性之無內外也。既以內外爲二本，則又烏可遽語定哉？

夫天地之常，以其心普萬物而無心。聖人之常，以其情順萬事而無情。故君子之學，莫若廓然而大公，物來而順應。《易》曰：「貞吉，悔亡。憧憧往來，朋從爾思。」苟規規於外誘之除，將見滅於東而生於西也。非惟日之不足，顧其端無窮，不可得而除也。

人之情各有所蔽，故不能適道。大率患在於自私而用智。自私，則不能以有爲爲應「迹」（一作「物」）。用智，則不能以明覺爲自然。今以惡外物之心，而求照無物之地，是反鑑而索照也〔案：「反鑑」猶言背鑑〕。《易》曰：「艮其背，不獲其身。行其庭，不見其人。」孟氏亦曰：「所惡於智者，爲其鑿也。」與其非外而是內，不若內外之兩忘也。兩忘，則澄然無事矣。無事則定，定則明，明則尚何應物之爲累哉？

聖人之喜，以物之當喜。聖人之怒，以物之當怒。是聖人之喜怒不繫於心而繫於物也。是則聖人豈不應於物哉？烏得以從外者爲非，而更求在內者爲是也？今以自私用智之喜怒，而視聖人喜怒之正爲何如哉？

夫人之情，易發而難制者，惟怒爲甚。第能於怒時，遽忘其怒，而觀理之是非，亦可見外誘之不足惡，而於道亦思過半矣。

心之精微，口不能宣。加之素拙於文辭，又吏事匆匆，未能精慮。當否？佇報。然舉大要，亦當近之矣。道近求遠，古

人所非。惟聰明裁之。(《二程全書‧明道文集卷之三》)

案：此〈定性書〉是答橫渠先生者。橫渠原書未有留存，其言「定性未能不動，猶累於外物」，究是何意，頗不易說。然有一點甚顯明，即此是工夫上的問題，在工夫中要求心性之定。「定性」即是性之定，是在工夫中表現或體現性體這體現表現上的性之定不定，不是**性體自己有定不定**，亦不是**性體自己有不定**而須要吾人去**定住它**——若如此，則不成話。在表現性體中，吾人不能順性體之所命自然而動，靜時又感覺寂寞無聊，動時又不免為外物所牽引，此即是性之不貞定。抑非**性自己不貞定**，縱使在表現中，亦不是**表現中的性自己不貞定**，乃只是在表現時表現的不順適，**心不貞定耳**。只因這是在工夫中**主觀地看性**，不是**客觀地說性體自己**，而吾人之在工夫中表現性又**為性體所要求**，所以始因**心之不貞定**而連及說性不貞定，因而始有「定性」之語以要求**性之貞定**，即要求如何能使心**不為物累**，因而使吾人可以獲得**性之表現**時之**常貞定**。然則不是「**定性**」，乃是在「**性之表現**」時之心耳（動時靜時皆有性體之表現，進而可說皆是性體之流行）。不是要求**性之定**，乃是要求**性之表現時之心定**。故通篇皆就心言。言「定性」者略辭耳。

依通常，說定心，通順顯明，說定性並不通順顯明，故作如上之解析。但何以說「定心」便通順顯明？這是因為表現或體現性體必須要靠**心之自覺活動**，沒有心之自覺活動，性體只是**潛存**而無法**彰顯**；又因心之自覺活動是可以上下其講的，心也可以是**形而上的**，也可以是**形而下的**，心之如其為心只是實然的、中性的，並不函其必為形而上的，而如其為實然的、中性的，倒反只是心理學的

心、經驗的習心、感性的心，而易于為外物所牽引所制約，因此遂為外物所累而不得常貞定。是以惟心始有**定不定的問題，而性則無**。然則心與性究是一，抑是二？心與性一，心必須是**形而上的心**，所謂**道德的本心是**也。然既有「本心」，顯然亦有「非本心」。失其本心者，非謂其即無心也。本心與性一，「非本心」與性仍為二而不是一，「非本心」對「本心即性」之本心言，仍是二而不是一。從本心說，**本心呈現**自是**常貞定**。本心即性，本心常貞定，性體之表現（流行）自亦常貞定，而無所謂浮動、亂動、為外物所累也。但人常為感性所制約，並不容易常呈現其本心。是以在感性制約的處境中，心即成感性的心，而常為外物所牽引而累于物，是即成動盪不定矣。此處自須有一工夫，**消極地說**，使吾人之心自感性中超拔解放，不梏于見聞，不為耳目之官所蔽，而回歸于其自作主宰、自發命令、自定方向之本心，**積極地說**，使此本心**當體呈現**，無一毫之隱曲。張橫渠所說是**消極工夫上的問題**，是就心之為感性所制約而說。明道之答覆是**積極工夫上的問題，是就本心性體之自身而說**。

然則橫渠與明道所說之性是否是「**與心為一**」之性？彼二人之思想中是否有「**形而上的本心**」之義？此在明道較顯豁，而在橫渠則較弱。試回顧〈橫渠章〉及本章以前所說便可知之。強不強、顯豁不顯豁，端視其正視與理解孟子的程度如何而定。明道言「一本」，又言「仁體」，加重「萬物皆備於我」之義，又特重「盡心知性知天」而言「只心便是天」，此其所以顯豁而強也。故能完整而飽滿，為**圓教立模型**。橫渠于〈大心篇〉亦言「盡心知性知天」，又言「天大無外，故有外之心不足以合天心」，又言「存象

之心亦象而已，謂之心可乎？」又言「人病其以耳目見聞累其心，而不務盡其心。故思盡其心者必知心所來而後能。」于〈誠明篇〉則言「心能盡性，人能宏道也。性不知檢其心，非道宏人也。」而于〈天道篇〉亦言「天體物不遺，猶仁體事無不在也。」此其言**形而上的本心**義，亦甚顯豁而不弱，雖未能達至「一本」之境，亦未明言心與性一，然必為其所函蘊，而呼之欲出矣。〈太和篇〉言：「太虛無形，氣之本體。其聚其散，變化之客形爾。**至靜無感，性之淵源**。有識有知，物交之客感爾。客感客形與無感無形，惟**盡性者之一**。」其由道體言性體，言「至靜無感，性之淵源」，其所意謂之性體必是**即存有即活動者**，而決不會是只存有而不活動者。「客感客形與無感無形，惟盡性者一之」，盡性必由于盡心。「心能盡性」，此「盡」是**彰著地盡**。「合天心」之本心、「體事無不在」之仁心，如能充盡而朗現之，即可以**彰著性體而無餘**。彰著性體而盡之，則「客感客形與無感無形」始能得其貫通的統一。盡性而一之，則**心體貞定，性體之表現（盡）**自亦**常貞定**，而不至于為客感客形所累矣。〈太和篇〉又云：「聖人盡道其間，兼體而不累者，存神其至矣。」「兼體」者，不偏滯于氣之屈或伸、聚或散、出或入、陰或陽、動或靜，而通貫而一之之謂。「兼體無累」即是**盡性存神**也。能盡性存神而兼體無累，則**心體貞定，性體之表現**亦自**貞定**。進一步合一地而言之，則心性是一，**心體朗現而常貞定**，即是**性體朗現而常貞定**。是則「定性未能不動，猶累於外物」之困難即已克服矣。是則橫渠要解答此難題，最後仍是自「本心」之**充盡之積極**工夫而言也。當其以書致明道提此難題時，必在其著《正蒙》以前。此時或猶未能十分參透也。（當然即使已透至自積極工

夫言，消極工夫之磨練亦仍不可廢。朱子即完全從**消極工夫上言**者。其不足處是在無「形而上的本心」義，其視心只爲氣之實然，故無**自本心性體上言之之積極工夫**也，此其所以爲**另一系統。**）及其著《正蒙》，則已透進一步矣。據此，則其言「形而上的本心」義似亦不弱，然究不如明道之顯豁。蓋以其客觀面之比重過重，遂使主觀面爲其所揜蓋，而不甚能凸出挺立也。此其所以爲弱而不顯豁。亦由其畢竟尙未至十分以孔子之仁與孟子之本心爲主也。主觀面特強而挺立自象山始，象山又比明道爲強而顯豁。惟其于契接「於穆不已」處則有不足。爲此之故，遂以明道爲**圓教之模型。**經過象山、陽明、五峰、蕺山之彰顯而重反，則圓教始充實而挺立。單在明道猶嫌分量輕，所謂輕飄飄的，然其智慧之**朗潤**固已**完整地**具備此圓教之模型。此其所以爲不可及也。

　　明道此答書，朱子謂是「二十二、三時作」（見《語類》卷第九十三），此恐未必。近人似有考其爲二十七、八時作，此或較可信。答書末尾有云：「**吏事匆匆，未能精慮。**」只要吾人能查出其爲吏之時與處，此事即易決定。但此並不要緊。總之，明道成熟相當早，此書總是成熟之作，亦與其後來之發展（如前各節所述）並無不合處，而後來之發展亦未見有不同處。其思理與境界固常一貫也。

　　此答書理境固高，但亦甚簡單。只要知其是就**本心性體**而**積極地言之**即可。他是自本心性體朗現之「無將迎、無內外」而言**大定**，即「動亦定、靜亦定」之**常貞定也。**本心性體體物不遺，體事無不在，本不能將其逼限于內或外，故當其朗現時，自亦不能將其**隔絕地**逼限于內而不通事，亦不能將其**逐物地**推置于外而內失其

主。是以當體朗現，全體是用，全用是體，靜既不空**守孤明**，或**空虛寂寞**，動亦不**徇象喪心**，或**爲物所累**。是則自常貞定而無處不洒然也。逼限于內，或推置于外，靜亦不安，或動亦有病，此皆從**習心著眼**作**消極工夫**時所有之**曲折**與**跌宕**，而自本心性體上作積極的工夫者，則並無**如許波濤也**。「天地之常以其心普萬物而無心，聖人之常以其情順萬事而無情」，則是證實此種常貞定之境界也。「自私用智」是習心之事。自此翻上來便是天心之朗現。其餘皆可推演而得也。

　　或曰：此只是就本心性體之朗現而說其**當然**，但何修而可至此耶？于此如何能有積極的工夫耶？答曰：此是眞問題之所在，但就本心性體之朗現而言大定，並無**修之可言**。一言**修**，便落**習心**，便是**漸敎**。從習心上漸磨，縱肯定有形而上的本心，亦永遠湊泊不上，總是習心上的事，故就本心性體而言大定，而此大定如眞可能，必須**頓悟**。頓悟即無修之可言，頓悟即是積極的工夫。（當然從習心上漸磨亦有其助緣促成之作用，但**本質地**言之，只是**頓悟**。）但有一本質的關鍵，此即是「**逆覺的體證**」。此即明道所謂「識仁」之「識」字，孟子所謂「求放心」之「求」字所函之義蘊也。當然逆覺體證並不就是朗現。逆覺，亦可以**覺上去**，亦可以**落下來**。但必須經過此**體證**。體證而欲得朗現大定，則必須**頓悟**。此處並無**修之可言**。（修能使習心凝聚，不容易落下來。但**本質地**言之，由**修**到**逆覺**是異質的跳躍，是**突變**，由**逆覺**到**頓悟朗現**亦是異質的跳躍，是**突變**。）其實頓悟亦並無若何神秘可言，只是**相應道德本性**，直下使吾人**純道德的心體**毫無隱曲雜染地（無條件地）全部**朗現**，以引生**道德行爲**之「**純亦不已**」耳，所謂「**沛然莫之能**

禦」也。「直下使」云云即是頓悟也。普通所謂「該行則行」,即是**頓行**,此中並無任何**迴護、曲折**與**顧慮**。一落迴護、曲折與顧慮,便喪失其**道德之純**。當然事實上在行動以前可有一考慮過程,但就這「該行則行」一**純然道德行為**之**實現**言,本質上是**頓的**,此處並無**漸磨漸修之可言**。在該行則行中,吾即覺到此是**義心之不容已**,全體言之,此是**本心之不容已**,此覺亦是**頓**,此處亦並無**漸之過程之可言**。覺到如此即是**如此耳**,並無所謂慢慢覺到,亦無所謂一步一步覺到。一、一覺到本心之不容已,便毫無隱曲地讓其不容已;二、本心之純,是**一純全純**,並不是**一點一點地讓它純**;三、本心只是**一本心**,並不是**慢慢集成一個本心**。合此三層而觀之,便是頓悟之意。此便是「就本心性體之朗現以言大定」之**積極的工夫**。亦即**直下覺到本心之不容已便即承之而行耳**,此即為**頓悟以成行**。蓋只是**承體起用**之**道德之純**而已耳。其他詳細解說,見〈象山章〉。關于〈定性書〉所說之「定」義,明道尚有若干條與此有關,茲錄于此以助解:

1. 須要有所止(止於仁、止於孝、止於大分)。(《二程全書·遺書第六》,〈二先生語六〉。〔未明誰語,此固可是共許之語,伊川亦可說此語,但明道自亦可說此語。〕)

2. 〈艮〉卦只明使萬物各有止。止分,便定(艮其背,不獲其身,不見其人)。(同上)

3. 忽忘,忽助長,必有事焉,只中道上行。(同上)

4. 看一部《華嚴經》,不如看一〈艮〉卦(《經》只言一止觀)。(同上)

5. 愚者指東爲東，指西爲西，隨眾所見而已。智者知東不必
爲東，西不必西。惟聖人明於定分，須以東爲東，以西爲
西。（《二程全書‧遺書第七》，〈二先生語七〉。〔未明誰
語，自係明道語無疑。《宋元學案‧明道學案》列有此條，
是。〕）

案：明于分、止于分，物各付物。由此可明「聖人之喜怒不繫於
心，而繫於物」之義。此亦〈天理篇〉第8條所謂「人幾時與，與
則便是私意」也。

又案：此《定性書》中引〈艮〉卦「艮其背，不獲其身。行其
庭，不見其人」（卦辭）以明「內外兩忘」、「澄然無事」。此固
稍有引申，然卻順適。今案〈艮〉卦之〈彖傳〉曰：

艮，止也。時止則止，時行則行。動靜不失其時，其道光
明。艮其止，止其所也。**上下敵應，不相與也。**是以不獲其
身，行其庭不見其人，無咎也。

此爲〈彖傳〉之解〈卦辭〉。「艮其止」即「艮之止」。言〈艮〉
卦之爲止，是止于其所當止之所也。或謂「艮其止」之「止」，當
依〈卦辭〉作「背」，亦通。以喻作解，「背」止而不動，即象徵
當止之所也。依此解，則〈卦辭〉之意只是「時止則止」，各止其
所當止之所而**不相與也**。「不相與」，則不見有**人我之關係**，
故「艮其背，不獲其身，行其庭，不見其人，無咎也。」言「時止
則止」，雖「不相與」，亦無咎也。廣之，「時止則止，時行則

行，動靜不失其時，其道光明」，猶不只「無咎」而已也。此即明
道所以言「動亦定、靜亦定」也。就「時止則止」言，若于〈艮〉
卦之卦象，便是「**上下敵應**」而「**不相與**」。「不相與」亦止也。
「不相與」，則不見有人我之關係。如是，「止」只是**退處義**，實
亦即**淵默潛藏義**。既「不相與」而淵藏，則無人我之相形，故云
「不獲其身也」。身，己也、我也。即不**自見有我也**。不自見有
我，則無人之相與，亦**不見有人也**。此亦〈復〉卦〈象傳〉「先王
以至日閉關，商旅不行，侯不省方」之意。既閉關而淵藏矣，則雖
「行其庭」，亦「不見其人」矣。「行其庭」之「其」字，是指
「止者」言。是說外人雖行其庭，亦不得見其人也。不獲其身，不
見其人，都是順「止者」說，只是說一個**止藏義**。其身、其人，實
一義也。並非「不獲其身」是無我，「不見其人」是無人也。不自
見有我，亦不見有人，是就淵藏「**不相與**」、無人我之相形而**引
申**，是**綜就**「艮其背」之**止**而說。吾人尚不能將此義**分配**于〈卦
辭〉之**兩句**。明道引此〈卦辭〉以明「內外兩忘」，亦當是就艮之
止之「不相與」而進一步引申說。若以為「艮其背，不獲其身」是
忘內，「行其庭，不見其人」是**忘外**，則非是。又〈卦辭〉、〈象
傳〉只表示「不相與」之「止」義，而「內外兩忘」則是進一步言
「止」言「定」。然此進一步之言止言定，亦是可允許之引申。

　　但伊川《易傳》解此〈卦辭〉云：

　　　　人之所以不能安其止者，動於欲也。欲牽於前而求其止，不
　　可得也。故艮之道當艮其背。所見者在前，而背乃背之，是
　　所不見也。止於所不見，則無欲以亂其心，而止乃安。不獲

其身，不見其身也。謂忘我也。無我則止矣。不能無我，無
可止之道。行其庭，不見其人。庭除之間，至近也。在背，
則雖至近不見。謂不交於物也。**外物不接，內欲不萌，如是**
而止，乃得止之道。於止，爲無咎也。

伊川言「外物不接，內欲不萌，如是而止，乃得止之道。」此亦明
道所謂「有意於絕外誘，而不知性之無內外也」、「內外兩忘」，
則應物不足爲累。不足爲累，則雖應而無應。此即所謂「以其心普
萬物而無心」、「以其情順萬事而無情」也，非「以惡外物之心，
而求照無物之地」也。此即**全幅敞開，全體放平**。內外兩忘即是物
我一體。以大定顯大常，以大常應萬變，則一定一切定，一常一切
常。亦可謂各止其所也。此明道之境界也。而伊川「止於所不見，
則無欲以亂其心」之言，正是「**規規於外誘之除**」也。此固非明道
之境界，亦非〈卦辭〉、〈象傳〉之意。〈卦辭〉與〈象傳〉只言
該止則止，則無咎。並非言「艮其背」是「內欲不萌」也，亦非言
「不見其人」是「雖至近不見，謂不交於物也。」（「不見其人」
是不見「**止者**」之人，非「止者」**不見**最近之庭除處之人也。）此
非是以「外物不接，內欲不萌」爲「得止之道」也。明道順「時止
則止」而言定，順「敵應不相與」進一步言「內外兩忘」、「澄然
無事」之至定（大定），此正符合「物各付物」之至止，不以「外
物不接，內欲不萌」爲「得止之道」也。若如此，則正是「**有意於**
絕外誘」、「**非外而是內**」也，亦正是「規規於外誘之除，將見**滅**
於東而生於西也。」此焉得爲「得止之道」乎？無欲固止，但無欲
並非由于「不交於物」也。「不交於物」只是「內欲不萌」而已。

「不萌」，非即「無欲」也。于以見伊川之不瑩澈也。

　　朱子《周易本義》注〈艮〉卦〈卦辭〉云：

> 艮，止也。一陽止於二陰之上，陽自下升，極上而止也。其
> 象爲山。取坤地而隆其上之狀，亦止於極而不進之意也。其
> 占則必能止於背而不有其身，行其庭而不見其人，乃無咎
> 也。蓋身動物也，唯背爲止。艮其背，則止於當止也。止於
> 所當止，則**不隨身而動**矣。是**不有其身**也。如是，則雖行於
> **庭除有人之地，而亦不見其人**矣。蓋**艮其背而不獲身者，止
> 而止也。行其庭而不見其人者，行而止也**。動靜各止其所，
> 而皆**主夫靜焉**，所無以得咎也。

案：此解，自「蓋身動物也」以下皆非是。「不獲其身」並非止于
背、「不隨身而動」之意。身，己也、我也。並非「身體」義。
「行其庭不見其人」亦非是「雖行於庭除有人之地，而亦不見其人
矣」之意。若如朱子解，「不隨身而動，是不有其身」，則「行於
庭除有人之地」亦**不隨人而動，視若無物**，故亦**不有其人**也。故結
之云：「**艮其背而不獲其身者，止而止也。行其庭而不見其人者，
行而止也**。」是則「艮其背」句說**止**說**靜**，而「行其庭」句則說**行**
說**動**矣。然而〈卦辭〉以及〈彖傳〉之解皆表示此兩句皆是**說止**，
並非**一說止、一說行**也。〈彖傳〉首云：「時止則止，時行則行，
動靜不失其時，其道光明」，此是**原則地總說**，而下文落於卦象上
正式解卦辭，卻是只說「**時止則止**」一義，故卦辭兩句皆是**說止**，
「**上下敵應，不相與也**」。而以「**不獲其身，行其庭不見其人**」連

屬在一起爲「無咎」。今朱子以「動靜」分屬之，顯然非是。蓋如此，則直接講成「動亦定、靜亦定」之義矣。

是以伊川與朱子之章句注解，皆未得〈卦辭〉、〈象傳〉之意，而伊川所引申之義理（「外物不接、內欲不萌」爲「得止之道」）爲不及，朱子所引申之義理（「動靜各止其所，而皆主夫靜焉」）則過之。明道雖未章句注解，亦不知其如何看此章句，然其僅偶引之，所進一步引申之義理卻恰當順適。蓋卦辭之意，依〈象傳〉之解，只是說「時止則止」、「上下敵應，不相與也」。由「不相與」之止，而無人我之相形，故得進一步說「內外兩忘」之大定也。吾今補其章句以通之，伊川、朱子之章句皆非是。明道雖無章句注解，然其理會語意實常較順適暢通也。上蔡云：「伯淳常談《詩》，並不下一字訓詁。有時只轉卻一兩字，點掇地念過，便教人省悟。」（見篇首引言）此言誠不虛也。

第八節　聖賢氣象篇：對于聖賢人格之品題

1. 〔程子：〕昔受學於周茂叔，每令尋顏子、仲尼樂處，所樂何事？（《二程全書·遺書第二上》，〈二先生語二上〉。〔呂與叔記，未注誰語。〕）

2. 〔伊川：〕用休問老者安之、少者懷之、朋友信之。曰：此數句最好。先觀子路、顏淵之言，後觀聖人之言，分明聖人是天地氣象。（《二程全書·遺書第二十二上》，〈伊川先生語八上〉，〈伊川語錄〉〔「語」當作「雜」。〕）

3. 〔程子：〕顏子所言不及孔子。無伐善，無施勞，他是顏

子性分上事。孔子言安之、信之、懷之，是天理上事。（《二程全書‧遺書第六》，〈二先生語六〉。〔未注明誰語。〕）

4. 〔程子：〕仲尼，元氣也。顏子，春生也。孟子，並秋殺盡見。仲尼無所不包；顏子示「不違如愚」之學於後世，有自然之和氣，不言而化者也；孟子則露其才，蓋亦時然而已。仲尼，天地也。顏子，和風慶雲也。孟子，泰山巖巖之氣象。觀其言皆可以見之矣。仲尼無迹，顏子微有迹，孟子其迹著。（《二程全書‧遺書第五》，〈二先生語五〉。〔未注明誰語。〕）

5. 〔程子：〕孔子言語句句是自然，孟子言語句句是實事。（同上）

6. 〔程子：〕孟子有功於道，為萬世之師。其才雄。只見雄才，更是不及孔子處。人須當學顏子，便入聖人氣象。（同上）

7. 〔程子：〕孔子儘是明快人，顏子儘豈弟，孟子儘雄辯。（同上）

8. 〔明道：〕顏子合下完具，只是小，要漸漸恢廓。孟子合下大，只是未粹，索學以充之。（《二程全書‧遺書第三》，〈二先生語三〉。〔謝顯道記憶平日語，此條明標為明道語。〕）

9. 〔明道：〕學者要學得不錯，須是學顏子。（同上）

10. 〔明道：〕孟子才高，學之無可依據。學者當學顏子，入聖人為近，有用力處。（《二程全書‧遺書第二上》，

〈二先生語二上〉，呂與叔記。〔此注一明字，示爲明道語。以此8.9.10三條觀之，則3.4.5.6.7.五條當亦係明道語。〕）

11.〔程子：〕聖人之德行，固不可得而名狀。若顏子底一個氣象，吾曹亦心知之。欲學聖人，且須學顏子。（同上。〔未定誰語，亦當是明道語。〕）

12.〔程子：〕孔、孟之分，只是要別個聖人、賢人。如孟子，若爲孔子事業，則儘做得，只是難似聖人。譬如剪綵以爲花，花則無不似處，只是無他造化功。綏斯來，動斯和，此是不可及處。（同上。〔未定誰語。〕）

13.〔程子：〕「孔子爲宰則爲宰，爲陪臣則爲陪臣，皆能發明大道。孟子必得賓師之位，然後能明其道。猶之有**許大形象**，然後爲大山，許多水，然後**爲海**。（《二程全書·遺書第五》，〈二先生語五〉。〔未定誰語。〕）

14.〔程子：〕顏子作得禹、稷、湯、武事功，若德則別論。（同上。〔未定誰語。〕）

15.〔明道：〕顏子**默識**，曾子**篤信**，得聖人之道者，二人也。（《二程全書·遺書第十一》，〈明道先生語一〉，〈師訓〉，劉質夫錄。）

16.〔明道：〕顏子**不動聲氣**，孟子則**動聲氣矣**。（同上）

17.〔明道：〕學者須識聖賢之體。聖人化工也。賢人巧也。（同上）

18.〔明道：〕聖人之言，**沖和之氣也**，**貫澈上下**。（同上）

19.〔明道：〕人須學顏子。有顏子之德，則孟子之事功自有。孟子者，禹稷之事功也。（同上）

20.〔明道：〕顏子短命之類，以**一人**言之，謂之不幸可也，以**大目**觀之，天地之間**無損益**、**無進退**。譬如一家之事，有子五人焉，三人富貴，而二人貧賤，以二人言之，則不足，以父母一家言之，則有餘矣。若孔子之至德，又處盛位，則是**化工**之**全爾**。以孔、顏言之，於二人有所不足，以堯、舜、禹、湯、文、武、周公群聖人言之，則天地之間亦**富有餘**也。（同上）

21.〔明道：〕曾子易簀之意，**心是理**，**理是心**，**聲爲律**，**身爲度**也。（《二程全書·遺書第十三》，〈明道先生語三〉。亥八月，見（伯淳）先生于洛所聞，劉質夫錄。）

22.〔伊川：〕問橫渠之書，有迫切處否？曰：子厚謹嚴，纔謹嚴便有迫切氣象，無寬舒之氣。孟子卻寬舒，只是中間有些**英氣**。纔有英氣，便有圭角。英氣甚害事。如顏子便渾厚不同。顏子去聖人只毫髮之間。孟子大賢，亞聖之次也。或問：英氣於甚處見？曰：但以孔子之言比之，便見。如冰與水精，非不光，比之玉，自是有**溫潤含蓄氣象**，無許多**光耀**也。（《二程全書·遺書第十八》，〈伊川先生語四〉。）

23.〔程子：〕子路曰：願車馬、衣輕裘，與朋友共，敝之而無憾。此勇於義者。觀其志，豈可以勢利拘之哉？蓋亞於浴沂者也。顏淵願無伐善、無施勞。此仁矣，然未免於有爲。蓋滯迹於此，不得不爾也。子曰：老者安之、朋友信之、少者懷之。此聖人之事也。顏子，大賢之事也。子路，有志者之事也。（《二程全書·遺書第九》，〈二先生語

九〉。〔未注明誰語，此恐亦是伊川語。〕）

24.〔程子：〕願無伐善，則不私矣。無施勞，則仁矣。顏
　子之志，則可謂大而無以加矣。然以孔子之言觀之，則顏
　子之言出於有心也。至於老者安之、朋友信之、少者懷
　之，猶天地之化，付與萬物，而己不勞焉。此聖人之所爲
　也。今夫羈靮以御馬，而不以制牛，人皆知羈靮之制在乎
　人，而不知羈靮之生由於馬。聖人之化亦猶是也。（《二
　程全書・外書第三》，陳氏本〈拾遺〉。〔未注明誰語，此恐亦
　是伊川推演之言。〕）

25.孔子曰：二三子以吾爲隱乎？吾無隱乎爾。無知之謂
　也。〔案：此句不妥〕聖人之教人，俯就之若此，猶恐眾
　人以爲高遠而不親也。聖人之言，必降而自卑，不如此，
　則人不親。賢人之言，必引而自高，不如此，則道不尊。
　觀孔子、孟子，則可見矣。（同上。〔此恐亦是伊川
　語。〕）

26.〔程子：〕子路、冉有、公西華皆得國而治之，故孔子
　不取。曾點，狂者也，未必能爲聖人之事，而能知孔子之
　志。故曰：浴乎沂，風乎舞雩，泳而歸。言樂而得其所
　也。孔子之志在於老者安之、朋友信之、少者懷之，使萬
　物莫不遂其性。曾點知之，故孔子喟然嘆曰：吾與點也。
　（同上。〔此亦是伊川語。〕）

27.〔伊川：〕大而化之，只是謂理與己一。其未化者，如
　人操尺度量物，用之尚不免有差。若至於化者，則己便是
　尺度，尺度便是己。顏子正在此。若化，則便是仲尼也。

在前是不及，在後是過之。此過不及甚微。惟顏子自知，
他人不與。卓爾是聖人立處。顏子見之，但未至爾。
（《二程全書·遺書第十五》，〈伊川先生語一〉。〔此條當與
〈一本篇〉25條明道語合觀。〕）

第二章　程伊川的分解表示

引　言

　　明道妙悟道體，善作圓頓表示。而伊川則質實，多偏于分解表示。質實者，直線分解思考之謂也。分解思考亦無礙，惟于分解中，道體只成理，則喪失「於穆不已」之體之義；性體只成理，則喪失「即存有即活動」之義，此則便有礙。

　　因質實而易傾向于切實之重視。切實者，下學上達，「循循有序」，免得「捨近趨遠，處下窺高，輕自大而卒無得」之謂也（伊川：〈明道先生行狀語〉）。但如此泛說之切實，亦很可能只是一般教育所應有之態度，此只能對治一般儱侗、顢頇、蹈空、游蕩、虛浮無根之病，而不能于**本質問題**有所**決定**。如欲以此特有所治，則須簡別。

　　朱子云：「明道說話渾淪，煞高，學者難看。」（《語類》卷第九十三，〈孔、孟、周、程〉）。又云：「看道理不可不子細。程門高弟，如謝上蔡、游定夫、楊龜山輩，下梢皆入禪學去，必是程先生當初說得高了，他們只瞭見上一截，少下面著實工夫，故流

弊至此。」（《語類》卷第一百一，程子門人總論）若以此為準，則所謂切實，所謂「著實工夫」，是意在**特有所治**，而如何切實，如何下「著實工夫」，亦成問題，此則須有別。朱子語中所謂「程先生」雖未明指明道，然據黃梨洲引此語時所說，實是單指明道而言（見〈明道章‧引言〉）。儱侗觀之，明道專言「仁體」、妙悟「於穆不已」之體，又盛言「一本」，亦似乎是「煞高」，亦似乎易令人想到此是單屬于「上一截」，而缺少「下面著實工夫」。伊川與朱子都比較轉而重視下學上達，重視「下面著實工夫」，而表示「下學」與「下面著實工夫」之途徑則落在《大學》之**致知格物**處。濂溪、橫渠、明道，皆很少講《大學》，濂溪、橫渠且直無一語道及。然則此三人者俱是太高，俱是單屬于「上一截」乎？此三人自非儱侗、顢頇、蹈空、游蕩、虛浮無根之輩，亦自非不切實者。此三人未積極地講出一個確定的工夫入路是實，然並非無工夫語也。即使要講出一個確定的工夫入路，亦不必以《大學》之致知格物為**決定性的、即本質的工夫入路**。如伊川、朱子之所確定者。然則所謂「高」，所謂「切實」，亦不可不再仔細一想也。

　　所謂「高」，有是指本質而言，有是指**虛浮蹈空**而言。所謂「切實」，有是**相應本質**而說，有是指**補充助緣**而說。此則單看所講之問題為何而定。茲且分別言之。

　　原此學本是內聖之學，而內聖之學之本質唯是在自覺地相應道德本性而作道德實踐，故其中心問題之所以落在心性，即是因要肯認並明澈一超越的實體（心體、性體）以為道德實踐（道德行為之純亦不已）所以可能之超越根據。故此學之本質的關鍵不能不落在對于此實體之體悟與明澈。而內聖之學之道德實踐是以成聖為終

極，而聖之內容與境界則是「大而化之之謂聖」，是「與天地合其德，與日月合其明，與四時合其序，與鬼神合其吉凶，先天而天弗違，後天而奉天時」，是于吾人有限之個體生命中直下能取得一永恆而無限之意義，故其所體悟之超越實體、道體、仁體、心體、性體、於穆不已之體，不能不「體物而不可遺」，「妙萬物而為言」，蓋聖心無外故也。聖心之所以無外，不是他個人獨有之秘密，乃是因他體現了這超越的實體而然，而這實體是人人俱有的，唯聖人獨能「先得我心之所同然」，「唯賢者能無喪耳」。此是先秦儒家所已建立之義，此是言仁體、性體、心體，乃至於穆不已之體者所共許之義，亦是宋、明儒學之中心課題，乃為任何人所不能違背者。然則明道專言仁體、妙悟於穆不已之體，盛言一本，並無所謂「高」。亦無所謂單屬「上一截」。此不是高不高的問題，乃是內聖道德實踐之**本質問題**。人之不及此義，而至于儱侗、恍惚、蹈空、游蕩、虛浮無根，只是其道德意識之不真切，對于道德實踐之本性認識不明透，而非此學之本質不應如此也。明道云：「若修其言辭，正為立己之誠意，卻是體當自家敬以直內義以方外之實事。」又云：「終日乾乾，大小大事卻只是忠信所以進德為實下手處，修辭立其誠為實修業處。」（〈明道章‧一本篇〉第二十二條）。此便是**相應道德本性**而來的**切實不蹈空**。要說「下面著實工夫」，此就是「下面著實工夫」；要說「近」，此亦就是「近」，並不遠也。要說「下學上達」，此就是「下學上達」；要說「循循有序」，此就是「循循有序」。若必以為書冊句讀、致知格物、格物窮理，方算下學上達，方算「下面著實工夫」，寖假復以為只如此方能接近「上一截」，方是道德實踐成聖之決定性的關鍵，方可

不流入禪學去，則是**迷失問題之本質**而**歧出**。是故「高」有**本質**與**蹈空**之分，而切實亦有**相應本質**與**不相應本質**之別。若謂書冊句讀、致知格物等是補充或助緣則可，若謂此等等即是此學之本質則不可。當然世間無孤離的道德，然亦不可不先認其本質也。

由于伊川之質實，轉從《大學》之致知格物以表示其下學之切實，初亦未嘗覺得與其老兄所談之本體有若何不相應或甚至衝突處，亦未以其老兄所談爲太高而近禪，因而視爲忌諱。及到朱子遵從伊川之綱維，貫徹下去，以《大學》爲定本，遂見出明道所說爲渾淪、太高，學者難看，而亦究不知其義理之實究何在。（吾人從朱子之講習中，完全見不到明道之義理綱維，只覺其爲一些零碎風光之散見，明道成爲若有若無、無足輕重之隱形的。）雖未好意思直斥其爲禪，然此後凡遵從明道綱維而來，不走《大學》致知格物之路者，彼皆直斥之爲禪，而深以爲忌。是則朱子在義理系統之構成上幾乎完全與明道無緣。抑不止此而已也。伊川雖未覺其以《大學》表下學之切實與其老兄所說有若何不相應，亦未曾以其老兄所說爲禪而生忌諱，然由于其不自覺間之轉向，遂致于**道體之體悟漸有偏差**與**迷失**，已不能透至其老兄所說之境。依其質實的直線分解的思考方式，遂將太極眞體、太虛神體、乃至於穆不已之體，只分解地體會爲只是理，將性體亦清楚割截地直說爲只是理（性即理也）。性與廣泛的存有之理合流，而復與格物窮理之理接頭而以格物窮理之方式把握之，則原初講**性體**以爲**道德實踐所以可能**之**超越根據**之義亦漸**泯失**而**不見**；而于**心體**則弄成疲軟、浮動、恍惚，而處于泛而不切不定之境，有時看來很好，有時看來又不然，未若性理觀念之清楚。而亦正因性理觀念清楚確定，遂將心逼顯得恍惑不

定，而實則在此情形下，心亦應有其**一定之涵義**，而逼顯得呼之欲出矣。朱子即順此將此情形下有其一定函義之心清楚地說爲屬于**氣之靈之實然的心**，而特重其**認知之明**義，而孟子所說之**實體性的本心**遂全不能講，而心遂與性（理）亦**終于爲二**矣。

伊川旣直說性即理，故對于仁之理解亦不同于明道，而直說仁是性，愛是情，如是，遂有朱子心性情三分、心統性情之說。此種確定表示亦是伊川所開者。

伊川旣定道體、性體爲只是理，則于中和之「中」本應甚簡單而顯明，只須說爲性即理即完事。但伊川于此又極糾結困惑而不明透，此似乎又感到此「中」字不能直說爲性即理，其中似乎亦含涉有心字。但對于心性，如果說是一，則如何一法，旣不明透，如說爲是二，如何二法，亦不明確，故終于**無結果而散**。此蓋即由于對于「於穆不已」之體原不透澈，而到此亦顯出直視道體性體只爲存有之理有不足矣。此一糾結困惑復困惑了朱子，費其數年之苦思與論辨，終于爲其所釐清，遂順成了伊川「涵養須用敬，進學在致知」之工夫格局。

朱子確是伊川之功臣，其心態相應，其思路相同。伊川所開之端緒俱爲其所完成而皆有確定之表示，復亦貫澈而一貫，獨成其橫攝系統而與明道等所代表之縱貫系統爲對立，而朱子不自知也。彼以爲先秦儒家本有之義，以及濂溪、橫渠、明道所體悟之道體固只如此耳。《朱子語類》卷第九十三，總論孔、孟、周、程處，有以下之九條：

1.伊川說話，如今看來，中間寧無小小不同？只是大綱統體

> 說得極善。如「性即理也」一語，直自孔子後，惟是伊川
> 說得盡。這一句便是**千萬世說性之根基**。理是個公共底物
> 事，不解會不善。人做不是，自是失了性。卻不是壞了，
> 著修。

案：可見「性即理」一語，在朱子心中是如何的親切與清澈，又是
如何的重要，在其系統中，此語之關鍵性又是如何的重大！但此語
所示之「性」只是性之形式的意義。如果順此形式的意義先虛籠一
說，亦未嘗不可。但若順此形式的意義而執實了，以爲性就「只是
理」，則此語實有不盡，焉得視爲「千萬世說性之根基」？今朱子
把此語看得如此驚動，須知其中汰濾了有多少！

> 2.〔上略〕某說，大處自與伊川合。小處，卻持有意見不
> 同。〔下略〕

案：所謂「大處」，如陰陽氣，所以陰陽是道；性即理；仁是性，
愛是情；心性情三分，理氣二分；涵養察識分屬；致知格物，等義
皆是。「小處」自不會人人一樣，此不必說。此是朱子客氣，實則
他順伊川之綱維，而貫澈下去，其全盡與明確實非伊川所能及。

> 3.問：明道、濂溪俱高，不如伊川精切。
> 曰：明道說話超邁，不如伊川說得的確。〔下略〕

案：所謂「的確」即上條所說「大處」諸義，伊川皆說得確切分

明。實則只是其所能把握者「說得的確」，而不知其實轉成**另一系統**也。其所遺漏、搖惑、不澈者多矣。與明道相比，又豈只是「超邁」與「的確」而已耶？

4. 明道語宏大，伊川語親切。

5. 明道說話渾淪，煞高，學者難看。

6. 明道說底話，恁地動彈流轉。〔黃梨洲謂「其語言流轉如彈丸」，即本此。〕

案：明道實亦不只是煞高、超邁、宏大、動彈流轉。其所以示出此種種相，實因其對于道體體會有不同也。朱子只望見此種種相，而不知其義理之實究何在。如是，明道只成「渾淪」與「煞高」等等，而義理之實全在伊川。然則此豈只是同一義理之實，只說法有不同耶？必不然矣。經過朱子之傳承與汰濾，人莫能辨也。黃梨洲謂「朱子得力於伊川，故於明道之學未必盡其傳也。」（見〈明道章・引言〉）此言不錯，然明道之學究如何，梨洲亦未能知其詳而確定說出也。豈只是「其語言流轉如彈丸」即足以盡其義理之實乎？如不能指出其義理之實究何在，汝將何以使朱子傳之耶？朱子之所以不能傳明道，亦只因其不能知明道對于道體之體悟有不同耳。汝豈能讓朱子只傳那些渾淪話頭乎？

7. 明道說話，一看便好，轉看轉好。伊川說話，初看未甚好，久看方好。

案：如果真是「一看便好」，朱子實亦未能知明道之所以好。此由
明道在朱子處只成為若有若無之隱形的可知。又亦不是「轉看轉
好」，實是轉看轉不好，故對于明道所說，終于放棄或不提，此如
對于〈識仁篇〉便是。至于對伊川「久看方好」則是實情，而且亦
確是落于義理之實上見其好。

8. 明道說話亦有說過處，如說舜有天下不與。又其說闊，人
　　有難曉處，如說鳶飛魚躍，謂「心勿忘、勿助長」處。伊
　　川較子細，說較無過。然亦有不可理會處。〔下略〕

案：「舜有天下不與」即「無爲而治者，其舜也與」之意，此乃明
道所常說者，不知有何過？「心勿忘、勿助長」，在「必有事焉」
之「於穆不已」、「純亦不已」之中見「活潑潑地」，此有何
「闊」而「難曉處」？至于對于伊川所說「亦有不可理會處」，據
我所知而甚關重要者，則爲「性之有形者謂之心」一語。朱子明謂
此語「難曉，不知有形二字合如何說。」（見〈知言疑義〉）。實
則此語並無「難曉處，而且甚關重要，只伊川未能透澈而貫澈此義
耳。（詳見下〈論心篇〉）至于朱子心中所想其他「不可理會
處」，則不可知。即有之，蓋亦甚少也。伊川所存留下的思想大抵
盡爲朱子所繼承而釐清，所餘蓋已無幾，故「不可理會處」亦不會
很多。

9. 〔上略〕明道當初想明得煞容易，便無那查滓。只一再見
　　濂溪，當時又不似而今有許多語言出來，不是他天資高，

見得易，如何便明得？

德明問：《遺書》中載明道語便自然灑落明快。

曰：自是他見得容易。伊川《易傳》卻只管修改，晚年方出其書。若使明道作，想無許多事。〔下略〕

案：不是「見得容易」，只因生命較相應，故能見得明透，而且能妙契于千載之上。依伊川之心態，可說是根本不宜作《易傳》者。伊川于道體實未明透也。焉得視「性即理」一語爲「千萬世說性之根基」？《詩》之「維天之命，於穆不已」、孔子之仁、孟子之本心，《中庸》、《易傳》之誠體神化、寂感眞幾，這方是「千萬世說性之根基」。伊川于此皆未能有**相應之明透**也。

體上既爲「性即理」一語所截煞，此下皆成必然者。自此遂以《大學》爲定本，轉成**橫攝系統**，而不復是先秦儒家原有之**縱貫系統**矣。生動活潑、健康軒昂、「直方大」之理想主義的情調隨之亦喪失，而于不自覺間遂轉成「靜攝存有」之實在論的情調之他律道德矣。伊川、朱子不自知也，而人亦莫之能辨也。

論氣性、才性處，則無問題。

以上爲伊川學之綜述。以下重編伊川語，開爲八篇。順之略加點撥指正。詳細展開，則見〈朱子部〉。

第一節　理氣篇

1. 一陰一陽之謂道。道非陰陽也，所以一陰一陽道也。如一闔一闢之謂變。（《二程全書・遺書第三》，〈二先生語

三〉，謝顯道記伊川先生語。）

2. 離了陰陽更無道。所以陰陽者是道也，陰陽，氣也。氣是
形而下者，道是形而上者。形而上者則是密也。（《二程
全書‧遺書第十五》，〈伊川先生語一〉。）

3. 一陰一陽之謂道。此理固深，說則無可說。所以陰陽者
道。既曰氣，則便是二。言開闔，已是感。既二，則便有
感。所以開闔者道，開闔便是陰陽。老氏言虛而生氣，非
也。陰陽開闔本無先後。不可道今日有陰，明日有陽。如
人有形影，蓋形影一時，不可言今日有形，明日有影。有
便一齊有。（同上）

案：以上三條嚴格為朱子所遵守。如只說「所以陰陽者是道」，尚
不足以決定此形而上之道只是理，即只存有而不活動者。因為「於
穆不已」之體，自其為實現之理或存在之理言，亦可以說是一超越
的（動態的）所以然。但此為氣化之所以然的於穆不已之體卻是即
存有即活動者，是心，是神，亦是理，是心神理為一者，是誠體神
體，亦是寂感真幾、創生的實體。是以唯因㈠將此「所以然」之表
示方式視為存有論的推證，或視為對於陰陽氣化之「然」所作的存
有論的解析，㈡通過格物窮理之方式以把握之，㈢再加上於此所推
證者不能明澈地說其神義以及寂感義，㈣在心性方面不能明澈地言
心性是一，而卻言性只是理，仁是性、愛是情，心如穀種、生之理
是性，發出來是情：這樣，此「所以然」所表示之形而上之道才成
「只是理」，只存有而不活動者。在神與寂感方面，伊川態度似不
甚明確，但亦可以看出大體是並不以神體與寂感真幾言形而上之道

體。伊川並無一字言及神體，而於寂感方面則並不透澈。即如上錄
第3條「言開闔，已是感。既二，則便有感。」此已落於氣上言
「感」，並不自神體言寂感。伊川於此「於穆不已」之體實並不透
澈。至朱子即自覺地視神屬氣，或消融於理而成為虛位。至於寂感
則只能就心言，而不能就性言，而心性並不是一。在心性方面，伊
川有時好像可以表示心性是一（是一與合一不同），但其顯明而凸
出的主張，如性即理，仁性愛情等義，乃原則上心性並不是一者，
故朱子得以順而確定之而成為心性情三分、心統性情之說。是則伊
川之思路大體是向朱子所釐清而確定者走，其抽象的、分解的、質
直的思理心態固易於視形而上之道為「只是理」也。至於一二兩點
則更顯明。但依明道所代表的縱貫系統說，即使「於穆不已」之體
亦可以說為「所以然」，但卻並不以此「所以然」為對於「然」之
「存有論的解析」，亦不視作由然推論所以然之「存有論的推
證」，而是由「於穆不已」之體之創生妙運之直貫下來而說，而且
同時亦並不通過格物窮理之方式以把握之，而是通過「逆覺體證」
之方式以把握之。此是兩系統之大較也。

4. 真元之氣，氣之所由生，不與外氣相雜，但以外氣涵養而
已。如魚在水，魚之性命非是水為之，但必以水涵養，魚
乃得生爾。人居天地氣中，與魚在水無異。至於飲食之
養，皆是外氣涵養之道。出入之息者，闔闢之機而已。所
出之息非所入之氣。但真元自能生氣。所入之氣，止當闢
時，隨之而入。非假此氣以助真元也。（同上）

5. 若謂既返之氣復將為方伸之氣，必資於此，則殊與天地之

化不相似。天地之化自然生生不窮，更復何資於既斃之形、既返之氣，以爲造化？近取諸身，其開闔往來見之鼻息。然不必須假吸復入以爲呼。氣則自然生。人氣之生，生於眞元。天地之氣亦自然生生不窮。至如海水，因陽盛而涸，及陰盛而生，亦不是將已涸之氣卻生。水自然能生。往來屈伸只是理也。盛則便有衰，晝則便有夜，往則便有來。天地中如洪鑪，何物不銷鑠了。（同上）

6. 凡物之散，其氣遂盡，無復歸本原之理。天地間如洪鑪，雖生物，銷鑠亦盡。況既散之氣，豈有復在？天地造化又焉用此既散之氣？其造化者自是生氣。至如海水潮，日出則水涸，是潮退也。其涸者，已無也。月出，則潮水生也，卻非是將已涸之水爲潮。此是氣之終始。開闔便是易。一闔一闢謂之變。（同上）

7. 近取諸身，百理皆具。屈申往來之義只於鼻息之間見之。屈申往來只是理。不必將既屈之氣復爲方伸之氣。生生之理自然不息。如復言七日來復，其間元不斷續。陽已復生，物極必返。其理須如此。有生便有死，有始便有終。（同上）

8. 原始反終，故知死生之說。但窮得，則自知死生之說。不須將死生別做一個道理求。（同上）

9. 天地之化雖廓然無窮，然而陰陽之度、陰陽寒暑之變，莫不有常。此道之所以爲中庸。（同上）

10. 天地之化一息不留，疑其速也。然寒暑之變甚漸。（《二程全書‧外書第十一》，時氏本〈拾遺〉）

案：以上七條俱是對于氣化本身之體會，亦自可如此說。「往來屈伸只是理」，此言「理」好像是氣化之自然之理，為虛位字。「生生之理自然不息」，亦是如此。但所以往來屈伸之「理」，所以生生之「理」，則是有超越意義的形而上之道，此是「實理」之理，是實位字。此七條俱是說氣本身，「眞元之氣」亦仍是氣。如忘記「所以陰陽是道」，單就此七條看「天地之化」，以為此自然之化便是道，則將成自然主義。伊川尚不至此。

11. 浩然之氣，既言氣，則已是大段有形體之物。如言志，有甚迹？然亦儘有形像。浩然之氣是集義所生者。既生得此氣，語其體，則與道合；語其用，則莫不是義。譬之以金爲器，及其器成，方命得此是金器。（《二程全書·遺書第十五》，〈伊川先生語一〉）

案：氣雖浩然之氣，亦「大段是有形體之物」。志發之于心，雖無「迹」，「然亦儘有形像」。實則「有形像」，即有「迹」，朱子所謂「微有迹」也。（「心比性，則微有迹」，見〈朱子部〉，第七章第三節，第15條）至于道與義，則只是理，亦只是性。言道與義者，是就孟子言浩然之氣配義與道而言。在人處，有心、性、情、志之分，在天地處（統天地之化而言之，或形而上學地言之），則只是理與氣也。

12. 贊天地之化育：自人而言之，從盡其性至盡物之性，然後可以贊天地之化育，可以與天地參矣。言人盡性，所

造如此。若只是至誠，更不須論。所謂「人者天地之
心」，及「天聰明自我民聰明」，止謂只是一理。而天
人所爲各自有分。（同上）

案：「若只是至誠，更不須論」，言不須論從盡性以至參贊也。蓋
「誠者天之道也，誠之者人之道也」。此所謂「天人所爲各自有
分」也。盡性、贊化育、參天地，是人分上事，而「至誠」之天，
則不須言此種「誠之」之工夫也。然依《中庸》，「誠者，天之道
也」並非說誠是屬于彼天之道，此只言「堯、舜性之也」之義，意
即從性自然而行，不須加擇善固執之「誠之」之工夫便是「天之
道」。天者自然義，「安而行之」之義，濂溪所謂「性焉安焉之謂
聖」是也。是則天者是副詞，不是指天地之「天」之實字。「誠
者，天之道也」即是後來王學所說「即本體便是工夫」。此則在天
在人一也。即伊川言「至誠」亦不必單屬于彼天之道，人亦可有此
也。明道即于此言「一本」。伊川說此語，好像留有其老兄所說之
「一本」義之痕迹，然而不透澈。至于「誠之者，人之道也」，此
亦並非說「誠之」之工夫是屬于人之道，其意是「湯、武反之也」
之義，言不能自性安然而行者，便須加擇善固執之「誠之」之工
夫。「誠之」之工夫即是「反之」之工夫，濂溪所謂「復焉執焉之
謂賢」是也。是則「人之道」之「人」是對自然安然而說，是加工
作意之謂，亦是副詞義，不是指實之實體字。「誠之者，人之道
也」即後來王學中所謂「即工夫便是本體」也。「復焉執焉」（誠
之）是人之作意之道，「性焉安焉」（誠）是人之自然之道。從
「性焉安焉」說，便是明道所說的「只此便是天地之化，不可對此

個別有天地之化」，此之謂「一本」。在此，人之所爲即是天之所爲。猶不「止謂只是一理」而已也。（所謂「一本」並非分解地肯認本體是一、「只是一理」之謂。詳見〈明道章・一本篇〉。）從「復焉執焉」說，則可以說「天人所爲各自有分」。此爲伊川所及知者。至于「一本」之義則模糊矣。此一分歧點，其機甚微，然而所關甚大。「一本」之義不透澈，由模糊而漸忘記，逐專落于「各自有分」上說，而「各自有分」亦漸失其指歸，不復是「即本體便是工夫」（性之）、「即工夫便是本體」（反之）之義，而以「格物窮理以致知」爲「反之」之工夫，而本體亦不復是「即活動即存有」、心神理是一、心體性體是一之本體矣。此即黃梨洲所謂：「若必魚筌兔迹以俟學人，則匠羿有時而改變繩墨彀率矣。」至伊川、朱子，儒家原有之「繩墨彀率」已改變矣。在伊川，或只是于體上不透澈，不自覺地轉移至此，而在朱子則是遮表雙彰，自覺地向此「改變」而奮鬥也。（其首與胡五峰系鬥，次與象山鬥，即是遮之工作。所以有此遮之奮鬥，即由于于體上有不同之理解；而所以于體上有不同之理解即由于對于「於穆不已」之體不透澈。然而朱子于此從不反省，必以其所理解的「太極只是理」爲絕無問題，逐以此爲標準而詮表與此有關之一切，而不知其詮表大都不合原意也。自其自身言，是遮表雙彰，自覺地向此「改變」而前進。自其所詮表者不合原意言，彼亦不自覺原意是另一系統，與其所至者並不同。彼以爲其所詮表者就是原意如此，只有一個系統。自此而言，彼亦是不自覺地「改變」至此，並非先認識到那是另一系統，不過不對，故須改變也。縱有明道、上蔡、五峰、象山等如許之言論亦不足以促醒之使其有重新之考慮，卻只以爲他們是禪！）

13. 天地之間只有一個感與應而已，更有甚事？（同上）

14. 沖漠無朕，**萬象森然已具**。未應不是先，已應不是後。如百尺之木，自根本至枝葉，皆是一貫。不可道上面一段事無形無兆，卻待人旋安排、引入來、教入塗轍。既是塗轍，卻只是一個塗轍！（同上）

15. 寂然不動，感而遂通，此已言人分上事。若論道，則萬理皆具，更不說感與未感。（同上）

16. 寂然不動，**萬物森然已具**。感而遂通，感則只是**自內感**，不是外面將一件物來感於此也。（同上）

案：以上四條皆言寂感，初看亦甚好，但仔細看，則有些搖蕩處。首先，第13條「天地之間只有一個感與應而已」，實則感若是「自內感」（16條），則感即是應。今將感與應分說，則感好像是自外感，而應則是自內應。依上第三條「言開闔，已是感。既二，則便有感」之語，則此條感與應分說，感、應便都是**落在氣上說**，天地之間便都是**一氣之感與應**而已。此非《易傳》言寂感義之本意。《易傳》言寂感是從誠體神體自身說，不從氣上說。氣之「感與應」與誠體神體之寂感並非同一層次。濂溪、明道言寂感俱從誠體神體上說，而明道復以此代表易體。誠體、易體、寂感真幾，即「於穆不已」之體也。橫渠言「客感」是從氣上說，然其言「至靜無感，性之淵源」，即是從體上言寂。既從體上言寂，自亦有體上之神感而非「物交之客感」。「客感」之異必預定神感之一，而神感之一即是感而無感也。「客感客形與無感無形，唯盡性者一之。」言客感而不言神感者，神感即已隱含于寂體無感之中也。言

「客感」者,蓋爲與「客形」對,偏重之言也。所以偏重「客感」者,蓋爲言體用一也。否則,性體豈只一寂體無感而已耶?是以「客感」之事用,即寂體神感之顯現也,故曰「惟盡性者一之」。不能盡性者,客感不能統于寂體神感之中而一之,則「客感」與寂體神感脫節,亦只是交引日下之亂感而已。由此可證知橫渠言寂感亦是自體上言,惟復別立「客感」一義耳。今伊川自氣上言感與應,而不自體上言寂感,是已落下乘矣。

第14條最爲圓融,看之似無病。「沖漠無朕,萬象森然已具」,此亦可以說是意味「上天之載,無聲無臭」,是寂然不動之體,是寂感之眞幾。「未應」即是寂,「已應」即是感。未應已應並無先後可言,乃是自然一體「一貫」的事,不是人于「無形無兆」上安排上一些事。此已說得甚好。然上條言「感與應」是落在氣上說,此條言未應已應豈不可亦落在氣上說耶?其所言之「沖漠無朕」、「無形無兆」之「未應」不可只是**渾然之氣**耶?未感未應時是渾然寂然,已感已應時是粲然著然,而粲然著然者實即早已森然隱具于寂然渾然之中,故實無先後之可言也。未應已應、若隱若顯,只是分別相示之權言,而實則只是**一氣之化**而已。若如此,則此條之寂(未應)感(已應)圓融亦仍是落在氣上說,而非由寂感以言誠體、神體、於穆不已之體也。其所舉之例,「如百尺之木,自根本至枝葉皆是一貫」,根本與枝葉並非體用之異質,故「一貫」亦**非體用之圓融的一貫**,只是一個具體的物之**有機的一貫**。當然此只是一個例,亦可喩解體用圓融之一貫。但伊川此條言未應已應之一貫,卻不甚能見得是體用圓融之一貫,而很可只是氣機渾然粲然之一貫。吾未嘗不欲向體上講,但就體上說寂感,則既不是落

在氣上說感與應，亦不是就未應已應說一貫，乃是就寂感誠體神體與其所創生妙運之氣化（事事物物）說體用圓融之一貫。而伊川既落在氣上說感與應，而復於此條接著說「未應不是先，已應不是後」，則未應已應之一貫很易使人想到只是氣機渾然粲然之一貫，而「沖漠無朕」、「無形無兆」亦不必是說寂感誠體也。或問曰：如果此一貫只是氣機之一貫，則仍是形而下者。然則形而上之理（道體）復何在？將如何講？曰：未應之寂、已應之感，或未感之靜（陰）、已感之動（陽），是氣，而所以寂、所以感，或所以動靜、所以陰陽者，則是理，形而上者。而形而上者之理（道）則無所謂「感與未感」也。此證之第15條可知。

　　第15條是說「寂然不動，感而遂通，此已言人分上事。若論道，則萬理皆具，更不說感與未感」。此一分判即明示伊川不以寂感說道體，其于「於穆不已」之體未能明澈甚顯。其心目中所意謂之道（道體）乃只是理。理則無所謂「感與未感」，故云：「更不說感與未感」也。尤可注意者，伊川對于道則說「萬理皆具」，而于「沖漠無朕」或「寂然不動」，則說「萬象森然已具」。于前者，則偏就理說；于後者，則偏就事說。當然，在就寂感以言道體（於穆不已之體）者，固亦可說在此寂感誠體神體或於穆不已之體中「萬象森然已具」。此如濂溪言：「誠，五常之本，百行之源也。靜無而動有，至正而明達也。」又如明道言：「萬物皆備於我，不獨人爾，物皆然，都自這裡出去。」（〈天理篇〉）。又言：「言體天地之化，已賸一體字。只此便是天地之化，不可對此個別有天地。」（〈一本篇〉）。又如象山言：「萬物森然於方寸之中，滿心而發，充塞宇宙，無非斯理。」若如此，則伊川言「萬

象森然已具」亦不必是就氣機之渾然寂然說，而其所說之「沖漠無
朕」、「無形無兆」、「寂然不動」，亦不必是說氣機之渾然寂
然。曰：固是如此，但因其有此第15條之分判，即可顯出其言「萬
象森然已具」是就有「感與未感」可說之氣機之渾然寂然說，而其
所說之「沖漠無朕」等語亦實是說的氣機之渾然寂然。而濂溪、明
道、象山所說之森然已具一切事，或統攝一切事，卻是就誠體、神
體、心體，或於穆不已之體說，而此體亦不可**以氣言**。此體亦即是
理，故既具萬理，同時亦即統攝一切事，或創生妙運一切事，因而
亦即森然已具一切事。然而伊川卻分判說，寂感是「人分上事」，
于道「更不說感與未感」。此即表示「感與未感」，統天地萬物而
言之，是就氣說，而于「人分上」則是屬于心，並不屬于性，而于
形而上之理、道、性，更不可說「感與未感」也。是以既不可因濂
溪、明道、象山，就體上言統攝一切事，即謂伊川之言「萬象森然
已具」亦是就體上說，亦不可因伊川之言「萬象森然已具」是就氣
上說，即謂濂溪、明道、象山之就體上言統攝一切事，其所謂體亦
是氣或理氣不分也。蓋濂溪、明道、象山等所體會之體是心、是
神，亦是理，是即存有即活動之動態的，而卻不即是氣，故既可即
是理，因而具萬理，亦可說寂感，而卻不是氣機上之寂感也。而伊
川所體會之道體卻只是理，是只存有而不活動的，不可以說寂感，
故寂感只好**屬于氣**或**屬于心**（人分上）也。然則伊川對于心與性
（理、道）亦定是分別說乎？我看是向此走。此第15條已顯出矣。
下〈論心篇〉再子細疏導之看如何。

　　第16條「寂然不動，萬物森然已具」。此如前解。「感而遂
通，感則只是自內感，不是外面將一件物來感於此也」。如果

「感」是落在氣上說，如上第3條所說「既曰氣，則便是二，言開闔，已是感，既二，則便有感」，則感亦是「自內感」，亦可是自外感。關于此條，朱子解的不錯：

> 問：感只是內感。
> 曰：物固有自內感者，然亦不專是內感，固有自外感者。所謂內感如一動一靜，一往一來，此只是一物先後自相感。如人語極須默，默極須語，此便是內感。若有人自外來喚自家，只得喚做外感。感於內者自是內，感於外者自是外。如此看。方周遍平正。只做內感便偏頗了。（《朱子語類》卷第九十五，〈程子之書一〉，頁20）

朱子此解即完全就**氣**說**寂感**。伊川此條可與明道〈天理篇〉第5條「雖不動，感便通，感非自外也」之語相類觀。大抵伊川當時聽其老兄說此義，故亦如此說。但明道說此義是就誠體神體說，並不落在氣上說。吾人一看《易傳》此語，明是說的是神，而于此亦很易想到「感非自外」之義。「感非自外」意即寂體之神感神應，一通全通，非是氣上相對之二之有限的感應也。用今語言之，即非刺激反應之感與應也。如是刺激反應之感，則不必能「遂通天下之故」也。《易傳》言「不疾而速，不行而至」，皆是言神感神應。寂體之神感神應不在條件制約之中，故「感非自外」，一通全通，而亦是**即寂即感，寂感一如**。此完全是**稱體**而言，非**就氣**而言也。伊川于此不澈，既落在氣上言感，而又言「只是自內感」，此亦彷彿之辭耳。故朱子得以內外兼看，並以「語極須默，默極須語」說內

感，此在氣上亦只能如此說，然非明道說「感非自外」之義也。

伊川于寂感眞幾、「於穆不已」之體並不透澈。此四條渾淪一看，亦覺得不錯，亦似是說的這同一回事。然仔細檢查，由於其第15條之分判，以及感從氣之二上說，則知其所說並不是同一回事。伊川不自知也。彼對于誠體、神體、於穆不已之體，似並無淸澈之意識。只因濂溪、橫渠、明道俱盛言誠體神體並于體上言寂感，故彼處于那早期之氣氛中亦隨之不明澈地如此一言耳。此「實體義」實並未進入其生命中也。故彼之《語錄》除此四條外，實少談及此「實體」義。伊川所能親切把握者，是工夫意義的「敬」（不是明道所說的敬體），是格物窮理的致知，以及天理之靜態的存有義。其質直、死板之心態固亦只能適宜于此也。彼對于誠體、神體、寂感眞幾、於穆不已之體不能透澈，故于中和問題亦糾結繚繞，無結果而終。其言辭與見處顯不及呂大臨之明澈。彼于實體與中體無明澈之體會，然其思理之端緒與綱維固應有其**所必至之歸結**。朱子承之，經其辛苦參究，即能自覺地予以釐淸與確定表示，將其所應有之歸結一一予以明朗化而善成之。朱子誠可謂伊川之功臣，亦是伊川之知己，眞能善紹伊川者也。

伊川此處言寂感，若不細察，好像尙模稜，可以上下其講。然其如何處理此問題之**端緒**與**綱維**亦自**不可搵**。朱子承之，即明確地將寂感**落在氣上**說，並統以**氣之動靜**以明之。「寂然不動」即是氣之靜而陰，而氣之靜而陰即是太極之體之所以立，而太極無所謂靜也。「感而遂通」即是氣之動而陽，而氣之動而陽即是太極之用（隸屬于太極下的動用）之所以行，而太極無所謂動也（參看〈濂溪章〉，第二節第三段）。此正合伊川所謂「若論道，則萬理皆

具，更不說感與未感。」然則感與未感之動靜實只**屬于氣**也。于中和問題，朱子實只**就心言寂感**。于心之寂然見一性之渾然，于心之感發，則見性理之粲然。心性平行，而性**無所謂寂感**也。而在朱子心亦只是**氣之靈**也，神亦**屬于氣**，是**形而下**者。在伊川，寂感之未應已應與《中庸》之未發已發同，而朱子即一是皆以氣之動靜言之矣。此皆爲伊川所開啓，而爲朱子所確定地完成者。伊川之思路與義理綱維，似亦只能向朱子所完成者走。如想向上講，講成縱貫系統，則必隨時可遇有扞格難通處。

朱子在其自己之思考系統中，雖能釐清伊川所說之寂感，然其對上列第14條之解說卻非是。《朱子語類》卷第九十五，〈程子之書一〉，頁18、19，載有關于此條之討論，茲一併錄之如下：

㈠問：「沖漠無朕」至「教入塗轍」，他所謂塗轍者，莫只是以人所當行者言之？凡所當行之事，皆是**先有此理**。卻不是臨行事時，旋去尋討道理。

曰：此言**未有這事，先有這理**。如未有君臣，已先有君臣之理。未有父子，已先有父子之理。不成元無此理，直待有君臣父子，卻旋將道理入在裡面？

又問：「既是塗轍，即只是一個塗轍」，是如何？

曰：是這一箇事便只是一個道理。精粗一貫，元無兩樣。今人只見「前面一段事無形無兆」，將謂是空蕩蕩。卻不知道「沖漠無朕，萬象森然已具」。如釋氏便只是說空，老氏便只是說無。卻不知道莫實於理。

曰：「未應不是先，已應不是後」，應字是應務之應否？

曰：「未應」是未應此事，「已應」是已應此事。未應固
是先，卻只是後來事。已應固是後，卻只是未應時理。

㈡「未應不是先，已應不是後。」如未有君臣，已先有君臣
之理在這裡。不是先本無，卻待安排也。「既是塗轍，即
只是一個塗轍」。如既有君君臣臣底塗轍，卻是元有君臣
之理也。

㈢子升問：「沖漠無朕」一段。

曰：未有事物之時，此理已具。少間應處，只是此理。所
謂塗轍，即是所由之路。如父之慈、子之孝，只是一條路
從源頭下來」。

㈣或問「未應不是先」一條。

曰：「未應」，如未有此物，而此理已具。到有此物，亦
只是這個道理。塗轍是車行處。且如未有塗轍，而車行必
有轍之理。

㈤問：「沖漠無朕」一段。

曰：此只是說無極而太極。

又問：下文「既是塗轍，卻只是一個塗轍」，是如何？

曰：恐是記者欠了字，亦曉不得。

又曰：某前日說：只從陰陽處看，則所謂太極者便只是在
陰陽裡，所謂陰陽者便只是在太極裡。而今人說陰陽上面
別有一個無形無影底物是太極，非也。

案：朱子此解完全是以解〈太極圖說〉之義理解伊川此條語錄。他
把「沖漠無朕」解為太極、理，把「未應」、「已應」，解為理之

未應已應，把「塗轍」亦解爲理，此皆非是。伊川此處說「沖漠無
朕」是就未感之寂然說，並不是就太極之爲理說。未應已應是就氣
或人分上之心說，並不是就理說。理無所謂寂感。寂感之未應已應
是實說。如就理說，則應與未應是虛說。有此事，則有此理以應
之，如有惻隱之情（或愛之情），則有仁之理以應之，此即是虛說
的應。實處只在氣之動靜，並不是理真有感與未感也。實說的應是
感應之應，虛說的應是**相應**或**對應**之應。伊川原是說感應之應，而
朱子解爲理應，則成**對應之應**。故不合伊川之語意也。當然其所以
動靜自有理，但直接把感（已應）與未感（未應）說爲理之應與未
應，則非是。

　　尤其差謬者是解「塗轍」爲理。依伊川語意，「塗轍」並不是
一個好的字眼。「塗轍」一詞是順「安排」說下來，是表示人**安排
造作**的**一個軌道**。這樣，未應已應便不是「一貫」，便不是氣機之
化之自然一體。未應時之「沖漠無朕」並不是一個隔截的「上面一
段事」，而已應後之一切事亦不是人把它們安排進來「教入塗
轍」，即不是人**安排造作地**納之于**一定的軌道之中**。故云：「既是
塗轍，卻只是一個塗轍。」此言既是人安排造作的一個軌道，則亦
只是人爲造作的一個軌道而已，並不是**自然一體之化也**。言塗轍是
對**自然**而說，亦是對**隔截不貫**而說。而朱子卻解爲事物所遵循之
理，豈不差謬太甚？他只見「塗轍」字面上有軌道義，遂由軌道想
爲理，而不知伊川說此「塗轍」卻只在表示**人爲造作義**。伊川本已
質實矣，就此而言，朱子比伊川還要著迹執實，遂併語意已喪失
矣。上錄《朱子語類》第五段中，朱子說：「恐是記者欠了字，亦
曉不得。」可見朱子對于此句原不了解。後來把「塗轍」解說爲

「理」，只是強探力索，亦不顧原有語意為何矣！

是故伊川此條語錄既不能解為自誠體神體上言寂感，亦不能如朱子之就「無極而太極」解為「未有這事，先有這理」。其于體上不透，故吾人只好把它解為是**就氣**上（或**人分上之心**）說**寂感動靜**也。

17. 又語及太虛。先生曰：亦無太虛。遂指虛曰：皆是理，安得謂之虛？天下無實於理者。（《二程全書·遺書第三》，〈二先生語三〉，謝顯道記憶平日語）

18. 或謂許大太虛。先生謂此語便不是。這裡論甚大與小！（同上）

案：此兩條是表示伊川不契橫渠言太虛之思路。橫渠言太虛是就神言，其所體悟之道體是即活動即存有者。伊川不能正視此義，他只把道體理解為只是靜態的、本體論的存有，只是一實理。說「皆是理」，並不錯。說「無實於理者」，亦不錯。但道體之為實理並非只是靜態的存有之理，乃是亦是心、亦是神、亦是理者。伊川「指虛曰：皆是理，安得謂之虛？」此一對遮之語即表示其並未理解橫渠所言之「虛」，虛安可「指」？其心目中所想之虛乃是虛空的空間耳，猶今人所謂太空。故「指虛曰：皆是理，安得謂之虛？」意言充塞宇宙皆是實理，何有虛空之可言？此並不錯。但橫渠之言虛體神體亦正是要說此義耳。伊川不解而予以遮撥，無形中遂使道體只成為本體論的存有矣。又「許大太虛」，此語不見今存之《正蒙》。或是當時因橫渠言太虛而有此誤傳。橫渠亦言「天大無外」

（〈大心篇〉），故就虛而言大亦未嘗不可。但「許大太虛」則不通，恐只是傳言。伊川謂「這裡論甚大與小」，仍是就實理言。但虛體亦豈可論大與小耶？故知「許大太虛」只是誤傳不諦之辭。關此已詳論于〈橫渠章・引言〉。

> 19. 先生嘗問伊川：鳶飛戾天，魚躍於淵，莫是上下一理否？伊川曰：到這裡只得點頭。（《二程全書・外書第十二》，〈傳聞雜記〉，祁寬所記尹和靖語）

案：說鳶飛魚躍是「上下一理」，伊川首肯之，此自較合《中庸》引《詩》語之原義。明道言鳶飛魚躍則重在言「活潑潑地」，此固不合《中庸》引《詩》之原義。然明道此一新意影響後來至大，此又不可不知也。明道點掇經語，雖不是直接訓詁，然大都尚切合，惟此鳶飛魚躍義則不甚切合，引申之，自亦可說。至其點掇「生之謂性」義則全是借用，另表新義，與原語之義毫不相干。對于「生之謂性」，吾已詳疏之于〈明道章・生之謂性篇〉。至于鳶飛魚躍，則此處只一提即可耳。明道由此說「活潑潑地」，詳見〈明道・識仁篇〉。

第二節　性情篇

> 1. 稱性之善謂之道，道與性一也。以性之善如此，故謂之性善。性之本謂之命，性之自然者謂之天，性之有形者謂之心，性之有動者謂之情。凡此數者皆一也。聖人因事以制

名，故不同若此。而後之學者隨文析義，求奇異之說，而
去聖人之意遠矣。（《二程全書・遺書第二十五》，〈伊川先
生語十一〉）

案：「道與性一也」，此語無問題。但會通伊川之意而觀之，道與
性卻被理解爲只是理，即只是本體論的存有義，而活動義則喪失。
道固有「理」義，明道於「上天之載」亦說「其理則謂之道」，此
亦是偏就理而說道之義。但其所說的「上天之載」亦就是天命、天
道，或甚至是道之自己，而「其體則謂之易，其用則謂之神，其理
則謂之道」，亦統是說的這「上天之載」之自己，亦即這天命天道
或道之自己。是以偏就理說道是道之**偏言**，而統就「上天之載」自
己說道則是道之**專言**。專言之，則易體、神用、理道皆是這道之自
己也。故道者是**形而上的實體**之代名也。剋就這形而上的實體之自
己言，它是理而不只是理，它是靜態的、本體論的存有而不只是這
存有，它是理、是神，亦是易（由「於穆不已」定），是即存有即
活動的，因而亦是動態的。故平常說道，有三義：㈠靜態的存有義
即「理」義；㈡動態的「於穆不已」義；㈢帶著氣化之用的行程
義，如明道說「浩浩大道」，橫渠說「由氣化有道之名」，乃至普
通所喻解如大路然，此皆有「行程」義，所謂「天行」也。（當然
不是這實然的氣化本身是道，乃是將此氣化提起來統於生化之源而
見道，見道之創生之用也，故實然的氣化之行程即是道之創生之行
程也，故得云「浩浩大道」也。）而在伊川的分解表示中，道只是
理，即只成靜態的存有義，而其餘兩義則根本不見矣。道如此，
「道與性一也」，性亦如此。蓋性亦只是理也。

「稱性之善謂之道」，性之善是因其純然是理而為善，故即就其為善而說性即是道，性與道一也。此是就理說善，就善說道。惟理與道是絕對的善、純然的善、善之自己。外乎此，皆不得說為絕對的善，皆是因這絕對的善（善之標準）而有善的意義。如此說性善，亦甚清晰明確。而其如此說性善是以**存有之理**說**性**說**善**，尚不是以心性為一、存有活動為一說性說善也。伊川與朱子皆如此。

「性之本謂之命」，此是根據「天命之謂性」說。性之本源是源於天之所命、天之所賦，亦即先天本有義、天定如此義。此「本」是虛說，並非性之上還有一層。性體即是最後的。此義無問題。即以「即存有即活動」之於穆不已之體說道體性體者亦是如此。道體固即是此於穆不已之體，性體亦即是以此於穆不已之體為性體也。並非性之上還有一層道體也。性體道體是一，同是最後的。惟道體是**統宇宙**而言之，性體是**就個體**而言之，道體好像高一層，然此是言之之**外延廣狹之分際**有不同，而其**內容的意義**則一也。此在伊川、朱子之以只存有而不活動之普遍的靜態的存有之理說道體者亦是如此。故云：「在物為理，在人為性」也。故「天命之謂性」，或「性之本謂之命」，此天命之本皆是虛說，意即天定如此義，先天本有義，並非性體之上還有一層也。但須預定一外延地說的廣狹分際之不同。**內容地言之**，天命之本是虛說，性體道體是一，非有兩層。**外延地言之**，有層次之不同。如天命之本取外延義，則「本」是實說。即個體處之性體本於總天地萬物而說處之道義。但此實說的外延上的兩層並不影響其內容上之一也。此點是儒家思想之**特殊處**。如果外延上有兩層，內容上亦有兩層（此如基督教型的思想），則性體道體不能是一，而明道亦不可以言「一本」

矣。伊川朱子之偏只在其言道體性體爲只是理，而此兩者爲一則仍
自若也。此不可不知。

「性之自然者謂之天」，實處只在性體道體，「天」只是性體
道體之自然而如此，亦函是定然如此，本自如此，故天只是一個形
容之屬性。就性體言，亦非性體之上別有一層曰「天」也。

「性之有形者謂之心」，此句在伊川思想中頗不易解。前兩句
是說性體自己，而此句則是關聯著心說。朱子明謂此句「難曉，不
知有形二字合如何說？」實則亦無「難曉」處，問題是在此句能不
能函著心性是一，即使是一矣（伊川明謂「凡此數者皆一也」），
究是如何一法亦很難定。性只是理，本無痕迹，亦無形像。然則
「性之有形」合如何說？首先，「有形」當從心自身說。前〈理氣
篇〉第11條，伊川亦言：「如言志，有甚迹？然亦儘有形像。」
「志」是心之表現之一形態，故言心志。志有形像，心亦可言「儘
有形像」。心之本性是覺識活動，有覺識活動即有形像。雖不似形
體之物之有形像，然亦總是形像。心之有形即以覺識活動定。「性
之有形」是以心之有形而有形。心之有形何以能形像化性理而使性
理亦有形？蓋性只是理，而理之具體表現一般言之，不能不有賴于
心之覺識活動。如無心之覺識活動貫注于性理上，則性理之爲理只
是自存、潛存，而不是呈現地現實的具體的理。是以「性之有形」
即以通過心之覺識活動之貫注而成爲呈現的、現實的理而有形。此
似亦可類比橫渠所謂「心能盡性」之義。但難可類比，畢竟有不
同。依橫渠，心之盡性是以心之虛明朗照、自主、自律、自定方向
之覺識活動所呈現之內容的意義，去澈盡那性體之內容的意義，而
全部朗現之，具體化之，此即爲「成性」。心盡之即是形著之。心

形著之似亦可說心形像化之。（實則在橫渠之「成性」義，不可說形像化，只可說形著而朗現之，具體化之。）假定暫勉強用「形像化」一詞以喻解伊川所謂「性之有形」，則亦當是以心之形著而形像化之而有形。（形像化在伊川是恰當者，見下文可知。）如以性為主而言之，則即為「性之有形者謂之心」，意即性之形像化而有形者雖是性而亦即是心矣。此是從性理上**豎起來說心**，故此語是**本體論的語句**，是對心作一**本體論的陳述**。依此本體論的陳述，很易使人想為心性是一，而伊川此語亦很可講成與橫渠以及後來之胡五峰之義相同。但此本體論的陳述中之心性是一究如何一法，是有待于心之形著而形像化之這一形著關係是如何的形著而決定。在此問題上，可有兩個不同的講法，因而可岔開而為兩系統。

㈠心之覺識活動是道德本心之實踐的活動，其形著性體之奧密是道德實踐地形著而全部澈盡之、朗現之，使性體成為具體而真實的性體，結果心、性是一，是本體論的直貫創生之**實體性的自一**：心體之內容的意義全澈盡性體之內容的意義，而性體之奧秘亦全融于心體而為具體之呈現。

㈡心之覺識活動是實然的心之覺識活動，並且發而為動靜之情之存在之然，心之形著而形像化性理是**認知地**形著而形像化之，而且是依動靜之情之存在之然而推證其所以然而形著而形像化之，此是一種**認知地關聯的**且是**本體論地上溯的**形著與形像化。在此，心、性不能是一。雖然伊川說「凡此數者皆一也」，而在心與性上實不能是一（下句性與情亦然）。縱使可以說一，亦是**關聯的一**，而不是**實體的自一**。所謂關聯是**認知的關聯**與存在之然與所以然之**本體論的關聯**。

　　此兩種講法，前者言心大體是以孟子為準，並以之會通于《中庸》、《易傳》之由「於穆不已」之天命流行之體所表示的道體與性體。此道體與性體必須是即活動即存有者。會通是鬆泛言之，其真實意義即是以心著性、成性之道德實踐的形著義。為說明此形著關係，不妨先客觀地、本體宇宙論地說一「即活動即存有」之實體奧體，即道體、性體，然後再主觀地，道德實踐地由孔子之仁，孟子之「本心即性」之本心，來充分形著或彰著同時即證實其全幅的真實意義而使之具體化。在形著過程上是心、性對言，好像是心、性為二，然其內容的意義則實是一，「二」者只是形著上之權言。又，在形著過程上是二，而其究極也，或圓頓地言之，則終于是一而並無權言對設之二。孟子只就內在道德性言心性是一，故無此形著之二，然由盡心知性以知天，自心性對天而言，即已預伏此義，只要後來「由天說道體性體」之義一出現，此形著義便彰顯。自內在道德性言心性，是內在地說的心性，是就心說的性，自「天」處說的即活動即存有之道體性體，是超越地說的心性，是客觀地、形式地、本體宇宙論地說的心性。有此兩分際之不同，必然函有此形著義。在孔、孟本人尚不顯，然由孔子之踐仁知天、孟子之盡心知性知天，即已預伏此義矣。陸、王純由孟子之本心而深入擴大，結果只是一即超越即內在之一心，故無此會通上之形著義。明道圓頓地言「一本」、「只心便是天」、「只此便是天地之化，可對此個別有天地」之化，亦無此會通的形著義，但不能說不預伏此義，因明道自「於穆不已」言道體性體，與陸、王之純自孟子一心入並不同，惟其自孟子言「只心便是天」是圓頓地言之，故形著過程之義泯焉，然不能說不預設此義也。張橫渠首言：「心能盡性，人能弘

道也。性不知檢其心，非道弘人也。」又言化氣繼善以成性。「成性」義，首發于橫渠。此已明開此形著義，言之十分真切，惟其文散見，人不能察及之耳。至胡五峰本橫渠而言盡心「以成性」，並言盡心以「立天下之大本」，又言「仁者，人所以肖天地之機要」則是繼承明道之圓頓，重點唯在開此形著義而彰顯之也。最後至劉蕺山明言性宗與心宗。「夫性本天者也，心本人者也。天非人不盡，性非心不體也。」（《劉子全書》卷二，〈易衍〉第七章與第八章）。又言：「性情之德，有即心而見者，有離心而見者。」「即心離心，總見此心之妙，而心之與性不可以分合言。」（《劉子全書》卷十一，〈學言中〉）。又言性體「踞於形骸之表」、「分有常尊」、「而心其形之者與？」又言：「外心言性，非徒病在性，並病在心。」又言：「性無性也，況可以善惡言？」又言：「然則性果無性乎？夫性因心而名者也。」又言：「子貢曰：夫子之言性與天道不可得而聞也，則謂之性本無性焉亦可。雖然，吾固將以存性也。」（以上俱見《劉子全書》卷七，〈原性〉）性無性，不可明，而可存。如何存？由盡心以形之而存也。盡心以形之亦即所以明之也。此是由形著而存之，因存之而明之，明道所謂「存久自明」也，非是離開心而驀頭地單就性以明性也。**形著義**，惟胡五峰與劉蕺山言之**特顯**。吾意由明道之圓頓而開此形著義，由形著之二再歸于圓頓之一，則圓頓方充實而飽滿。性以之彰，心以之立，比明道本人與後來之陸、王更進一步，此為宋儒所開示之內聖之學之嫡系。而合濂溪、橫渠、明道，與陸、王貫通而觀之，則此一整系乃內聖之學之大宗也。此會通《論》、《孟》、《中庸》、《易傳》而言者也。**圓頓義在其中，形著義亦在其中，而形**

著是道德地實踐的形著也。在此形著關係中，心與性俱是即活動即存有者。其初單就孟子言，是本心即性即理，而最後會通《中庸》、《易傳》以言之，實即心體與性體是一也。

　　但若心之覺識活動是認知的，且復順其實然的動靜之情說，則其對于性之形著作用便亦是認知地關聯的並亦是本體論地上溯的，如是，則伊川「性之有形者謂之心」一語中所表示的心性之一便與前說不同，而成爲**另一系統**。此大體是朱子的說法。在認知的與本體論地上溯的形著中，心之覺識活動是偏取其認知的作用（認知的靜攝之作用），而性則只是理，只存有而不活動，心之形著而形像化性理是通過心之認知活動（格物窮理以致知）而形著之，並形像化之。如是，心、性之一是通過心之**認知的靜攝作用**（心靜理明）而爲**內在地關聯的一**，此實不是**心、性是一**，而只是**心、性合一**，是心與理合，心之**如理、依理、順理**，而仍是**心是心，理是理**，而性理之爲只存有而不活動仍自若也。此爲認知的橫攝（靜攝）之**關聯的合一**，而不是本體的直貫（縱貫）之**實體性的自一**。此認知的橫攝如何能形著而形像化那性理？在此，形著與形像化當如何說？首先，一般地言之，心之認知作用必就事事物物之然而窮究其所以然之理。此超越的所以然之理是對應事事物物之存在之然而爲其理（亦即爲其性）。在此**對應關係**上，那超越的所以然以爲存在之然之理者即有了一個**體段**，此譬如對動之然而爲動之理，對靜之然而爲靜之理。爲動之理，爲靜之理，即是理之體段，是因**局限于動或靜之實然**而有**體段**。有體段，即是有了**形像**。若不在此對應局限的關係中而「欲專言之，則是所謂無極而不容言者，亦**無體段之可名矣。**」（朱子〈已發未發說〉中之語）理因存在之然而有體段，吾

人之心知之明之認知作用即就此存在之然而靜攝之，而使其彰顯于吾人之心目中，而覺得凡存在之然確必有理，而理亦必是本體論上的實有，此即朱子所謂「心靜理明」也。理之彰顯或明白即是心知之明之**形著作用**也。朱子在此亦喜引用邵堯夫「心者，性之郛廓」之語。郛廓即是性之體段、形像之所由成。依朱子之分解，郛廓便是心之靜攝作用所形成者，此為**認知義之郛廓**。心之靜攝作用去**確認**之，便是去**範域之**，此即形成**郛廓義**。此認知義之郛廓義恐不必是堯夫說此語之原義。堯夫說：「性者，道之形體；心者，性之郛廓；身者，心之區宇；物者，身之舟車。」此步步具體化，恐是**本體論的形著義**，就「心者，性之郛廓」說亦然，**恐不必是認知義**的郛廓義。朱子從認知義去說，**自亦成立**，但**認識論的形著與本體論的形著**自有不同也。認知的**郛廓形著是主觀地說**。對應存在之然而有體段，則是**客觀地說**。主觀地說者必以客觀地說者為根據，如是，始可**豎起來說**「性之有形者謂之心」。

　　但人或可說：性理因對應存在之然而有體段，但存在之然不皆是心，例如心固有動靜，但動靜不皆是心，又例如事事物物亦不皆是心，如是，「性之有形者謂之心」一語便不必能**普遍地被建立**。朱子解明道「上天之載，無聲無臭，其體則謂之易，其理則謂之道，其用則謂之神」，固以「心」說易體，以「情」說神用，以「性」說理道；又依據伊川之喻而說「心譬如穀種，生之理是性，陽氣發處是情」；如是，「性之有形者謂之心」，似亦可**普遍成立**。但此種說法是譬解，似並無心、情之實。如是，吾人似當收縮範圍，就人身上理會心、情之實。依朱子，心不但有認知的活動，而且亦有實然的存在的動靜之情，此如喜怒哀樂未發已發之動靜，

乃至惻隱、羞惡、恭敬、是非之心等之活動，此等活動亦皆是存在之然，因而亦皆有其對應之所以然以爲其性理。心是就動靜之全而言。當其靜而未發，則寂然不動，而此時性理方面則「一性渾然，道義全具」；當其動發、感而遂通，則爲情，而性理亦分別對應之而爲其理而粲然明著。性之渾然是由心之寂然而見，性之粲然是由心之感發爲情而見，渾然粲然皆可說是天命之性之**體段**，而由心之寂感動靜而見者，綜起來亦可以說是然與所以然之對應，因此**對應**，天命之性有**體段**、有**形像**，而吾心知之明之認知活動就實際存在之然（若動、若靜、若寂、若感，皆是存在之然）而窮究之，則其**體段形像**益爲**彰著**。如是，主觀地說，心之認知活動**認知地郛廓而形著之**，客觀地說，心之存在之然**存在地郛廓而明著之**（因對應存在之然而有體段有形像），這兩方面合起來，便可使吾人**豎起來**說「性之有形者謂之心」。「有形」：一是對應心之存在之然而有形，一是關聯著心之認知活動而有形。如此解說，則心之形著而形像化那性理便是**認知地**與**存在地**（本體論地上溯地）去**形著而形像化之**。但須知對應心之存在之然而有形一點，此若泛就天地萬物處而言之，如此說即足夠，但若就人身上而言之，則如此說猶只是**一般地　個地**說其**當然如此**而已，此尚不足夠，即**實際上**尚不能眞成其爲「有形」。蓋心之存在之然有時如理，亦有時不如理。必須能提住之，使其總如理，方能**實際地眞能形著而形像化那性理使之眞能成其爲「有形」**。如何能提住之？曰：此須于認知地即物窮理外，還須要有敬（涵養）的工夫，如此，方能提住之使其常如理。當泛說心之存在之然時，此猶是**實然的、心理學的存在之然**。通過敬的工夫方能使之成爲**道德的、實踐的存在之然**。至其成爲實踐的

存在之然，方能成為**實踐的形著**。由實踐的形著，方能真成立「性之有形者謂之心」這一豎起來說的本體論的陳述。如是，朱子此種解說，曲折頗多，其意須是如此，即：就心理學的存在之然，通過認知的形著與敬的工夫，使其轉為實踐的存在之然，然後始真能形著而形像化那性理，使吾人可說「性之有形者謂之心」一本體論的陳述。

朱子此種解說，就實踐的存在之然說，其所成的道德是**他律道德**，心是後天的心，是由認知的靜攝與敬的靜涵而凝歛貞定之，方能使其常如理而達成形著而形像化性理的作用。此種形著或可綜曰**認知地實踐的形著**，以與前一解說之為**道德地實踐的或本體論地實踐的形著**相對立。在認知地實踐的形著中，「性之有形」，其間有一種罅縫的距離或間隔，由性情之分或然與所以然之對應而顯，而心與性**並不一**。說它們是一，就然與所以然（情與性）說，是**縱貫的對應之一**，就認知的靜攝說，是**橫攝地內在化之之一**，總之是**關聯的合一**，而不是**本體論的實體性的自一**。但此關聯性的一似乎不能恰合「性之有形者謂之心」這一豎起來的本體論的陳述之應有之義，雖然也可以成其為一解析。

伊川說此語之本義究竟是向實體性的自一走，抑還是向關聯性的合一走，則頗難定。我看伊川本人亦並未能明澈其說此語之諦義。彼恍惚間靈光一閃，似乎有此觀念，便如此說出。其中之複雜紛歧，彼並未能十分明澈確定也。亦由于其體上不透故也。若**孤離地看此語**，很可以講成前一解說（即實體性的自一，形著是道德地實踐的形著）。但若照顧伊川其他觀念而貫通地看，則朱子之解說為對。伊川之義理綱維總當向朱子之剖解而得其完成。此語亦總當

向朱子之思理走。朱子說此語「難曉，不知有形二字合如何說」，此只一時之不轉彎，稍一回思，實當如上解說也。吾以上之解說是依朱子意而作成者，非朱子本人有此解說語也。本來此「性之有形者謂之心」一語，如須通過「以心著性」義而理解之，則在朱子之說統中實無特殊之義理可說。朱子之不知如何解，固一時之不轉彎，然亦實因無殊勝之義理而可顯著地令其注目也。但在前一解說之實體性的自一中，道德地（或本體論地）實踐的形著中，則此語實表示一殊勝之義理，故甚易令人注目，而一見便可知其意指之所在也。惜乎朱子之說統已成定局，其本人本無此方面之意識，故看不到此殊指也。而伊川之說此語本亦一時恍惚之見，不能透澈其諦義，故亦無明澈而確定之指向。但若順其義理綱維而完成之，依其義理綱維而予以解析，則吾以上依朱子之剖解而作之解析乃係**必然者**，朱子之說不說無關也。吾以上依朱子之剖解所作之解析大體是根據朱子中和新說而作成。參看〈朱子部〉第二章第五節可知。

「性之有動者謂之情」，依伊川之分解，嚴格言之，性亦不能「有動」。普通說性，本有「性能」義。但「性能」一詞可以上下其講，有不同之規定。如果是向下講，則「性能」是指氣性說，是物理的，即氣之凝聚而成此底子，此底子有發動種種徵象之能，故總曰性能。普通所謂 "capacity" 即指此種性能說。荀子說：「生之和所生，精合感應，不事而自然謂之性。」又說：「生之所以然者謂之性。」告子說：「生之謂性」、「食色性也」；董仲舒說：「性之名非生與？如其生之自然之質謂之性，性者質也。」凡此等等皆是說的這種「性能」。〈樂記〉說：「人生而靜，天之性也。感於物而動，性之欲也。」此亦是說的這種性能。皆氣性也。如順

此種氣性之性能說，性自可「有動」。但「性能」一詞亦可向上講，即通于「於穆不已」之天命道體講，此即成眞實創造性這一創造實體。如果此一創造實體即爲吾人之性，則此性即有起道德創造之能，爲一切道德創造之源，此亦可綜曰**性能**。但此性能不是氣性的，不是物理的，乃是道德創造的，是就「於穆不已」之道體說，是精神的、理性的，是以理說的性能，但卻亦不只是理，乃是即活動即存有的，是即心、即神、即理的。孟子之就本心言吾人內在道德性之性，亦是此種**性能**。如順此種性能說，亦可說性有動。但在此種性之動中卻並無性、情之分，亦並無「仁性愛情」之形上（屬理）形下（屬氣）之分，亦並無「性中只有仁義禮智，何曾有孝弟來」之說。此種性之動是本著道德的超越的本心性體之「動而無動之動，靜而無靜之靜」之**活動義**而來。如果說其動而爲情，此情亦只是本心性體之當機的具體呈現（如惻隱、羞惡、恭敬、是非之心之類），並非是心理學的情，以氣說的情，而與性理爲異質的上下兩層者。依此本心性體之當機具體呈現發而爲純淨的具體的道德行爲，道德行爲是氣之事（亦是統于心之氣），而此當機具體呈現之本心（情）則不可以氣論，亦非是形而下者。此純然是本體論的即活動即存有之**本心性體**之具體呈現而已。

伊川所說之性自然不是向下講的氣性之性，但亦不是向上就「於穆不已」而講的即活動即存有之性或就本心而講的內在道德性之性。他自然是向上講，但他向上講的形而上之性卻只是理，是只存有而不活動者。他是很能把這只存有而不活動的普遍之性理挺立起，他依其分解的思考把這性理提煉的非常**凸顯挺拔**、**清楚割截**，而甚能顯其**道德的尊嚴**。但是這種清楚割截，只存有而不活動的性

理,嚴格說,是不能「有動」的。但他卻亦不自覺地常隨普通所說之性能或〈樂記〉所說之「性之欲」而說性之動。嚴格講,他所理解的性是不能說「能」的。依此,他說「性之有動者謂之情」,其實義當該是:依性而動而爲性所統馭者謂之情。性之動或性之有動,其實義是因動者**繫屬于性**而謂爲性之動或性之有動,非性本身**真會動**也。性與動者之情中間有一形上形下異質之**間隔**,有一「相對應而不是一」之**罅縫**。然而伊川卻常不自覺隨普通所說之性能或隨〈樂記〉所說之「性之欲」(感于物而動)而說性之動或「性之有動」。如吾人順其辭語,不加簡別,而認眞地這樣看,則如不能講成**即活動即存有之性能**,必很容易講成**氣性之性能**,而此與其嚴整的**道德意識**所凸顯之普遍的**道德性理**相衝突。是以其說性之動必須加以簡別,如其實義來了解,不可順其不自覺之辭語而渾淪滾下去。此亦猶朱子之解「太極動而生陽」,其所理解之太極實不能動,然亦常不自覺地順原有辭語而說太極動、太極靜,或太極之有動靜。在朱子,已覺察到此中之問題,故有種種說,然猶不自覺地常順普通所說之性能而說性之動發。伊川時尙未覺察到此問題,其不自覺地順普通所說之性能而說性之動亦無足怪。然其實義固自有在,其義理間架固是向朱子所發展完成者而趨也。

「性之有形者謂之心,性之有動者謂之情」,此兩語所關甚大。最爲重要。必如以上之疏解,方可凸顯其實義。此兩語明,則以下皆可照察得分明而不至有迷惑矣。

2.自性而行皆善也。聖人因其善也,則爲仁義禮智信以名之。以其施之不同也,故爲五者以別之。合而言之,皆

道；別而言之，亦皆道也。舍此而行，是悖其性也，是悖
其道也。而世人皆言性也、道也，與五者異，其亦弗學
與？其亦未體其性也與？其亦不知道之所存與？（同上）

案：此條無問題。此可見伊川言性已提煉到純就道或理言，而道、
理之實即仁義禮智信是也。

3. 性即理也，所謂理性是也。天下之理，原其所自未有不
善。喜怒哀樂之未發何嘗不善？發而中節，則無往而不
善。發不中節，然後爲不善。故凡言善惡皆先善而後惡，
言是非皆先是而後非，言吉凶皆先吉而後凶。（《二程全
書・遺書第二十二上》，〈伊川先生語八上〉，〈伊川雜錄〉，
唐棣編。〔此條原文甚長，見下〈氣稟篇〉第9條。此處所錄是
依《宋元學案・伊川學案》只節錄其末段，辭句與〈遺書〉原文
少異。〕）

案：此條明標出「性即理也」之語，當會通〈理氣篇〉所言之道以
及本篇前兩條所言者而理解其挺拔之實義。惟「天下之理原其所自
未有不善」一語，伊川說此語時心中是想下句「喜怒哀樂之未發，
何嘗不善」而說。若孤立地單看此語，則有病。蓋理是最後的，無
所謂「原其所自」也。今言「原其所自」，其心中所想實在是冒著
下句就理之表現上善惡之歧異而「原其所自」之本然至善也。喜怒
哀樂乃至一切情變之動發有如理（中節）、有不如理（不中節）。
其如理者爲善情，就理言，則理之表現亦善。其不如理者爲惡情，

就理言，則理之表現亦惡。理之表現上有善惡之差，而理自身則只有至善而無惡。理隨情變之動發而有表現，此亦可**方便言之**而言理之發，或**喻解地言之**而謂理之流。實則理亦**無所謂發**，亦**無所謂流**。發與流只是假言。今權假或假託言之，則其流發上有善不善之差，而順流溯源，所謂「原其所自」，則理之本然，即從源頭上說的理之自身，固只有至善，而無所謂善不善之差也。此當是「天下之理，原其所自，未有不善」一語之確解。「未有不善」以及有善不善之差皆是就「理」說，即其本然未有不善，其表現上（流發上）有善不善之差。

　　然伊川下文之解析卻就喜怒哀樂說，此則成隱晦而不順適。或可解之曰：喜怒哀樂之未發謂之中，「喜怒哀樂之未發何嘗不善」即指「中」之理言。然貫通下文「發而中節則無往而不善，發不中節然後爲不善」兩語而觀之，此三語一氣說下來，皆以喜怒哀樂爲主詞，是即表示「未有不善」以及有善不善之差皆就喜怒哀樂言也。下〈中和篇〉伊川解「未發謂之中」爲「在中之義」，意即「只喜怒哀樂不發便中是也」。其所以如此說，是預防于未發前「求中」。是則伊川並不于情變未發前，異質地超越一步，就超越之性理說中，乃只剋就情變自身之不發便說是中，此即所謂「在中」之義。其說「喜怒哀樂之未發，何嘗不善？」即就此「不發便中」（在中）說善，並不就超越的性理說善。然「只喜怒哀樂不發便中」，此「中」字可只指情變不發之潛隱渾融狀態言，而潛隱渾融狀態不必即是善也，因此潛隱渾融狀態並非即理故。如未發之中是指喜怒哀樂所以然之理說，則自可說「何嘗不善」。然此卻是由形而下之情逆指其形而上之理，此恐非「不發便中」（在中）之

義。總之，伊川之實義當該是理之本然無有不善，其表現上始有善不善之差。至于情變自身之發與不發皆不能自決其善與不善：其「不發便中」亦不必是善，其發而中節爲善，亦因其如理中節而爲善，其發而不中節爲不善，亦因其不如理不中節而爲不善。然而伊川卻皆就喜怒哀樂自身之發與不發而說「何嘗不善」以及善與不善之差，此即成隱晦差謬，于義理爲不順也。若再加上「不發便中」之義，則益滋混亂。總因伊川體上不透，燭理不明，故措辭多不諦也。（「在中」之義，詳見下〈中和篇〉。）此條如修改爲如下之說法，則較順適而顯明：

> 性即理也。所謂理性是也。天下之理原其所自未有不善。喜怒哀樂之未發，〔其理〕何嘗不善？發而中節，則〔理之表現〕無往而不善，〔其情亦爲善情〕。發不中節，然後〔理之表現始〕爲不善，〔而情亦爲惡情〕〔是故理之表現上（流發上）有善與不善，而順流溯源，理之本然固未有不善也。故順理而發即是稱性而行。此即發之善者也。惟不順理稱性，情變之發始有不善。〕故凡言善惡皆先善而後惡，言是非皆先是而後非，言吉凶皆先吉而後凶。

如此修改補充當是伊川之實義，而原記錄語則刺謬而隱晦。此或不必盡皆記者之誤。亦或由于伊川之燭理不明也。此由于其言中和即可知矣。

4. 氣有善有不善，性則無不善也。人之所以不知善者，氣昏

而塞之耳。孟子所以養氣者，養之至，則清明純全，而昏塞之患去矣。或曰養心，或曰養氣，何也？曰：養心則勿害而已。養氣則在有所帥也。（《二程全書‧遺書第二十一下》，〈伊川先生語七下〉）

案：此條無問題。氣之善不善是依其是否易于順理而定，性之善則依其自身全爲理或道而定。

　　5. 問：喜怒哀樂出於性否？
　　曰：固是。纔有生識便有性，有性便有情。無性安得情？
　　又問：喜怒出於外，如何？
　　曰：非出於外，感於外而發於中也。
　　問：性之有喜怒猶水之有波否？
　　曰：然。湛然平靜如鏡者水之性也。及遇沙石，或地勢不平，便有湍激；或風行其上，便有波濤洶湧。此豈水之性哉？人性中只有四端，又豈有許多不善的事？然無水安得波浪？無性安得情也。（《二程全書‧遺書第十八》，〈伊川先生語四〉）

案：此條言性，伊川似又不自覺的落于就氣性之性能說。「喜怒哀樂出於性」，又以水與波之關係喻之，此若說氣性之性能可，若以本心言性亦可。但若性挺拔爲只是理，則說「喜怒哀樂出于性」以及水波之喻便有問題。此亦猶前第1條「性之有動者謂之情」一語，須加簡別也。如果性只是理，而又不同于心，則不能說「情出

於性」。如果一定要說，亦須有特別之解析。喜怒「感於外而發於中」此「發於中」非發于性，乃發于心也。發于心而爲情，必有其所以然之理以對應之，此即所謂性也。此「對應之」之關係可說爲規律而定然之，或說爲實現而存在之（靜態地），皆無不可。然此性理本身實無所謂發或動也。既無所謂發或動，則情亦無所謂「出於性」也。若必于此言「出」，亦只是情依其所以然之理而動，而爲理所統馭，因而爲理所領有，故亦若出于此性理也。此種「出」是**統馭隸屬**之關係，亦如**僕之出于主**，非僕之個體存在出生于主人也。依此例推之，亦非情**生發地出于性**，而性亦非能**生發地發出情**，乃只是情不能自主自善，必以性理統馭主宰之，必以性理而善之，情順理而然，故亦若出于性也。此種「出」是以**形式的隸屬關係**定，非以**實際存在（出生）**定也。「纔有生識便有性」，此亦可說。但須知此非有其「生之謂性」也，乃有其成爲道德存在之所以然之理耳。若直剋就「生識」自身說性，則成「生之謂性」之氣性，亦即成生物物理的性也。此則非伊川說性之本義。性既如此，則「有性便有情」意即有此理便可有依此理而發之情。「無性安得情」意即：若根本無此理，則亦無法有此情（或有此事），因根本無理可依故也，此亦如無主亦無僕。但是伊川水與波之喻則不恰。孟子只以「水之就下」喻性之善，未曾以水與波之不可離喻性與情之關係也。佛家《大乘起信論》言如來藏自性清淨心（不生不滅）因無明風動而起念，因而有生滅心，生滅不生滅、不一不異，喻如水與波，此就心而言固可也。伊川並不以心言性，而性只是理，而亦取此喻，又云：「無水安得波浪？無性安得情也？」以此呼應情之出于性，此則不諦之喻。若只分別地以水之「湛然平靜如鏡」喻

性，以波濤洶湧或湍激喻情變之異，則可。若復進而扣緊水波之不即不離，以「無水安得波」喻「無性安得情」，以明情出于性，則在伊川「性即理」之思想中為不諦之喻，而且易令人生誤解，易生混亂。

又「人性中只有四端，又豈有許多不善的事？」此云「四端」是指仁義禮智之性理說，不指惻隱羞惡等心情說。此看下條可知。

大抵伊川于理與氣、性與情之分解地對言，甚為清晰割截，對于理與性亦甚能凸顯得挺拔而見其超越性與普遍性，至于涉及其他曲折關聯處，則大都未能釐清而確定。順其綱維發展而至朱子，則大體一一皆予以釐清與明確之規定，雖辭語亦多模稜、隱晦、歧義、滑轉，然其實義固躍然紙上，彼亦自覺地皆接觸到，固可剝剝而顯明之也。此如心性情三分、理氣二分、心統性情、心情屬氣、性屬理、理氣不離不雜、理不動、理與動靜非體用，動靜乃理所乘之機等等，固大體**皆甚明確**也。以此明確者為準，則其由不自覺地習用成語或由依附經典而假借言之而來之模稜、隱晦、歧義、滑轉固可得而**剝剝得開**而皆予以**明確之規定**也。朱子之引申與發展固皆直接地為伊川所說者之所函，其引申與發展並不遠，亦非誤引而至歪曲也。

以下由對于仁之理解不同于明道，益顯性與情之分之明確。

6. 問仁。曰：此在諸公自思之，將聖賢所言仁處，類聚觀之，體認出來。孟子曰：惻隱之心仁也。後人遂以愛為仁。惻隱固是愛也。愛自是情，仁自是性。豈可專以愛為仁？孟子言惻隱為仁，蓋謂前已言惻隱之心仁之端也。既

> 曰仁之端，則便不可便謂之仁。退之言博愛之謂仁，非
> 也。仁者固博愛，然便以博愛爲仁，則不可。（同上）

案：此條由仁與愛（惻隱）之分以明性與情爲形上形下之異。愛，情也；所以爲愛之理則仁也。愛、惻隱、孝弟，乃至博施濟衆等等俱是統馭于仁性下而爲其所主宰之具體情變之一相，而仁性則一一對應之以爲其所以然之普遍之理也。仁性之對其所對應之情變是如此，推之，一切其他理亦皆如此。關此爲「情變之然」之所以然的普遍之理須有恰當之理解，如下：

㈠情變之然是「存在之然」，而其所以然之理則無所謂存在不存在，只是存有或實有，此可曰本體論的存有（當然是道德的本體論的存有）。存有是形而上者，是理、是道，而存在則是形而下者，是器、是氣。

㈡形而下者是具體的、特殊的，但形而上者自是普遍的，卻亦不是抽象的，即此理不是由種種情變中概括起來抽象成的一個**一般的概念**或**類名概念**。它是一個本體論上的實有、實理，其自身即是如此，所以它是實體。凡實體都是形而上地具體的，具體不礙其爲普遍，「具體」一詞並不單屬于「存在之然」也。（至于隔離情變、單默識此具體而普遍的實體自己，亦曰抽象，即此時實體是在**抽象狀態**中，此云抽象是借用，是就**隔離**而言，此與**抽象概念**、**類名概念**之爲**抽象**不同。又，如果此實體在情變之如理中節中而爲具體的顯現或明著，所謂日用熟、體用合，一切皆天理流行，此時實體即**不隔**，此亦曰**具體**。此具體是就實體在工夫中明著而言，與隔離情變而單默識其自己之抽象狀態**相對**。在此具體狀態中，實體實

理之為普遍的亦曰「**具體的普遍**」，與在隔離中單默識其自己而為「抽象的普遍」者**相對**。此「**具體**」一詞是形容普遍者，與分別體會實體本身為普遍的與具體的中之「**具體**」亦不同，此後者是就實體本身說，而前者則是就此實體在工夫中明著而為具體的顯現說。凡此具體、抽象之使用俱有分際，不可混亂。）

㈢此具體而普遍的實體、實理，本體論的存有，為存在之然之所以然之理，此「所以然」為**超越的**，不是**現象的**。如荀子謂「生之所以然者謂之性」，荀子所說之「所以然」即是現象的，不是超越的，是就自然生命本身之「絪縕之和」說，此仍是屬于氣的，不是伊川所說之形而上之理。伊川說「心如穀種，生之理是性，陽氣發用是情」（見下〈論心篇〉），此「生之理」亦須解為**超越的所以然**，而不可向荀子之方向走，解為**現象的所以然**。否則大悖。

㈣此超越的所以然，在伊川、朱子之說統中，亦**是靜態的**，而**非創生之動態**的，蓋其所理解之實體、性理只存有而不活動故也。

㈤此靜態的、超越的所以然亦可曰存在的然之「**實現之理**」或「**存在之理**」。存在之理是存在之**存在性**，是單負責事物之**存在者**。實現之理是「**使然者然**」者。實現之即存在之。但此「實現之」或「存在之」卻是**靜態地**，而非創生之**動態地**，意即**靜態地**「**定然之**」之意。此與「即活動即存有」者之為實現之理或存在之理不同。

㈥此靜態的超越的所以然，雖對情變之不同（如惻隱、恭敬之類）而有種種名（如仁義禮智之類），然最後其實只是**一實體、一性理**。此在朱子即名曰太極真體或太極性理。只此一真體，對惻隱言，即為仁；對羞惡言，即為義等等，而在天地萬物處即無名可給

矣，只是一個所以然之理。是以有**種種名者**只是**權言**，只是表示**一理之局限相**，並非眞有**既成定多之理也**。

以上六義，前五義由伊川思想中即可抽引出，第六義由朱子大講太極而彰顯出。總此六義皆由朱子之充盡發展與剖解而明確地表現爲如此。先只綱列于此，詳細昭明，隨處顯示，見後〈朱子部〉。

由伊川仁性愛情之分即轉爲朱子「仁是心之德愛之理」之說，其義一也。但此分別不合孟子義。即使孟子說「惻隱之心，仁之端也」，此只是仁心之端緒，尚不是仁心之全體，然此分別亦不是仁是性是理，而惻隱之心是情之分別。孟子以本心說性，惻隱之心本質上就是仁。即使是端緒，亦只是開展廣狹之不同，非**本質上**有形而上下之差異，故孟子言**擴充**也。伊川把惻隱恭敬等本心俱視爲形而下之情，與喜怒哀樂等一律看，此顯非孟子學之義理。朱子緊守伊川之綱維，其不解孟子宜也。其發展伊川綱維而完成之，終于成另一系統：主觀地說爲靜涵靜攝系統，客觀地說爲本體論的存有之系統，而非先秦正宗儒家之舊義，固甚顯明也。

> 7. 仁義禮智信，於性上要有此五事，須要分別出。若仁則固一，一所以爲仁。惻隱則屬愛，乃情也，非性也。恕者入仁之門，而恕非仁也。因其惻隱之心知其有仁。〔下言所以只有四端而信無端之故，略〕。（《二程全書·遺書第十五》，〈伊川先生語一〉）

案：此條分別仁是性、愛是情，與前條同。惻隱之心屬愛，亦是

情。由有惻隱之心，故逆知有仁之理，此亦由存在之然推證其所以
然之理以爲性之義也。孟子曰：「強恕而行，求仁莫近焉」，故伊
川此處以恕爲「入仁之門，而恕非仁也」。依下條「仁所以能恕，
所以能愛，恕則仁之施，愛則仁之用」，是則恕與愛爲同一層面，
同屬實際存在之心與情也。推之，忠亦是實際存在之心情。而愛、
恕、忠俱非仁也。依性中之仁理故能愛、能恕、能忠。仁是存有之
理，無所謂存在不存在，故仁亦非能**實際存在地（生發地）發出**此
愛、恕，與忠也。愛、恕、忠俱是心之所發，心依仁理發而爲情
也。「恕則仁之施」（推己及人謂之施），是心依仁理而有此施，
從其主者而言，故繫于仁而謂「仁之施」矣。非仁之理能**實際存在
地發此推施之用也**。「愛則仁之用」，亦是心依仁理而發此愛人惜
物之作用，從其主者而言，故繫于仁而謂「仁之用」也。亦非仁之
理能實際存在地發此愛之情用也。性情對應而言，仁是性、是體，
愛是情、是用。但此體用是**繫屬**之體用，猶普通所謂**籠絡**，體與用
間有一**間隔之罅縫**。非「顯微無間，體用一原」也。（但就孟子所
言之本心說，則可是如此。就明道所體會之仁體說，亦可是如此。
總之就「即活動即存有」之實體說，則可是如此。但就伊川之分解
而言，則不能是如此。）雖則此兩語是伊川之所說（伊川《易傳·
序文》語），然實只是儱侗恍惚地如此說而已，彼實未能諦審其實
義也。而依其仁性愛情之分解，彼亦實不能至于此也。此猶朱子言
「陽之動」乃「太極之用所以行也」。「陽之動」之爲「太極之用
所以行」，亦是**繫屬籠絡的**體用。太極實不能起**動**用，動而爲用者
實只是**陽，屬氣**。太極對動而爲動之理，從主而言，故**繫屬于太極**
而謂爲「太極之用」。故朱子最後終不說：「太極爲體，動靜爲

用」，而卻改說爲「太極者本然之妙也，動靜者所乘之機也」。此即表示朱子已覺察到性與情、理與氣之間有一**間隔之罅縫**，即使于此說體用，亦是繫屬籠絡的體用，而非「即活動即存有」之實體之體用也。伊川尚未能覺察至此，然順其思理固必須至此也。故朱子得以鑒及之而有明確之表示。雖其措辭多曲折隱晦，人不易領悟，而說之本亦不易，況又隨濂溪原文而說，益增困惑，然而其實義終不可揜也，此亦伊川綱維之所必至也（當覆看〈濂溪章〉第二節第三段）。

性中須分別仁義禮智信五事，此當依上條案語所說之第六義去理解。

又「若仁則固一，一所以爲仁。」此兩語頗不明確。伊川《易傳》中有云：「四德之元猶五常之仁。偏言，則主一事；專言，則包四者。」「若仁則固一」，此所謂「一」是指「專言則包四者」而言否？此記語甚隱晦也。關于「專言則包四者」，此語在伊川、朱子系統中之實義當看〈朱子部〉第四章第二節〈仁說之分析〉。

8.仁之道，要之，只消道一公字。公即是**仁之理**。不可將公便喚做仁。公而以人體之，**故爲仁**。只爲公，則物兼照。故仁所以能恕，所以能愛。恕則仁之施，愛則仁之用也。（同上）

9.仁之道難名，惟公近之。非以公便爲仁。（《二程全書·遺書第三》，〈二先生語三〉，謝顯道記憶平日語）

10.謝收問學於伊川。答曰：學之大無如仁。汝謂仁是如何？謝久之，無入處。一日，再問曰：愛人是仁否？伊川

曰：*愛人乃仁之端，非仁也。謝收去，〔和靖〕先生曰：某謂仁者公而已矣。伊川曰：何謂也？先生曰：仁者能好人、能惡人。伊川曰：善涵養。*（《二程全書‧外書第十二》，〈傳聞雜記〉，祁寬所記尹和靖語）

案：以上三條皆是以「公」字說「仁」。公是不偏不黨，今語所謂「客觀」。此是就仁為一客觀而普遍的性理而言，是只就仁之為理而分析出的一個**形式特性**。「公即是仁之理」，此不同于仁之為愛之理。仁為愛之理有上下異層之分，有性情異質之別。但「公即是仁之理」，于此卻不能說公是形而上者，仁是形而下者，公是性，仁是情。故公只是仁之一**形式特性**。說它「是仁之理」，亦好像說它是仁之所以然——仁之所以為仁。但此「所以」卻不是異層的超越的所以，而是即就仁之自身而**分析地說其內在的所以**，意即仁之為理之**本性**也，故只為仁理之一**形式的特性**、一抒意的謂詞，此是**邏輯地分解地**言之者，而非是**存有論地超越地言之者**。此邏輯地分解地言之形式特性（公）可以接近仁，可以使吾人領悟仁，但卻不能說公就是仁（「不可將公便喚做仁」，「非以公便為仁」）。蓋仁是**實體字**，而公只是**屬性字**。此見伊川邏輯分解之興趣，即就一概念而**邏輯地分解其意義**。此種思考方式特為朱子之所喜，以為可以使吾人確定一字之「名義」。（彼二人雖表現的不甚健全，然興趣卻極濃厚，常易傾向于此。如《朱子語類》卷五〈性、情、心、意〉等名義、卷六〈仁、義、禮、智〉等名義，即是此種分解者。伊川、朱子所表現之分解思考大體可概括于兩項目下：一、就「存在的然」而分解其所以然之**存有論的超越的分解**，二、就一字（一

概念）之自身而分解其意義之**邏輯的、形式的分解**。朱子以為經由此兩種分解，可以確定把握一字之名義。）

　　由此邏輯地分解地言之之形式特性（公）而接近仁，與孟子言「強恕而行，求仁莫近焉」之以「恕」接近仁亦不同。依伊川，「恕」是實際存在的心情，故此第8條云「恕則仁之施」（解已見上第7條案語）。而「公」卻是就仁理而分析出的一個形式特性。上第7條云：「恕者入仁之門，而恕非仁也。」恕之非仁與公之非仁，其層次亦不同。恕非仁，恕與仁為**上下之兩層**，恕非仁之屬性；而公非仁，公與仁卻**不是上下之兩層**，公只是**仁之屬性**（仁之形式特性），其非仁只因公是**屬性字**，仁是**實體字**。

　　「不可將公便喚做仁，公而以人體之，故為仁。」此所云「人」字是指人與人間具體的實際存在的「人道」而言。依「公」形式特性而以具體的人道以體現而實之便成仁，即由屬性字轉成實體字。具體的人道即愛、惻隱之心、孝弟、恕等等。由此具體的人道去體現而充實那「公」字，便把那實體的「仁」字帶過來，因仁與情相對應而為情之性理故也。故朱子于「公而以人體之故為仁」一語體會云：「細觀此語，卻是**人字裡面帶得仁字過來**」，此體會甚是。又云：由此一言「可以知其用力之方」，此理會亦不錯。（參看〈朱子部〉第四章，第三節〈與張南軒論仁說〉，2.〈答張敬夫又論仁說〉書）。

　　依「公」一形式特性而由「人」字帶過「仁」字來，此是先虛擬一形式原則（就公為仁一實體字之形式特性而立），再依此原則以生發具體的人道，「仁」字之義即凸顯矣。此是「由公接近仁」之義（**形式的接近**），亦是吾人所以「用力之方」（「公而以人體

之」便成實際的接近）。尹和靖以「以仁者能好人、能惡人」表示
仁之「公」義，此是實際的接近，故能成「仁者」。此亦言依
「公」之原則去好去惡，不情感用事，不愛之欲其生，惡之欲其
死，則仁之義凸顯，而眞能如此者亦即爲「仁者」矣。「惟仁者能
好人、能惡人」，好惡之情既得其正（依公字而來），則其超越的
所以然之仁理亦得而明著矣。此時虛擬之「公」字即歸于實，成爲
實體的仁字之一屬性，而主觀的「用力之方」即成爲實際的道德實
踐，因而有客觀的正情之實際的存在，而「方」之義亦落實矣。此
種解說自成一系統。而與明道之言「仁」不同。

　　明道就仁心覺情而言仁體之感通無方與於穆不已、純亦不已，
並由此而言「一體」之義。此並非仁性愛情之路也。仁體呈現，自
然「廓然而大公，物來而順應」，此亦可說「公」。但此公字是仁
體呈現之境界，不是就仁理而分析出的一個形式特性。工夫惟在通
過逆覺以使仁體呈現（先識仁，由麻木不仁之指點當下體證之），
不在先虛擬一公字，依公發情以接近之也。伊川之講法必歸于他律
道德，而明道所言卻是自律道德。此亦由于對于「仁體」之體會不
同也。明道依「於穆不已」之創生實體去體會，而伊川卻是依「仁
性愛情」之方式去體會，故明道所言者是「即活動即存有」之實
體，而伊川所言者「卻是只存有而不活動」之普遍之理也。朱子特
喜伊川之綱維，而于明道所言卻懵然無覺。其〈仁說〉之作即是尊
伊川而駁明道也。義理關鍵之大者即在㈠仁性愛情，㈡「公而以人
體之故爲仁」。朱子對此兩點把握的甚確切而親切也。詳見〈朱子
部〉第四章〈關於「仁說」之論辨〉。

11. 仁者公也，人此者也。義者宜也，權量輕重之極。禮者
別也（定分）。智者知也。信者有此者也。萬物皆有
信。此五常性也。若夫惻隱之類皆情也。凡動者謂之
情。（性者自然完具。信只是有此，因不信然後見。故
四端不言「性」）。〔案：「性」字誤，當為
「信」〕。（《二程全書‧遺書第九》，〈二先生語九〉，少
日所聞諸師友說。〔未注明誰語，亦不知何人所記，顯係伊川
語無疑。〕）

12. 先生曰：孔子曰：「仁者己欲立而立人，己欲達而達
人。能近取譬，可謂仁之方也已。」嘗謂孔子之語仁以
教人者，唯此為盡。要之，不出於公也。（同上）

案：此兩條皆以「公」字說「仁」，又主仁是性，惻隱是情，故知
決定是伊川語也。「仁者公也，人此者也。」此語即第8條「公而
以人體之故為仁」之語。

13. 仁者必愛，指愛為仁則不可。不仁者無所知覺，指知覺
為仁則不可。（《二程全書‧粹言卷之一》，〈論道篇〉）

案：此條不見《遺書》。〈粹言〉是龜山訂定、南軒編次，乃變口
語為文言者。吾輯錄明道與伊川語很少據此書。朱子與南軒常提到
伊川謂「覺不可以訓仁」，大概即本此條。此條自是伊川語。蓋
〈粹言〉以伊川為主。「明道先生亦時有言行錄於其間」（南軒
〈序〉語），但不多。衡之思理，此條亦當是伊川語也。伊川既反

對以愛爲仁，又反對以覺爲仁。惟此後者恐相當晚出。朱子說仁完
全本伊川，不本明道也。

14. 問：孝弟爲仁之本，此是由孝弟可以至仁否？

　　曰：非也。謂行仁自孝弟始。蓋孝弟是仁之一事，謂之
　　**行仁之本則可，謂之是仁之本則不可。蓋仁是性也，孝
　　弟是用也。性中只有仁義禮智四者，幾曾有孝弟來？**
　　（趙本作：幾曾有許多般數來。）仁主於愛，愛孰大於
　　愛親？故曰：「孝弟也者，其爲仁之本與？」（《二程全
　　書·遺書第十八》，〈伊川先生語四〉）

15. 孝弟順德也。故不好犯上，豈復有逆理亂常之事？德有
　　本，本之則其道光大。孝弟行於家，而後仁愛及於物，
　　所謂親親而仁民也。故**爲仁，以孝弟爲本；論性，以仁
　　爲孝弟之本。**（《二程全書·程氏經說卷六》，伊川〈論語
　　說〉）

案：以上兩條由孝弟與仁之分別（「仁是性，孝弟是用」、「孝弟
是仁之一事」），益顯仁只爲一普遍之理之義。子女對于父母表現
爲孝，父母對于子女表現爲慈，幼弟對于兄長表現爲恭，凡此孝、
弟、慈皆是體現仁道、仁理之一事，推之，愛、惻隱、恕等亦是體
現仁道、仁理之一事。凡事皆是具體的、實際的存在，乃屬于心氣
者，亦屬于情變者。反之，仁道仁理則是吾人之性，是存有，而無
所謂存在不存在者。此仁性對應孝言，即爲孝之事之理；對應弟
言，即爲弟之事之理；對應慈言，即爲慈之事之理；乃至對應愛、

惻隱、恕等而言，亦然。但仁性之為理自身既不是孝、弟、慈，亦不是愛、恕、惻隱等。仁性（仁理）是體，孝弟慈等是其用，是心氣情變依理而發，繫屬于理，因而遂謂為仁理之用，並非仁理自身**真能發用也**。就仁說是如此，就義禮智等說亦是如此：義對應屬于義之事（如羞惡）而為其理，禮對應屬于禮之事（如恭敬辭讓）而為其理，智對應屬于智之事（如是非之辨）而為其理。「性中只有仁義禮智四者，幾曾有孝弟來？」此即表示性體中只有一些普遍之理，或只以一些普遍之理為性，並不以具體的、實際存在的情變之事為性也。推而上之，亦並不可說性體中有既成的定多之理擺在那裡。性只是一性，只是對應許多情變之事而顯為許多局限相，遂儼若有許多理矣。實則並無**許多理**，只是**一理一性也**。是以多理者只是權言。若認為實有既成之定多之理，則性體之一只成一綜名，此則非伊川、朱子言性理之本義也。（詳辨見〈朱子部〉第八章，第一節）。若執實此多理而不知其為權言，復因此權言之每一理與其所對應之具體之事有異，遂認為此權言之每一理是一抽象之**類名概念**，此則成**大誤引**，尤為悖謬者也。若以類名概念與概括于其下之事例作為一類比的方便說明則可，若直視伊川、朱子所說之普遍性理為類名概念，則不可。關此，吾已隨時言及。只因近人常易有此誤解，吾故屢言而提醒之。

至于伊川謂孝弟不是「仁之本」，乃是「行仁之本」，直以「行仁」解「為仁」，此好像不合原句之語法。然于語法雖不合，而于語意所表示之義理之實則未嘗不合。原句「為」字仍是普通之係詞，不可直以動詞「行」字解之。然有子言「孝弟也者其為仁之本與」，其語意亦實是表示孝弟是仁道顯現或表現之根本，故先之

以「君子務本，本立而道生」之語。但仁道之顯現或表現即是「行仁」也。「爲」字是係詞，而顯現或表現義則略耳。伊川直將此表現義收于「爲」字上講，故以「行仁」解「爲仁」也。此雖不合原句之語法，而于語意之實則未嘗不合也。有若當時雖不必有「以仁爲吾人之性」之思想，然以仁爲道，仁道總比孝弟更廣大而普遍，此思想總不能說其無有。故孝弟是仁道表現之根本，此義無可疑。此既無可疑，則伊川說孝弟是「行仁之本」，而非「是仁之本」，于義理自亦無礙。〔明道亦言：「孝弟也者，其爲仁之本與？言爲仁之本，非仁之本也。」（《遺書第十一》，〈明道先生語一〉，〈師訓〉，劉質夫錄）〕

　　人所驚訝而以爲奇突者乃在「性中只有仁義禮智，幾曾有孝弟來」之語。此語是驚人之筆。此好像孝弟不出于吾人之性，不是吾人性分中之所固有。此方是振動人心，使人驚訝而有不愉快之感者。伊川、朱子固可說：此只是順仁性愛情之分，性情名義自如此。吾人之心氣情變固可依吾人本有之仁性（仁理）而發孝弟之情與行，是則孝弟固未嘗不本于仁性也。惟剋就性理而言，則性自性，情自情，性只是理，自不可以孝弟言也。所謂性中無孝弟，只是名義如此，非謂孝弟不本于仁性也。然雖可如此說，究與孟子言愛親敬兄之良知良能乃發于吾人之本心者不同。孟子言仁義內在，並非視仁義只爲一普遍之理，只以此普遍之理爲性也。仁義之爲理乃由于道德本心之自發自律而見，仁義之理即仁義之心，本心即性、本心即理也。並非仁義爲理爲性，乃形而上者，愛敬羞惡之心爲情，屬氣，乃形而下者。愛敬羞惡之心乃本心之**具體呈現**，即使是情，亦是以「本心即性、本心即理」言之之本情，皆是形而上

者，非是「以氣言之」之形而下之情也。惟如此始可講「性能」，而性能始可發孝弟，孝弟亦為吾性分中之所固有者。如此言性，性體之道德力量**始足夠而充沛**。依明道所體會之仁體，仁體固亦不限于愛，乃至不限于恭、敬、忠，不限于恭、寬、信、敏、惠等德目，乃超越一切德目而上之，而為一絕對普遍之仁體，但卻亦並不說仁只是一普遍之理，只以此普遍之理為性，性中只有理，並無恭敬忠等「許多般數」也。仁體確是直發此「許多般數」，確是具體地呈現此「許多般數」，故為一切德之源而無一之能外。以此仁體為性，此性體是「即活動即存有」之性體，其道德力量亦足夠而充沛，而孝弟固是此性體之所發，而為吾性分中之所固有者。此非混形而上下不分者，乃是對于性體之體會有不同也。今伊川、朱子理解只是理，只以仁義禮智等普遍之理為性，其餘俱視為形而下之情，即心亦屬于氣，亦形而下者，此固割截得甚清晰而分明，然殊不知如此言性，**性之道德力量即減殺**。汝固可說吾人之心氣情變依理而發孝弟之情等，然心既屬于氣，心不即是性，不即是理，汝何以知心所依之理必為吾人之性耶？結果只有通過格物窮理所窮究之所以然之理而肯認其為性，以為吾人心氣情變之所依，是則性理之**道理力量顯然不足夠**，所以言之道德亦顯為**他律道德者**。

伊川之言性中無孝弟，**喜而譽**之者以為其抽象思考力甚強，能使性理挺拔起而達至超越而普遍之境，**驚而毀**之者則以為此是外鑠孝弟，斷絕其性分中之根。實則此既不足譽，亦不足毀。孟子之本心性體，明道所言之仁體，亦非不挺拔而至超越而普遍之境地。故伊川之分解提煉固顯其有思考力，然亦不足特喜而稱譽之也。彼依其分解，名義自如此，亦非謂孝弟不本于性理也。故亦不必驚而

毀。要者在能了解此中之真實問題為如何。其對于性體、仁體之體會有**偏差**，性體之道德力量**不足夠**，而終于成為**他律道德**者，此**則其實也**。

16. 問：〈行狀〉〔案：即伊川所作之〈明道先生行狀〉〕
云：「盡性至命必本於孝弟。」不識孝弟何以能盡性至命耶？

日：後人便將性命別作一般事說了。性命孝弟只是一統底事，就孝弟中便可盡性至命。至如洒掃應對與盡性至命亦是一統底事。無有本末，無有精粗。卻被後來人言性命者別作一般高遠說，故舉孝弟，是於人切近者言之。然今時非無孝弟之人，而不能盡性至命者，由之而不知也。（《二程全書・遺書第十八》，〈伊川先生語四〉）

案：伊川作〈明道先生行狀〉云：「盡性至命必本於孝弟，窮神知化由通於禮樂。」此兩語的是儒家言天道性命之基本精神，即道德的實事實理之一貫，而不同于佛老所言之體用者。此條言孝弟乃至洒掃應對與盡性至命是一統底事，性命並不是隔離的甚高遠者。此若如此儱侗言之，乃是儒家**共許之義**，自**無問題**。亦猶伊川言「顯微無間，體用一原」，此若儱侗觀之，亦是儒家共許之義，並無問題。然若就伊川、朱子之分解而觀之，其義理背景自有不同。性只是理，則性與孝弟之一統自不同于孟子之所言以及明道之所理會。其本孝弟以盡性至命，「至命」關係小，其所言之「盡性」亦不同于孟子以及其兄明道也。伊川、朱子對于《中庸》、《易傳》言之

誠體、神體，乃至神化，並無相應之契會，其所知者只是氣化，並非神化。其言「顯微無間」，而實則顯微間自有一間隔之罅縫，是以其「一統」是**有間之一統**，並非**無間之一統**。蓋其所言之性理並非即活動即存有者。其言「體用一原」，而實則體並不能起用，氣之用之屬于體只是**籠絡地繫屬之**，從主而言也。是則體用並非「一原」，乃「**二本**」也。與其兄之言「一本」有間矣。故體用之「一統」亦是**二本之一統**，非**一本之一統**也。此其理會性體道體有偏差故也。

是以儒家之**體用**，對外而言之，須與佛、老有分別。與道家之分別，請參看《才性與玄理》。與佛家之分別，請參看〈橫渠章〉附錄：〈佛家體用義之衡定〉。對內而言之，則伊川、朱子所成者自是**另一系統**，與《論》、《孟》、《中庸》、《易傳》所展示者不同，與濂溪、橫渠、明道、五峰，乃至後來之陸、王與蕺山之所理會者亦不同。要之只在其所理會之性體道體不是即存有即活動者，乃是只存有而不活動者，落于心性上言之，不是本心即性、本心即理者，乃是心性情三分、理氣二分者（性屬理，心與情俱屬氣）。故其所成之系統終于是：主觀地說是靜涵靜攝之系統，客觀地說是本體論的存有之系統；其所言之道德是他律道德，而非自律道德；此大體是以《大學》為標準，重格物窮理之**認知義**，而非以《論》、《孟》、《中庸》、《易傳》為標準者之重**逆覺體證**（反身而誠）也。故綜之是**橫攝系統**，而非**縱貫系統**，是**第二義**，而非**第一義者**。

第三節　氣稟篇

1. 論性不論氣不備，論氣不論性不明。（一本此下云：二之
則不是）。（《二程全書·遺書第六》，〈二先生語六〉。
〔未定誰語。〕）

案：此條，吾于〈明道章·生之謂性篇〉第4條下之案語中已明其
爲論性之法語。雖未定誰語，可視爲二程之所共許，抑不止二程之
所共許，亦爲宋、明儒者所共同遵守之法語，無人能反對之者。依
朱子之疏通，「論性不論氣不備」，此如孟子。孟子實未言到氣稟
之限制，只明性善，及後來「爲不善」，「或相倍蓰而無算者，不
能盡其才者也」，或只言「非天之降才爾殊也，其所以陷溺其心者
然也」。此在道德地鼓勵人上說自足夠，但在說明**限制**上則不足
夠。「不備」即不完備，意即無收煞，須得程子出來接一接。蓋氣
之觀念有積極、消極兩面作用。就理氣說，理離氣無掛搭處，無頓
放處（朱子常說之語），此即表示氣是表現理者。就性情說，情屬
于氣，亦是顯現或明著性理者。此是氣之積極作用。但就人之實踐
言，氣稟之淸濁、厚薄、剛柔、緩急、智愚、賢不肖等旣足以明**個
性之差異**、人格之**不齊**，亦足以明**道德實踐上之限制**。人之由道德
實踐以體現性理或體現本心性體旣不能離開此氣稟，即在此氣稟中
或通過此氣稟以體現之，即使可以變化氣質，化其偏而善其用，亦
須仗託此變化了的氣質以體現之，自此而言，是氣之**積極作用**。但
仗託此氣稟氣質以體現之，同時即不免受其限制，即使是變化了的

氣質，氣質仍是有限體，而非無限體，故仍有限制性，因而人之道
德實踐仍須受其限制。自此而言，是氣之**消極作用**。仗託氣以體現
之，氣同時即限制之。此正反兩面作用蓋同時顯現者。任何人不能
免此，即聖人之生命亦不能免此。擴大說，人須通過個體生命以體
現道，個體生命**體現之**同時即**限制之**。即使是孔子、釋迦、耶穌之
生命亦是如此。他們都是聖者之生命，當然是純淨的。他們以純淨
之生命體現道，但同時此生命即限制之。不然，何以有耶穌、釋
迦、孔子之不同？此孟子所以說：「聖人之於天道也，命也，有性
焉，君子不謂命也」。雖不謂命，然畢竟是有命。此所謂「命」亦
氣稟之限制也。伊川此〈氣稟篇〉即重在此**限制義**。「氣稟」一詞
概括清濁、厚薄、剛柔、緩急、智愚、賢不肖、才賢之才、才能之
才、特殊技藝之才如天才等俱在內。

　　「論氣不論性不明」，比如告子、荀子，乃至兩漢思想家如董
仲舒、揚雄、王充、劉劭等之言氣性與才性者皆是。程子所謂「不
論性」是指見不到超越的內在道德性之性或「天命之謂性」之性而
言，並非說這些人不討論人性問題也。若就告子、荀子，乃至董、
揚、王、劉等人自身而言，他們亦正是論性也。只是他們所論之性
是就「氣」而言，是所謂氣性、才性者，是告子「生之謂性」一原
則下之性，是依「性者生也」這一古訓所理解之性。依今語言之，
是就自然生命所呈現之特質而言性，不是就道德生命而言性。此在
程子（甚至宋明儒全部）觀之，即是「論氣不論性不明」矣。「不
明」者言不明透乎理想的、道德的人生之本源也。依今語剀實言
之，即是不能說明（見不到）人之道德實踐所以可能之超越的先天
根據也。蓋自然生命所呈現之種種特質只是依自然生命（氣）而有

的自然的、實然的、後天的種種**欲性**與**質能**。只自此而言性，固不能建立**真正的道德實踐**之**根據**也。真正的道德實踐所以可能之**超越的先天根據**，依孟子而言，即是就**本心**所見的**內在道德性之性**，依《中庸》、《易傳》而言，即是就「**於穆不已**」之天命流行之體而言的「天命之謂性」之性，或形而上的、本體宇宙論的**真實道德創性之性**。此即人生之**真本源**，亦即人之道德實踐所以可能之**真根據**。此真本源、真根據，就其自身而言之，亦曰**真體**，或**道德的實體、創造的實體**。就性而言之，此即是本然之性，伊川所謂「性之本也」，亦曰本源之性，言自源上所言之性也，伊川所謂「性出於天」是也。此性即是那**真體**，故亦曰「**性體**」，言性即是體也。宋明儒所言之性即是這種性。故「論氣不論性不明」亦是宋明儒共許之義。

　　惟北宋諸儒開始討論這種性是從《中庸》、《易傳》之路入，大體是就「於穆不已」之天命流行之體說，即論到孟子所言之性善亦是從此路去理解，不甚能切解孟子之就本心言性之義。即明道之言「一本」、言「仁體」、言「誠體」、言「只心便是天」，雖較切合，然亦稍嫌弱，為「於穆不已」之意味所籠罩。此蓋由于直接從《中庸》、《易傳》入，以「於穆不已」之體為首出，故雖能回歸于《論語》、《孟子》上，然于切解孟子究嫌弱也。明道尚且如此，橫渠比明道又較弱，濂溪且根本未接觸到孟子之性善義，至于稍後之伊川則不但弱，而且又有偏差。此偏差之點何在？曰：雖同由《中庸》、《易傳》入，以「於穆不已」之體為首出，然濂溪、橫渠、明道所理會之道體與性體猶是即活動即存有者，此則較易切合于孟子。其未能切解孟子是由于㈠一時未能注意到，㈡未能確知

先秦《中庸》、《易傳》之理境是由《論》、《孟》一根而發展，且發展至絕對圓滿之境者；而卻客觀地直接地先自《中庸》、《易傳》入，然後再漸漸順講習之發展接觸到並回歸到《論語》與《孟子》上，此是逆先秦原有之序而逐漸倒反也。倒反而尚未能至真正了解《論》、《孟》之**道德進路**之**切義**，以及《論語》之仁體與孟子「本心即性」之性體心體之足以**證實天道處**，以及《中庸》、《易傳》之客觀地所言之天道創生實體、天命於穆不已之體，乃至誠體、神體皆是由《論語》之仁與孟子之性體心體之所滲透出而已至**充分圓滿地展現之之境者**。然一時未能注意到者，終能慢慢注意到，一時倒反，未能至如此了解，而貫通先秦原有之序者，終能至如此了解而貫通之。及其一旦能注意到而至如此了解而貫通之，則對于孟子即可有切解，而不致有誤解。蓋理會道體性體爲即活動即存有，此在**根本上**並**不誤**也。故一時之虛弱無傷也，即倒反亦無傷也。但至伊川理會道體性體爲只存有而不活動者，則即喪失道體之「於穆不已」義，而落于孟子上則不但無切解，而且有誤解，此即所謂偏差也，終于走上朱子心性情三分、理氣二分之格局。此則爲理解「論氣不論性不明」者所不可不知也。

2. 問：人性本明因何有蔽？

　　曰：此須索理會也。孟子言人性善是也。雖荀、揚亦不知性。孟子所以獨出諸儒者，以能明性也。性無不善，而有**不善者才也**。性即是理，理則自堯、舜至於途人一也。才**稟於氣**。氣有清濁。稟其清者爲賢，稟其濁者爲愚。

　　又問：愚可變否？

曰：孔子謂上智與下愚不移。然亦有可移之理。惟自暴自
棄者則不移也。

曰：下愚所以自暴棄者才乎？

曰：固是也。然卻道他不可移不得。性只一般，豈不可
移？卻被他自暴自棄，不肯去學，不得。使肯學時，亦有
可移之理。（《二程全書・遺書第十八》，〈伊川先生語
四〉）

案：此條首問答贊孟子「能明性」是也，然不解其所以「能明性」
之實。「性無不善」、「性即是理」，此須依伊川、朱子系統去理
解，而非孟子就本心言性之本心即性義。「有不善者才也」、「才
稟於氣」，此亦不合孟子所說之「才」。伊川之義自成立，但孟子
所說之才卻有特指，即指**性**言，故云「非才之罪」，又云「非天之
降才爾殊也」。是則孟子所說之「才」與「乃若其情」之「情」字
俱是**虛位字**。（情，實也。非情感之情。）其所指之實即是性。
「才」字，就字面說，是質地義、才能義，就其實指說，是性以爲
質地，是性之自然向善爲善之能之「性能」，亦可以說即是孟子所
說之「良能」，故㈠是普遍的，人人皆有，㈡是道德的，亦無不
善。此非以氣言之普通的才質、才能，如清濁、厚薄、智愚、賢不
肖之類。伊川見到以氣言之之才自不誤，但未能了解孟子所說之才
之殊義，而又欲以己義合會孟子（見下），故曲爲解說而處處鑿枘
也。

　　次問答言上智下愚「有可移之理」，此依儒家理想主義言之，
自無問題。現實地言之，常不可移，但理地言之，則總有可移之

理，即移之可能性。但性如果只是理，則「可移」之**根據**即**不夠堅強**，而可移之**力量亦不足夠**。此非若孟子所說之「沛然莫之能禦」之**充沛有力**也。孟子之充沛有力，最終當然亦不免有限制，但總充沛有力則無疑，此蓋由于其所言之性是本心即性，是即活動即存有者，而非只是理，只存有而不活動者。伊川云：「性只一般，豈不可移？」但性如果只是理，只存有而不活動，則「可移」之先天根據不堅強，其可移之力量即減殺，故結果只能以「肯學」、「不肯學」言之，此則只落于後天之漸教而並無把握也。

3.「性相近也，習相遠也。」性一也，何以言相近？

曰：此只是言**氣質之性**。如俗言性急性緩之類。性安有緩急？此言性者，「**生之謂性**」也。

又問：「上智下愚不移」是性否？

曰：此是才。須理會得性與才所以分處。

又問：「中人以上可以語上，中人以下不可以語上」，是才否？

曰：固是。然此只是大綱說。言中人以上可以與之說近上話，中人以下不可以與說近上話也。**生之謂性**。凡言性處須看他立意如何。且如言人性善，**性之本也**。生之謂性，論其所稟也。孔子言「性相近」，若論其本，豈可言相近？只論其所稟也。告子所云固是。爲孟子問他，他說便不是也。（同上）

案：孔子所說之「性相近」之「性」、上智下愚之「智愚」，以及

中人以上、中人以下之上中下之資，伊川皆視爲氣質之性，此大體
不誤。（「性相近」之相近亦有解爲相同，與孟子所謂「其好惡與
人相近也者幾希」之「相近」同。如是，則性即是普遍一同的本源
之性，不可視爲氣質之性。如此解亦通。孔子本意究如何，則難確
定。輕鬆一點看，伊川之解亦不必定誤。氣質之性，大體說來，亦
本有相近似處，即俗言差不多也。差不多亦究有差處。再進一步嚴
格言之，亦本有相差甚遠處，此如上智下愚、賢不肖之類。無論相
近似或相差甚遠皆可說是氣稟之本然。故「相近」解爲相近似亦未
必定非孔子此語之語意。當然孔子亦非必定無「普遍一同的本源之
性」之義。但直以此義解「性相近」亦未必定是。）

　　伊川說氣質之性，意「如俗言性緩性急之類」，此當是就氣稟
之殊（種種顏色）而說一種性，尚不是如朱子之解爲義理之性之墜
在氣質裡邊。

　　由氣質之性（氣稟之殊的氣性）進而說此即是「生之謂性」，
此言「生之謂性」亦近告子之原義，即「性者生也」、「如其生之
自然之質謂之性」，即自然生命所呈現之種種特質也。此與明道之
借用「生之謂性」而解爲斷自有生以後說性不同。斷自有生以後說
性，性與氣稟之清濁善惡滾在一起，此所說之性仍是「於穆不已」
的那天命流行之體之爲性，仍是以本源之性爲主，不過有是「人生
而靜以上不容說」之本然狀態（性體自己），有是有生後與氣稟滾
在一起而在氣稟中表現，同時亦受氣稟之限制，受氣稟顏色之染
汙，此即「生之謂性」也。此言「生之謂性」不合告子之原義，此
只是借用而予以新義。朱子本此新義而解「氣質之性」一詞爲本源
之性之墜在氣質裡邊。此不合通常說「氣質之性」一詞之義。又朱

子雖本此新義解「氣質之性」，但解「生之謂性」仍就告子原義說，與伊川同。朱子如此解「氣質之性」，重點是在表示只有一種性（義理之性），並無兩種性。只說氣稟之殊，並不就氣稟之殊說一種氣性也。朱子本明道說此義，自可成立。但即以此義解「氣質之性」一詞，則不合，且有時甚不順。如孟子說「口之於味，耳之於聲，目之於色」等等「性也」，此「性字」，朱子亦解爲氣質之性，亦解爲義理之性之墜在氣質裡邊，此則太不順適。（見〈朱子部〉第六章，第二節）此明是說的人之動物性之性、生理欲望之性，亦即告子所說的「生之謂性」之性。而就人之動物性、生理欲望說一種性，以及進而就人之氣稟之殊而說一種性（氣性、氣質之性），亦仍可說那道德的普遍一同的本源之性之墜在此動物性之性中或墜在氣稟之殊之性中。此本是兩層，分別說之可也。

4.「乃若其情則可以爲善，若夫爲不善，非才之罪。」此言人陷溺其心者非關才事。才猶言材料。曲可以爲輪，直可以爲梁棟。若是毀鑿壞了，豈關才事？下面不是說人皆有**四者之心**？

或曰：人材有美惡，豈可言「非才之罪」？

曰：才有美惡者，是**舉天下言**之也。若說一人之才，如因富歲而賴，因凶歲而暴，豈**才質之本然耶**？（同上）

案：此伊川以自己所說之才（才稟于氣）合會孟子也。此合會非是。夫才既稟于氣，自有清濁、厚薄、剛柔、緩急、智愚、賢不肖之差，而前第2條中亦云：「有不善者才也。」此義明與孟子「非

才之罪」、「非天之降才爾殊」有不同。若知自己所說之才與孟子
所說之才所指有殊，則兩者只是不同，而不必有衝突，判開可也。
若不知所指有殊，而視爲相同，而合會之，則顯然有衝突。何伊川
竟看不出耶？伊川謂「才猶言材料」，以孟子所說「四者之心」亦
爲材料，亦稟于氣，此則大悖。縱孟子所說之才亦指此「四者之
心」而說，今名曰「材料」亦無不可，此只是命名之不同，于實際
無影響。然孟子說此「四者之心」是吾人之「本心」，是普遍一同
之心體即性體，並不是**稟于氣**而有**種種顏色**之**差異者**。此即示以稟
于氣之材料視此「四者之心」于實際不能無影響，而不只是命名之
不同也。孟子名之曰才，才是虛位字，其所指之**實**即是此**心性**，非
是稟于氣有**獨立意義**之**實字之才**也。伊川混而同之，而以稟于氣之
才視孟子所說「四者之心」，豈非大謬？此亦必然歸于以心爲氣，
性只是理而與心爲二，此豈孟子言心性之本義乎？

　　及因或者之問：「人材有美惡，豈可言非才之罪？」而卻這樣
答辯曰：「才有美惡者是舉天下言之也。若說一人之才，如因富歲
而賴，因凶歲而暴，豈才質之本然耶？」此答辯豈眞能解「非才之
罪」之義耶？豈眞能表示「孟子所說之才是普遍一同又是道德地善
的」之義耶？豈眞能抹殺稟于氣之才之本質上有善不善之差異耶？
伊川之意似以爲：「才有美惡是舉天下〔比較〕言之，若說一人之
才〔歸于各人之才之自己〕，則皆是善而無惡，即其本然之才質皆
是善而無惡。」如「曲可以爲輪，直可以爲梁棟」，曲直之材料本
身並無所謂美惡也，皆可有其恰當之使用。並非曲者即是惡，直者
即是美。依此例類推，則清者成其爲清，濁者成其爲濁，智者成其
爲智，愚者成其爲愚，乃至桀、紂、堯、舜之才質各自成其爲桀、

紂，爲堯、舜，其自身（各人才質自身）皆無所謂惡也。稟于氣之才之有善不善可以如此論乎？本有善不善，而今又謂歸于各人之才自己又皆善而無惡，此兩者豈**無衝突乎**？此儼若郭象之注逍遙，若比較觀之，大鵬斥鷃俱不逍遙，若放于自得之場，則皆圓滿自足。夫稟于氣之才之有善不善，亦可以如此觀，而復謂其爲無不善耶？此則成**大悖謬**！夫言稟于氣之才有善不善亦非舉天才比較而言之始如此。善不善之規定不是以比較而規定，如大小高下者然，乃是由是否**能表現**或**易于表現本心性體**或**性理**而**規定**。其能表現或易于表現本心性體或性理者爲善才，否則爲惡才，而善惡之差是由于氣質使然，是則稟于氣之才之有善惡實有**本質的意義**，非只是比較之差之**相對的形式意義也**。即使氣稟之差因變化氣質之工夫，理想地言之，皆可順致而使之有善成，然此並不能泯滅其本質上有善不善也，而皆可順致而有善成之氣稟之差之才亦非孟子所說之「非才之罪」之才也。伊川混而同之，而又泯滅稟于氣之才之有美惡之本質的意義，期欲以之解孟子，此則既不免于混亂，亦不免自相矛盾也。後來朱子即見出此病，故以伊川所說之才「稟於氣」，孟子所說之才「發於性」，並不以伊川所說之才解孟子也。此則自比伊川進一步而較通順也。（見〈朱子部〉第六章第一節）

> 5. 性出於天，才出於氣。氣清則才清，氣濁則才濁。譬猶木焉，曲直者性也，可以爲棟梁、可以爲榱桷者才也。才則有善與不善，性則無不善。惟上智與下愚不移，非謂不可移也，而有「不移」之理。所以不移者，只有兩般：爲自暴自棄，不肯學也。使其肯學，不自暴自棄，安得不可移

哉？（《二程全書・遺書第十九》，〈伊川先生語五〉）

案：此條所說同于上2、3、4三條所說。惟有若干語句不甚妥貼。如「曲直者性也，可以爲棟梁、可以爲榱桷者才也」，此中就曲直說性，此似乎是屬于氣質的才性之性，「可以爲棟梁、可以爲榱桷」便是此材質之性之性能。前條「才猶言材料，曲可以爲輪，直可以爲梁棟」，此是總就曲直之可爲輪或可爲梁棟而言才（材料），未曾分別地就曲直說性，就可爲輪、可爲梁棟說才也。故知「曲直者性也」之性似當是材質之性，而「可以爲棟梁、可以爲榱桷者才也」之才即是能，意即材質之性之性能。從曲直處說才性（材質、材料），從「可以爲梁棟，可以爲榱桷」處說才能（才用）。綜起來，只是一材質之性之體用。但細觀之，「曲直者性也」似又不當是材質之性，而應是指「出於天」之義理之性說。若如此，則此兩語當該修改爲：「譬猶木焉，曲直而可以爲棟梁、可以爲榱桷者才也（才出於氣，故有曲直）。所以爲曲爲直之超越之理則是性也（性出於天，只是一理）。」此當是伊川之本意。因此兩語上承「性出於天，才出於氣」而說，而此兩語下又繼之云：「才則有善與不善，性則無不善。」合此承上啓下而觀之，性當該是「性出於天」而「無不善」之性。然而伊川卻直說「曲直者性也」，此便不必是「出於天」之義理之性，而如果必說性，亦當是「出於氣」之才性之性。但如果是「出於氣」之才性之性，則亦只是才而已，此便與承上啓下不連屬。是故伊川之本意實當是指「出於天」之性說，而此兩語當修改也。

又「惟上智與下愚不移，非謂不可移也，而有不移之理」，

「不移之理」一語說的太重，易生誤會。依以前措辭之習慣，「非謂不可移」即表示理想地言之，「亦有可移之理」。前第2條末即如此說。就「可移」說，有可移之理，意即原則上有移之可能性。既言「非謂不可移」，則下句「而有不移之理」一語表示一轉折，即不當如此說。其意當是：而事實上卻常不移，而亦有「不移之故」。下即言事實上「所以不移」之故，即自暴自棄之「兩般」是也。說「有不移之理」，很易使人感到與上語「非謂不可移」相衝突。如果「不移」改為「可移」，則又與上語重複，亦不能表示「而」字之轉折。故知「而有不移之理」一轉折語，下一「理」字說的太重，不合措辭之習慣，其意實是「而有不移之故」也。

6.揚雄、韓愈說性，正說著才也。（同上）

案：揚雄說「善惡混」，韓愈說性分三品，此皆是就氣說性，故云「正說著才也」。

7.性相近也，此言所稟之性，不是言性之本。孟子所說，便正言性之本。」（同上）

案：「所稟之性」當該為「氣稟之性」。「所」字不諦。其言「所稟」即意指所稟受之氣有不同之「氣質之性」也。

8.問：先生云：「性無不善，才有善不善」，揚雄、韓愈皆說著才。然觀孟子意，卻似才亦無有不善。及言所以不善

處，只是云：「舍則失之」，不肯言初稟時有不善之才。
如云：「非天之降才爾殊」，是不善不在才，但以遇凶
歲，陷溺之耳。又觀：「牛山之木，人見其濯濯也，以爲
未嘗有才〔材〕焉，此豈山之性？」是山之性未嘗無才
〔材〕，只爲斧斤牛羊害之耳。又云：「人見其禽獸也，
以爲未嘗有才焉，是豈人之情也哉？」所以無才者，只爲
旦晝之所爲又梏亡之耳。又云：「乃若其情，則可以爲善
矣，乃所謂善。若夫爲不善，非才之罪也。」則是以情觀
之，而才未嘗不善。觀此數處，竊疑才只是一個爲善之
資。譬如作一器械，須是有器械材料方可爲也。如云：
「惻隱之心仁也」云云。故曰：「求則得之，舍則失之。
或相倍蓰而無算者，不能盡其才也。」則四端者便是爲善
之才。所以不善者，以不能盡此四端之才也。觀孟子意，
似言性情才三者皆無不善，亦不肯於所稟處說不善。
〔案：不但「皆無不善」，而且是一事。〕今謂才有善不
善何也？或云：善之地便是性，欲爲善便是情，能爲善便
是才。如何？〔案：此或者云云亦佳。〕
先生云：上智下愚便是才。以堯爲君而有象，以瞽瞍爲父
而有舜，亦是才。然孟子只云「非才之罪」者，蓋公都子
正問性善，孟子且答他正意，不暇一一辨之，又恐失其本
意。如萬章問象殺舜事，夫堯已妻之二女，迭爲賓主，當
是時，已自近君，豈復有完廩浚井之事？象欲使二嫂治
棲，當是時，堯在上，象還自度得道殺卻舜後，取其二
女，堯便了得否？必無此事！然孟子未暇與辨，且答這下

意。（同上）

案：此條問者之順通孟子並不差，末後引及或者之云三語尤佳。此問者明見出孟子所言之才與伊川所言之才有衝突：一是無不善，一是有善與不善。彼雖未能明其所以，判開兩者言才殊指之實義，明其所屬範疇之不同，然正欲以此問題問伊川而求有以明之也。但伊川之答仍不就兩者言才殊指之實義正視其所屬範疇之不同，卻仍只以自己所說之「才稟於氣」概孟子。夫才既稟于氣，則必然函著有善與不善。若只以「才稟於氣」之一義律孟子，則孟子所言必妄。然伊川又不便指出孟子之非，卻只說「孟子只云非才之罪者，蓋公都子正問性善，孟子且答他正意，不暇一一辨之。」殊不知此並非「不暇一一辨之」之問題，此兩者之不同亦非「正意」與餘意之不同。「非才之罪」定然函著才是善，「才稟於氣」定然函著才有善與不善。此是所屬範疇有不同之問題，不是「正意」與餘意之問題。子能以「非才之罪」為正意，以「有善不善」為餘意而不暇辨乎？以伊川所舉「象殺舜事」為例，伊川以為必無「完廩浚井」之事，亦必無「使二嫂治棲」之事，但孟子不暇辨，只說「象憂亦憂，象喜亦喜」、「兄弟之情自有所不能已」（朱注語）之正意。若以此為例，倘若孟子有暇一一辨之，能將「稟於氣」之才之有善不善辨而無之乎？而且此例亦不類。蓋完廩浚井之事有無並無礙於「象憂亦憂，象喜亦喜」、「兄弟之情」之不能已。無此事，舜如此，即有此事，舜亦仍如此，此舜之所以為舜也。此不暇辨，甚至不辨，可也。但「稟於氣」之才之有善不善之成立否，卻有關於「非才之罪」之成立否。如果以「才稟於氣」之一義律孟子，則

「有善不善」必真，而「非才之罪」之才善必妄。如果「非才之罪」之才善成立，則「有善不善」必不成立。今孟子既說出「非才之罪」之「正意」，子將使孟子如何辯解「才有善不善」耶？此不能以「不暇一一辨之」說之也。將使如前第4條伊川所說（「舉天下言之」有美惡，「若說一人之才」則只是善）而辨之乎？此恐孟子不能受也。

「才稟於氣」之義並不誤，此是有實義（獨立意義）之才，是屬於「氣」之範疇者，而孟子所說之才是虛位字，無獨立意義，其所指之實即是「本心即性」，是屬於「性」之範疇者。伊川於此太質直，頭腦不轉彎，只咬定一義而以「孟子不暇辨」答問者之問題，復歧出而說些不相干的事，此真「王顧左右而言他」也。

9.棣問：孔、孟言性不同，如何？

日：孟言性之善，是性之本。孔子言「性相近」，謂其稟受處不相遠也。人性皆善。所以善者，於四端之情可見。故孟子曰：「是豈人之情也哉？」：〔案：此情字作實講，是情實之情，非四端之情。〕至於不能順其情，而悖天理，則流而至於惡。故曰：「乃若其情，則可以為善矣。」若，順也。〔案：「乃若其情」之情亦作實字講，非情感之情。〕〔案：以性情之分解孟子非是。〕

又問：才出於氣否？

日：氣清則才善，氣濁則才惡。稟得至清之氣生者，為聖人。稟得至濁之氣生者，為惡人。如韓愈所言，公都子所問之人，是也。然此論生知之聖。若夫學而知之，氣無

清濁，皆可至於善而復性之本。所謂「堯、舜性之」，是生知之。「湯、武反之」，是學而知之也。孔子所言上智下愚不移，亦無不移之理。所以不移只有二：自暴自棄是也。

又問：如何是才？

曰：如材質是也。譬如木，曲直者，性也；可以爲輪轅，可以爲梁棟，可以爲榱桷者，才也。〔案：此當依前第5條案語修改〕今人説有才，乃是言才之美者。才乃人之資質。循性修之，雖至惡，可勝而爲善。

又問：性如何？

曰：性即理也，所謂理性是也。天下之理，原其所自未有不善。喜怒哀樂未發，何嘗不善？發而中節，則無往而不善。凡言善惡，皆先善而後惡。言吉凶，皆先吉而後凶。言是非。皆先是而後非。〔案：此段疏解見前〈性情篇〉第3條案語〕〔下問佛，略。〕（《二程全書·遺書第二十二上》，〈伊川先生語八上〉，〈伊川雜錄〉，唐棣編）

案：此條義皆見前，不再總案。

10. 犬、牛、人，**知所去就**，其性本同。但限以形，故不可更。如隙中日光，方圓不移。其光一也，惟所稟各異。故「**生之謂性**」，告子以爲一，孟子以爲非也。（《二程全書·遺書第二十四》，〈伊川先生語十〉，鄒德久本）

案：「知所去就」猶後來朱子言「知覺運動」。此「性」之同是生理欲望、生物本能之性，是「生之謂性」之性。「告子以爲一，孟子以爲非」，但孟子並不以爲人與犬牛之知覺運動之性同，只是因**形體氣稟**之**不同而不同於犬牛**。孟子所非者是「生之謂性」，即並不從「生之謂性」見人之所以爲人之**眞性**。而非是肯認「生之謂性」，只從形體氣稟之不同見人之**殊異**。若眞如此，則無以異於告子矣！又告子雖言「生之謂性」，亦非不知：同一知覺運動也，人與犬牛可不同。然自孟子觀之，若依「生之謂性」說性，則人之知覺運動雖因形體氣稟之不同而不同於犬與牛，若然只此有異，仍不足以見人之所以爲人之**眞性**，即不足以見人之所以爲人之**殊勝**，亦若人如只知飲食男女，無論如何講究，如何奢淫，亦與禽獸無以異，且甚至其罪過有甚於禽獸而遠不如禽獸者。是即示不能自「生之謂性」說性，而須推進一層自人之「內在道德性」之性說以見人之**殊勝**，而自「生之謂性」處以明人終不足以殊於犬牛，此是孟子之推演，非告子自宣稱其「爲一」也。伊川認爲是告子自宣傳其爲一，而孟子卻知自形體氣稟之不同而說其非一，此則謬之甚矣。

　　後來朱子以「日光」之一與「海水」之一喻「論萬物之一原，則理同而氣異」。但伊川此處所喻之「同」卻是「**知所去就**」之同，而此「知所去就」之性同卻是「生之謂性」之知覺運動之性，即生理欲望、生物本能、血氣心之氣性也。而非是朱子所喻之「**理同**」也。故不可因朱子之日光之喻與海水之喻而誤想此處伊川所說之「其性本同」爲義理之性本同也。因彼明就「知所去就」而言也。而結語復明言是「生之謂性」也。此「知所去就」之性同，實只是最低層之一般的動物性，雖亦是屬於氣，然卻尚說不到普通所

說之氣稟與氣質。故伊川得以就「隙中日光方圓不移」而說「其光一也，惟所稟各異」，以喻「其性本同，但限以形，故不可更」。人之形體與犬牛不同，故其表現「知所去就」亦不同於犬牛也。此「形限」之不同即函進一步說的氣稟氣質之不同，故云「其光一也，唯所稟各異」。此云「所稟」即包括形體與氣質而言也。人之形體固已殊異於犬牛，而復稟有高級之氣質而為犬牛之所無者。然殊知雖是高級，而仍屬於氣。故「生之謂性」，從低層言，有相同者，從高層言，亦有不相同者。此所以「性無分於善惡」（中性說）、善惡混、有善有惡，乃至性分三品與性惡諸說，皆可概括於「生之謂性」之下也。然伊川就此中之不相同者以明孟子知人性之不同於犬牛即以為是孟子言性之立場，則非是。不但**非是**，而且成**大混亂**！蓋即使在此人不同於犬牛，亦非孟子言性之所在。孟子所言之性豈只是「知所去就」之表現不同於犬牛乎？即使就「去就」說，其「知所去就」之真不同於犬牛者，乃在其有**超越的**「**本心即性**」**以決定之**（此如羞惡、辭讓、是非之心等），是乃由「生之謂性」下的「知所去就」，進而為由內在道德性而發之自律自主自定方向之**道德決斷之去就**，此則不可**以氣論**，亦不可以「**生之謂性**」**論**，此是真**不同於犬牛**者，此方是孟子言性之**所在**。而非是那同於犬牛，只因形體氣稟之不同而有不同之表現之「**生之謂性**」下「**知所去就**」**本身之高下**也。伊川於此不察，其於孟子亦疏矣。

　　又伊川此處所說之「性同」雖不同於朱子「論萬物之一原，則理同而氣異」之「理同」（性同），但卻似近其所說之「觀萬物之異體，則氣猶相近，而理絕不同」。「氣猶相近」即「知所去就」之知覺運動，人與犬牛本無甚異也。「理絕不同」是因「氣異」

（氣稟氣質之不同）而於超越性理之表現絕不同也（詳解見〈朱子部〉第八章，第一節）。但伊川此處所說之人物之異卻不是因形體氣稟之不同而於**超越性理**之**表現不同**，卻是於「**知所去就**」之性表現**有不同**。此所以言「似近」而實不同也。

11. 「生之謂性」與「天命之謂性」同乎？

　　性字不可**一概論**。「生之謂性」，止訓**所稟受也**。「天命之謂性」，此言性之理也。今人言天性柔緩、天性剛急，俗言天成，皆**生來如此**。此訓**所稟受也**。若性之理也，則無不善。曰「天」者，自然之理也。（同上）

案：伊川此〈氣稟篇〉主要是於個體生命形成時就所稟受於氣之凝聚所呈現之種種顏色、種種特質、種種強度，而說「生之謂性」。此性是屬於氣之自然徵象，西方人所謂"human nature"，而吾人即以「人性」譯之者，即此「性」也，實即「人的自然」也，即人之所受于氣之自然也。故此性亦曰「氣性」，或曰「才性」。就「氣性」言，說氣稟、氣質之不同，如清濁、厚薄、剛柔、緩急之類，亦可總曰「氣質之性」。就「才性」言，說材質、資質、才資、才能，如智愚、賢不肖之類，總之亦可曰「材質之性」。而此兩者亦可總曰「氣質之性」，皆概括在「生之謂性」一原則下。告子之說、荀子之說，乃至董仲舒、楊雄、劉向、王充，以及劉劭《人物志》所言之才性，皆是此原則下之種種說法，而亦皆可成立也。因屬于氣之自然本有種種顏色、種種徵象、種種強度也。王充所謂「用氣為性，性成命定」是也（詳見《才性與玄理》，〈王充性命

論〉章）。而至宋儒即皆以氣稟言之，而曰「氣質之性」。但伊川說此「氣質之性」尚未如朱子之解為「義理之性之墜在氣質裡邊」，實仍如普通之所意謂只是就氣稟氣質之不同而說一種「人的自然」之性也。此與「天命之謂性」之性不同，亦與孟子之就本心言性，本心即性之性不同，故伊川云「性字不可一概論」，實即兩種性也：一是屬于氣之自然，一是屬于理之超越的道德性之性（或就「於穆不已」之天命流行之體說，或就本心即性說）。若如朱子之解「氣質之性」，則只是一性，不過有自其墜在氣質裡邊說，有自其本身之本然說，實只是一「義理之性」為性也，此則成「一概」而論矣，以是否墜在氣質裡邊而別之。故伊川之言「氣質之性」其意解不同于朱子，而其言「生之謂性」亦合告子之原意，亦不同于明道之借用而另說一新義。此由本條之綜結即可知也。

伊川能正視氣稟氣質之不同就之而言一種性（氣性才性），以吸納「生之謂性」之一流，此並不誤。惟彼並不真能理解孟子所言之心性，亦不真能理解就「於穆不已」之體所言之天道與性體，蓋彼對此俱視為「只是理」故也。

12.性無不善，其所以不善者才也。受於天之謂性，稟於氣之謂才。才之善不善由氣之有偏正也。乃若其情，則無不善矣。今夫木之曲直，其性也。或以為車，或可以為輪，其才也。然而才之不善亦可以變之。在養其氣以復其善爾。故能持其志，養其氣，亦可以為善。故孟子曰：人皆可以為堯、舜。惟自暴自棄，則不可以為善。（《二程全書·外書第七》，胡氏本拾遺）

案：此條同于上第2、第4、第5、第9條之所說。當依前疏解解之，茲不贅。

第四節　才性篇

1.問：人欲議論多欲己直，無涵容之氣，是氣不平否？

曰：固是氣不平，亦是量狹。人量隨識長。亦有人識高而量不長者，是識實未至也。大凡別事，人都強得，惟識、量，人強不得。今人有斗筲之量，有釜斛之量，有鐘鼎之量，有江河之量。江河之量亦大矣，然有涯。有涯，亦有時而滿。惟天地之量則無滿。故聖人者，天地之量也。聖人之量，道也。常人有量者，天資也。天資有量者須有限。大抵六尺之軀，力量只如此。雖欲不滿不可得。且如人，有得一薦而滿者，有得一官而滿者，有改京官而滿者，有入兩府而滿者。滿雖有先後，而卒不免。譬如器盛物，初滿時尚可蔽護，更滿則必出。皆天資之量，非知道者也。昔王隨甚有器量，仁宗賜飛白書曰：王隨德行，李淑文章。當時以德行稱，名望甚重。及爲相，有一人求作三路轉運使，王薄之，出鄙言。當時人多驚怪。到這裡位高後，便動了。人之量只如此。古人亦有如此者多。如鄧艾位三公，年「七十」，處得甚好。〔案：「七十」二字恐有誤〕。及因下蜀有功，便動了。言姜維云云。謝安聞謝玄破符堅，對客圍棋，報至，不喜；及歸，折屐齒。終強不得也。更如人大醉後益謹者，只益恭，便動了。雖與

放肆者不同，其爲酒所動則一也。又只貴公子，位益高，益謙卑。只益謙卑，便是動了。雖與驕傲者不同，其爲位所動一也。然唯知道者，量自然宏大，不勉強而成。今人有所見卑下者，無他，亦是識量不足也。（《二程全書·遺書第十八》，〈伊川先生語四〉）

案：此條言天資之量與知道者之量甚好，無問題。

2. 問：人有日誦萬言，或妙絕技藝，此可學否？

曰：**不可。大凡所受之才雖加勉強，止可少進，而鈍者不可使利也。惟理可進。**除是積學既久，能變化得氣質，則愚必明，柔必強。**蓋大賢以下卽論才，大賢以上卽不論才。**聖人與天地合德，與日月合明。六尺之軀，能有多少技藝？人有身，須有才。**聖人忘己，更不論才也。**（同上）

案：此條言天才不可學；變化氣質是進德之學，其進無疆；大賢以上不論才；此皆極是極佳，亦爲宋明儒之所共許，亦是宋明儒講學之本質及其工夫眞切落實處。此則有進于《人物志》之論才性矣。當與《才性與玄理》論《人物志》章比觀。

3. 或問：人有恥不能之，心如何？

曰：人恥其不能而爲之，可也。恥其不能而掩藏之，不可也。

問：技藝之事，恥己之不能，何如？

曰：**技藝不能，安足恥？爲士者，當知道。己不知道，可恥也。**恥之何如？亦曰**勉之而已。**人安可嫉人之能而諱己之不能也？（同上）

案：此非謂技藝不可學，而所以如此言者，一因有才限，二因學有本末，人格價值有層級，以進德之學爲本爲主，以成聖成賢爲最高目的（大賢以上不論才）。此所以不以詞章、考據以及見聞之知爲主，而以進德之學與德性之知爲主之故也。此是儒家內聖之學之本質，而爲宋明儒所弘揚，不誤也。此亦非一般之思想義理之學如西方所謂純哲學者。此乃是亦義理亦德行，亦哲學亦道德宗教也。宋、明儒以前一方闢異端，一方斥俗學，遂爲言詞章、考據、事功者所嫉視、所詬詆，而予以種種之諷刺與譏笑。吾人現在既不必闢，亦不必斥，然辨同異以各善成其自己則可也；隨才之所宜，各作各的，皆有價值，而學有本末，人格價值有層級，則固客觀上是如此，亦不可得而抹殺也。言詞章、考據者，亦不必嫉視與仇視，講此學者亦不必真能至聖人，然「高山仰止，景行行止，雖不能至，心嚮往之」。不必以不能至即諱言此學，亦不必以其不能至，即予以種種譏刺與詬詆也。此吾今日平情之論也。

4. 生而知之，學而知之，亦是才。

問：生而知之，要學否？

曰：**生而知固不待學。然聖人必須學。**（《二程全書・遺書第十九》，〈伊川先生語五〉）

案：此亦極諦極是。天地間無現成之聖人。進德之學無止境，學惡可已耶？此所以言「純亦不已」，而復以「純亦不已」證「於穆不已」，即以「於穆不已」爲道體性體也。從「純亦不已」證「於穆不已」是「即工夫即本體」。從「於穆不已」起「純亦不已」是「即本體即工夫」。文王如此，孔子亦如此。是故言此學者必**崇聖**。

第五節　論心篇

1. 聖人之心未嘗有在，亦無不在。蓋其道合內外，體萬物。（《二程全書·遺書第三》，〈二先生語三〉。謝顯道記憶平日語）

2. 一人之心即天地之心，一物之理即萬物之理，一日之運即一歲之運。（《二程全書·遺書第二上》，〈二先生語二上〉。〔注明爲正叔語〕）

3. 正叔言不當以體會爲非心。以體會爲非心，故有心小性大之說。聖人之心與天爲一，安得有二？至於不勉而中，不思而得，莫不在此。此心即與天地無異，不可小了他。不可將心滯在知識上，故反以心爲小。（同上）

案：此三條說的皆好。但就伊川全部思想貫通而觀之，此三條所說于義理系統上不能有**決定性之作用**。蓋1、3兩條只就聖人境界說。只就聖人境界贊「聖人之心」是如此，不能決定心在內聖之學上之**地位究如何**，亦不能決定其對于**心概念自身之本質理解爲如何**。如

果就聖人境界之心進一步復能從本體論的存有上肯認一**實體性的心**本即如此，不獨聖人有之，人皆有之，惟聖人能體現之，故有此境界耳，如是，則此心不但是果上的境界，而且是因上的實有，不但有「聖人之心」如此，而且人人皆有此心，故原則上皆能如此。若能自覺地如此肯認，如此理解，則于義理系統有決定性的作用，此即成孟子學，後來象山、陽明即如此著眼，其兄明道言「一本」、言「仁體」，亦有此意。如陽明〈大學問〉云：「大人之能以天地萬物爲一體也，非意之也，其心之仁本若是，其與天地萬物而爲一也。」又云：「是其一體之仁也，雖小人之心亦必有之，是乃根於天命之性而自然靈昭不昧者也。」此即表示不但是境界，而且是**實有**，不但「聖人之心」如此，即「小人之心」亦本如此。然而吾人能說伊川亦有此意乎？亦能自覺地正視而宣稱此義乎？就其全部思想貫通而觀之，吾看其系統並不向此走。此兩條只就聖人境界說，及其落下來而正視**心概念自身**時，其分解的思考似又未必能肯認一**實體性的心**。是則終於境界是境界，聖人是聖人，而並不能從本體論的存有上肯認一普遍的實體性的心以呼應此聖人境界而實之也。不肯認此實體性的心，亦可描畫聖人之境界，而吾人亦可另走一路以漸至此境界。但光說此境界，則不能決定其究**走何路**，亦不能決定其於義理系統上**究視心爲如何**也。

　　至於第2條「一人之心即天地之心」等三語，儱侗這樣說，亦覺甚好。「一物之理即萬物之理」，此理當即「性即理也」之理，亦即「所以陰陽是道」的那個「道」字。如是，則「一人之心即天地之心」，此心亦當是一個超越的、普遍性的心，而不會是經驗的、心理學的心。但伊川是否能正視一個超越的、普遍的、實體性

的本心以證實此語，則未敢必。又是否能自覺地肯認此實體性的本心即是理，亦未敢必。如是，此種話頭如果只是一時之靈感，則於義理系統亦不能有決定性之作用。

　　一人之思想中，有是虛浮語，有是著實語；有是自覺的概念的主張語，有是一時之靈感語或興會語；有是本質的，有不是本質的。伊川此〈論心篇〉語最爲雜亂、模稜，與依似，好像只是些靈感，一時之想法，很難得其確定之條理與其立言之一貫的分際，亦很難了解其概念的、本質的主張究何在。如果吾人不能有簡別，引其虛浮語、靈感語、非本質語，以爲證，則很可能講成另一系統。如果眞能講成另一系統亦大佳，要者在能貫徹下去。但恐講來講去，貫徹下不去，而與其他思想相衝突，如是，則問題出矣。是即逼迫吾人對於其許多話頭不能不予以簡別也。

　　　　4.孟子言：「盡其心者知其性也，知其性則知天矣。」心
　　　　　也、性也、天也，非有異也。（《二程全書‧遺書第二十
　　　　　五》，〈伊川先生語十一〉，暢潜道本）

案：此條字面觀之，全對。但孟子此言是孟子學中之本質語，於其義理系統有決定性之作用。伊川言心性天是一，「非有異」，眞能如孟子之實而理解之乎？亦未敢必。故此條只是順孟子這樣說而已，不能視爲伊川學之本質，亦不能引此條以證伊川學爲孟子學。朱子順伊川之綱維，即自覺地對孟子此言必作**異解**。蓋已看出必作異解，始能維持住其**系統之一貫**。是即表示伊川由其著實語、本質語所成之綱維本非孟子學。此條，其順孟子如此說，表面上自無

誤，然其底子究如何理解，則不得知，故至少可知此條於其義理系統不能有決定性之作用。

5. 性之本謂之命，性之自然者謂之天，性之有形者謂之心，性之有動者謂之情。凡此數者皆一也。（《二程全書・遺書第二十五》，〈伊川先生語十一〉。〔全文已見〈性情篇〉第1條〕）

案：此條全文已見〈性情篇〉第1條，吾重錄于此，重在使人注意「性之有形者謂之心」一語。此語不能理解成心性是一之系統，詳見〈性情篇〉第1條之案語。可覆看，茲不贅。

6. 心具天德。心有不盡處，是天德處未能盡，何緣知性知天？盡己心則能盡人盡物，與天地參，贊化育。贊則直養之而已。（《二程全書・遺書第五》，〈二先生語五〉。〔未定誰語，《宋元學案》列於〈伊川學案〉。〕）

案：此條《遺書》中未注明是誰語。吾於〈明道章〉中，亦曾將此條列於其〈一本篇〉。茲復順《宋元學案》列於此。此條如視為明道語，則有決定性之作用。但孟子不說「心具天德」。本心即性，心即天德。朱子喜說「心具眾理」（在朱子，「心具」與「性具」不同，須分別講，詳見〈朱子部〉第二章第五節），但象山不說「心具理」，只說「心即理」。明道只說：「只心便是天。」又說：「只有一個誠，何助之有？」又說：「言體天地之化，已贅一

體字。」又說：「言贊化育，已是離人而言之。」又表示：無論「以心包誠」，或「以誠包心」；無論「以至誠參天地」，或「以至誠體人物」，皆是二本。是則體字、贊字、助字、包字、參字，皆不必要。依此推之，心卽天德，何具之有？「具」字亦不必要。依此而言，此條似乎又不能直認爲是明道語。

　　又此條「盡己心，則能盡人盡物」，盡人物之甚？《中庸》說「盡己性，則能盡人之性；盡人之性，則能盡物之性。」今從孟子說下來，便成此無著落語。此雖無大礙，然亦不通順。

　　又「贊則直養之而已」，此不是說「贊化育」是「養化育」。其意蓋是所謂「贊化育」者，亦不是怎樣去贊，只是直養此心而已。「之」字是代表上文之「心」字。「養」是承上文「盡」字而變換說。此語似亦幾類於明道之「一本」義。但上下文貫通觀之，似亦不類。與明道〈一本篇〉對照觀之，即可知矣。蓋其語意不圓澈故也。大抵明道有些圓頓逕直話頭，伊川亦常隨之說，而其感受不同，常變換語意，又其著實理解之底子亦不同於明道，故常似之而非也。此如窮理「盡性以至於命」，明道說「三事一時並了，元無次序」，而伊川亦說「三事只是一事」。實則底子完全不同。已見明道章〈一本篇〉第7、8兩條之疏解。又如本節前第4條言「心性天非有異」亦是隨著明道「只心便是天」而說，而其理解底子則完全不同。第5條言「凡此數者皆一也」，而其實有些並不一，亦只是這樣說而已；但當明道說一時，卻眞是從體上見到一，說圓一時亦眞是一本之圓一。又如明道云：「維天之命，於穆不已，不其忠乎？天地變化草木蕃，不其恕乎？」而伊川則改後句云：「乾道變化，各正性命，恕也。」此一變換即不諦當。詳見〈明道章〉引

言。

　　是以此條看似好，實則並不類明道之一本義。若隨著說，而感受不同，則其理解底子亦恐有不同。故此條既不易視爲孟子學，亦不易視作明道語。若視作伊川語，即不能有決定性之作用。若依其確定的義理底子或依朱子義解之，則成另一系統，去孟子遠矣，去明道亦遠矣。

　　7. 理與心一，而人不能會之爲一。（《二程全書·遺書第
　　　　五》，〈二先生語五〉。〔未定誰語。〕）

案：「理與心一」，此「一」爲「合一」之一。此整語之意當爲：理與心**本應合一**，而事實上人常不能**會之爲一**。心順理，理內在於心，即爲理與心合一；心不順理，理與心不相干，即爲不合一。此「合一」猶預設心理爲二，其爲一者是兩者**合順而爲一也**，不是**實體性的心之即理之自一也**。「心即理」有時亦可說「合一」，但此「合一」不是預設實有心理相對之二而待合，其所預設者是**實體性**的本心之自發、自律、自主、自定方向之即理，此時心之自體本即是理，不是**二體而待合也**。如是，心理合一有二義：一是**二物而待合**，此合一是**關聯的合**；一是**一物而不待合**，故實只是**一**，而不是**合一**，言「合一」者虛設權言耳，此是實體性的本心即理之**自一**，而不是**關聯地合而爲一也**。**關聯的合一**是朱子義，**實體性的自一**是孟子義，而象山、陽明繼之。（明道亦當意許此「實體性的自一」之義，其所以不如象山、陽明之顯著，仍因北宋開始是由《中庸》、《易傳》而向《論》、《孟》轉，至明道始正式轉至而重在

言「一本」,而「一本」即函「實體性的自一」之義,「實體性的自一」之義隱伏於其中,故不如象山、陽明之顯也。)此第7條,《遺書》中雖未定誰語,然其語脈是表示「關聯的合一」之義,故當是伊川語,而非明道語,當意解為朱子義也。「關聯的合一」中之心是經驗的心、實然的心,理是超越的、只存有而不活動的只是理。心如理為道心,不如理為人心。此皆合乎伊川之思理,故此第7條當為伊川語也。

8.「人心惟危,道心惟微。」心,道之**所在**;微,道之**體也**。心與道渾然**一也**。對放其良心者言之,則謂之**道心**。放其良心,則危矣。「惟精惟一」,所以行**道也**。(《二程全書·遺書第二十一下》,〈伊川先生語七下〉)

案:「人心惟危,道心惟微」,危字、微字,皆是形容心字,以**心為主也**。今伊川卻就「道心惟微」拆開說:「心,道之所在;微,道之體也。」是則「微」字乃形容「道」字,非形容「心」字也。而「心,道之所在」,則心與道為二,而非即道也。其「渾然一也」雖加「渾然」,亦是**關聯的合一**,非實體性的心即理之**自一也**。不「放其良心」,則良心自然易於合道,謂之「道心」。放其良心,則不順理、不合道,即謂之「人心」。此所意解之「良心」亦非孟子所謂「良心」之本義也。

9.心生道也。有是心,斯有是形以生。**惻隱之心,人之生道也**。雖桀、跖不能無是以生,但戕賊之以滅天耳。始則不

知愛物，俄而至於忍，安之以至於殺，充之以至於好殺，
豈人理也哉？（同上）

案：說心是**生道**，說惻隱之心是人之**生道**，此若儱侗觀之，亦無問
題。但理解此作為「生道」之心或惻隱之心之義理背景有不同。
一、依實體性的本心之道德創造（沛然莫之能禦），或依仁體之覺
潤無方、感通無礙而說心為「生道」；二、依仁性愛情之分而說心
或惻隱之心為「生道」。前者本心即性，本心即理，惻隱之心即仁
體，此體、此性、此理純以道德的兼復是形上的本心言，不以氣
言；此體、此性、此理是即活動即存有者。後者性是理，愛是情，
惻隱之心亦是情，心或惻隱之心不即是性，不即是理；心與情俱以
氣言，其自身是實然的、中性的；如理合道，則為生道，不如理合
道，不必能為生道：其自身不必能決定其自己必為生道。前者是孟
子學、明道義，象山、陽明繼之；後者是朱子義，伊川此條亦當如
此解，此非以朱子決定伊川，乃是由伊川開朱子，向朱子所完成者
走較為順適而一貫也。

10. 問：孟子言心性天只是一理否？

　　曰：然。自理言之謂之天，自稟受言之謂之性，自存諸
　　　　人言之謂之心。〔案：此三語背後之義理間架不同于孟
　　　　子。又天與性是一理，而天、性與心不必是一理。〕

　　又問：凡運用處是心否？

　　曰：是意也。

　　問：意是心之所發否？

曰：有心而後有意。

問：孟子言心出入無時，如何？

曰：心本無出入，孟子只是據操舍言之。

又問：人有逐物是心之逐否？

曰：心則無出入矣，逐物是欲。（《二程全書·遺書第二十二上》，〈伊川先生語八上〉，〈伊川雜錄〉，唐棣編）

11. 有言：未感時，知心何所寓？

曰：「操則存，舍則亡，出入無時，莫知其鄉」，更怎生尋所寓？只是有操而已。操之之道，敬以直內也。（《二程全書·遺書第十五》，〈伊川先生語一〉，〈入關語錄〉）

12. 問：「舍則亡」，心有亡何也？

曰：否。此是說心無形體，纔主著事時，便在這裡。纔過了，便不見。如「出入無時，莫知其鄉」，此句亦須要人理會。心豈有出入？亦以操舍而言也。放心，謂心本善，而流於不善，是放也。（《二程全書·遺書第十八》，〈伊川先生語四〉）

案：以上三條體會「操則存，舍則亡，出入無時，莫知其鄉」，不誤。但于義理系統不能有若何決定。只順孟子之引孔子語而如此體會而已。縱如此體會亦能盡孟子所說之「本心」之**一義**，然通貫伊川言心之全部而觀之，彼總不能盡孟子所言之「本心」之**全蘊**與**實義**也。

13.問：仁與心何異？

曰：心是**所主**言，仁是**就事言**。

曰：若是，則仁是心之用否？

曰：固是。若說仁者之用，則不可。**心譬如身，四端如四肢。四肢固是身所用，只可謂身之四肢。如四端固具於心，然亦未可便謂之心之用。**

或曰：譬如五穀之種，必得陽氣而生。

曰：非是。**陽氣發處卻是情也。心譬如穀種，生之性便是仁也。**（同上）

案：此條所說于伊川之義理系統有決定性之作用。首答仁與心之分別問題：「心是所主言」，「所主」是「所以為主」之意，意即：心是就所以為主者說。吾人所以之為主者是心，主者心主于身也，故下條有云：「主於身為心。」此即普通所說「心作主」之意。「仁是就事言」意即就事之發用而說仁。事之發用或就惻隱之心說，或就愛之情說。依伊川，惻隱之心或愛之情並不就是仁，乃是由之以見仁者，意即惻隱之心或愛之情之所以然之理為仁。是則「仁是就事言」，其確定而完整的意義當該是如此，即：就惻隱或愛之事之所以然之理說則為仁。仁對應惻隱或愛之事而為其理，此即吾人身上發用惻隱或愛之事之性也。惻隱或愛之事是吾人身上的發用，即皆可統于人之一個體。就統于人之個體言，此理**即說為性**，意即此是吾人發用此事之性或形式根據也。（但此性因為只是理，所以只可說為形式根據，不可說「性能」。）**散開就事之自身**說，即**說為理**。

次答「仁是心之用否」一問題，伊川以為不可說「仁者心之用」。如果仁是性、是理，則自不可說「仁者心之用」。「心譬如身」是綜說：「四端如四肢」，是散說。但四端如指仁義禮智之為理說，便不可說四端是心之用。「四端〔之理〕固具於心，然亦未可便謂之心之用。」蓋並非**心為體，四端之理為用**也。「四肢固是身所用，只可謂身之四肢」，但不能說**身是體，四肢是用**。此意頗不好表示。如照體用說，身是體，知覺運動、語默動靜是其用，豈能說四肢是其用耶？四肢只是**體之部分**。如就四肢自身說，則各自有其體用，如手為體，寫字持物是其用。四肢固是身所使用者，但不能說四肢是身之用，身是四肢之體。「所用」是**用之以為身之部分以便成就此身體之用**者。故伊川云：「四肢固是身所用，只可謂之四肢。」此見伊川之精察，雖不容易說得出，然其意自見。依此例推之（或以此例為喻），仁義禮智之為理固是**具于心而為心所用**，用之以**為心之發用之所以然之理以成就此發用之事**，但不能說**心是體，仁義禮智是用**。如果就體用說，綜說的**心自己是體**，其種**種情變是其用**，而作為性理的仁義禮智則**非其用也**，乃是成就其用之**形式根據**也。如果以此形式根據（性理）為體，則心之情變因其為此理所統馭而繫屬之，故亦可說為此理之用。但此性與情（理與氣）之體用，與心與情之體用不同。心與情之體用是**無間之體用**，是有機的生發之體用，心是**真能發用此情者，心之發用即是情**。但性與情之體用，是**有間之體用**，是**統馭繫屬的體用**，如**主之與僕**，性並**不真能發用此情**。情之發用之體是**心**，而不是**性**。情之**綱紀之體是性**，而不是**心**。因有此如許曲折，故令伊川不以四端之理為心之用也。（在理與氣上，朱子不以動靜為太極之用，而說是太極所

乘之機，亦因有此曲折之故。雖不好說，然依「性即理」之綱維，恰如伊川之感到性理非心之用，朱子亦易感到性理似並不真能發用情變或動靜也。）但如果四端是指**情**說，則固可謂之爲**心之用**。伊川此處說四端是指仁義禮智之爲**理**說，因本自仁與心之分別說下來故也。

最後一問答，或人之意似以爲五穀之種是心，陽氣鼓動是仁。伊川依形上形下之分，固易見出此說之非。故直答之曰：「非是。陽氣發處卻是情也。心譬如穀種，生之性便是仁也。」言至此，伊川之真意全見。心是總持地說，「譬如穀種」，就中分別其所以生之理是性，實際之生發（陽氣發動）是情。只此義理是伊川之真意、本意，故最爲朱子所印持。朱子于伊川言心只注意此一義，其餘皆不甚相干，可謂具法眼。朱子云：「程子云心譬如穀種，其中具生之理是性，陽氣發生處是情。**推而論之，物物皆然。**」（見〈朱子部〉第七章第三節Ⅲ之10）可見此義之重要。朱子即用此間架解析一切。（其解明道「上天之載，無聲無臭，其體則謂之易，其用則謂之神，其理則謂之道」，亦用此間架。）而于此間架，亦很容易想到「**心統性情**」義。故朱子于伊川「**性即理也**」一語以及橫渠「**心統性情**」一語，視爲「**顚撲不破**」之**法語**，實皆可由此條而明之也。故此條于伊川、朱子之義理系統有**決定性之作用**。

14. 問：心有善惡否？

曰：在天爲命，在義爲理，在人爲性，主於身爲心，其實一也。心本善，發於思慮則有善有不善。若既發，則可謂之情，不可謂之心。譬如水，只謂之水，至於流而

爲派，或行於東，或行於西，卻謂之流也。（同上）

案：如果心是「本心即性」之心，是實體性的即存有即活動之心，則說命、理、性、心是一，無問題，說心、性、天是一，亦無問題，乃至以性爲主，說「性之本謂之命，性之自然者謂之天，性之有形者謂之心，性之有動者謂之情」，亦無問題。但如果依上第13條心性情三分之間架，說它們是一，則有問題。依伊川之分解，說命、理、性，或命、天、性是一，無問題，此誠是一；但說命、理、性與心與情亦是一，則有問題，此並不眞是一，只可說依某種**關聯方式關聯而一之**。盡依心性情三分之格局，伊川並不眞能了解孟子所說之「本心即性」之心，其所意解之心似並非**實體性的即存有即活動之心**，乃只是一個實然而不是理的屬氣之心，只是一個只活動而並非是存有（但可說存在）之心。此即表示心與性、天、命、理不能是本體論的、即活動即存有的**實體之自一**，但只是有**某種關聯的一**（依上第13條及第7條了解）。

至于心與情，依此條之喻解，如水之與流，此兩者是一條鞭的事，只是有動靜之異，有總持地就其自身說與分散地就其發用說之異。總持地就心之自身說是心，是心之自體，此亦可說是靜；分散地就心之發用說是情，是心之流變，此亦可說是動。情是心之已發，心是情之未發。（此或可聯想地說：情是具體的心，心是**抽象的情**。但此並不恰當，因心亦是具體的，未發之靜時並不即是**抽象**也。歛藏發散亦並不是**抽象與具體之別**，因**歛藏**並非即抽象也。歛藏見心之自體，發散見心之動用，心之自體與心之動用，亦非抽象與具體之別，皆具體也。）

心有已發未發，性理無所謂已發未發。性之善是以其爲理而善，此是**絕對地定得住者**。然則「心本善」是依何而爲善？其爲善將如何說？依伊川「發於思慮，則有善有不善」。**既發爲情**，是則情始有善不善。然則心之**本善**是就其未發之**渾然狀態**說。發時有利害之牽扯，有物欲之引誘，故有善不善之問題。未發時之渾然狀態，汝可意想其爲**寂靜潔白**，無那許多牽扯引誘之**纏夾**。是則寂靜潔白只以「無牽扯引誘之纏夾」來規定，此即是**渾然狀態**，亦即是**善矣**。但此種善並不一定是**道德地善**，而且其爲善亦並不眞能**挺得住**，只是一個**實然的偶然狀態**，並無**理之必然**。是即表示心如果不是實體性的即存有即活動之心，其自身即不能**決定其自己必爲道德地善的**。故在伊川「性之善」是一**必然命題**，而「心之善」則是一**事實命題**。由心之渾然狀態之不能決定其自己必然道德地善，進而要決定其必爲道德地善，須看其是否**順性依理**，即須以理來決定，此即爲**他決他定**，而非**自決自定者**。如理，則爲道德地善，不如理，則爲道德地惡。而渾然狀態自身固不必是道德地惡，但亦不必即是道德地善，此則幾乎是中性的，雖意想之爲寂靜潔白，亦無關也。蓋此時雖未有許多纏夾，然亦只是事實上「未有」而已，並非即**道德上必然的純潔**也。此所以伊川必言「涵養須用敬，進學在致知」以期其順性如理也。此當是伊川言心之實義，故于其言「心本善」不可不有簡別也。

此問題與中和問題有關，見下節。

15. 問：人之形體有限量，心有限量否？

日：論心之形，則安得無限量？

> 又問：心之妙用有限量否？
>
> 曰：自是人有限量。以有限之形，有限之氣，苟不通之
> 以道，安得無限量？孟子曰：盡其心，知其性。心即道
> 也。在天爲命，在人爲性，論其所主爲心。其實只是一
> 個道。苟能通之以道，又豈有限量？天下更無性外之
> 物。若曰有限量，除是性外有物始得。（同上）

案：「論心之形，則安得無限量？」此中所謂「心之形」，即前第
一節〈理氣篇〉第11條「如言志，有甚迹，然亦儘有形像」中之
「形像」。此所謂「形像」或「形」尚不是一心也，有時表現爲
志，有時表現爲意（劉蕺山所說之意），有時表現爲良知，有時表
現爲惻隱、恭敬、羞惡、是非之心等之各種「相」或「形態」，乃
是「形氣」之形。「形像」或「形」是由氣來決定的。「氣」是
「心氣」之氣。心之形像或形是由心氣之「氣」義而形成，是以不
能不有限量。孟子說「志，氣之帥也」，此言志是由「本心」說，
故曰「心志」。本心，就其主于氣而爲氣之帥言，即名曰「志」。
此「心志」純以「理」言，就心說，即是超越的道德的本心，其自
身即是**無有限量的**，不失其**遍**、**常**、**一**之特性。此心志是本心之一
「相」或一「形態」，此「相」或「形態」是**形式的意味重**（所謂
以理言），不是形氣之形，此後者是**材質的意味重**。孟子所謂惻
隱、羞惡、恭敬、是非之心等，如就其爲一「相」或一「形態」
言，俱當如此論。王陽明所謂「良知」，劉蕺山所謂「意」，如就
其爲本心之一「相」或一「形態」言，亦當如此論。總之，凡此諸
詞所表示之「心」是道德的、超越的本心，不是「心氣」之心，其

形態或相亦不可以氣論。伊川說心大抵是就實然的心氣之心說，此大體是近乎心理學的心、後天的心。如單說「氣」，氣自是「大段有形體之物」，有「迹」，是形而下者。說到心（實然的心），雖比氣精緻，好像不是有形體之物，亦不可說「迹」，「然亦儘有形像」。其實如果此「形像」是由心氣之氣義而形成，則「有形像」，即有「迹」，不過其「迹」甚微而已。迹與形像既如此，則心之氣義亦精微，故曰「心氣」，言不若「物氣」之粗也。雖精微，而總是氣，仍是形而下者，故只是實然的心也。後來朱子即說心爲氣之靈。因此其「形像」或「形」亦是形氣之形，仍是以氣說，材質的意味重。伊川看「志」猶是屬于這「實然的心氣」之心也，此非孟子言心志之層次。

　　心如其爲心而平看，只是一實然的心氣之心，只是一「氣之靈」之心，故伊川云：「以有限之形，有限之氣，苟不通之以道，安得無限量？」是則心自身並非即是道，亦並非即是無限量。「通之以道」，始得爲無限量。是乃以道（性、理）提契心，使之如理合道，漸近于無限量，使有限之心氣取得一**無限之意義**。下由「孟子曰：盡其心，知其性」，而說「心即道也」。此就孟子說，並不錯。但在伊川，亦只是順孟子而如此說而已。其心中之意解並不能證成孟子義之「心即道」。顯然，依伊川，心不即是道，而是須「通之以道」。蓋心是「有限之形，有限之氣」之心也。但在孟子，本心即是道。本心是道德的超越的心，並不是形氣之心，亦不待「通之以道」。「盡其心」，「盡」是充分體現的意思。將此超越的本心擴而充之，充分地體現出來，即可知性之所以爲性，性即是此**自主自律自定方向之本心也**。知性之所以爲性，即知天矣。天

亦不過是形而上的道德創造性之自主自律自定方向之「**於穆不已**」之**眞體**也。是則心性天之「內容的意義」完全同一，此眞是**本體論的眞體之自一也**。但伊川並不能如此了解孟子，其視心爲形氣之心，心亦並不能有此義。是則彼順孟子而謂「心即道」，其心中之意解並不同于孟子。形氣之心本身並不即是道，「通之以道」而如理合道時，始可說「心即道」，是則此「即」並不同于依孟子義而說之「心即道」之「即」也。孟子義的「即」是**本體論的眞體**（即活動即存有的本心）之「**自即**」，而伊川義之「即」卻是某種**關聯方式**下之**關聯的「即」也**。「通之以道」，**關聯上去了**，方可說「**心即道**」。「在天爲命，在人爲性，論其所主爲心，其實只是一個道」。其實「在天爲命，在人爲性」，此是說道之自己，在此說命與性「只是一個道」可也；而就心言，則是關聯地「即」了後方是道，在此說「只是一個道」與在命與性處說「只是一個道」，其意義並不相同。故下又須加上「苟能通之以道，又豈有限量」這個條件語。若在孟子，何須加此限制耶？本心即道（本心眞體之自即）何待「通之以道」耶？

最後，「天下更無性外之物，若曰有限量，除是性外有物始得。」有然，必有所以然，自「無性外之物」。此只表示性理主宰綱紀一切現實的存在。心亦是個現實的存在。故亦能逃于性理主宰綱紀之外，但此並不表示作爲現實存在的形氣之心本身即是道，即是理也。關聯地說，「性外無物」，此是性主宰綱紀乎物。然性自身以外**實有物**。性與物並非**同一也**。類比于此，亦可關聯地說「心外無理」，心通之以道，心如理合道，而道亦內在于心，此是**關聯地「心外無理」**，然心自身以外亦實有理，**心與理並非一物也**。順

孟子義（象山、陽明繼之），「性外無物」、「性外有物」，亦皆可成立，與伊川、朱子同（雖性之意義不同），然「心外無理」與「心外有理」則不能同時成立。其「心外無理」，不是心理兩者**關聯地相入而為一**，而是**心自體即是理**，即依此而謂「心外無理」，故不能再言「心外有理」，因而亦必反對「心理為二」也。此是兩系統根本差異點之所在。

以上13、14、15三條是伊川言心最顯明而又最重要之文字，于其義理系統有決定性之作用。其他髣 而依似者皆當依此三條疏通而確定之。此下三條，言涵養、言敬，無問題，只錄之，略加案語以示其言工夫之分際。

16. 學者先務固在心志。有謂欲屏去聞見知思，則是絕聖棄智。有欲屏去思慮，患其紛亂，則須是坐禪入定。如明鑑在此，萬物畢照，是鑑之常，難為使之不照。人心不能不交感萬物，亦難為使之不思慮。若欲免此，惟是心有主。如何為主？敬而已矣。有主則虛，虛謂邪不能入。無主則實，實謂物來奪之。〔案：此所謂「實」猶荀子所謂「藏」。《荀子・解蔽篇》云：「心未嘗不藏也，然而有所謂虛。」又云：「不以所已藏害所將受，謂之虛。」藏，念慮紛糾也。有敬為主以鎮之，則物不能奪，邪不能入，即虛。無敬以鎮主之，則物來奪之，邪祟入之，腦滿腸肥，全部是思慮充塞，即謂之實。如此說虛實，別扭！〕

今天瓶罌，有水實內〔此喻有主，此是以「有主」說

實〕，則雖江海之浸，無所能入，安得不虛〔此喻「邪不能入」〕？無水於內〔此喻無敬以主之〕，則淳注之水，不可勝注，安得不實〔此喻「物來奪之」邪祟充之〕？

大凡人心不可二用。用於一事，則他事便不能入者，事為之主也。事之為主，尚無思慮紛擾之患，若主於敬，又焉有此患乎？所謂「敬」者，主一之謂敬。所謂「一」者，無適之謂一。且欲〔當為「如」〕涵泳主一之義，一則無二三矣。

言敬，無如聖人之言。《易》所謂「敬以直內，義以方外」。須是「直內」，乃是主一之義。至於不敢欺、不敢慢、尚不愧於屋漏，是皆敬之事也。但存此涵養，久之自然天理明。（《二程全書·遺書第十五》，〈伊川先生語一〉，〈入關語錄〉）

案：伊川言敬與明道異矣。伊川是就實然的心氣之心言敬，敬以鎮之，使之就範也。明道是就誠體言敎，直通「於穆不已」之體。「敬則無間斷」，勿忘，勿助長，是則敬即「純亦不已」也。故曰敬體。此則「即本體便是工夫，即工夫便是本體」，不是就實然的心氣言敬以鎮之也。誠體、敬體呈露，則吾人之內部生命直矣，此是從體上言「敬以直內」也。從體上言「敬以直內」，則義由中出以馭氣變，以成實事，此所謂「義以方外」也。此與伊川之異是先後天工夫之異。兩者可相補，而其立言分際之異不可不辨。

17. 昔呂與叔嘗問爲思慮紛擾，某答以：但爲心無主。若主於敬，則自然不紛擾。譬如以一壺水投於水中，壺中既實，雖江湖之水不能入矣。曰：思慮果出於正，亦無害否？曰：且如宗廟則主敬，朝廷則主莊，軍旅則主嚴，此是也。若發不以時，紛然無度，雖正亦邪。（《二程全書·遺書第十八》，〈伊川先生語四〉）

18. 不動心有二：有造道而不動者，有以義制心而不動者。此義也，此不義也，義吾所當取，不義吾所當舍，此以義制心者也。義在我，由而行之，從容自中，非有所制也。此不動之異。（《二程全書·遺書第二十一下》，〈伊川先生語七下〉）

案：「以義制心」是後天工夫，「義在我，由而行之」是先天工夫。但如果不識超越的本心，則「義在我，由而行之」一語無**著落**。此足見伊川純以「**實然的心氣**」看心爲不足也。伊川畢竟於心體不透，距孟子尚遠。

第六節　中和篇

I〈與呂大臨〔與叔〕論中書〉（原注：此書其全不可復見，今只據呂氏所錄到者編之）：

大臨云：中者道之所由出。
先生曰：「中者道之所由出」，此語有病。

大臨云：謂「中者道之所由出」，此語有病。已悉所諭。但論其所同，不容更有二名。別而言之，亦不可混為一事。如所謂「天命之謂性，率性之謂道」，又曰：「中者，天下之大本，和者天下之達道」，則性與道、大本與達道，豈有二乎？〔案：此語意未盡。意當是：性與道，大本與達道，論其所同，豈有二乎？但別而言之，又豈可混為一事？〕

先生曰：中即道也。若謂道出於中，則道在中外別為一物矣。所謂「論其所同，不容更有二名，別而言之，亦不可混為一事」，此語固無病。若謂性與道，大本與達道，可混而為一，即未安。在天曰命，在人曰性，循性曰道。性也，命也，道也，各有所當。大本言其體，達道言其用。體用自殊，安得不為二乎？〔案：伊川所說「體用自殊」，正是與叔意。與叔並未混而為一，故云「中者道之所由出」。今伊川既力陳「性也，命也，道也，各有所當」，大本與達道「體用自殊」，而又云「中即道也」，並反對「道出於中」之義，則其混亂可知。「道在中外別為一物」之難亦太過矣。其不如與叔之豁順甚顯。夫「中者道之所由出」即就「率性之謂道」而言也，亦是剋就「達道」而言也。此語並無過患，而必穿鑿周納以難之何耶？夫用豈不本於體乎？「出」字正是表示「體用自殊」，不可混為一也。然亦豈即表示「道在中外別為一物」耶？〕

大臨云：既云「率性之謂道」，則循性而行莫非道，此非「性」中別有「道」也。中即性也。在天為命，在人為性。由中而出者莫非道，所以言「道之所由出」也。與「率性之

謂道」之義同，亦非道中別有「中」也。〔案：此辨說甚諦〕

先生曰：「中即性也」，此語極未安。中也者所以**狀性之體段**。（原自注：若謂性有體段，亦不可。姑假以此明彼。）如稱**天圓地方**，遂謂**方圓**爲天地可乎？方圓既不可謂之天地，則萬物決非**方圓**之所出。如中既不可謂之性，則道何從稱「出於中」？蓋中之爲義，自〔無〕過不及而立名〔「過」上脫「無」字〕。若只以中爲性，則中與性不合。與「率性之謂道」其義自異。性道不可合一，而言中止可言體，不可與性同德。又曰：觀此義，謂「不可與性同德」，〔德〕字亦未安。子居〔呂和叔之子〕對以中者性之德，卻爲近之。〔案：伊川此辨極差謬。一、前既云「中即道也」，而此又謂「中即性也」爲「極未安」。如「中即性」爲「極未安」，則「中即道」亦不得爲安。此顯伊川之顛三倒四。二、「中也者所以狀性之體段」，此語固不錯，然「狀詞」轉爲名詞，即指目「性」字，成實體字。如「誠」字之意爲「眞實无妄」，此本爲形容語句，然轉爲名詞，即代表道體，成實體字，故云「誠體」。因此，中亦曰「中體」，中即體也。此象山所謂實字也。象山云：「實字則當論所指之實。論其所指之實，則有非字義所能拘者」。（見〈與朱子辨太極圖說〉〔與朱元晦〕第二書）。「中即性」何以「極未安」？三、中狀性之體段，即就形容言，「中」之爲形容詞亦與方圓之爲「**謂詞**」不同。此辨極**違名理**。不但今日看之，覺其違名理，即在以前恐亦無如此類比者。順

通語意自不能如此類比也。伊川之窒礙不通大都類此。看起
來好像很精察。其實只是些**零碎感覺**。精察須**守名理**，而名
理之順通亦不易也。精察自函**分析**，而分析亦須曲而能達
也。其**照察不澈**，故**高明圓熟**不及明道。其**精察不熟**，故多
睽違難通之論。走分析之路亦不易也。此難，與叔無答辨，
蓋亦覺得其糾纏難通，又難于董理也。〕

大臨云：不倚之謂中，不雜之謂和。

先生曰：不倚之謂中，甚善（原注：語猶未瑩）。不雜之謂
和，未當。

大臨云：喜怒哀樂之未發，則**赤子之心**。當其未發，**此心至
虛，無所偏倚，故謂之中**。以此心應萬物之變，無往而非中
矣。孟子曰：「權然後知輕重，度然後知長短。物皆然，心
爲甚。」此心度物，所以甚於權衡之審者，正以**至虛**，無所
偏倚故也。有一物存乎其間，則輕重長短皆失其中矣。又安
得如權如度乎？故「大人不失其**赤子之心**」乃所謂「**允執厥
中**」也。大臨始者有見於此，便指此心名爲中。故前言「中
者道之所由出」也。今細思之，乃命名未當爾。此心之狀可
以言中，未可便指此心名之曰中。所謂以中形道正此意也。
率性之謂道者，循性而行，無往而非理義也。以此心應萬事
之變，亦無往而非理義也。皆非指道體而言也。若論道體，
又安可言由中而出乎？（原自注：先生以爲此言未足。）
〔案：此解說亦通順。就《中庸》言，中即**性體**。以《中
庸》之說法會通于《孟子》，中即**本心**。心與性不得有二。
中狀心狀性，轉爲名詞即成實體字。「命名未當」句乃遷就

伊川之意，其實不必如此，亦示呂與叔未能諦然見到「中」之爲實體字也。〕

先生曰：「喜怒哀樂之未發謂之中」。赤子之心發而未遠乎中。若謂之中，是不識大本也。

大臨云：聖人智周萬物，赤子全未有知，其心固有不同矣。然推孟子所云，豈非只取純一無僞，可與聖人同乎？非謂無毫髮之異也。大臨前日所云，亦取諸此而已。此義，大臨昔者既聞先生君子之敎，反求諸己，若有所自得。參之前言往行，將無所不合。由是而之焉，似得其所安。以是自信不疑，拳拳服膺，不敢失墜。今承敎乃云已失大本，茫然不知所向。竊恐辭命不明，言不逮意，致高明或未深喩。輒露所見，求益左右，卒爲賜敎，指其迷謬，幸甚。聖人之學以中爲大本。雖堯、舜相授以天下，亦云「允執厥中」。中者無過不及之謂也。何所準則而知過不及乎？求之此心而已。此心之動出入無時，何從而求之乎？求之於喜怒哀樂未發之際而已。當是時也，此心即赤子之心（原自注：「純一無僞」）。即天地之心（原自注：「神明不測」）。即孔子之絕四（原自注：四者有一物存乎其間，則不得其中）。即孟子所謂「物皆然，心爲甚」（原自注：心無偏倚，則至明至平，其察物甚於權度之審）。即《易》所謂：「寂然不動，感而遂通天下之故。」此心所發純是義理，與天下之所同然，安得不和？大臨前日敢指赤子之心爲中者，其說如此。

來敎云：「赤子之心可謂之和，不可謂之中。」大臨思之，所謂和者指已發而言之。今言赤子之心乃論其未發之際，純

一無偏，無所偏倚，可以言中。若謂已發，恐不可言心。來
教云：所謂「**循性**而行，無往而非理義」，言雖無病，而聖
人氣味殊少。大臨反而思之，方覺辭氣迫窄，無沈浸醲厚之
風。此則淺陋之罪，敢不承教！大臨更不敢拜書先生左右，
恐煩往答。只令義山持此請教。蒙塞未達，不免再三溈瀆。
惟望乘間口諭義山，傳誨一二，幸甚幸甚。〔案：與叔之意
是順孟子以「赤子之心」比喻**本心**，言「赤子之心」為中是
取義語，非是以**實然的觀點**看兒童之心之喜怒無常也。伊川
是**實然的觀點**，與叔是**取義的觀點**。與叔解說甚明，亦合孟
子意，而伊川必膠著何耶？末句「若謂已發，恐不可言
心」，蓋依與叔之意，心是指本心說，是中體，而「已發」
則指喜怒哀樂之情說。順本心中體而發，則曰和，不順，則
不得曰和。是則已發之情本身非必即**本心**也。故云「恐不可
言心」。于喜怒哀樂未發之際**見中**（或求中），乃是于情之
未發時見一**異質的超越的中體**也。此中體或曰**性**，或曰**本
心**。此理解之思路並不錯。但伊川在此卻**纏夾不堪**，又反對
此所謂「**求中**」之說。見下〈與蘇季明論中和〉。此處只一
提，暫不論。伊川在此只反對其以「赤子之心」為中，此是
以**實然之觀點**反對**與叔之取義觀點**也。此只是閉眼只說己
義，曾不一顧與叔之說之為**取義**也。最後呂與叔提及伊川謂
其「聖人氣味殊少」，此則只是無話可說，而以「聖人氣
味」壓之，故呂與叔惶悚承教，而其不耐之意，不欲再辨之
意已露于言表矣。〕

先生曰：所云「非謂無毫髮之異」，是有異也。有異者得為

大本乎？推此一言，餘皆可見。〔案：此見伊川固蔽之甚〕。

大臨云：大臨以赤子之心爲未發，先生以赤子之心爲已發。所謂大本之實，則先生與大臨之言未有異也。但解「赤子之心」一句不同爾。大臨初謂赤子之心止取純一無僞與聖人同，恐孟子之義亦然，更不曲折，一一較其同異。故指以爲言。固未嘗以「已發」不同處爲大本也。先生謂「凡言心者皆指已發而言」，然則未發之前謂之無心，可乎？竊謂未發之前，心體昭昭俱在，已發，乃心之用也。此所深疑，未喻。又恐傳言失指。切望指教。〔案：此辨甚諦。伊川「凡言心者皆指已發而言」一「未當」之語，亦是後來朱子重要論題之一。〕

先生曰：所論，意雖以已發者爲未發，反求諸言，卻是認已發者爲說。辭之未瑩，乃是擇之未精爾。「凡言心者指已發而言」，此固未當。心一也，有指體而言者，寂然不動是也。有指用而言者，感而遂通天下之故是也。惟觀其所見如何耳。大抵論愈精微，言愈易差也。所謂傳言者失指，及反覆觀之，雖曰有差，亦不失大意。又如前論「中即性也」，已是分而爲二，不若謂之性中（原自注：性中語未甚瑩）。以爲「聖人氣味殊少」，亦不須言聖人。第二書所以答去者極分明矣。

案：以上問答見《二程全書‧伊川文集》卷五。《宋元學案》卷三十一，〈呂范諸儒學案〉述呂大臨處，列有此文，有刪略，題曰

〈未發問答〉。〈伊川學案〉未有錄及。

統觀此問答全文，與叔思理非常清楚，而伊川則**膠著別扭**。前半段所討論者是「中是否即性」之問題，此只要知道「中」是**實體字**，則言「**中即性**」並無語病。甚至言「**中即本心**」亦無問題。伊川以為「中」是狀性之體段，不可認為中即是性。此種膠著的分別是**多餘的**。方圓之喻尤為**乖謬**。後半段以「喜怒哀樂之未發謂之中」應用於孟子，呂與叔以「赤子之心」為中，實即以孟子所說之「**本心**」**為中**，「赤子之心」是**取義**（取其「純一無偽、無所偏倚」），而伊川從**實然觀點**觀之，不以「赤子之心」為中，「赤子之心可謂之和，不可謂之中」，是則以赤子之心為「已發」也。實則若純以**實然觀點**觀之，赤子之心固**非中**，但亦**無所謂和**也。雖屬「已發」，而不必是和。「發而中節謂之和」，赤子之心喜怒無常，既無亦非未發之中，自亦無所謂中節之和。赤子之心是停在**自然的本能狀態**中，黑格爾所謂「**原始諧和**」也。而《中庸》之於喜怒哀樂之未發言中體，於已發中節言達道之和，則顯是就**自覺地作道德實踐**言。赤子之心，實然地觀之，無此自覺，故自亦無所謂中，無所謂和也。伊川實只如此看赤子之心，與孟子之以「**大人**」為主，而於赤子之心只**取義**者異也。故不謂之中固是，但「謂之和」亦未諦也。

在此「赤子之心是否為中」之爭論中，伊川說了一句不妥之言，此即「凡言心者皆指已發而言」是也。此經呂與叔之駁難，伊川固已自認其「**未當**」。遂改說云：「心一也，有指體而言者，寂然不動是也，有指用而言者，感而遂通天下之故是也。」後來朱子承伊川之思路言中和，對此「未當」之語特加解析，謂其另有所

指。〈已發未發說〉云：「程子所謂凡言心者皆指已發而言，此卻指**心體流行**而言，非謂**事物思慮之交**也。然與《中庸》本文不合，故以爲**未當**而復正之。固不可執其已改之言，而盡疑諸說之誤，又不可遂以爲未當，而不究其**所指之殊**也。」是則「其所指之殊」爲「指心體流行而言」，而「心體流行」是未發，不是「事物思慮之交」之已發，故以爲因「與《中庸》本文不合」而「未當」。但在〈與湖南諸公論中和第一書〉中則又云：「程子所謂凡言心者皆指已發而言，此乃指**赤子之心**而言。而謂凡言心者，則其爲說之誤，故又自以爲**未當**而**復正**之。固不可徒執已改之言，而盡疑諸說之誤，又不可遂以爲未當，而不究其所指之殊也。」此則又以「其所指之殊」爲「指赤子之心而言」，而其「未當」則在「凡言心者」。衡之伊川當時說此語之意以及呂與叔之反駁，此後一解說是，前一解說非。蓋〈已發未發說〉是初稿，〈與湖南諸公書〉是修改稿也。但其言「指心體流行而言」，亦有所本。凡此詳見〈朱子部〉第二章第五節與第六節。

又依呂與叔之說，以「赤子之心」爲中是**取義**，不是**指實**。中即指孟子所說之「**本心**」言，就《中庸》說，即指**性體**言。**本心即性，心與性不得有二**。此本心或性須于喜怒哀樂未發之際求之，此即所謂「**求中**」之說。此「求中」之說，伊川在此並未予以挑剔。但在下條〈與蘇季明論中和〉時，便直認如此說爲「**不可**」。後來朱子與張南軒亦皆反對此「**求中**」之說。朱子之反對是就不滿于其師延平觀未發氣象之**偏于靜**而反對，張南軒之反對則是根據其師胡五峰之**當下體證**而反對。實則此等反對皆是無謂的挑剔（伊川）與禁忌（朱子），亦是只知其一不知其二的多餘（南軒），而以伊川

之挑剔爲最糾纏無謂。試看伊川如何糾纏而不明澈。

Ⅱ〈與蘇季明論中和〉：

1.蘇季明問：中之道與喜怒哀樂未發謂之中同否？

曰：非也。喜怒哀樂未發是言「在中」之義。只一個中字，但用不同。

或曰：喜怒哀樂未發之前求中，可否？

曰：不可。既思於喜怒哀樂未發之前求之，又卻是思也。既思，即是已發思與喜怒哀樂一般。纔發，便謂之和，不可謂之中也。

又問：呂學士言當求於喜怒哀樂未發之前。信斯言也，恐無著摸，如之何而可？

曰：看此語如何地下。若言存養於喜怒哀樂未發之時，則可；若言求中於喜怒哀樂未發之前，則不可。

又問：學者於喜怒哀樂發時，固當勉強裁抑，於未發之前，當如何用功？

曰：於喜怒哀樂未發之前更怎求生？只平日涵養便是。涵養久，則喜怒哀樂發自中節。

或曰：有未發之中，有既發之中。

曰：非也。既發時便是和矣。發而中節固是得中（時中之類），只爲將中和來分說，便是和也。（《二程全書·遺書第十八》，〈伊川先生語四〉）

案：以上問答重要而根本者只有兩點：

㈠「喜怒哀樂未發是言在中之義」；

㈡「若言存養於喜怒哀樂未發之時則可，若言求中於喜怒哀樂
　　未發之前則不可」。

一是正面肯定「在中」之義，一是反面反對「求中」之義。關于前
者，首先說「中之道與喜與怒哀樂未發謂之中」不同。「中之道」
意即前條伊川所謂「中即道」，此是客觀地以「中」爲實體字，中
即代表「道」。「喜怒哀樂未發謂之中」是言「在中」之義，而
「在中」之義，依下條伊川之解析，「只喜怒哀樂不發便中是
也」。「只一個中字，但用不同」。如何不同？即就此處言，「中
之道」，中是**實體字**，即代表道；「在中」、「不發便中」，中是
形容字，是形容一種**境況**。「在中」字面上似是「在裡面」之意，
而其實義是言吾人之心處于一種不發未形因而亦無所謂偏倚之**境
況**。即依此不發未形而無所謂偏倚（偏傾倚著），說爲不偏不倚之
中，此即「**不發便中**是也」。此「不偏不倚」是消極的意義，只以
「不發、未形」定。依此而言，「中之道」與「未發謂中」初步實
有表面之不同，即詞類之不同：一爲實字，一爲狀字。若進一步
問：此詞類之不同究能于實義上至于眞不同否，則須進一步看此
「不發便中」的心之境況是否即是道？如果即是道，則初爲狀詞，
轉爲名詞，即是實字，此亦與「中之道」無以異矣。如果不即是
道，則終于爲狀詞，其所狀之境況不等同于道，則與代表道之實字
之「中」不同。此則于實義上眞有不同。揆之伊川之意，是否要至
于此？曰：恐是要至于此。依伊川，道即是理，理自然不偏不倚，
自可以「中」字狀。「中即道也」，中字轉爲名詞，即代表道。性
亦即是理，自亦可以「中」字狀。伊川在前條雖反對「中即性」，

謂此語「極未安」，此是滯于狀詞，而不准轉為名詞。夫既承認
「中即道」，而復不承認「中即性」，此是說不通的。方圓之喻太
乖謬，只是滯于狀詞耳。故「中即性」一語實不能反對也。如是，
依伊川之思理，吾人可說中既可狀道，亦可狀性，亦可狀不發未形
之心境，此是言其為狀詞。但在狀道狀性處，中亦可轉為名詞，成
實體字，即可代表道或性。而在狀「不發未形」之心境處，即使轉
為名詞，代表此心境，此心境之中亦不必即是道，亦不必即是性。
依伊川，性即理，心與性實不即是一也。就此「不發便中」之心境
說中，是內在于**實然的心**自身說一**實然的境況**。如此說的「中」並
不是**異質地跳越一步**指目一**超越的性體**或**本心**以為**中**，如呂與叔之
所說或甚至如一般之所說。在前條，伊川對于呂與叔之種種挑剔，
如反對「中者道之所由出」，反對「中即性」，反對以「赤子之
心」為中，尚不能見出其心中究竟是何背景而使之有如此之挑剔，
只覺其滯礙不通而已，蓋順《中庸》與孟子之原義，與叔之說實皆
無病也。今觀此條，則知其所以如彼之挑剔實有一背景，此背景即
是以**實然的觀點**看心，而**性即是理，心與性不一**是也。以實然的觀
點看心，故云「**不發便中**」也。而心性不一，故此「不發便中」之
心境並不**即是性**，因而亦並不即是《中庸》之「**性體**」與孟子所說
之「**本心**」也。因其心中有另一套想法，故示現在外面有種種睽違
難通處（與《中庸》、孟子睽違，故其挑剔多別扭難通）；而若吾
人以孟子、《中庸》為準，如呂與叔之想法去想，則很易覺其主張
「在中」（不發便中）與反對「求中」只是**無謂之糾纏**與**不明澈**；
但若知其自己有另一套之想法，則其糾纏亦確有其**實義**，非「**無
謂**」也；其不明澈自是不明澈（不明澈**中即性體**，會通於孟子中即

本心，本心即性），但以其自己之想法爲準，則亦甚**淸楚**也，惟不**易剔剝得出耳**。（其自己一套想法，初非自覺地即有一套，只因不解孟子與《中庸》之實義，以其質直之頭腦，見一義即滯一義，遂不自覺地步步顯示出耳。）

　　「在中」之義旣明，則關於第二點反對「求中」亦可得而明矣。依伊川，中旣只是指此實然的心之不發未形之實然的心境說，並不異質地指超越的性體或本心（孟子義的）說，則就《中庸》「未發謂中」說，「中」即不能離開此實然的心之喜怒哀樂而**空置爲別一物**，亦不能離開此實然的心之喜怒哀樂而別有一個**懸空的物曰中**。如果它離開此實然的心之喜怒哀樂而被空置爲別一物，則它只是一個影子，而不是那具體的不發未形之**實然的心境之自身**。如果離開此實然的心之喜怒哀樂而別有一個懸空的物曰中，則此名爲中之物即是一個**虛空的物**，而不是一**具體的不發未形之實然的心境**。是則中完全不能異質異層地越出此**實然的心**之範圍去說，只能**內在於此實然的心自身**而**同質同層地**只就其**不發未形說**。即依此義而說「**在中**」之義，以及說「**只不發便是中**」。而同時亦即依此義而反對「於喜怒哀樂未發之前」或甚至「未發之際」以**求所謂中**，而此種反對亦似可理解。蓋此「求」字似乎是於此實然的心之喜怒哀樂以外另指向一個**異質異層的懸空的物**，故蘇季明有「**恐無著摸**」之問，而伊川自己亦有「於喜怒哀樂未發之前更**怎生求**」之說。而其實義則只是**收縮於實然的心之一層**就其**不發未形而說**「中」也。

　　至於說「旣思於喜怒哀樂未發之前求之，又卻是思也。旣思，即是已發。」此種辨論，看似新鮮，其實是**層次混擾、乖違名理**。

蓋若如此，則說「不發便中」亦不可能，《中庸》說「喜怒哀樂之未發謂之中」亦不可能。蓋這樣去說即是這樣去想、去思考、去認識，而去說、去想、去思、去認識即是一種實際活動，亦即是已發。若如此便認爲是矛盾（說未發即是已發，思未發即是發），則其實是兩層之**混擾**與**纏夾**，實不成其爲**矛盾**。蓋**客觀地**於喜怒哀樂未發前求中（說中、見中），或以不發爲中，此是**指實**，而吾這樣去思去想之活動（已發）則是**主觀之理解**，兩者固不可**混而爲一也**。吾固可以已發之思之活動去思那「不發便中」之心境，或於未發時或未發前去思或肯認那超越之性體或本心以爲中。爲得因思之活動之爲已發便不可於未發前求中耶？若此而不可，則「不發便中」亦同樣不可。故伊川此難只是**層次之混擾、名理之錯亂**，實不成其爲難也。若有人見伊川此難，以爲伊川是在表示「中」不可言說，不可思議，一說、一思，便非「中」，此則失之**尤遠**。伊川實並無此玄義，亦並不在表示**頓歸默然**之妙諦也。是以此難可廢，因只是**層次混擾、名理錯亂**故也。而其反對於喜怒哀樂未發之前求中，其實義只是將「中」**收縮於實然的心之一層**只就其**不發未形**而說也。

　　中既只收縮於實然的心之一層就其不發未形而說，故吾人之工夫唯在於此不發未形時之心境直下加以「**存養**」，而無所謂於未發之前別**求一個中**也。蓋中既不指性體言，則於未發前別求一個中便是望風捕影，空無捉摸，「**更怎生求**」？更求個什麼？故云：「若言存養於喜怒哀樂未發之時則可，若言求中於喜怒哀樂未發之前則不可。」「**存養於未發之時**」是當下收縮於此心境之自身而**不外指**。「**求中於未發之前**」則**外指而別尋一物**。是以伊川於此特重

「存養」。「涵養須用敬」一主張，即在此處依「在中」之義而建立也，故云：「只平日涵養便是。涵養久，則喜怒哀樂發自中節。」「中節」即如理合道之意。吾人于平時對此不發未形之心境屢屢加以涵養，勿忘勿助長，以敬灌注之，則其發時自易中節合度也。此即「平日涵養」之義也。「涵養」唯施于「未發之時」，發則有可察，故亦須用察識工夫。此是涵養察識之直接的意義。進一步，則須順察識言集義、言窮理、言格物致知，此即「進學則在致知」一語之所由立。是以不只是空察其發，亦不只是空守著一個涵養之敬也。凡此俱見下兩節。

　　由以上之疏解，伊川之思理爲如何實可很清楚地呈現出。其由于對遮呂與叔而表現出之糾纏與混擾，若能解剝得開。則其自己之思理固甚清晰，而雙方系統之異亦洒然可見矣。其混擾乘名理者去之，則其糾纏不清難董理者實只是兩系統之糾結所呈現之幻象。各如其義條理而還置之，則幻象散矣。吾由此見出此中實有兩系統之異，落于《中庸》上，即形成對于「喜怒哀樂之未發謂之中」一語之兩種解析：

　　㈠于喜怒哀樂未發之時或前，跨越一步、異質地指目一超越實體爲中，此就《中庸》說，即「天命之謂性」之性體，若會通于孟子，即本心。「大本」不得有二，本心即性，心與性亦不得有二。喜怒哀樂是感性的情（以氣言的情 sensible feeling, emotional feeling），未發已發皆就情說，發是「激發」義。此若統名曰心，此心是心理學的心、以氣言之的實然的心，非孟子所謂道德的本心。喜怒哀樂之未發即是此心「未與物交而被激發起」之平靜狀，即未激發起而爲喜怒哀樂等各種之情也。已發或發即是此心被激發

起而爲情，亦即喜怒哀樂等情之激發出也。喜怒哀樂等情之已發未
發實即是此實然的心之被激發否：被激發起即爲情，未被激發起即
爲此心之平靜狀態，並不是有現成的喜怒哀樂藏在裡邊未發露出來
而待發露出來也。故此發既非**發露**義，亦非**發見**義，乃只是**激發**
義，與言良心或本心之發見或呈露不同也。（朱子在〈中和舊說〉
中混激發與發見、發露而爲一，非是。）又此實然的心之未被激發
起之平靜狀態，似亦可借用《易傳》語而說爲「寂然不動」，其已
被激發起而爲情，似亦可借用《易傳》語而說爲「感而遂通」，總
之其已發未發似亦可以《易傳》之寂與感說。然須知此只是**借用**，
並不是《易傳》言「寂然不動、感而遂通天下之故」之**本義**。《易
傳》說此語是就誠神說（此亦可用說孟子所言之本心），並不是就
以氣言之的實然的心（心理學的心）說。就誠神說，「寂然不動」
必然地分析地函著「感而遂通」，結果即寂即感，寂感是一，亦無
所謂**激發**也。而就實的心說，其未被激發起而借用《易傳》語說之
爲「寂然不動」，此「寂然不動」不必能函著「感而遂通」。伊
川、朱子于此實然的心之未發已發俱喜借用《易傳》語以說之，而
不加簡別，好像即是《易傳》之本義，亦非是。

　　由以上對于各詞、語之簡別，則于喜怒哀樂未發之時或前，跨
越一步異質地指目一超越實體而謂之中，此義即是**靜復以立體見體**
之義。在未發時之平靜心境（此亦即吾人之靜時），吾人暫與感性
層之**擾攘隔離**一下，以體證一**超越之實體**，此即是**中體**。此即復卦
〈彖傳〉「復其見天地之心」之義，亦〈象傳〉「先王以至日閉
關，商旅不行，后不省方」之義也。閉關、不行、不省方，即是
靜。即以此靜說「復」，即不隨氣動滾下去也。故靜復即由氣動之

流而逆回來之義。不隨動滾下去而相反于動即為靜，逆回來即為復。由此靜復以見眞體（天地之心），非是以此靜復之實然心境自身為眞體也。此即跨越一步，異質地指目一超越實體以為中也。此種異質的指目即曰「**超越的體證**」。呂與叔之于未發前求中即是于靜復中肯認一超越實體以為中也。「求」即「見」義，引申而為「肯認」或「體證」。並不是「空無捉摸」也。吾人總不能以平靜的實然自身為眞體也。吾人總須于形而下者肯認一形而上者為眞體也。「天命之謂性」之性體總有異于此平靜的實然心境自身也。為得謂異質地指目此性體為中即為「空無捉摸」耶？如是，「喜怒哀樂之未發謂之中」意即：于喜怒哀樂未發之靜時所見之超越眞體即謂之中也。此「異質的跳躍」之義雖未顯明地陳于辭語中，然實必隱含地藏于《中庸》原語之中，須通其義也。此一解法，不但呂與叔如此，亦當是通常之想法。此一解法所表示之義理間架即「靜復以見體」之義吾名之曰「**超越的體證**」。李延平終日危坐以驗未發氣象，亦是屬于此「超越的體證」。

　　㈡「只喜怒哀樂不發便中」，此是以「平靜的實然心境」自身為中，並不異質地指目一超越實體為中，此伊川解也。此種解法，如只就《中庸》原語之語句說，亦是可允許的。因為《中庸》明說「喜怒哀樂之未發謂之中」，辭語上明未顯明地表示一異質之跳躍。人實可只**于收縮于實然的心之一層**就其未被激發起之**平靜狀態**而說中，而且如果嚴格地就語句想，人反覺此解為直接，而跨越一步異質地指目一超越實體為中反為引申，甚至可說于語句上為無根。然則伊川之「只〔……〕不發便中」之「在中」之義（只實然的平靜心境說中）倒反是貼切而恰當的。若孤離地單看此一句，亦

實可如此說。但此解有一嚴重之問題，即：在此解法中，心與性**必為二**，實然的平靜心境並不可**說爲性**，然則「中也者天下之大本」將如何解？此「實然的平靜心境」爲「天下之大本」乎？如是，「天命之謂性」之性體（或如伊川性即理說爲性理）將不可爲「天下之大本」乎？抑皆可爲「大本」，將有二本乎？此三者皆不可能。

首先，不可能有**二本**。《中庸》只說一個「中」爲天下之大本，並沒有說兩個中，亦未說大本有二。中是實體字，只指謂一實體爲大本。若說中只狀字，凡可以中形容者皆爲「天下之大本」。如此則將有**無窮數的「本」**！此必**不可通**。想伊川亦必不如此。

其次，「天命之謂性」之性體或性理不可能不爲「天下之大本」。否則，講性命天道只成**白廢**！

最後，以氣說的**實然的平靜心**境義理上不可能爲「天下之大本」。伊川雖借用《易傳》語說：「心一也，有指體而言者，寂然不動是也，有指用而言者，感而遂通天下之故是也。」然此只是借用，以氣說的心之「寂然不動」並不能**分析地必然地**函著「感而遂通」。否則，「發而皆中節謂之和」一語中「中節」之限制便不必要（失其語意上之表意性）。既言「中節謂之和」，則可見其發有中節者，亦有不中節者。以氣說的實然的心之「未發之中」（未被激發起的平靜心境）並不必然函著其發必中節。從未發之中到中節之和是一綜和關係，並非分析關係。中節不中節，未發之中自身並不能決定之，須靠**涵養工夫的灌注**，並靠**超越的性理**以爲**標準**，來**決定之**。從涵養工夫的灌注方面說，是**後天的綜和**（「涵養久，則喜怒哀樂發自中節」）；從超越性理以爲標準方面說，如理始中

節，不如理不可能中節，此可說是**超越的綜和**。一個其自身不能決定其發必中節而須靠**後天的工夫與先天的性理**來決定之之「未發之中」，其不能爲「天下之大本」甚顯。涵養之敬是**工夫之本**，超越的性理方是眞正的「**天下之大本**」。然而伊川的解法所說之「中」，卻不是此性理，其解法有問題亦甚顯。以是之故，吾人不能**只收縮于實然的心之一層**而**說中**，而須跨越一步異質地指目一超越實體以爲中，此蓋是必然者。

　　然則語句問題將奈何？曰：古人說「之謂」某某，或「謂之」某某之語句常不必是嚴格的定義之語句，而常是使吾人**接近或把握**某概念之**線索**或**關捩點**，又常是**略辭**，而不必盡陳之于一語句中。吾人須看其意指之方向何在？以**意指之方向**定其**意指之實**。如「天命之謂性」，字面的意思只是：天所命於吾人而定然如此者就叫做是性。至于天以什麼命于吾人，所命於吾人之實是什麼，則須看其意指之方向來決定。依正宗儒家之語脈，甚至縮小範圍就《中庸》自身之語脈看，無人把此「天所命于吾人之實」看成是氣之事，此即示此雖是一把握性之線索語或略語，然亦確有其確定的意指之方向，因此對于此「性」之了解亦不會有太大的乖謬。其不備于語句中者須依其意指之方向而補之以明此「性」字之實義。此不能純拘于旣成語句之自身而定之也。如告子「生之謂性」一語，可視爲理解性之一原則，其實處就是就自然生命所呈現之種種自然徵象而說性。董仲舒云：「性之名非生與？如其生之自然之質謂之性。」此即直指其實而說也。此可謂「生之謂性」一語之恰當的理解。但程明道借用此語則又在另一意指方向下說此語。荀子說「生之所以然者謂之性」，此「所以然」須就荀子之意指方向來了解，例如須就

其所說之「生之和所生，精合感應，不事而自然，謂之性」來了解此「所以然」，而不能就伊川、朱子所說之「所以然」來了解。此皆須就其意指方向之實而了解其語句之實義，補其所略之辭亦須依其意指方向之實而補之。此「喜怒哀樂之未發謂之中」一語亦是表示一把握「中」之線索或關捩點，其所說之「中」之實義亦須依其意指方向來決定，補其所略之辭以見其實義，亦須依其意旨方向而補之。依伊川之解，則不須補字，「只〔……〕不發便中」，只收縮于實然的心之一層就其未被激發起之平靜狀態而說中，此好像比補字以表示跨越一步異質地指目一超越實體以為中為更優。然《中庸》不可能置其所言之「天命之謂性」于不顧，而只以此實然的心之平靜狀態為「天下之大本」。此明由「天命之謂性，率性之謂道，修道之謂教」說下來，通過「慎獨」之工夫，而復進一步落于中和上以言之。今若忽而離卻此性體一中心概念而單自實然的心之未被激發起之平靜狀態而說「中」，以為「天下之大本」，而不以性體為「天下之大本」，此若非有二本，便是一切言性之辭為白廢，此似乎皆為不可能之事。即請質諸伊川而問之曰：天下之大本非性乎？彼似亦不能直答曰非是。彼雖謂「中即性也」一語「極未安」，而解之曰：中所以狀性之體段，非即是性，然此只是兩字之詞意問題，此只見伊川之膠著。若直問其實，彼似亦不能否認性為「天下之大本」也。然而其解「中」字為「在中」之義，「只〔……〕不發便中」，而又反對于未發之際或前「求中」，則不能證成性為「天下之大本」之義。是以若就《中庸》之意指方向而觀此句，則此句必須表示于喜怒哀樂未發之際或前跨越一步異質地指目一超越實體以為中，此即表示必須補字以明其實義也。

　　但有一種說法似可用伊川「不發便中」之義說之，而中又即是性，此即〈樂記〉「人生而靜，天之性也；感於物而動，性之欲也」之說。但此說與伊川「性即理也」，而心不即是性之義相違，而〈樂記〉所說之「性」究是何意義之性亦難確定。此性若是「生之謂性」之性，或是荀子所說之性，則「不發便中」雖可用得上，而此「中」不得為「天下之大本」也明矣。

　　又有一種說法亦類伊川「不發便中」之說法，此即劉蕺山之說是矣。劉蕺山曰：「夫所謂未發以前氣象，即是**獨中真消息**也。」又曰：「一喜怒哀樂耳，自其蘊諸中者言，則曰未發。自其見諸外言，則曰已發。蓋以**表裡對待**言，不以**前後際**言也。」又曰：「自喜怒哀樂之存諸中言，謂之中，不必其未發之前別有氣象也，即天道之元亨利貞**運於於穆**者是也。自喜怒哀樂之發於外者言，謂之和，不必其已發之時又有氣象也。即天道之元亨利貞**呈於化育**者是也。惟**存發總是一機**，故中和**渾是一性**。推之一動一靜、一語一默，莫不皆然。此**獨體**之妙，所以**即微即顯、即隱即見**，而慎獨之學即中和即位育，此千聖學脈也。自喜怒哀樂之說不明於後世，而聖學晦矣。」（《宋元學案》卷三十一，〈呂范諸儒學案〉，述呂大臨處，百家案語引。）然劉蕺山此說是將喜怒哀樂**向裡緊收**、統攝于「**於穆不已**」之體，而**本體論地直貫**以言之。在此說中，中即獨體，即「於穆不已」之性體，伊川「不發便中」之方式亦可用得上。但此恐非伊川說「不發便中」之義，亦非《中庸》說中和之語句直接所顯示之**義理間架**。推進一步，靜復以見體後可**函有此義**，但不是直接**所顯之義**。

　　是以在此，〈樂記〉之說與蕺山之說可暫置不論，吾仍承認一

般之說法，即前列第一種講法，爲較合《中庸》原文所示之義理間架，而伊川之說法以及其于性未有交代處之糾結則爲朱子所繼承，而亦爲朱子所釐清。吾信朱子之繼承與釐清所完成之系統爲伊川之本義，是以既不可以〈樂記〉之說解伊川，自亦不可以蕺山之說說之也。

　　伊川之說法所形成之糾結，朱子之繼承而釐清之亦是經過一長期之參究始能至，其初亦並未弄明白，是以朱子于此問題有舊說與新說之異。舊說以未發爲性，已發爲心，未發已發方往方來，無間而流，此好像類乎前列第一種說法之義理間架，又似乎有類于蕺山說法之形態，而其實是一團混雜，于心體性體兩不透徹。及其平心靜氣細看伊川之言，既得其條理，則頓棄舊說，于是有新說之作。新說是心性平行，心有動靜、寂感、未發已發，而性則有渾然與粲然；中字是直接指心之寂然而兼指性理之渾然，性理有交代，而心性亦不即是一，如是，涵養察識有分屬，而格物窮理以致知亦得其系統之必然。吾前所呈列之伊川之說法即合乎此說統，亦或可說即依朱子之釐清而呈列伊川之說者。然無論如何，此當是伊川思理之本義，或至少可說已十分近之矣。然須知此一說統與前列第一種說法所示之義理間架，乃截然屬于兩不同之系統者。詳見〈朱子部〉第二章。

　　李延平「終日危坐以驗未發前氣象爲何如，以求所謂中」，吾已名之曰「超越的體證」，此猶是屬于第一種說法之義理間架。朱子根據伊川反對呂氏「求中」之說而不滿于其師，雖表面說其爲偏于靜，而其底子實不解第一種說法之義理間架，而延平之「超越體證」亦未必能納于其說統中也。延平並不簡單，朱子與延平間距離

甚大。詳見〈朱子部〉第一章第一節。

　　南軒之辨「呂氏求中」之非，而亦不滿于延平之「默坐澄心體認天理」，此當是根據其師胡五峰之順孟子之「求放心」而言「**當下體證**」而來，此與伊川之斥「求中」以及朱子之不滿于其師者不同。胡氏之路吾名之曰「**內在的體證**」。此與延平之「**超越體證**」雖有形態之異，而卻屬于同一**義理間架**。南軒之辨斥乃是只知其一，不知其二，並亦不知其為同一義理間架也。詳見〈朱子部〉第三章第三節。

　　以上由伊川與呂與叔之論辨所引起之此問題之糾結，其全部經緯吾已盡列于此。必明乎此，而後朱子之苦參中和所牽涉以及所引起之複雜義理始可得而董理也。

　　2.季明問：先生說喜怒哀樂未發謂之中是「**在中**」之義，不識何意？

　　曰：只喜怒哀樂不發便中是也。〔一〕

　　曰：中莫無形體，只是個言道之題目否？

　　曰：非也。中有甚形體？然既謂之中，也須有個形象。〔二〕

　　曰：當中之時，耳無聞目無見否？

　　曰：雖耳無聞目無見，然見聞之理在始得。〔三〕

　　曰：中是有時而中否？

　　曰：何時而不中？以事言之，則有時而中。以道言之，何時而不中？〔四〕

　　曰：固是所謂皆中，然而觀於四者未發之時，**靜時自有一**

般氣象。及至接事時又自別，何也？

曰：善觀者不如此，卻於喜怒哀樂已發之際觀之。賢且說靜時如何？〔五〕

曰：謂之無物則不可，然自有知覺處。

曰：既有知覺，卻是動也。怎生言靜？人說「復其見天地之心」，皆以爲至靜能見天地之心，非也。〈復〉之卦下面一畫便是動也。安得謂之靜？自古儒者皆言靜見天地之心，惟某言動而見天地之心。〔六〕

曰：莫是於動上求靜否？

曰：固是。然最難。釋氏多言定，聖人便言止。且如物之好，須道是好；物之惡，須道是惡。物之好惡〔案：猶言美惡，非動詞〕關我這裡甚事？若說道我只是定，更無所爲，然物之好惡亦自在裡。故聖人只言止。所謂止，如「爲人君止於仁，爲人臣止於敬」之類是也。《易》之〈艮〉言止之義曰：艮其止也，止其所也。言隨其所止而止之。人多不能止。蓋人萬物皆備，遇事時，各因其心之所重者更互而出。纔見得這事重，便有這事出。若能物各付物便自不出來也。〔七〕

或曰：先生於喜怒哀樂未發之前下動字？下靜字？

曰：謂之靜則可。然靜中須有物始得。這裡便是難處。學者莫若且先理會得敬。能敬，則自知此矣。〔八〕

或曰：敬何以用功？

曰：莫若主一。〔九〕（同上）

案：此條接上第1條下來，共九問答。第一問答說明「在中」之義，解見前。第二問答表示「中」不只是一個「言道之題目」，須落實下來即指「不發便中」之實然的平靜心境說。既指心境說，則雖無「形體」，「亦須有個形像」。中不是一個物，故無「形體」。然就其所狀之心境說，則亦可說有「形像」（樣子），或「氣象」。第三問答說明「當中之時」，「雖耳無聞，目無見，然見聞之理在始得」。「當中之時」即是「靜時」。在此靜時，就喜怒哀樂說是不發，就不與物接推廣言之，亦可說「耳無聞，目無見」。雖不發、不聞、不見，然並非任何都無，亦非死物，故亦有「見聞之理」。此「見聞之理」即指下第六問答中所說之「知覺」，即朱子所謂「知覺不昧」也。第四問答之答語則稍岔出去，不甚能扣緊季明之問意而答。蘇季明之問意依下第五問答觀之，是在問：此「不發便中」之「中之心境」是否能常保其平靜之中？抑還是只在靜時是中，到發之動時便常不必能中？此即「中是有時而中否」一問語之意。但伊川之答卻不甚相干。首說「何時而不中」？又說：「以事言之，則有時而中。以道言之，則何時而不中？」蘇季明之問即是關聯著已發之事而問也。不是就理道自身而問也。伊川卻偏重在說：「以道言之，何時而不中？」此即不相干也。茲順伊川之答稍加簡別。就激發出來的事說，則「有時而中」，有時而不中，如理即為中，不如理即為不中，如常如理，則常中，如總如理，則亦可說無時而不中。此即所謂「時中」。如就理道自身說，則總是中，即「何時而不中？」此是依其本質說中。但不發便中之心境自身則無所謂「有時而中」，或「何時而不中」。蓋此中之心境既非已發之事，亦非理道之自身。就事言之有

中不中，就道言之總是中，此「中」是價值意義。「不發便中」之「中」是指實（指一實然的境況），不是價值意義。旣指實，則此「中之心境」旣是中，則即為中而已矣。自無所謂「有時而中」或「何時而不中」也。但此中之心境旣是一實然的境況，故激發出來不保其所發必如理（中節）也。此即蘇季明「中是有時而中否」一問語之意。伊川之答則支蔓。

第五問答，蘇季明即承上第四問答而問：旣是「所謂皆中」，何以未發之靜時與接事而發之動時又常有不同？此不同即：當吾人觀喜怒哀樂未發之靜時「自有一般氣象」（「一般」猶言一種、一樣），此「氣象」即平靜之氣象，亦即所謂「中」之氣象，但接事而發時卻又常不能保持此平靜氣象，而常是有偏差、有膠著，甚至七顛八倒，驚慌失措，喜怒不得其正。此不同之故，上第四問答已解明，即由于「不發便中」之平靜心境自身不能保其發而必中節如理也。蘇季明此問中所說之不同即承上第四問答中「中是有時而中否」一問語而來。伊川前答「何時而不中」乃不中肯之答。故此處復順伊川之「所謂皆中」而仍問自己心中所懷之問題也。蓋蘇季明之問旣不是問已發之事，亦不是問理道之自身，乃是問：此平靜之心境無論在動或靜是否總能保持其平靜？抑還是只靜時是如此，到動時便不必能如此？此即「中是有時而中否」一問語之意。（動發時如理中節本當說和，蘇季明亦以「中」說之，此亦無礙。）伊川對此問旣答不中肯，而于此第五問答中，對於蘇季明之「動靜氣象何以有不同」之問又復離其重點歧而言他，而說：「善觀者不如此，卻於喜怒哀樂已發之際觀之。」此是將重點移于「觀」而說也。朱子處處遵守伊川，解之曰：「正謂未發則只有存養而已，發

則方有可觀也。」（參看〈朱子部〉第二章、第五節 3.〈答張欽夫〉書）此將「觀」解爲觀察之觀，而且只限于已發，于未發只可說「存養」（涵養），不可說觀察（察識）。但蘇季明所謂「觀於四者未發之時，靜時自有一般氣象」，此「觀」是體認默識之意，此即開後來龜山門下「觀未發氣象」之指訣，延平承之而有「終日危坐以驗未發前氣象爲何如，以求所謂中」之「超越體證」之工夫。伊川以爲此不是「善觀」。「善觀者不如此，卻於喜怒哀樂已發之際觀之。」此固根據其「若言存養於喜怒哀樂未發之時則可，若言求中於喜怒哀樂未發之前則不可」之說而來，而朱子緊承之即言「存養」與「察識」之分屬，並不滿于其師之「終日危坐以驗未發前氣象」之偏于靜，復亦因其是伊川所斥之呂氏「求中」之說也。蘇季明之言「觀靜時自有一般氣象」，此或許仍是就伊川所說之「不發便中」之義而只觀識其爲一實然的平靜心境，不必有呂氏「求中」之意，亦不必有延平之「超越體證」之意，但其說此語重點只在明動靜時常有不同之氣象：靜時是此中之心境，動時則不必能保持此心境。伊川不直答此問，卻只因避忌「求中」之說而謂不應于未發之時言觀，即使于此言觀，亦不是「善觀」。此即歧而言他也。若能扣緊蘇季明之問而答，則必能逐步釐清其所謂「不發便中」之義，以及此「中之心境」與性理之關係爲如何，與涵養之敬之關係爲如何，與格物窮理之察識爲如何，而不至留下**一團糾結**以待朱子之苦究也。此見伊川亦在探索中，不必能全盡地覺識其說統所函之一切也。至朱子則全部予以釐清而有明確之表示矣。

伊川既不承認「觀靜時自有一般氣象」爲「善觀」，然又退一步反問蘇季明：「賢且說靜時如何？」（「賢」即「賢者」，對晚

輩客氣之稱）此即引生下第六問答之所說。

在第六問答中，蘇季明即承伊川之反問而說：「謂之無物則不可，然自有知覺處。」意即：在靜時既然是平靜的心境，則即不能說任何都無，此心境「自有知覺處」。此「**知覺**」即後來朱子所謂「**知覺不昧**」，亦曰「**心體流行**」也。此「心體」之「體」即伊川所謂「心一也，有自體而言者，寂然不動是也」之「體」，亦即靜時心**當體自己或心之自體**也。所謂「心體流行」即靜時心之自體（當體自己）默默運行而不起任何波浪也，亦只是「知覺不昧」義。「流行」雖是動態字，其實並無起波浪之動相，只因「知覺不昧」，心原非死物，故即說爲「流行」耳。此是所觀于未發時平靜心境之氣象也。〔此氣象尙不是延平之「超越體證」中所觀之氣象。延平所觀之氣象是「中體即性體」之氣象，是「莫見乎隱、莫顯乎微」之中體（性體）**森然朗然之氣象**，不是伊川性自性，心自心，與性離開的**實然的心之平靜狀態**（不發便中）之氣象也。此「不發便中」之平靜心境雖「自有**一般氣象**」或伊川所說之「**形像**」，然觀此，**實此無嚴肅之意義**，亦並不須「終日危坐」以**驗之也**。顯然延平是在靜驗一作爲「天下之大本」之「中體」、性體，或超越的眞體，而不是此「不發便中」之實然的平靜心境之自身也。即會通于孟子，亦是指「本心即性」之「本心」說，而不是此「不發便中」之情識之心或心理學的心也。〕

但伊川聞蘇季明「自有知覺」之語，卻仍不答他此「知覺不昧」之平靜心境何以會有發而不必中節之時之問，卻又歧而言他，而說：「既有**知覺**，卻是**動**也，怎生言**靜**？」由此以言其「**動**而見天地之心」之義。此示伊川隨時歧出，時有雜感，膠著別扭，糾結

不堪！夫「不發」便是靜時，「不發便中」，此「中」之心境便是
靜。如今因此「中」之心境亦是「知覺不昧」，便說是「動」，
「怎生言靜？」意即不可說靜。然則此「動」與「已發」又將何以
分別？「心一也，有自體而言者，寂然不動是也」，此又是何義？
「寂然不動」豈即非「知覺不昧」乎？「自古儒者皆言靜見天地之
心」，靜是就「閉關」、「不行」、「不省方」而說，即不順動之
流滾下去而逆回來之意，故曰「復」，亦曰「靜復」，復即靜也。
此是主觀地說。至于由此主觀的靜復「見天地之心」，見最根源的
生機之不泯，就此所見者說，則是就客觀面說「生機之呈露」。此
客觀地所呈露之生機，在此靜復之靜時，亦只是呈露而已，尚未至
言其**生發動進**也。縱此所呈露之生機並非死物，亦可說動，此動亦
只是朱子所謂「知覺不昧」義，所謂「心體流行」義，非「生發動
進」之動也，如何不可說「靜」？「復卦下面一畫」只表示一陽生
于下，即生機之不泯，最根源的生機之呈露。不泯、呈露非動進之
動也。此由靜復以見，由剝之極而復回來以見，焉得謂「下面一畫
便是動」耶？又焉得謂「動而見天地之心」耶？又焉得謂彼主張
「至靜能見天地之心」者為非耶？夫言「靜見天地之心」是就主觀
的靜復以見說，至于所見之「天地之心」之動不動則是客觀面之
事。焉得以客觀面之「知覺不昧」之有動義，便以「靜見天地之
心」為非耶？而何況「知覺不昧」之動義並非即是生發動進之動
乎？又如何在此客觀面不可說靜耶？此足見伊川頭腦之零亂，燭理
之不明澈。朱子處處緊守伊川而不違，亦根據其「動而見天地之
心」之義而「以復為靜中之動」。靜是就「閉關」說，動是就「一
陽生于下」說。「至靜之中蓋有動之端焉，是乃所以見天地之心

者。」（〈朱子部〉第二章第五節，3.〈答張欽夫〉書）夫既言
「動之端」，則所呈露之生機自身雖不泯不昧而非即**動進之動**亦明
矣。焉得以「靜中之動」為復耶？又焉得死守「動而見天地之心」
而反對「靜見天地之心」耶？彼復根據伊川此義而有時亦曲解伊川
「凡言心者皆指已發而言」為指「心體流行」而說。夫「心體流
行」，根據朱子自己之解說，只是就靜時之「知覺不昧」說，與
「已發」之動截然不同，焉可如此附會耶？此見伊川之不明透所牽
累于朱子者多矣。朱子雖能予以釐清而確定之，然因其緊守伊川而
不違，即不能不受其牽累而增加理解者之困難也。

　　伊川因蘇季明之「自有知覺」一語而復于「未發便中」之平靜
心境言動，造成無謂之糾結與衝突，如是，或人即順其言動而又想
會通于靜，故問曰：此「莫是於動上求靜否？」此即第七問答也。

　　在此第七問答中，或人「莫是於動上求靜否」之問，本已是離
題不著邊，蓋此「不發便中」之心境即是平靜之心境，只因「知覺
不昧」，並非死物而說動，此動並非生發動進之動，亦非激發起而
為情之動，何得說「於動上求靜」？今或人忘記「不發便中」之初
義，只順伊川之言動而滾下去，故有此問；而伊川亦忘記其所說之
「不發便中」之初義，只因「有知覺」而說這「卻是動，怎生言
靜？」只順動義想，又以為不可言靜，故亦順或人之問而忘其初，
而答之曰「固是，然最難。」「固是」是許之之辭也。「最難」是
不明澈而認為難說之意也。由此「最難」而又牽扯到釋氏言定，聖
人言止，此則愈扯愈遠矣。其實既非「固是」，亦非「最難」，只
是支蔓糾結忘其初而已。夫「不發便中」之平靜心境即是靜也，何
待「於動上求靜」？此實然的平靜心境由涵養之敬以浸灌之，使其

無論在靜在動皆得如理合度而有所止（如止于仁、止于敬），以得常貞定，此則自可說「於動上求靜」矣。然此是另一義，實只是明道所說之「動亦定，靜亦定」，非是于「不發便中」上因「有知覺」而說動，復于此動上求靜也。若在此進一步說「止」或說明道義之「常貞定」，則只示此「實然的平靜心境」只是一實然的境況，其自身不能保其必「靜亦定動亦定」，故必待涵養之敬以浸灌之也。然伊川不先明此義，卻只于「不發便中」上說動，復順或人之問「于動上求靜」而認可之，而又認為「最難」，則其不明澈甚顯，而由此復牽扯到「止」，則並「止」之義亦失其義理之層序矣。其實若真明澈，則無論于「不發便中」上說靜說動（動非已發之動），或進而言「止」，于動上求靜或求動靜皆定，皆無難也。

第八問答中當或人問：「先生於喜怒哀樂未發之前下動字，下靜字」時，伊川卻又答曰：「謂之靜則可。然靜中須有物始得。這裡便是難處。」夫前既言「怎生言靜？」今又言「謂之靜則可。」不覺其矛盾乎？「靜中須有物始得」，此所謂「須有物」即「有知覺」之謂也。若根據前「既有知覺，卻是動也，怎生言靜」之語，則因「須有物」當即不得謂靜矣！如此顛三倒四，為動靜所困，總鬧不明白，此其所以認為「難」也。故最後終于無結果，只好退而言「敬」矣。夫言涵養之敬是也。然此處伊川勸人「莫若且先理會得敬」，卻是因為動靜所困而鬧不明白，故捨而不論而只言敬也。「能敬，則自知此」，此亦原則上可許之義。蓋涵養之敬浸漸既久，當明澈此「不發便中」之實然心境之全部函義也。然伊川此時蓋猶未能明澈其說統之全部函義也。抑涵養工夫之不足與？即既已明澈矣，于此「不發便中」之實然心境，仍須涵養浸灌以期其如理

合度也。此是主張上之涵養。如此言涵養之作用是伊川、朱子說統中之涵養。蓋彼視心爲實然的心氣之心，而與性不一故也。

以上八問答中自第四問答起直至此第八問答止，最爲糾結、顛倒、不明澈。第九問答歸于敬，言主一，無問題。

伊川雖有如許之糾結顛倒、不明澈，然其實義自可見。而于糾結、顛倒、不明澈中，亦自有其確定而明澈者。此確定而明澈者爲何？曰：

一、以其嚴肅之道德意識肯定一超越之實理是也；

二、「性即理」是也；

三、心是實然的心氣之心是也；

四、「中」只收縮于此實然的心就其不發未形而說是也；

五、「涵養須用敬，進學在致知」之後天漸敎工夫是也。

順此確定而明澈者爲準，則其一切糾結、顛倒、不明澈者皆可得而董理矣。其所以形成其糾結、顛倒、不明澈者可從兩面看：一、順其自己之說統說，彼常不能充盡地自覺到其所說之義理之所函，故于辯論過程中多支蔓乖違不如理；二、于孟子所言之本心即性，以及《中庸》、《易傳》所言之「即活動即存有」之性體、道體、誠體、神體，乃至中體無相應之理解而又分不開，故言論常糾結纏夾，形成許多似是而非之論。就第一面說，常多是名理問題，此則朱子比伊川爲進步，似皆能予以釐清而確定之。就第二面說，此是兩系統之異，朱子仍同樣糾結纏夾，援引比附，卻以其自己之說統傳注一切、混漫一切，而不知其多不相應也。此方面最爲麻煩，此朱子學之所以**難董理**。若不知此是兩系統之異之問題，鮮有不爲其天羅地網所困者。此將于〈朱子部〉全幅予以展示之。此兩

方面若皆能**剖解剔剝得開**，則伊川朱子學之實義即**洒然可得**，而縱貫系統亦**朗然在目**，內聖之學之本義與大宗亦終不可泯沒也。此亦「物各付物」之工夫也。必先物各付物，然後再言其會通。

　　就伊川言，此〈中和篇〉最爲糾結。以上剝解得開，此下尚有四條皆順適無問題。

　　3. 季明曰：　常患思慮不定，或思一事未了，他事如麻又生，如何？

　　曰：不可。此不誠之本也。須是習，習能專一時便好。不拘思慮與應事，皆要求一。

　　或曰：當靜坐時，物之過乎前者還見不見？

　　曰：看事如何。若是大事，如祭祀，前旒蔽明，黈纊充耳，凡物之過者不見不聞也。若無事時，目須見，耳須聞。

　　或曰：當敬時，雖見聞，莫過焉而不留否？

　　曰：不說道非禮勿視勿聽？勿者禁止之辭。纔說弗字，便不得也。

　　問：〈雜說〉中以赤子之心爲已發，是否？

　　曰：已發而去道未遠也。

　　曰：大人不失赤子之心，若何？

　　曰：**取其純一近道**也。

　　曰：赤子之心與聖人之心若何？

　　曰：聖心之心，如鏡、如止水。（同上）

　　4. 問：日中所不欲爲之事，夜多見於夢，此何故也？

曰：只是心不定。今人所夢見事，豈特一日之間所有之事？亦有數十年前之事夢見之者。只爲心中舊有此事，平日忽有事與此事相感，或氣相感，然後發出來。故雖白日所憎惡者，亦有時見於夢也。譬如水爲風激而成浪，風旣息，浪猶洶湧未已也。若存養久底人，自不如此。聖賢則**無這個夢，只有朕兆，便形於夢也。**人有氣清無夢者，亦有氣昏無夢者。**聖人無夢，氣清也。**若人困甚時，更無夢，只是昏氣蔽隔，夢不得也。若孔子夢周公之事，與常人夢別。人於**夢寐間，亦可以卜自家所學之淺深。**如夢寐顚倒，即是心志不足，**操存不固**（如揚子江宿浪）。

5. 問：人心所繫著之事，則夜見於夢。所著事善，夜夢見之者，莫不害否？

曰：雖是善事，**心亦是動**。凡事有朕兆入夢者，卻無害。捨此皆是妄動。

或曰：孔子嘗夢見周公，當如何？

曰：此聖人存誠處也。聖人欲行周公之道，故雖一夢寐，不忘周公。及旣衰，知道之不可行，故不復夢也。然所謂夢見周公，豈是夜夜與周公語也？人心雖要定，使他思時方思，乃是。今人都由心。

曰：心誰使之？

曰：以心使心則可。人心自由，便放去也。（同上）

6. 人多思慮，不能自寧，只是做他心主不定。要作得心主定，惟是止於事，「爲人君止於仁」之類。如舜之誅四凶，四凶已作惡，舜從而誅之，舜何與焉？人不止於事，

只是攬他事，不能使物各付物。物各付物，則是役物。爲
物所役，則是役於物。有物必有則，須是**止於事**。（《二
程全書·遺書第十五》，〈伊川先生語一〉，〈入關語錄〉）

案：以上四條皆是就心理學的心（情識的心）而言「涵養」，言
「敬」。其察識亦頗精，言之亦頗親切。大抵伊川論性是取先驗主
義、理性主義的態度，肯定其爲一超越的實有，重客觀性，其積極
的道德意識，即自性理之體上建立起的道德意識，皆寄于此。論心
則取經驗主義、實在論的態度，直就心理學的心**順說平看**，于此持
敬存誠，施以涵養之功，並格物窮理，施以致知之功，以期漸清淨
而貞定之，使之**如理而合道**。此是基于後天工夫上的**消極意義的道**
德意識。前〈論心篇〉所說之心，順經典而說，大都有道德的意義
與形而上的意義，然其底子仍是實然的心理學的心、心氣之心、情
識之心，故該篇最後16、17、18三條仍歸于此心理學的心而言
「敬」與「涵養」也。

　　敬是這實然的心自己之振作、整肅，與凝聚。敬則有主，有主
則虛，邪不能入。敬則定，不散亂。敬則專一，不紛歧。常常如
此，即曰**涵養**。常常存此，即曰**存養**。養是養這個敬的心，存亦是
存這個敬的心。存此養此以使那實然的心理學的心漸清淨而貞定、
漸如理而合道也，不是存養那個**實然的心理學的心自己**也。此與孟
子言「本心」者異矣。孟子言存養是存養此「本心」，使其可以暢
遂無阻地發露呈現。伊川與朱子皆無此「本心」義，是由「實然的
心氣之心」之**一根**，經過此心之振作**所表示的敬**，與此心之靈所發
的知，而漸迫近此「**本心**」。因此路入，是將孟子從因上說的「本

心即性」之本心翻轉過來從果上說。以此路去粘附孟子之所說，推
廣言之，去粘附《中庸》《易傳》所說之「即活動即存有」之道
體、性體、誠體、神體，乃至中體，自然有許多扞格不相入處、乖
違不相應處。凡眞相契孟子而不誤解、相應《中庸》、《易傳》所
說之「即活動即存有」之眞體而不偏差者，其于言工夫時，則工夫
之**本質的關鍵**唯在**逆覺**，或爲**超越的體證**，或爲**內在的體證**，逆覺
體證以**呈露本心性體**，由此而爲道德創造之「純亦不已」，所謂
「沛然莫之能禦」也。至于存養持敬則是**常行**，非**本質的關鍵**也
（此與在伊川朱子學中不同）。至于有知識意義的致知格物或博文
約禮則是**輔助**，亦是常行，蓋無**不作事之聖人**，亦無**孤離的道德**。
但此亦非「就道德言道德」之**本質的關鍵**，亦即非以前所謂**見道入
道之本質的關鍵**也。此亦與在伊川與朱子之學中不同。兩相比較，
系統之異甚顯，不可混漫也。

第七節　居敬集義篇

1. 閑邪則誠自存，不是外面捉一個誠將來存著。今人外面役
役於不善，於不善中尋個善來存著，如此，則豈有入善之
理？只是閑邪，則誠自存。故孟子言性善，皆由內出。只
爲誠，便存。閑邪更著甚工夫？但惟是動容貌、正思慮，
則自然生敬。敬只是主一也。主一，則既不之東，又不之
西，如是，則只是中；既不之此，又不之彼，如是，則只
是內。存此，則自然天理明。學者須是將「敬以直內」涵
養此意。直內是本。（《二程全書·遺書第十五》，〈伊川先

生語一〉,〈入關語錄〉)

案:此言存誠存敬,其背景仍是就實然的心理學的心施以後天的振作、整肅、凝聚之工夫以貞定之。誠敬只是工夫字,即就振作、整肅、凝聚而說。振作、整肅、凝聚亦只是這**實然的心之經驗地表現**。其實處即是「動容貌、正思慮」。「但唯是動容貌,正思慮,則自然生敬」,此即是「閑邪」,並非于此以外別有一樣「閑邪」的工夫。「閑邪」即是存誠,並非別有一個誠「將來存著」。存誠亦即是存敬。「只爲誠,便存」,意即「只因爲誠便有所存」。所存者即是「敬」也。「主一之謂敬」,「無適之謂一」(〈論心篇〉第16條)。故云:「存此,則自然天理明。」能閑邪、存誠、存敬,即是「敬以直內」。能**常常如此**,即曰**涵養**。「涵養」者涵泳優游以滋長此敬心,使之習久如天成也。涵養久,則此心常貞定,即由**實然的狀態**轉至**道德的狀態**,故自然能如理合度,而作爲理與度的「天理」亦于焉彰明矣。這層意思要涵養始能作到,而涵養即是常常能存敬,故云:「學者須是將敬以直內涵養此意」。此是伊川涵養、居敬之實義。

　　如此言「敬以直內」是由實然的心之經驗地表現爲敬,即由此敬來經驗地直此實然的心使之轉成道德的。常常如此,即曰涵養。若先言涵養,亦須用敬來涵養,意即:若想涵泳滋長此敬,亦須誠敬、不放肆不懈怠也。此即「涵養須用敬」一語之意。涵養是涵養那「經驗地直內」之**經驗的敬心也**,不是如孟子之言存養,是存養**那先天的道德本心**也。此條由「閑邪則誠自存」,說到「故孟子言性善,皆由內出」,此只是借用孟子義以表示「不是外面捉一個誠

將來存著」，並不表示伊川言存誠存敬即是孟子學也。此須知其思理之來歷。

　　明道言存誠，言「敬以直內，義以方外」，卻是直通「**於穆不已**」之體而言。故敬曰敬體，誠曰誠體，即「**純亦不已**」也。此是「即工夫即本體」，而同時亦是「即本體即工夫」，即以直通「於穆不已」之體之「純亦不已」之敬體誠體來直內也。直內即是直吾內部之自己，不是以經驗的敬直那實然的**心理學的心也**。有敬體誠體以充實自己（直內），則沛然莫之能禦，一切語默動靜、凡後天的身心之所爲莫不順此眞體而化，而亦莫非此眞體呈用之所主宰，積極地說，亦即莫非此眞體之流露也。此是從先天的體上說工夫，不是從後天的心理學的心上說工夫也。即使言誠敬存敬存養，亦是存養那個「仁體」，存養那個「於穆不已」之體，不是存養那個「經驗地直內」之經驗的敬心也。此是孟子學之精神。伊川是從後天的心理學的心上著眼，由涵養此經驗的敬心來漸**迫近那本心**、那「於穆不已」之體，即漸**轉成道心**。但無論如何迫近，即使轉成道心，亦始終仍是**如理合道**之心，而不是「**即理**」之**實體性的本心**，不是即心、即神、即理之「於穆不已」之眞體，故仍是心理爲二之心，不過涵養久，則時時如理合道而已。故伊川、朱子學畢竟爲另一系統也。其有時粘附著孟子說，是以「由涵養經驗的敬心來迫近那本心」之路爲背景，此有**貌似處**，故可以**粘附著說**，而實非孟子學也。

　　2.閑邪則固一。然主一，則不消言閑邪。有以一爲難見，不可下工夫，如何？

一者無他，只是整齊嚴肅，則心便一。一則自「是」無非僻之奸。〔案：「是」字不成句法。依下條「自然無非僻之心」，當作「然」字。若自斷句，此由閑邪說下來，當作「誠」。〕此意，但涵養久之，則天理自然明。（同上）

3.「敬之直內」。有主於內則虛，自然無非僻之心。如是，則安得不虛？「必有事焉」，須把敬來做件事著。此道最是簡，最是易，又省工夫。爲此語雖近似常人所論，然持之（一本有「久」字）必別。（同上）

案：此條言「須把敬來做件事者」，是以敬說「必有事焉」。但下第7條則說：「敬只是涵養一事。必有事焉，須當集義。」此又是以「集義」說「必有事焉」。此不免有衝突之嫌。以「集義」說，是實。此處則只是借用而已。其意只是勸人須認眞把敬當做一件事看。念茲在茲，不可放逸。

4.切要之道無如「敬以直內」。（《二程全書·遺書第十八》，〈伊川先生語四〉）

5.涵養須用敬，進學則在致知。（同上）

6.問：敬還用意否？

曰：其始安得不用意？若能不用意，卻是都無事了。〔案：用意即作意。此句記得不甚恰當。〕

又問：敬莫是靜否？

曰：纔說靜，便入於釋氏之說也。不用靜字，只用敬字。

　　繞說著靜字，便是忘也。孟子曰：「必有事焉而勿正，
　　心勿忘、勿助長也。」「必有事焉」，便是「心勿
　　忘」。「勿正」，便是「勿助長」。（同上）

7.問：「必有事焉」，當用敬否？

　　曰：敬只是**涵養一事**。「必有事焉」，須當**集義**。只知用
　　敬，不知集義，卻是都無事也。

　　又問：義莫是中理否？

　　曰：**中理在事，義在心內**。苟不主義，浩然之氣從何而
　　生？理只是發而見於外者。且如恭敬，幣之未將者也。
　　恭敬雖因幣帛威儀而後發見於外，然須心有恭敬，然後
　　著見。若心無恭敬，何以能爾？所謂德者得也。須是得
　　於己，然後謂之德也。

　　問：敬義何別？

　　曰：敬只是**持己之道**，義便知有是有非。順理而行，是爲
　　義也。若只守**一個敬，不知集義，卻是都無事也**。且如
　　欲爲孝，不成只守一個孝字？須是知所以爲孝之道，所
　　以奉侍當如何，溫凊當如何，然後能盡孝道也。

　　又問：義只在事上如何？

　　曰：**內外一理**，豈特事上求合義也？「敬之直內，義以方
　　外」，合內外之道也。（同上）

案：此條言居敬集義，首分別「敬只是涵養一事，必有事焉須當集
義」；次分別「中理在事，義在心內」，（內發于心爲義，著見于
事、措之得宜爲理）；次再申言「敬只是持己之道，義便知有是有

非」；最終則言：義在事亦在心，「內外一理」。此皆說得極爲順
適妥貼，似不悖孟子「義內」之說。然若詳考其思理之背景，亦當
有簡別。若由經驗地直內之經驗的敬心說入，則落于集義上所說之
義內，乃至「內外一理」，雖是道德意義的，卻亦仍是**心理學地道
德的**。不但義心如此，即仁心、禮心、智心亦皆如此。蓋經驗的敬
心亦可內發羞惡、惻隱、恭敬、是非，而著見于事，此亦是「合內
外之道」，但卻是經驗的敬心之「合內外」，所謂「涵養久，則天
理自然明」也。即依此義而說爲「心理學地道德的」，此是從**後天
的敬心說**，不是從**先天的本心說**，仍達不到孟子的程度。雖表面上
有**迫近之貌似**，而本質上仍不同。蓋其道德力量既無**必然的強度
性**，亦無**普遍的穩固性**，此則不可不知也。

　　心理學的道德既弱，再進而益之以**格物窮理**之**助**強之，此則由
「**心理學地道德的**」進而爲「**認知地道德的**」，而認知的道德終于
爲**他律的道德**，此又不可不知也。此皆爲伊川所開啓，而爲朱子所
極力完成者。

第八節　格物窮理篇

1. 入道莫如敬。未有能致知而不在敬者。〔……〕（《二程
全書·遺書第三》，〈二先生語三〉。謝顯道記憶平日語。標明
爲伊川語）

2. 知者吾之所固有，然不致，則不能得之。而致知必有道，
故曰：「致知在格物」。（《二程全書·遺書第二十五》，
〈伊川先生語十一〉）

3. 致知在格物，非由外鑠我也，我固有之也。因物有遷，迷
　而不知，則天理滅矣。故聖人欲格之。（同上）

4. **聞見之知非德性之知**。物交物，則知之非內也。今之所謂
　博物多能者是也。德性之知不假見聞。（同上）

5. 〔……〕格猶窮也，物猶理也，猶曰窮其理而已也。窮其
　理，然後足以致之。不窮，則不能致也。格物者適道之
　始。欲思格物，則固已近道矣。是何也？以收其心而不放
　也。（同上）

6. 隨事觀理，而天下之理得矣。天下之理得，然後可以至於
　聖人。君子之學將以**反躬**而已矣。反躬在致知，致知在格
　物。（同上）

案：以上六條正式落于《大學》上言「致知在格物」。吾人之實然
的心氣之心有兩個作用或兩個觸角，一為由其振作、整肅、凝聚所
表示的「敬」，一為由其靈所發的「知」。依前者言「涵養」，依
後者順集義言明理，即言格物窮理以致其知。

　　「知」既是吾心氣之靈之所發，自亦可說是「吾之所固有」。
此「知」是重在辨別是非之作用，從「能」之活動說，不從所得
（由活動而得）之內容說，重點在「知」（knowing），而不在
「知識」（knowledge）。但此「知之能」如要成為具體的知之能
而眞顯其辨別之作用，則必落在與物接。在與物接之中，其辨別活
動是「知」，而一有所辨別便是「知識」；動態地看是「知」，靜
態地看是「知識」。「致知」亦是在與物接上說。「致」者推致其
「知之能」使之步步有所成，有所得，而至于其極也。「致」是送

到的意思。光有一個「知之能」，並不能算是明理也。知之能在與物接上而有具體的表現方可有明理之成果，此即是「致」也。故曰：「不致，則不能得之」。「得」一在得明理之成果，一在使知成其爲知（有具體的表現）。此兩層皆在與物接上成就，此即「致知在格物」也。「格物」即是與物接。「格，至也，如祖考來格之格」（見下第8條）。格本爲祭祀時降神的意思，故訓爲「至」是恰當于原義的引申。格物即是至于物，來到物處，此即「與物接」之意也。格物是「致知」之道，言必依「與物接」之路而後始可致其知也。故伊川云：「致知必有道，故曰致知在格物。」此即以格物爲致知之道也。

格物以致知，必須知此所致之知旨在明理。依此，必須分別「聞見之知」與「德性之知」。「聞見之知」，以今語言之，即所謂「經驗知識」，乃假于見聞而滯于物所起之知，伊川定之爲「博物多能者」之知，乃知之于外而博而多，非知之于內者。然則知之于內者將無所謂博與多矣。孔子曰：「吾少也賤，故多能鄙事。君子多乎哉？不多也。」孔子亦多聞知之知（博物多能），但不以此爲多（爲貴）。此即示君子必有進乎此者。孔子雖未有聞見之知與德性之知之分別與詞語，然就道德實踐以成君子乃至成聖成賢言，宋儒即可有此自覺而立出此種詞語以及其分別。聞見之知既非知之于內，與成德並無多大關係（並無本質的關係），則與成德有本質的關係而須知之于內者即是「德性之知」。

「德性之知不假見聞」，亦不滯于見聞之物，乃是依據（憑依）德性而起之知。但「德性」是一個儱侗字。若依伊川之說統而剋實言之，「涵養敬心」亦是德性，由此而起知即是德性之知。故

在伊川之說統中，「德性之知」當在「集義」上建立，即依據「涵養敬心」以從事于集義，即在此「集義」上函有「德性之知」之出現。「致知」者即致此「德性之知」也。但「致知在格物」，既落在《大學》上，依「格物」之方式去致「德性之知」，如何能不假于見聞？又如何能不「知之於外」？伊川云：「君子之學將以反躬而已矣。反躬在致知，致知在格物。」（見上錄第6條）既格物以致知，又如何能「反躬」？伊川之言「反躬」當是根據〈樂記〉而言。〈樂記〉云：「物至而知，知而後好惡形焉。好惡無節於內，知誘於外，不能反躬，天理滅矣。夫物之感人無窮，而人之好惡無節，則是物至而人化物也。人化物也者，滅天理而窮人欲也。」（窮是「極」義）此中所謂知即感知，亦即聞見之知也。〈樂記〉即在此「感知」上勸吾人要「反躬」以復「天理」。伊川即據此「反躬」義以說「致知」（致德性之知），致德性之知即所以「反躬」也。「反躬」是從「知誘於外」轉回來而**反之于己**，即從「聞見之知」而上越以翻至「**德性之知**」也。此德性之知依據敬心之涵養而起，在此，可以說「**反躬**」，但又須依「格物」之方式去致此「德性之知」，在此，又如何能「反躬」？此只是**上反**，不是「**內反**，又**如何能說**「**反躬**」？依敬心之涵養說「**反之于己**」（反躬），依格物以致知，則說**反之于上**（超越見聞）。但在格物上如何能「反之于上」而復攝之于己以成其為「反躬」耶？此中之關鍵是在：此「德性之知」所知者究為何？

「聞見之知」所知者為見聞之對象（感觸對象、經驗對象），多識草木鳥獸之名，此即所謂「博物」，多有專門技巧之知識，因而有技巧之「多能」。「德性之知」，在依「格物」之方式以致此

知，以成其爲具體之知（知之具體表現）上說，固亦須假于見聞以
及見聞所接觸之對象（物），此即所謂「至於物」（與物接），但
其所知者卻不滯于物，即不滯于零碎物件之記取，甚至亦不滯于物
件本身上之量、質，與關係，而卻是**超越這一切**以期明其「超越的
所以然之理」（所謂「天理」或貫通之理）。即不滯于物，自亦不
滯于見聞。是則此種知識即不**決定於經驗對象，亦不決定于見聞，
而單是決定於那超越的理**。是以其初因「格物」之至于物，好像是
假于物，亦復**假于見聞**。然其所以爲知之本質卻不決定于見聞以及
見聞之對象。其初之似乎是**假**者亦只是關聯著而已。「假」者「憑
藉之以過」義，「經由」義，但不是「決定」義。目的不在留住于
此感觸對象之本身，故見聞亦無決定性之作用。此即伊川所謂「不
假見聞」，橫渠所謂「不萌於見聞」。橫渠之語此伊川之語似較顯
明而妥當。蓋「不假」之「假」須有簡別故也。因「格物」之至于
物中之憑藉乎物、經由乎物，亦是「假」也。如不加簡別，人易生
矛盾之感（橫渠並不經由「格物」以說德性之知）。此格物中之憑
著乎物、經由乎物，至朱子即正面說爲「即物而窮其理」。「格
物」之至于物即「即物」也。如「即物」而**留住于物本身之曲折而
窮究其實然**（如量、質、關係之實然），此即成經驗知識（聞見之
知），此則須假于（決定于）見聞以及見聞之對象，亦須是萌于見
聞以及見聞之對象。但朱子所意謂之「即物」目的卻在窮究其**超越
的所以然之理**，而不在留住于物本身以窮究其**實然的曲折之相**，此
即越過見聞以及見聞之對象而正視于超見聞之理以及超見聞對象之
理，亦即以「超越的所以然之理」爲「德性之知」之所對，故此知
之致雖須「即物」，卻不**決定于物也**。故其結果爲「德性之知」，

而非「見聞之知」。此即為由「即物」（至于物）而「反之于上」。故依「格物」之方式以致德性之知可以明其實能「反之于上」，蓋雖「格物」，而卻不留滯于**物自身曲折之相**，其目的是在窮究其超越的所以然之理故也。

但此「反之于上」如何復能「**攝之于己**」以成其為「**反躬**」耶？此則只能以**繫屬于**「**敬心之涵養**」而明之。朱子所謂「心靜理明」，伊川所謂「未有能致知而不在敬者」，即是涵養此敬心使之常常能振作、整肅而凝聚，不滯于見聞與見聞之對象，而能**提起來**以其**心知之明**去知那**超越之理**。此即為德性之知。敬心之振作、整肅而凝聚，是道德意義的。有時雖振作、整肅而凝聚，但不必是道德意義的。如成經驗知識，甚至成純形式的知識如數學，亦須振作、整肅而凝聚，但此卻不是道德意義的，故其所成之知識亦不得曰「德性之知」。唯依**道德意義的敬心**（振作、整肅而凝聚）去知那**超越之理**，始可說為「**德性之知**」。此反之于上所知的超越之理因必須**繫屬于道德意義的敬心之涵養**（否則即不得曰德性之知之所知），始可**攝之于己**以成其為「**反躬**」，是以此「反躬」是反之于**道德意義的敬心**。由此敬心以明那超越之理，則超越之理反過來即可**客觀地貞定那敬心**，（涵養是**主觀地貞定**），並可客**觀地綱紀那敬心之語默動靜所發之事**，使吾人可**依理而發**，並**依理而處**（措施得當），此之謂「**集義**」。在此集義上，則天理明矣。是以德性之知不但是空知那超越之理（天理），而且亦要在集義上**實踐地**明那超越之理。此即為伊川說統中的「反躬」以明天理。朱子嚴格遵守此說統而不悖。〈樂記〉言「不能反躬，則天理滅矣」，如何反法，反之于**何處**，未能詳也。今伊川提出「敬心之涵養」以**實之**，

則「反躬」之義有**著落矣**。（《朱子文集》卷第六十七，雜著中有〈樂記動靜說〉一文，大體是根據伊川之說統而解。惟〈樂記〉「人生而靜，天之性也，感於物而動，性之欲也」，此中之「性」是否即伊川、朱子學中「性即理」之性，則頗難說。若捨〈樂記〉不論，則朱子若講「反躬在致知，致知在格物」，固必當完全同于伊川也。朱子該文未以「致知格物」之義解「反躬」，但卻言到「涵養」。而朱子言涵養，全同于伊川，須落到「**敬心**」也。）

「反躬」之義既是反之于「敬心之涵養」，而敬心是實然的心氣之心之經驗地凝聚，縱使因涵養之故，有道德的意義，亦是心理學地道德的，是故敬心只能以其心知之靈發德性之知以明理，但其本身不能**本體論地即是理**，故此義之「反躬」猶是**心與理為二**之系統下的「反躬」。通過格物致知之方式以明「反躬」，尤顯此義。（敬心既可發德性之知以明理，此是其**認知的作用**，亦可**實踐地發為情**，而情亦不是性，情之超越的所以然之理為性。故格物致知不只限于外物，即情亦物也。凡實然者皆可平置之而概括于「格物」下，此即為**泛格物論**。此義朱子極成之，而伊川已有之。見下第12及第15條。）

但「反躬」亦可直下反之于**本心性體**。孟子言「反身而誠，樂莫大焉」，此是直下反之于本心性體以復天理之源。本心性體呈現即是天理之呈現，不是反之于後天的敬心，通過格物之方式以致其德性之知以明夫天理也。從本心性體發知亦可曰德性之知，但卻不是依據「後天的敬心之涵養」所發之德性之知，亦不須要通過「格物」之方式以致之。德性之知與聞見之知之分別本始于橫渠。但橫渠之言「德性之知」並未落在《大學》格物上說。如就「反躬」而

言，亦不是反之于「後天的敬心之涵養」，而卻是反之于「**誠明之體**」或反之于「**天心仁體之無外**」。《正蒙·誠明篇》云：「誠明所知乃天德良知，非聞見小知而已。天人異用，不足以言誠。天人異知，不足以盡明。所謂誠明者，性與天道不見乎小大之別也。」此是由**誠明之體**發**天德良知**，即**德性之知**也。〈大心篇〉則云：「大其心則能體天下之物。物有未體，則心爲有外。世人之心止於聞見之狹。聖人盡性，不以見聞梏其心，其視天下無一物非我。孟子謂盡心則知性知天，以此。天大無外，故有外之心不足以合天心。見聞之知乃物交而知，非德性所知。德性所知不萌於見聞。」此大體是本**天心仁體**或**本心性體**而言**德性之知**。此云「德性」是直接扣緊「**本心性體**」而說。「德性所知」意言由本心性德所發之知之知所知也。其「所知」不萌于見聞，此是從「所」說，實則其知之能亦不萌于見聞也。以此語總能所而爲一「德性之知」亦可。又云：「人謂己有知，由耳目有受也。人之有受，由內外之合也。知合內外於耳目之外，則其知也過人遠矣。」「聞見之知」合內外于耳目之內，故爲感性的知，亦爲**關聯的合**。「德性之知」則「合內外於耳目之外」，此是超越的**本心性體所發之知**，其「合」是**實體無外之合**，非**能所關聯的合**也。大抵此所云德性之知，無論由**誠明之體**發，或是由**天心仁體**發，或是由**本心性體**發，其知之活動或是表示其**自主、自律、自定方向**，反身以**自證其自己**，或是表示其**照用流行，通流澈萬物，知之即所以實現之**：此皆是本體宇宙論的知、本體自證自己之知、本體縱貫的知，非**認識論的能所關係之知**也。欲致此「知」，則反身逆覺而已，盡心以證體而已，不在依「格物」之方式以致之也。（詳解見〈橫渠章〉第三節第四段與第

六段）。但伊川所言之德性之知卻不是**縱貫型**，乃是認識論的能所
關係之**橫列型**。其「反躬」之至是逆覺體證、盡心以證體，卻是反
之于於天的敬心之涵養，依格物之方式以致之。

　　濂溪、橫渠皆不言《大學》，尤不言格物。明道有一二條略言
格物，義亦別，見下〈附錄〉。彼三人者皆重在證體。惟至伊川始
正式言《大學》，正式言致知格物，格物窮理。重點以及系統之決
定性均置于此，雖于義理有新發見，然亦開系統分裂之機，由
《論》、《孟》、《中庸》、《易傳》之**縱貫型**轉化而爲**靜涵靜攝**
之**橫列型**。朱子極力完成之，斥縱貫型者爲禪，如是，《論》、
《孟》、《中庸》、《易傳》之本義遂益隱晦而難辨識矣。此讀伊
川〈格物篇〉者所不可不知也。

　　7.今人欲致知，須要格物。物不必謂事物然後謂之物也。自
　　　一身之中，至萬物之理，但理會得多相次自然豁然有覺
　　　處。（《二程全書‧遺書第十七》，〈伊川先生語三〉）

　　7.1物，則（一作「即」）事也。凡事上窮極其理，則無不
　　　通。（《二程全書‧遺書第十五》，〈伊川先生語一〉，〈入關
　　　語錄〉）

　　8.或問：進修之術何先？
　　　曰：莫先於正心誠意。誠意在致知，致知在格物。格，至
　　　也，如祖考來格之格。凡一物上有一理，須是窮致其理。
　　　窮理亦多端。或讀書講明義理，或論古今人物別其是非，
　　　或應事接物而處其當然：皆窮理也。
　　　或問：格物須物物格之，還只格一物而萬理皆知？

曰：怎生便會該通？若只格一物便通眾理，雖顏子亦不敢如此道。須是今日格一件，明日又格一件，積習既多，然後脫然自有貫通處。（《二程全書·遺書第十八》，〈伊川先生語四〉）

9. 問：人有志於學，然智識蔽固，力量不至，則如之何？

曰：只是致知。若致知，則智識當自漸明。不曾見人有一件事終思不到也。智識明，則力量自進。

問曰：何以致知？

曰：在明理，或多識前言往行。識之多，則理明。然人全在勉強也。（同上）

9.1 康仲問：人之學非願有差，只為不知之故，遂流於不同。不知如何持守？

先生言：且未說到持守。持守甚事，須先在致知。致知，盡知也。窮理格物便是致知。（《二程全書·遺書第十五》，〈伊川先生語一〉，〈入關語錄〉。〔案：《宋元學案》將此條列入〈明道學案〉，非是。又于問語，只錄「不知如何持守」一句。于答語，只錄「且未說到持守。持守甚事，須先在致知。」餘皆刪。此〈入關語錄〉，朱子原注云：「或云明道先生語。」《宋元學案》列此條入〈明道學案〉，或因此注之故與？實則當為伊川語。〕）

10. 格物亦須積累涵養。如始學《詩》者，其始未必善，到悠久，須差精。人則只是舊人，其見則別。（《二程全書·遺書第十五》，〈伊川先生語一〉，〈入關語錄〉）

11. 格物窮理非是要窮盡天下之物，但於一事上窮盡，其他

可以類推。至如言孝，其所以為孝者如何？窮理，如一事上窮不得，且別窮一事。或先其易者，或先其難者，各隨人深淺。如千蹊萬徑，皆可適國。但得一道入得，便可。所以能窮者，只為萬物皆是一理。至如一事一物，雖小，皆有是理。（同上）

12. 問：觀物察己，還因見物反求諸身否？

曰：不必如此說。物我一理，纔明彼，即曉此，合內外之道也。語其大，至天地之高厚，語其小，至一物之所以然，學者皆當理會。

又問：致知先求之四端如何？

曰：求之性情，固是切於身。然一草一木皆有理，須是察。（《二程全書・遺書第十八》，〈伊川先生語四〉。）

13. 觀物以察己，既能燭理，則無往而不識。天下物皆可以理照。有物必有則，一物須有一理。（同上）

14. 生知者只是他生自知義理，不待學而知。縱使孔子是生知，亦何害於學？如問禮於老聃，訪官名於郯子，何害於孔子？禮文官名，既欲知舊物，又不可鑿空撰得出，須是問他先知始得。（《二程全書・遺書第十五》，〈伊川先生語一〉，〈入關語錄〉）

15. 問：格物是外物，是性分中物？

曰：不拘。凡眼前無非是物，物皆有理。如火之所以熱，水之所以寒，至於君臣父子間，皆是理。

又問：只窮一物，見此一物還便見得諸理否？

曰：須是遍求。雖顏子亦只能聞一知十。若是後來達理

了，雖億萬亦可通。〔……〕（《二程全書·遺書第十九》，〈伊川先生語五〉，楊遵道錄）

16.人患事繫累，思慮蔽固，只是不得其要。要在明善。明善在乎格物窮理。窮至於物理，則漸久後，天下物皆能窮。只是一理。（《二程全書·遺書第十五》，〈伊川先生語一〉，〈入關語錄〉）

17.世之人務窮天地萬物之理，不知反之一身。五臟六腑，毛髮筋骨之所存，鮮或知之。善學者取諸身而已。自一身以觀天地。（《二程全書·外書第十一》，時氏本〈拾遺〉）

18.所務於窮理者，非道須盡窮了天地萬物之理，又不道是窮得一理便到。只是要積累得多後，自然見去。（《二程全書·遺書第二上》，〈二先生語二上〉，呂與叔東見二先生語。〔未注誰語，與前第8條、第11條、第15條義同，自當繫于伊川〕）

19.致知在格物。格物之理，不若察之於身，其得尤切。（《二程全書·遺書第十七》，〈伊川先生語三〉）

20.人要明理，若止一物上明之，亦未濟事。須是集眾理，然後脫然自有悟處。然於物上理會也得，不理會也得。〔案：此末二語不諦。依伊川格物義，似不當如此說。或承上一19條而來。察己身雖較切，然察己身與格物理是同層同質的，己身亦物也。在此不必有軒輊。〕（同上）

案：以上共十六條之格物義即朱子《大學·補傳》之所本。其**泛認知主義**的格物論亦本于此。在此格物義下所牽連之其他問題，如：

㈠心與理爲二之問題，㈡理在心內與在心外之問題，㈢此所窮之理是何意義之理之問題，㈣理之一相與多相之問題，㈤理與氣、性與心情之關係之問題，㈥理生氣之問題，㈦理同氣異、枯槁有性之問題，凡此等等俱已爲朱子所確定地表示出，而亦可以說已予以釐清矣。其所引申與充盡皆有其思理的一貫性。伊川雖尚未說至此，然亦決不悖于伊川，可以說皆爲其綱領之所函。吾人今日只在予以恰當相應的理解而確定地說明之。詳細展示見〈朱子部〉第五章第一節與第三節，以及第八章第一節。在此，則不必詳言矣。

21. 凡物有本末，不可分本末爲兩段事。洒掃應對是其然，必有所以然。（《二程全書·遺書第十五》，〈伊川先生語一〉，入關語錄）

22. 聖人之道更無精粗。從灑掃應對至精義入神，通貫只一理。雖灑掃應對，只看所以然者如何。（同上）

23. 窮理盡性至命只是一事。才窮理便盡性，才盡性便至命。（《二程全書·遺書第十八》，〈伊川先生語四〉）

24. 窮理盡性至命一事也。纔窮理便盡性，盡性便至命。因指柱曰：此木可以爲柱，理也；其曲直者，性也；其所以曲直者，命也。理、性、命，一而已。（《二程全書·外書第十一》，時氏本拾遺）

25. 理也、性也、命也，三者未嘗有異。窮理則盡性，盡性則知天命矣。天命猶天道也。以其用而言之，則謂之命。命者造化之謂也。（《二程全書·遺書第二十一下》，〈伊川先生語七下〉，〈附師說後〉）

26.伯溫問：盡其心，則知其性，知其性，則知天矣。如何？

曰：盡其心者，我自盡其心。能盡心，則自然知性、知天矣。如言「窮理盡性以至於命」，以序言之，不得不然。其實只能窮理，便盡性至命也。

又問「事天」。

曰：奉順之而已。（《二程全書·遺書第二十二上》，〈伊川先生語八上〉，〈伊川雜錄〉，唐棣編）

27.二程解「窮理盡性以至於命」，只窮理便是至於命。子厚謂亦是失於太快。此義儘有次序。須是窮理，便能盡得己之性，則推類又盡人之性；盡得人之性，須是並萬物之性一齊盡得，如此，然後至於天道也。其間煞有事，豈有當下理會了？學者須是窮理爲先。如此，則方有學。今言知命與至於命，儘有近遠，豈可以知便謂之至也？（《二程全書·遺書第十》，〈二先生語十〉，〈洛陽議論〉，蘇昞季明錄）

案：明道云：「窮理盡性以至於命，三事**一時並了**，元無次序。不可將窮理作**知之事**。若實窮得理，即性命亦可了。」見〈明道章·一本篇〉第8條。吾于該處已作詳細之疏解。此處伊川亦說「窮理盡性至命只是一事」。27條蘇季明所記之橫渠語，則以爲二程之說「失於太快」，是即表示于「洛陽議論」時，橫渠並不認爲此三事可以「一時並了」，亦不認爲「只是一事」。此義大抵是發自明道。伊川隨其老兄亦如此說。「洛陽議論」在宋神宗熙寧十年。此

是諸錄中最早之紀錄。此時橫渠所見不必成熟，或是一時之乍感。若以《正蒙》爲準，則依〈誠明篇〉所說，橫渠亦可承認「三事一時並了」，「只是一事」。參看〈橫渠章〉第二節第四段。

三事是否「只是一事」，「一時並了」，須看：一、理、性、命三詞之內容的意義如何理解，二、窮、盡、至三字如何講法。關于第一問題，理與性兩詞之內容的意義完全相同，此則爲大家所共許。但依系統之不同，對于此同義之兩詞卻有不同之意味。依橫渠與明道，理與性俱是「即活動即存有」者，但依伊川與朱子，卻是成「只存有而不活動」者。至于「命」之一詞，其本身即有兩種不同之意義。一是就「天命流行之體」說，就此說，則「命」字是命令義，表示創生實體之定向作用，此創生實體具于吾人，即爲吾人之性。此性體亦有命令與定向之作用，此即性之命，乃吾人之大分。從「天命流行之體」處說的「命」與從性體處說的「命」，其內容的意義完全相同，雖言之之分際有不同。如果如此言「命」，則命與理與性爲同一意義，指同一實體。但「命」字還有另一種說法，即以氣言之「命」，此即命遇命運命限之命。如果如此言命，則命字與理與性，不是同一意義，不指同一實體。

關于第二問題，「窮」字，如依明道「不可將窮理作知之事」，則窮是「窮盡」之窮，不是「窮究」之窮。即含有究明之義，亦是澈知而朗現之之義，亦是實踐地窮盡而朗現之也。此與「盡性」爲同一事。「至」字，依明道說：「理則須窮，性則須盡，命則不可言窮與盡，只是至於命也。」（〈明道章・一本篇〉第9條），是則「至於命」一事便無**工夫上的事可作**。「命」字，明道並未說明究是指「以理言」的命令之命，還是指「以氣言」的

命遇、命運、命限之命。如果指前者說，則亦可說「只是至於命」，「至」字無工夫上的事可作，積極的工夫只在窮理盡性，而窮理盡性為同一意義之同一事，而無事可作之「至於命」亦因命字與理與性為同一意義，指同一實體，而與窮理盡性為同一事。此三者「元無次序」。「若實窮得理，即性命亦可了。」若實窮得理，盡得性，則自可至于天命之體之命令，蓋所窮之理即是此天命之體，而所盡之性其源與實亦是源于此而同于此也；而同時亦實可至于性體之命令，承受之而實不違，蓋此是性分之所定，乃義不容辭、責無旁貸者也。是則此三事不但是「一時並了」，而且因理、性、命之內容的意義相同而實「只是一事」也。如果「命」字指命遇、命運、命限之命言，則「至於命」一事亦無工夫上的事可作，亦可說「只是至於命」，此實同于孟子所說「修身以俟之」之「俟命」。此至命、俟命與窮理盡性不是因理、性、命三詞之**內容的意義相同而為同一事**，但卻可因**工夫之涵蘊**而「**一時並了**」。窮理與盡性是同一事，而窮理盡性與至命（俟命）不是同一事，而卻是因工夫之涵蘊而同時一起了當者。依此而言，「一時並了」與「只是一事」並不是同義語。明道所言之「至命」究是指前者說，抑是指此後者說，尚不能定。如就〈明道章·一本篇〉第9條明道反對橫渠之「譬命是源，窮理與盡性如穿渠引源」之說而觀之，則「至命」之「命」是指前者說（以理言的命令之命），不是指此後者說。蓋該處明道所反對者是「源與渠為兩物」，不是反對「命」為本源、源頭之義也，而本源、源頭之命，正是「天命之體」之命也。但依一般通常之理解，「至于命」卻是偏重此後者意味重。現在看此語儘可兩頭通：向後看是本源命令之命，向前看是命運命限

之命。但雖可兩頭通，兼此兩義，但此兩義的關係結果卻不相同：就向後看說，三事不但「一時並了」，而且「只是一事」；就向前看說，至命與窮理盡性不是同一事，但可因工夫之涵蘊而「一時並了」。

橫渠〈誠明篇〉之思想亦有以理言與以氣言的兩種命。以理言者則至命當該與窮理盡性不但是「一時並了」，而且「只是一事」。以氣言者則與窮理盡性不是一事，但可以「一時並了」。〈洛陽議論〉之語恐只是一時不澈之語。即此時取漸教態度，「窮理」作知之事（「學者須是窮理為先，如此則方有學」）；窮理與盡性亦有間，「窮」既是知之事，則「盡」即是行之事；而盡性亦有盡己性與盡人性以及盡物性之序，此並非一事，亦非一時可了；命如橫渠所解，儘管解為「天道」，又「譬命是源」，是本源源頭之命，意即以理言的「天命之體」之命，但亦有「知命」與「至命」之異，「儘有近遠，豈可以知便謂之至？」如此布散開說亦可，而吾人進修之實際過程亦常是有如許之步驟（次序），而每一步亦實「煞有事」可作，但只要「窮理」不是浮泛地窮，所窮之理不是聞見之知之所知，而是德性之知（如橫渠所解者）之所知，則此**布散開說的漸教**與**收緊說的頓教**並不衝突，而最後自**本質上言**亦實可「一時並了」也（不管命有向後看與向前看之異）。明道是從本質上收緊了說，又聲明「不可將窮理作知之事」，故窮、盡、至實可只是一步實踐地充盡朗現之工夫，而三事亦實可「只是一事」，「一時並了」，或窮理盡性雖與至命（向前看以氣言的命）不是一事，但在工夫之涵蘊上亦可「一時並了」。是故橫渠之說法雖或一時之不澈，然依其思理，最後終當歸于「三事一時並了」，

而不見其有礙也。

　　問題是在伊川方面亦說「只是一事」。伊川解命為「天命」之命。「天命猶天道也。以其用而言之，則謂之命。命者造化之謂也。」（上錄第25條）「用」即是命令創生之用。「造化」亦是以理言的「造化」。「命者造化之謂」，此語就伊川之意說，不甚諦。蓋平常說「造化」常含有命運之意，此即是以氣言的造化之不可測，如此，便成以氣言的命。但就伊川語脈觀之，其所意解之「命」是向後看的本源源頭之命，故當是以理言的命令之命。「天道」之用即是命令創生之用，故「造化」亦當以理說。如上錄第24條「其曲直者性也，其所以曲直者命也」，此言「命」明是向後看從「所以然」的本源源頭說命。如是，理、性、命三詞之內容的意義完全相同。（但依伊川之分解，性只是理，只存有而不活動，則「猶天道」的天命亦當只是理，其「用」尚不是「於穆不已」的「即活動即存有」之實體自身之用，此當別解。理自有命令的作用，但卻是不活動的命令。由不活動的命令引起氣方面的生化，此是伊川、朱子學中的「理生氣」之義，不是「即活動即存有」的天命真體之創生妙運之用也。天道有「造化」之用，亦當依伊川、朱子學中的「理生氣」之義去理解。伊川于此只這樣說，不覺其意解之殊也。故吾于此亦只儱侗地解其所說之「用」是命令創生之用，「造化」是以理言的造化，未加細別。蓋重在表示其所意解之命是向後看的以理言的本源頭之命。讀者當仔細留意。）

　　理、性、命之內容的意義既完全是一矣，則說三事「只是一事」自無問題。但問題卻在「窮」與「盡」字上。

　　依伊川，窮理須落在格物上說，因此，「窮理」顯然是屬于

「知之事」，此即首與其老兄不同者。橫渠布散開說，亦可先將窮理視爲「知之事」，但卻未落在「格物」上說。其言窮理很可能只是究知那創造之源的生化之理而已，此則不須落在《大學》之「致知在格物」上說。但伊川說窮理卻必落在「格物」上「即物而窮其理」。要者尤在依格物之方式致吾心氣之靈之知。此則窮理顯然自始即落在能所的關係上說，即敬心之靈所發之知與超越之理之能所關係。而如此窮理之爲「知之事」顯然與「盡性」之行**本質上即爲兩事**。問題即在此，不在「至命」處，不管命如何講。蓋心氣之靈所發的知是後天的實然的心之知覺活動，須靠涵養之貫注始能常保其靈，而不滯于見聞，以窮那超越之理，因而成爲德性之知，此是**窮理上之曲折**。既窮理矣，再進而言「盡性」之行。敬心之涵養雖能明理，然亦不保其語默動靜之行動必如理，此亦須靠涵養之貫注使其敬心不散，庶可常常如理而動。常能如理而動，則性之理始能著見于事，此之謂盡性。此是「**盡性」之行上的曲折**。窮理、盡性既各有其曲折，則其爲兩事甚明，如何「只是一事」？而此兩事之工夫（窮與盡）既有定序，又不必然地相函，又如何能「纔窮理，便盡性」？伊川只因理、性、命三詞之內容的意義相同（命是向後看以理言之的本源源頭之命），即謂「窮理盡性至命只是一事」，而不自覺其心中所意味之「窮」與「盡」實有其曲折之**殊指也**。是以其言「只是一事」，或只是隨其老兄如此說，或只是一時之乍見，儱侗地作此可喜之論，實未曾究其實，亦不合其思理心態之本質也。

　　其不能「只是一事」尚不是橫渠之布散開說的「儘有次序」之不是一事，乃是本質上即不是一事者。其由涵養之貫注使後天的心

在**知上漸漸明理**，在**行上漸漸合理**之漸敎乃是**本質上即漸敎**，尙不是布散開說的**權說之漸敎**。權說之漸敎不礙于**收緊說的本質上之爲頓敎**（一時並了），而本質上即漸敎者乃永不能至「一時並了」也。此中之關鍵唯在伊川無「實體性的本心」義，心是後天的心，心與性不一，性體不是即活動即存有者，其所理解之天命道體亦不是「於穆不已」、即活動即存有之「天命流行之體」，故窮理不是用逆覺的方式去澈知而朗現此「本心即性」之性體與「即活動即存有」之天命於穆不已之眞體，而是用格物的方式去致敬心之知，而盡性亦不是「即盡心」之盡性，而是用涵養去使敬心之發動漸如理，故永不能至三事即一事而「一時並了」，或窮理盡性雖與至命（向前看的以氣言的命）不是一事而亦可「一時並了」也。（後來陽明將窮理盡性皆收歸于「致良知之天理」上講，即充分顯明此義，不知實已早具于明道之頓敎中。）

由以上之疏解，明道言「三事一時並了」最明澈，有實義。橫渠雖或有一時之不澈，然依〈誠明篇〉之思理，亦終歸于「一時並了」，故其布散開說之「儘有次序」亦可不礙于收緊說的本質上之「一時並了」也。唯伊川之說「只是一事」**實並無實義**，**其思理心態之本質實只是漸敎也**。此則順通觀之，各歸其是，乃無可疑者。依以模稜之言可依其思理之本質而決之，不足爲惑也。

附論：明道言格物

1. 良知良能皆無所由，乃出於天，不繫於人。（《二程全書·遺書第二上》，〈二先生語二上〉，呂與叔東見二先生語。〔未定誰語，《宋元學案》列入〈明道學案〉，是。〕）

2.人心莫不有知，惟蔽於人欲，則忘天德也。（《二程全
　書‧遺書第十一》，〈明道先生語一〉，〈師訓〉，劉質夫
　錄。）

案：「人心莫不有知」，如此「知」是指良知言，則與伊川、朱子
學中之言「人心之靈莫不有知」之知不同。良知是就孟子之「本
心」言，故第1條云：「良知良能皆無所由，乃出於天，不繫於
人。」但伊川、朱子學中的「人心之靈」是後天的實然的心氣之
靈，「知」是知覺運動之知，正是不「出于天」，而「繫於人」
者，因而亦正是「有所由」也。其有待于涵養之貫注，始能常凝聚
而保持其知之明，此亦是「繫於人」而「有所由」也。良知出于
天，則是就「本心」以理言，此良知本身即是「天德」。若不蔽于
欲而放失，則良知天德即自然呈現，沛然莫之能禦。「惟蔽於人
欲」而放失，則始忘其本有之天德，即忘其良知也。此良知即是天
德，不是實然的心氣之凝聚（所謂敬心）依格物方式去知那超越之
理之知也。

3.「致知在格物」。格，至也。或以格物為正物，是**二本
　也**。（《二程全書‧遺書第十一》，〈明道先生語一〉，〈師
　訓〉，劉質夫錄。）
4.「致知在格物」。格，至也。窮理而至於物。**則物理盡**。
　（《二程全書‧遺書第二上》、〈二先生語二上〉，呂與叔東見
　二先生語。〔未定誰語，《宋元學案》列入〈明道學案〉，
　是。〕）

5.「致知在格物」。物來則知起。物各付物，不役其知，則意誠不動。意誠自定，則心正。始學之事也。（《二程全書‧遺書第六》，〈二先生語六〉。〔未定誰語，此當是明道語。《宋元學案》列入〈伊川學案〉，而又與本篇正文第18條混在一起，非是。〕）

案：此三條又皆就《大學》「致知在格物」言。然意味又自別，顯與伊川之言致知格物不同。第3、4兩條可視爲一遮一表。明道亦訓格爲至。「格」字初義本爲祭祀時神之降臨，訓來、訓至，皆恰當于初義之引申。二程、朱子、以及象山皆訓格爲至。唐李習之〈復性書〉亦訓來、訓至。此是訓詁上之大路。訓「正」則是由訓「感」訓「改」而來。格有感義、改義，亦見于《尙書》。如〈堯典〉「格於上下」，「烝烝不格姦」，皆感義；〈皐陶謨〉：「格則承之庸之，否則威之」，此格即「改」義。訓「正」亦並非無來歷也。明道時，或亦有訓格爲正者，然此訓非解「格物」之大路。如果「知」字是普通所意謂之了知、認知、理解、明白之意，則云「致知在正物」乃語意上爲不通者。明道且從義理上認爲「以格物爲正物，是二本也」。遮二本，顯「一本」，乃明道之特色。如解格物爲「正物」，則有以此正彼之意。有彼此之兩路頭，故爲「二本」。此亦如〈一本篇〉言「體」字、「贊」字，皆是多餘，猶是「二本」義。訓格爲至，如何「至於物」以致知，依至物以致知，致的什麼知，在此第3條尙不明白。但「一本」義則是清楚者。如果照「一本」義去想，則「致知」之知不是無規定的泛說之「知」，乃是致的「天理遍在」之知，致的「皆有此理」的「萬物

一體」之知（〈天理篇〉第3條），致的「萬物皆備於我，不獨人
爾，物皆然」之知（〈天理篇〉第4條）。致這個知而「至於
物」，則全皆澈于物，全物皆潤于理（皆存于理，皆是理之呈
現），每一物皆是理之全體亦即皆具一切，此即為一本，不是把物
與理撐開，物自物、理自理，以此正彼也。蓋若如此，便是二本。
依此一本義而言，則「致知在格物」意即欲致其「天理遍在」之
知，必須能「至於物」而知此天理之通澈，或致天理遍在之知即在
乎「至於物」而能明知此天理之通澈于物也。致「天理遍在」之知
即「窮理」也，意言窮究此「天理遍在」而知之也。既窮究而知其
「遍在」，則不空懸而隔于物可知。故第4條云：「格，至也。窮
理而至於物，則物理盡。」意即窮究此遍在之天理而能至于物以知
其通澈于物而不隔于物，則物之理亦盡，意即物之理亦不過即是此
通澈于其中的天理，而即在此不隔之窮究上在物處全體朗現而無餘
蘊（盡）也。此「至於物」不是如伊川、朱子之所講，為「即物而
窮其理」，乃是窮究遍在之天理而知其澈于物而不隔于物。伊川、
朱子之所講是即物窮理向後返以致那繫屬于敬心的「德性之知」，
此正是有知與所知而停在認知意義的「知」上，亦正是「以此敬心
知彼理」之二本也。而明道之「至於物」，如照「一本」說，則是
窮究那遍在之天理而知其澈于物而不隔于物，此是**本體之直貫**，而
不是在「至於物」上表現認知之工夫。「至於物」處無工夫，窮究
天理遍在而知其澈于物而不隔于物之知的工夫亦不須在「即物而窮
其理」上以知之，如伊川、朱子之所講。「至於物」只表示是澈于
物而不隔于物，此只成本體直貫之結果，無認知之意義。窮知「天
理遍在」之知的工夫、窮理的工夫，只是逆覺以證悟本體之工夫。

此猶先識仁體之知的工夫。此種窮知不須即物而窮之也。窮理繫屬于此種致知（致證悟本體之知），不繫屬于格物（至于物，不隔于物）。而伊川、朱子之窮理則繫屬于「格物」（即物而窮其理），格物窮理以致其敬心之知，則認知的工夫正在格物，故是**認知地向後返**，而不是**本體論地向前直貫**也。

　　明道此第3、4兩條，言簡而意模稜。但「一本」之觀念卻不模稜。若不通貫「一本」義而解之，則不能知其語意方向究何在，亦很可以講成伊川、朱子之說法。若以「一本」義爲準，則當該是如上之講法。

　　第5條則又關聯著意誠心正而說。在此則又訓格爲「來」。「致知在格物，物來則知起。物各付物，不役其知，則意誠不動。意誠自定，則心正。」此大體是根據〈定性書〉之思理而說，或有類于〈定性書〉之思理。此條是明道語當無可疑。〈定性書〉云：「人之情各有所蔽，故不能適道。大率患在於自私而用智。自私，則不能以有爲爲應迹。用智，則不能以明覺爲自然。」此條則云：「物來則知起。物各付物，不役其知，則意誠不動。」「物來則知起」即應物也。「物各付物，不役其知」，即不用智而「以明覺爲自然」也。「用智」即是私意穿鑿，疲役其知，隨物之來而膠著下去，疲于奔命，焉能洒然大定而得明覺之自然耶？是則當物之來（呈現于眼前）而「知起」以應之，若能「物各付物」，不穿鑿膠著，則心知之明即洒然朗然，從膠縛固結之中解脫而出，即成明覺之朗照，不出沒疲役而常貞定矣。物來知起，則爲明覺自然之朗照，「感而遂通」也。雖有爲而實無爲，故爲「應迹」也。物不來，則知與物同歸于寂，所謂「寂然不動」也。「寂然不動」固必

然函「感而遂通」，此本心明覺固自如此也。此即所謂「靜亦定，
動亦定，無將迎，無內外」也。若自私用智參與其中，則物來固不
能定，即不來亦未必能定也。是則「致知在格物」，從「物來知起
以應物」之方式以言之，意即：欲致吾明覺朗照之知，即在乎物之
來而物各付物洒然無著以應之也。此種「致知」是致吾本心明覺朗
照之知，「格物」是「物來而順應」（于物之來而洒然無著以應
之）。此並無以「知」認「所知」之認知的意義，亦非「即物而窮
其理」以致吾敬心之知也。

　　此本心明覺之洒然朗照是以〈定性書〉之基本觀念即「性無內
外」為背景。定性即定心。性體無內外即心體無內外。心體遍潤一
切，亦即同時遍照一切。自「物來知起」而言之，則偏重于照，實
即以「體物不遺」之遍潤為底子。潤即照，照即潤也。故〈定性
書〉云：「天地之常以其心普萬物而無心，聖人之常以其情順萬事
而無情。故君子之學，莫若廓然而大公，物來而順應。」此雖靜態
地觀之，好像是以心應物，以情順事，是平面的兩行之順應，然其
實是以實體性的本心性體之立體直貫的遍潤與遍照為底子。攝物歸
心，物在心；照潤于物，心在物。依此而言本心明覺之洒然朗照
（朗潤）既非局限于內，亦非放失于外。局限與放失皆是役其知而
疲于奔命也，亦即皆非明覺之自然也。局于內則遺外，放于外則遺
內，「既以內外為二本，則又烏可遽語定哉？」「二本」是役其知
所成之假象，然則「一本」則固是心體遍潤無內外之本然也。「致
知在格物」者，即依「物來而順應」（不役其知）之方式以致此遍
潤無內外之「一本」之知也。「一本」之知即是本心明覺之洒然朗
照，常自貞定之「知」也。此非依「即物而窮其理」之方式以致敬

心之認知的知亦明矣。(《朱子語類》卷第九十七,〈程子之書〉三,有一條云:「物各付物,不役其知,便是致知。然最難。此語未敢信,恐記者之誤。」案:並無誤。此本是明道義,非伊川義也。又有一條云:「問《遺書》有一段云:致知在格物,物來則知起,物各付物,不役其知,則意自誠。比其他說不同,卻不曾下格物工夫。曰:不知此一段如何。又問:物來則知起,似無害,但以下不是。曰:亦須格方得。」案:若以伊川義觀此條,自「不知如何」,亦「未敢信」。但此條自是明道語,朱子並不解也。)

以上第3、4兩條言「致知在格物」是依先識仁之體,而致吾對于本體之知,亦即致吾窮究天理之知;「在格物」者,訓格為「至」,明此天理本體通澈于物而不隔于物也。即依通徹于物而不隔于物(至于物)之方式致吾對于天理本體之知也(「天理」是明道義之天理)。「致」者,至也,推致其極之謂。「知」者逆覺體證義,乃「先識仁之體」之知,此自是一種認知活動,但卻是單指知本體而言,而此知即是逆覺體證義,不是依平列的能所方式以「知」知「所知」之認知關係也。此後者是實說,既是平列的認知關係,自有認知的意義;而逆覺體證之「知」則是虛說,即就本心仁體之呈現而當下反身以體證之,既非平列的認知關係,故亦無普通之認知意義也。此只是本心仁體所透示之覺用之自證自明耳。惟對隨物欲滾下去而言「致」與「復」。即就此「致」與「復」建立此種逆覺體證之知之工夫活動。所謂「復以自知」是也。及此「復以自知」推致到其極至時,此本心仁體(天理本體)朗然呈現,則逆覺之知之能所關係即泯,而「知」義亦泯,知消融于本心仁體中而唯是一大主之朗現。但平列的能所關係中之認知活動則永不能

泯，泯則無知耳。而其所知者（不管其為經驗的，或超越的），亦
永不能轉為「能」，因心知之能為後天的心，自始即與所知者為平
列的能所之二體故也。是以「敬心順取」之路終與「逆覺體證」之
路為不同之系統。即使敬心窮理之極而可與理合一，理亦全內在于
心而不隔絕，然心究非即是理，而理之「有」亦非出于心也。

第5條言「致知在格物」是依「物來而順應」之方式（訓格為
來）致吾本心明覺洒然朗照之知，此「知」是**本體字**，不是逆覺體
證之「知」。此是直從體上言其**無內外之一本**也。此知亦無平列的
能所關係之認知的意義。

此兩種說法，就「致知在格物」言，好像不一致。然其基本精
神唯在顯體之遍潤以及無內外之「一本」則一也。

明道不常就《大學》言致知格物。只有以上五條，而又言簡意
晦。若不知其「一本」義、「識仁」義、「定性」義，則3、4、5
三條簡直不知如何講。蓋若孤離觀之，其語意方向很難確定也。而
吾人又常以伊川、朱子義存于心中（以其合常情而又太流行），故
處處覺其刺謬而糾結于心難著手也。然若知其「一本」義、「識
仁」義、「定性」義，則此簡略之語句其語意方向固甚清楚也。然
此自不必合于《大學》之本義，而明道亦實未就《大學》之致知格
物講出一套確定的格物論，如伊川、朱子之所為。只不過是**隨機借
用**以說其「一本」之義耳。

唐李習之（翺）〈復性書〉（中）有云：

> 問曰：本無有思，動靜皆離。然則聲之來也，其不聞乎？物
> 之形也，其不見乎？

曰：不覩不聞，是非人也。視聽昭昭而不起於見聞者，斯可
矣。無不知也，無弗爲也。其心寂然，光照天地，是誠之明
也。《大學》曰：「致知在格物。」《易》曰：「易，無思
也，無爲也，寂然不動，感而遂通天下之故，非天下之至
神，其孰能與於此？」

曰：敢問「致知在格物」何謂也？

曰：物者，萬物也。格者，來也，至也。物至之時，其心昭
昭然，明辨焉而不「應」於物者，是致知也，是知之至也。
〔案：「應」字不可通。《佛祖歷代通載》引作「著」。順
上文「視聽昭昭而不起於見聞」，作「起」字亦差勝。〕知
至故意誠，意誠故心正。〔……〕

案：此亦是自體上言「知」，與明道同一思路。吾人很難說明道之
說是根據李習之而來。其讀未讀此文亦未可知。然同一思路則無
疑。李習之亦是隨機借用也。若依普通之理解，《大學》之「致知
在格物」很難與《易傳》之「無思無爲」云云連在一起。然若依
「物來而順應」之方式說「致知在格物」，則亦得可以表示此誠明
之朗照。此亦不必合于《大學》之本義，亦非能就《大學》講出一
套確定的格物論。

象山〈格矯齋說〉云：

格，至也。與窮字究字同義。皆研磨考索以求其至耳。學者
孰不曰我將求至理？顧未知其所知果至與否耳。所當辨所當
察者此也。〔……〕（《象山全集》卷二十，〈序贈〉）

又〈武陵縣學記〉云：

> 彝倫在人，維天所命。良知之端，形於愛敬。擴而充之，聖
> 哲之所以爲聖哲也。先知者，知此而已。先覺者，覺此而
> 已。〔……〕學校庠序之間，所謂切磋講明者，何以捨是而
> 他求哉？所謂格物致知者，格此物，致此知也，故能明明德
> 於天下。《易》之窮理，窮此理也，故能盡性至命。孟子之
> 盡心，盡此心也，故能知性知天。學者誠知所先後，則如木
> 有根，如水有源，增加馴積，月異而歲不同，誰得而禦之？
> 若迷其端緒，易物之本末，謬事之終始，雜施而不遜，是謂
> 異端，是謂邪說。非以致明，祇以累明。非以去蔽，祇以爲
> 蔽。〔……〕（《象山全集》卷十九，記）

象山謂格物即格（窮究）此本心性體之物，致知即致吾對此本心性
體之知。若謂知本末，則知此謂之「知本」；若謂知止，則知此謂
之「知止」；若謂知至，則知此謂之「知至」；若謂至善，則此即
是「至善」；若謂物則，則此即是「物則」。此亦依逆覺體證之方
式言致知，而且致知與格物爲同意語，單在窮究明了此本心性體以
爲本、以爲止處、以爲物則、以爲知之至、以爲達天德。此全是孟
子學也，只借用《大學》辭語以說之耳。此亦未必合于《大學》之
本義，亦非可視爲就《大學》所講出之確定的格物論。

　　凡就《論》、《孟》、《中庸》、《易傳》以言體證本體者，
其借用《大學》之辭語說，皆可視爲隨機之借用。明道如此，李
翺、象山亦皆如此也。皆非是剋就《大學》本身講出一套確定的格

物論。此見此路重點之何在。惟伊川朱子將重點移于《大學》，遂能剋就《大學》本身講出一套確定的格物論。但自朱子佔大威勢後，以前以《論》、《孟》、《中庸》、《易傳》爲重點，只隨機借用《大學》辭語以說致知格物者，醞釀至于王陽明，遂即本此路能剋就《大學》本身講出另一套確定的致知格物論。此是以孟子學講《大學》，然隨機借用者既不必合于《大學》之本義，則陽明之一套自亦不必有合于《大學》之本義。正式確定「知」爲良知（純自體上言），訓「格」爲正，訓「物」爲意之所在。徹底扭轉認知意義的致知格論轉而爲純自道德實踐本身以言之，此陽明之勁力也。明道雖斥「正物」之說爲二本，然明道之言「一本」是重在本體宇宙論的直貫遍潤之平鋪，而陽明之言「正物」是以良知之天理正吾意念之所在，純自道德實踐提起來說，此意念所在之物本是尙未能放下者。及至「致吾心良知之天理於事事物物，則事事物物皆得其理」，則即放下平鋪而爲一本矣。故雖于致良知過程上，原初虛擬之「正物」似有二本之嫌，然其究也，仍不礙其爲一本也。此反見陽明之警策與挺拔（本孟子、象山而來者），而爲明道之溫潤與純自體上言圓頓平鋪之渾淪所不及也。

　　李翺、明道、象山之隨機借用，直至陽明之確定解說，固不必有合于《大學》之本義，然豈必定不合乎？其與《大學》之距離、合與不合處，究何在？可得而言乎？伊川朱子之所講豈必定合乎？其與《大學》之距離、合與不合處，究何在？亦可得而言乎？茲乘機于此略爲說之。

　　依友人唐君毅先生之意，《大學》之物即「物有本末」之物，與事並不同，列舉之，即指意、心、身、家、國、天下而言，而

誠、正、修、齊、治、平則是「事」。「物有本末」，而吾人所以
應之處之之「事」亦「有終始」。「格」則訓爲「來」、訓爲
「感」，亦有「量」義（如「格高五嶽」），「類」義（如《禮
記‧緇衣》篇「言有物而行有格」）。從「物」處說，爲來、爲
感；從吾應之處之之「事」處說，則爲量（度量）、爲類（比
類）。「格物」即綜合此兩面而成之詞。蓋物之來感必引起吾應之
處之之事，固可帶著處之之事而說也。如是，唐先生云：「格物
者，即吾人於物之至而來接來感者，皆加以度量，而依類以有其當
然的所以應之感之之行事謂。」簡言之，則格物者即有以處物之來
感來接之謂也。如純從主體方面說，則格物者即感接于物而有以處
之之謂。是則格物重點乃在于此表示行，不在于此表示知。「知」
即知本末先後之知，知「止於至善」之「知止」之知，亦即「知之
至」之知。此知是從行事上說，不從物上說。吾之處物之事必有其
所以處之之正道，此即是「止」處，亦即是「至善」處。知而能至
于止處、至善處，則爲「知之至」。知本末先後則是知行事次序上
之重點，著手之先後何在。此是虛的。實處即在知「止」、知「至
善」，而此皆指所以處之之正道而言也。如止于敬、止于仁、止于
孝、止於慈、止于信之類是。是以「致知在格物」者意即：欲推致
此正道之知，必在乎吾之感接于物而有以處之之行事上，推致之而
至于其極也。知此正道，知的恰當而至其極，則有所依止。止于此
正道，則意誠而心正矣。即如誠意，意念之呈于前，吾亦有處之之
正道。「誠之」是行事。「誠之」之正道，依《大學》之傳即是
「毋自欺」、「愼獨」等。正心，「正之」是行事，「正之」之正
道即是要「心在焉」而常貞定，而「得其正」，不要有情緒上之激

動與偏差，如《大學》所說之忿懥、恐懼、好樂、憂患等。修身，修是行事，而「修之」之正道則是在對人之關係上要「好而知其惡，惡而知其美」，不要有所辟，如愛之欲其生，惡之欲其死，即是辟。齊家，齊是行事，「齊之」之正道則是孝弟慈。治國，治是行事，「治之」之正道則是老老、長長、恤孤，亦是孝弟慈之推廣。平天下，平是行事，「平之」之正道即是「絜矩之道」，亦是老老、長長、恤孤之推廣。凡此正道皆是在感接于物而有以處之上知之也。（以上述唐先生意，請參看其《中國哲學原論》第九章。其如此訓解，亦有章句上之根據。彼對于《大學》章句有重訂，亦略有移動，但以爲無脫文，不須有補傳，即移動亦比朱子少。凡此俱請參看原著。）

依以上唐先生之訓解，《大學》之「知」原有**特指**（知止），不是泛說之**知覺活動**；物亦有**特指**，因而有一定之範圍，即主客觀實踐所涉及之物，不是廣泛的萬物，而**物**與**事**亦有別，不是泛說的客觀存在之事事物物；而「知止」則是從**行事**上說，不是從**物**上說。

以此爲準，則自大界限上籠統言之，李翱、明道、象山，最後結集于陽明，這一系之所說倒反較近于《大學》之原義，而伊川、朱子之所說倒反不近，因《大學》原義並不是就客觀之物而窮究其理之認知活動也，乃是就實踐（行事）上而求知至善之正道也。是則吾人行事所依止之正道原是浮在「物」之上，尚不知其**何所屬**，亦不知其**根源究何在**。然從行事上說，不從物上說，則是確定者。即依此而言明道系爲較近。

如果《大學》之「明德」是指因地上之**本心性體**言，則「知

止」即可繫屬于「明明德」，而行事上所依止之至善正道亦**出于明德**，**不出于物**，如是，則明道系之所說更為進一步較接近于原義，而伊川、朱子之「即物而窮其理」則更遠。

　　《大學》之「明德」，宋明儒（不管那一系）歷來皆就**因地**上之本心性體言，即吾平常講說亦隨著如此講。今寫此書，正視《大學》原義之問題，則覺不如此。古注疏皆不自**因地**上言，乃自**果地**上言，或指「德行」言，或指「有德之人」言。《大學》「明明德」傳引〈康誥〉、〈太甲〉、帝典之語，而結之云：「皆自明也」，此「自明」並不足以表示其所自明者即是吾人本心性體之「**德性**」。明吾個人光明正大之「**德性**」亦可以說是自明，並不是他明。詳考《尚書》中此類語句，皆指「**德行**」言，不指「**德性**」言。焉能決定《大學》之「明德」必是說的**因地**上之**本心性體**耶？〈康誥〉曰：「克明德慎罰」，又曰：「敬明乃罰」；〈梓材〉曰：「既勤用明德」；〈召誥〉曰：「王其疾敬德」，又曰：「惟不敬厥德」；〈多士〉曰：「罔不明德恤祀」，又曰：「惟天不畀不明厥德」；〈無逸〉曰：「則皇自敬德」（皇，遽也，亦「疾」義）；〈君奭〉曰：「弗克經歷嗣前人恭明德」；〈多方〉曰：「罔不明德慎罰」；〈呂刑〉曰：「惟克天德，自作元命」（克，肩荷義，元命即「大命」）；〈文侯之命〉曰：「克慎明德」。凡此「德」字皆指德行言。「明」字或作形容詞，或作動詞。作動詞，則「明德」與「慎罰」對文，或與「恤祀」對文（恤亦敬慎義），亦同于「敬德」。〈堯典〉之「克明峻德」，明字亦動詞。作形容詞，則明德、峻德、天德、恭明德皆同，其反面即是〈立政篇〉之「暴德」、「逸德」（淫泆之德）。至于〈太甲〉篇之「明

命」則與元命、大命、成命同，皆指政治上之受命言，非「天命之謂性」、性命之命也。《大學》引「顧諟天之明命」，可謂不類。

依此而言，則《大學》之明德不能確定其必指因地上之本心性體言，而且依古注疏解爲**德行**，則既合于《尚書》之原義，亦于《大學》之言「明明德於天下」上的因果關係更爲顯明。是以吾今決定《大學》之「明德」不能解爲**因地上之本心性體**，只能視爲**果地上**（外部的）之「**德行**」。自此而言，則明道系之直自體上言致知格物亦不合《大學》原義。

依是，《大學》之至善正道究竟**往那裡落**，向**何處找歸宿**，乃不能**確定者**。此即示大學只是一個「空殼子」，其自身不能決定**內聖之學之本質**。至善正道可以兩頭通：一是**向外通**，一是**向裡通**。向外通者，落于「物」上講，重客觀性；向裡通者，從本心性體上講，重主觀性。前者是伊川與朱子，後者是明道、象山與陽明。此皆非《大學》之原有。自此而言，兩皆不合。惟若將《大學》會通《論》、《孟》、《中庸》、《易傳》而觀之，則向裡通爲合儒家之本義，由果地之德行溯其源于因地上之德性，視行事上之至善正道皆由本心性體出，此則爲甚「調適而上遂」者。否則講仁義內在，講本心即性，講天命不已之體，乃至講「天命之謂性」，皆成**無意義無作用**者。惟此點，《大學》自身不能決定。《大學》雖非即荀學，然亦不必即能通《論》、《孟》之精神。故求內聖之學之本質不能決之于《大學》。

明道系自體上講致知格物，結集于陽明，視一切現實活動之存在皆是物，物與事不分而**統物于事**，一切皆自實踐上統于本心性體（良知之天理）而以本心性體正之、貫之、潤之，此則致知格物無

通常之**認知的意義**。至于致吾對于本體之知，究此本體之物，此只是**逆覺體證**義，「復以自知」義，亦非平列的能所關係上之**認知的意義**。依此路，吾以爲**本質的工夫**唯在**逆覺體證**，此由仁義內在、求放心、反身而誠，復其見天地之心、愼獨（賅《大學》、《中庸》兩者所言之愼獨）、致中和，而開出者。在此，如再想到《大學》而言致知格物，則只成贅語，其爲贅語，或如李翺、明道、象山，只是**隨機借用**，或如陽明，雖能剋就《大學》講出一套確定的理論，然亦是**在己爲贅語**，在《大學》**爲比附**。然其則於《大學》如何而後可？曰：保留其原義，順至善正道**向內通**，統之于《論》、《孟》、《中庸》、《易傳》，而以逆覺體證之工夫收攝之而已矣。旣不須如李翺、明道，依「物來而順應」之方式說「致知在格物」（依物之來而洒然無著以致吾明覺朗照這個本體性的知），亦不須如象山依逆覺體證之方式說「格物致知者，格此物、致此知也」（明道之「窮究天理遍在而明其通澈于物、不隔于物」之義亦攝于此方式中，亦不須如陽明之著實于《大學》而講出一套旣是贅語又是比附的致知格物論。此皆**不自然**，而足以予人**口實**者也。是以如眞接觸到內聖之學之本質的工夫，則不必膠著于《大學》之「致知格物」以講之（《大學》只提出一個當然，而不知其所以然，至少亦未明其所以然）。故自南渡後，龜山門下唯在以「致中和」之「**超越的逆覺體證**」爲本質的工夫，而胡五峰則根據孟子之「求放心」與明道之「識仁」而以「**內在的逆覺體證**」爲本質的工夫，此即開南軒之「先察識」以及胡廣仲、胡伯逢、吳晦叔輩之「觀過知仁」，此皆不膠著于《大學》之致知格物以言本質的工夫也。關此兩者，朱子對于前者（超越的逆覺體證）則不滿，對

于後者（內在的逆覺體證）則力破。然實則此兩者皆爲內聖之學之本質的工夫，不必不滿，亦無可破也。

伊川與朱子自實然的心氣之靈說「知」字，「知」只是**泛說的知覺運動**之知，不是《大學》有特指之知。落于「物」上，以「即物而窮其理」說致知。事與物不分，而**統事于物**，凡**客觀存在皆物也**。至善正道**向外通**，就物之超越的、靜態的、只存有而不活動的**所以然之理**說至善，說正道，而心不即是理，心與理不一也。此路亦不合《大學》之原義，然可以著實于《大學》上如此講。行事所依止之至善正道，《大學》既未明其出處，則伊川、朱子即可推致于物上就其所以然之理以說至善之正道。原初只是物之來感來接而吾依至善之正道以處之，今再推進下一步就物之來感來接而吾復返而就物自身之所以然之理以明至善正道之落實處，並以爲吾行事之所依止，又有何不可？此亦是「致知在格物」也。吾人之行事活動固應有其所以如此、合當如此之恰當之理，此無論已知未知皆應就此活動之事以究知之。知之至，則此活動更準確而如理。如已活動者爲盲動，則當依知之工夫以糾正之。如尚未活動，則當依所知之理而活動。此即以知導行也。不但吾之行事之活動有其所以如此、合當如此之理，即凡物（客觀之存在）莫不皆然。如是，吾皆可就之而窮究其所以然之理，由之以爲吾之活動以成存在之然之標準，如窮舟車之理以明可以行陸、可以行水，窮桌子之理而知其可以坐，窮枯槁之理可以知燒什麼木有什麼氣息。推之皆然，此即成泛格物論。吾人之行事亦是現實的活動之存在之然，故亦可納于此普遍之格物方式以窮究之。在此泛格物論下，既可知「**存在之然**」之**性**（雖枯槁亦有性），亦可決定吾之**行動所依止之標準**。此正是順

原初之「致知在格物」而進一步欲明至善正道之落實處所成之「致知在格物」也。此種致知格物論，其目的雖在知**超越的所以然之理**（最後是太極），然在「即物而窮」的過程中，則並「存在之然」**自身曲折之相**而亦可**捎帶而知之**，在此有經驗的積極的知識（即近人所謂之知識，古人所謂見聞之知，而有類于科學之知者），此則更有助于一特殊的具體行動之如理合度，既合當然、所以然之理，又合實然的曲折之理。此種格物論既可著實于《大學》而講之，不是**賸語**，亦不是**比附**，又有一般的**認知的意義**，故極有**合常情之順適性**，此其所以被認爲**切實平正**而立即取得**正宗之地位**之故也。然以言內聖之學之本質的工夫，此誠不免爲**歧出**，此不可諱言也。此由著實于《大學》所決定之系統乃**漸教**，乃**主智論**，乃**他律道德**，此不合先秦儒家之本義，亦不可諱言也。朱子之偉大在此，其不足處亦在此。朱子之傳統非孔孟之傳統，此亦不可曲解也。

　　吾以上之疏解旨在明決定內聖之學之本質不能取決于《大學》，仍當回歸于《論》、《孟》、《中庸》與《易傳》。欲想會通《大學》而不能擯除之，則只能上提內通以《論》、《孟》、《中庸》、《易傳》而統之，不能以《大學》爲標準以之決定《論》、《孟》、《中庸》、《易傳》也。此吾此書之定論也。

第三章　胡五峰之《知言》

引　言

　　前〈伊川章・格物窮理篇〉末附錄論明道之言致知格物處，已表示明道之自體上言致知格物實無通常之認知的意義，濂溪、橫渠且無一語道及《大學》之致知格物義，只伊川依據其「涵養須用敬，進學在致知」兩大原則，始正式落于《大學》上言「即物而窮其理」的認知意義的致知格物論。明道之自體上言致知格物（此只是隨機借用），實依其一本、識仁、定性之義而言，此中實含有一種「逆覺體證」義。依濂溪、橫渠、明道之所表示，內聖之學之本質的工夫，唯在逆覺體證。此由先秦儒家孟子之言仁義內在、求放心、反身而誠、堯舜性之、湯武反之，《易傳》之言「復其見天地之心」，《中庸》之言慎獨與致中和（《大學》亦言誠意慎獨，亦可賅在內），而開出者。此似是先秦儒家所已確定之工夫入路。如以此本質的工夫入路為標準，如再想到《大學》而想借用《大學》之致知格物，以表示此逆覺體證之本質的工夫，則只成賸語，或只是比附，並無獨立的實義。惟自伊川正式落于《大學》上言認知意

義的格物論，始喪失此逆覺體證之工夫入路之義理間架，而轉成另一套工夫入路，此即「涵養——致知」之義理間架是。

　　惟當時二程兩大弟子謝上蔡與楊龜山似並不甚注意伊川言工夫之義理間架，而仍是環繞逆覺體證之路數前進。謝上蔡官湖北，胡文定安國尊師道，以高位「修後進禮」從之游，在師友之間。黃梨洲謂其學「得於上蔡者為多」（參看〈武夷學案〉）。安國精《春秋》，未專著力于內聖之學，然有若干基本觀念影響其子胡五峰（名宏字仁仲）者甚大。五峰「嘗見龜山於京師，又從侯師聖於荊門，而卒傳其父之學」，又「卒開湖湘之學統」（參看〈五峰學案〉）。胡五峰消化濂溪、橫渠、明道所言之天道性命相貫。通中之性體義，並本明道之識仁、孟子之求放心，正式言**逆覺體證**之工夫入路，吾名此曰「**內在的逆覺體證**」。五峰雖早年師事侯師聖（因父命故，參看〈劉李諸儒學案〉），然其學路實環繞明道、上蔡以及其父而轉出者。

　　同時楊龜山倡道東南，居福建傳羅從彥，而至李延平。其門下指訣則是觀未發氣象，從「致中和」之路入。明道于《中庸》多言天命性體與誠體，未詳言致中和。詳言之者為伊川。然龜山之傳承此義恐亦未隨伊川之糾結而前進，亦未能深入其中而疏解確定之，只令人觀未發氣象以體驗中體大本而已。不知羅從彥如何表示。但羅氏以此指訣傳李延平，據延平之工夫勁力而觀之，則似未多理會伊川之糾結者。延平不著書，不講解，亦不出仕，只切身涵養，自身受用。後得一朱子，經朱子之扣問，遂有〈答問〉。據其〈答問〉之表示，其工夫入路之義理間架亦顯是屬于「逆覺體證」者，吾名此曰「**超越的逆覺體證**」。此是經過龜山之傳承而開出者。

　　南渡後，程氏兄弟兩大門人之傳承皆環繞逆覺體證之工夫入路而前進，未以伊川之致知格物義爲確定的工夫入路也。順伊川對于中和問題之糾結深入而疏解確定之，並遵守其致知格物義而確定地完成其「涵養—致知」之義理間架，以轉成另一套工夫入路者是朱子。自此以後，逆覺體證之本質的工夫入路遂泯失而模糊，被斥爲禪而傍落。

　　李延平與胡五峰爲同輩，朱子與張南軒爲同輩。延平不著書，而胡五峰有《知言》之作。呂東萊以爲《知言》過于《正蒙》，而朱子則作〈知言疑義〉，以八端致疑。以爲過于《正蒙》，固推崇過分，而朱子之八端致疑亦未免周納太甚矣。五峰固有其警策精闢處，朱子之思路不能相契也。五峰之思路，除逆覺體證之工夫入路外，其重點大體是在**心性對揚**、**以心著性**，盛言**盡心以成性**，而最後終歸于**心性是一**。此路既不同于伊川、朱子之靜涵靜攝系統，亦不全同于陸、王之純從孟子學入者。此蓋承北宋濂溪、橫渠、明道之會通《中庸》、《易傳》而言道體，即本天命於穆不已之體而言性體，而復本明道之「識仁」，以會通孔子之仁與孟子所言之本心，而**以心著性**也。此以「由《中庸》、《易傳》言道體、性體」爲首出者，所必應有之恰當之義也。純從孟子入者，則不必有此**回應**，只直下是一心之申展，陸、王是也。然孔子之踐仁知天，孟子之盡心知性知天，固必然涵蘊《中庸》、《易傳》以天命於穆不已之體言道體、性體之充分展露，則承北宋之以「由《中庸》、《易傳》言道體、性體」爲首出者，固必應再復返于孔、孟而有此回應也。即在此回應上，遂有「以心著性」義之開出。橫渠已盛言「繼善成性」義，又言「心能盡性，人能弘道也」。此即盡心易氣以成

性，亦即「以心著性」義。五峰即本之而言心以成性，盡心以立天下之大本，而直下特重心也。五峰後，惟劉蕺山言此義，而言之尤真切而顯著。五峰是承北宋之以《中庸》、《易傳》為首出者，必然地要開出此義，而即恰當地開出之，此種開出是有其自《中庸》、《易傳》回歸到《論》、《孟》之發展上之必然性與恰當性。劉蕺山是承王學之流弊而逼迫至此者，故亦有其必然性與恰當性。此一義理間架于宋、明儒內聖之學之發展上有其獨立之意義。故吾于此列為三系，見〈綜論部〉第一章及〈濂溪章〉第二節第五段。一般言此學者，自朱子後，大抵只知有程、朱與陸、王之二系，此是于朱子前各家取儱侗混視之觀點，又不能正視五峰學之價值，而復于朱、陸後不能正視蕺山學之價值之故。五峰學與蕺山學在以往之歷史上固非顯學，然不礙其義理間架之有獨立意義也。吾今將一般人對于朱子前之儱侗混視予以剔剝，視明道為圓教之模型，視伊川為系統之轉向，視五峰與最後之劉蕺山為承接濂溪、橫渠、明道而回歸于《論》、《孟》上所應有之**恰當開展**之一系，視伊川、朱子為落于《大學》上以《大學》為定本之一系（此是歧出之一系），視陸、王為純自孟子學而開出之一系。如是，當共有三系。若再簡約之，則陸王系與五峰蕺山所承接而開出之一系，可直接會通而為一，視為一大系，統名曰**縱貫系統**（此兩系可視為縱貫系統之**兩形態**），而伊川、朱子系則為橫攝系統。**如此理解**五峰之《知言》，則朱子之以八端致疑可謂無一相應者。

張南軒師事胡五峰，然「受教之日淺」（〈南軒學案〉宗羲案語），固不能發其師之精蘊。又其天資明敏，心思活潑，看似通達柔和，而實稟性清弱，故其與朱子往復辨難，率多以朱子為主動，

順從朱子之格局。其所言說大都尾隨其後而彌縫之，或時加轉語，稍見清妙，未能精發師要、挺立弘規，故于朱子之格局，毫不能有所點撥也。此觀其與朱子往復論中和以及論〈知言疑義〉，即可知矣。此見其力弱才短，故軟塌而被吞沒也。其學無傳，亦非偶然。朱子樂與之談，而又深致贊佩之辭，亦只喜其明敏而隨和耳。全祖望〈南軒學案·序錄〉云：「北溪諸子必欲謂南軒從晦翁轉手，是猶謂橫渠之學於程氏者。欲尊其師而反誣之，斯之謂矣。」實則陳淳（北溪）等之謂「南軒從晦翁轉手」非全無是處，此不可以橫渠之于程氏比也。南軒〈答胡伯逢〉書云：

> 《知言》之說究極精微，固是要發明向上事，第恐未免有病，不若程子之言為完全的確也。某所恨在先生門闌之日甚少，茲焉不得以所疑從容質扣於前，追悵何極！然吾曹往返論辨，不為苟同，尚先生平日之志哉？（《南軒文集》卷一）

案：此由「性不可以善惡言」說下來，則知南軒于其師之學所得蓋甚少。其「受教之日淺」（「在先生門闌之日甚少」），所知固不能真切也。其「所疑」者亦大抵發之于朱子也。然則謂其「從晦翁轉手」得毋宜乎？

據《知言》觀之，胡五峰未「以覺訓仁」，然其子弟胡廣仲、胡伯逢以及其門人吳晦叔等皆本上蔡而「以覺訓仁」，又皆不贊同朱子之〈知言疑義〉，而固守其師之說。五峰大體是直接承明道之「先識仁」之說而言「盡心以成性」，而「以覺訓仁」則是對于仁體本身之理解，而此種理解雖發之于上蔡，固亦源本于明道，上蔡

並不誤也。朱子謂其本明道醫家之譬而誤，非是。胡五峰之未及言不表示其反對「以覺訓仁」也。此固一系之相函，不在一時之言不言也。然則五峰門人進而言之，固未越出明道、上蔡、五峰之範圍也。當時胡氏一門人才輩出，因而得成湖湘學統，大抵是由上蔡而來。朱子之態度則是：于明道，則爲之諱；于上蔡，則攻其「知覺之說」；于五峰，則以八端致疑其《知言》；于五峰之門人，除南軒外，則力闢而教訓之。《朱子語類》卷六有一條云：

> 湖南學者説仁，舊來都是沈空説出一片。項見王日休解《孟子》云：麒麟者獅子也。仁本是惻隱溫厚底物事，卻被他們說得抬虛打險，瞠眉弩眼，卻似說麒麟做獅子，有吞伏百獸之狀。蓋自知覺之說起之。

此所謂「湖南學者」即指五峰之子弟與門人而言也。關于朱子此部攻闢工作，吾將詳辨之于〈朱子部〉第四章〈關于仁說之論辨〉中。

李延平與胡五峰平行，一由龜山而來，一由上蔡而來，本當分別開爲兩章以論之，但爲表說方便，茲以專章論五峰，至于延平、則吸于〈朱子部〉第一章中論之，以見其與朱子之距離。

抗戰期馬一浮先生所主持之復性書院，曾刊有胡子《知言》，但不流行，吾手邊亦無此書。茲據《宋元學案·五峰學案》所載者節略疏解如下。至朱子之胡子〈知言疑義〉，則見《朱文公文集》卷第七十三，〈雜著〉。

第一節　即事明道，道無不在

> 道充乎身，塞乎天地，而拘於墟者不見其大；存乎飲食男女
> 之事，而溺於流者不知其精。諸子百家億之以意，飾之以
> 辯，傳聞習見蒙心之言，命之理，性之道，置諸茫昧則已
> 矣。悲夫！此邪說暴行所以盛行，而不爲其所惑者鮮矣。然
> 則奈何？曰：在修吾身。夫婦之道，人醜之矣，以淫欲爲事
> 也。聖人則安之者，以保合爲義也。接而知有禮焉，交而知
> 有道焉。惟敬者爲能守而弗失也。語曰：樂而不淫，則得性
> 命之正矣。謂之淫欲者，非陋庸人而何？天得地而後有萬
> 物，夫得婦而後有男女，君得臣而後有萬民，此一之道也，
> 所以爲至也。

案：此《知言》開首一段，說得很好，是經過消化後稱實如理而說
出者，並無任何歧出，而惟是直下就事以明道，道即在眼前也。所
謂「事」者即是以己身爲本所涉及之日常生活乃至日常生活所涉及
之一切有關之事也。所謂「道」者即是道德律令、道德法則、道德
性的實理天理之道，而經由道德實踐以著之者也。道德實踐是就己
身之事而爲。己身之事，是自然而實然者，是無色者；就之而爲道
德實踐，則當然之理（道）越乎其上而是非善惡著焉。當然之理導
約、成全而貞定之，而亦即于其所導約、成全而貞定之之事處而著
明焉。此直下是人本人文之道，是道德實踐所要彰著之道。故此
「即事以明道」不是離開此人本人文之立場，道德實踐之中心，而

單從宇宙論上靜觀或平鋪地空言或泛言「即用顯體」、「即器明道」也。若不以此立場與中心來提挈，則「即用」未必能顯道德性之實體，「即器」亦未必能明道德性之天道。但有此立場以定之，有此中心以提之，則「即事明道」無限量、無窮盡，即就全宇宙而言「即用顯體」、「即器明道」，亦並無不可。此非空頭之「即用顯體」、「即器明道」也。故云：「道充乎身，塞乎天地，而拘於墟者不見其大；存乎飲食男女之事，而溺於流者不知其精。」「拘於墟」，則私見私意固之也。「溺於流」，則私欲惡情陷之也。此皆未能開其心、清其體，以真作道德實踐者。解其固蔽，拔其陷溺，則道固「充乎身，塞乎天地」，而無所不在者，是則「即事明道」亦無有窮極也。儒者凡自宇宙論言及性命天道處，實無不隱或顯以人文人本為立場，以道德實踐為中心，未有離此而空言者。「人本」不是以現實之人為本，乃是以現實之人事為道德實踐之起點與落點，而實本則在道。道德性的道固不離乎就人事而為道德的實踐而表現，亦不離乎此而別有所在，而亦無所不在，故「充乎身，塞乎天地」，而一以道德實踐彰著之也。此即儒者之「道德的理想主義」，而亦函一「道德的形上學」也。蓋個人道德實踐（道德創造、道德行為之純亦不已）之道德秩序與宇宙生化（天命之體之於穆不已）之宇宙秩序，其內容的意義完全為同一，此蓋為儒者共同之肯定，無有能悖之者也。胡五峰經過一番消化，特就此而再顯明言之耳。若離此而空言，則不但「諸子百家億之以意，飾之以辯」，即濂溪之太極、橫渠之太和太虛，凡自宇宙論而空言性命天道者，皆無不是「億之以意，飾之以辯」，而無有定然而不可移者。是則「命之理，性之道」未有不「置諸茫昧」而歧離飄蕩者。

惟有就「吾身」以為道德實踐，雖飲食男女之事，然「接而知有禮，交而知有道」，就實然以「敬」其當然者，則「守而弗失」，「得性命之正矣」。

　　「道」之一詞是綜言。若就其內容的意義而分解言之，則客觀地說是性命（命是命令之命），主觀地說是心。

第二節　首點心之大與久以明心與性之關係

> 天下莫大於心，患在於不能推之爾；莫久於心，患在於不能順之爾；莫成於命，患在於不能信之爾。不能推，故人物內外不能一也。不能順，故死生晝夜不能通也。不能信，故富貴貧賤不能安也。

案：此段繼上段點出「心」字之重要，重「主觀性原則」也。心者，形著原則也，所以體現道者也。欲就吾身以為道德實踐，不能不恢復「本心」（天心），使吾人之行為純依心之自律之道德天理以行而無絲毫之夾雜。心本大，本久。「大」者言其絕對的普遍性，但不是抽象地言之，而是具體地就其無隔無礙、無內無外、遍體萬物而不可遺而言之。梏于聞見之狹，局于氣稟之昏，則「不能推」。「不能推，故人物內外不能一也」，此與橫渠，明道所說者同。「久」者言其永恆無盡性，但亦不是抽象地言之，而是具體地就其通澈不已而言之。心無出無入，無生無滅，永恆常在，體自昭然，而又「通乎生死晝夜之道而知」，「沛然莫之能禦」，無有足以障隔之者也。梏於聞見之狹，局於氣稟之昏，則不能稱其體而順

其用。「順」者順通也。「不能順，故死生晝夜不能通也」。
「大」是橫說，「久」是縱說。能推之順之，則心本若是其體物而
不可遺，通乎死生、晝夜、幽明而不隔也。推之順之即盡之也。此
亦不悖孟子之旨。孟子言盡心知性知天、存心養性事天，心性與天
猶有距離，而五峰言「大」言「久」，則心與性固是一（見下），
而心性與天亦是一也，此必歸於明道「只心便是天」云云之「一
本」之義也（孟子之有距離固已開此無距離而合一之門）。

　　盡心知性知天，存心養性事天，是正面工夫。但孟子同時亦
言：「夭壽不貳，修身以俟之，所以立命也。」此表示無論吾人如
何盡心知性知天，而吾人現實生活之所遭遇總不能於吾人之幸福全
順適而無拂逆，此則必有一「限制原則」，即所謂「命」。限制是
限制吾人於幸福方面之妄求，不是限制吾人盡心盡性之工夫。（當
然，命如從氣稟方面說，亦限制吾人盡心盡性工夫之成就。）故現
實方面之遭遇，無論如何拂逆，亦不能影響吾人道德踐履之純正，
此所謂「夭壽不貳，修身以俟」。若不知命，則行險僥倖，倒行逆
施，因夭壽關係而貳其心者多矣。此在幸福方面所立之限制原則
（命）實是人生之大限，決不可隨便忽視，妄有所踰越，期得非分
之幸福。故五峰云：「莫成於命，患在於不能信之爾。」「不能
信，故富貴貧賤不能安也」。「莫成於命」之「成」即「定」義，
即既成既定之意。《論語》言，「不知命，無以為君子」。五峰此
處轉「知」言「信」。

　　　氣之流行，性為之主。性之流行，心為之主。

案：性為**客觀性原則**、**自性原則**。莫尊於性。性也者，所以為氣變之「客觀之主」也。但如果只有自性原則，而無形著原則，則性體亦不能彰顯而真實化而具體化。心是**形著原則**。心也者，所以為體現性體之「主觀之主」也。「氣之流行」是實說，言實有「流行」也，故云氣變或氣化。至於「性之流行」，猶云「天理流行」，「於穆不已」之天命流行，此則**流行而不流行**。雖動而亦靜，雖靜而亦動，與「氣之流行」不同也。故此「流行」是虛說。但性體亦非如伊川、朱子所理解之「只是理」，亦含有至誠不息之**神用**，故亦云「流行」也。但其「流行」之所以為「流行」之真實義、具體義、形著義，則在心體處見。於性說流行，是客觀地虛說，亦是形式地說，其落實處是心之自覺之「**形著之用**」。無心之形著之用，則性體流行亦只潛隱自存而已耳。心為性之主，與性為氣之主，此兩「主」字意義不同。性為氣之主是客觀地、形式地為其綱紀之主，亦是存有論地為其**存在之主**；心為性之主是主觀地、實際地為其「**形著之主**」，心與性非**異體**也。至乎心體全幅朗現，性體全部明著，性無外，心無外，心性融一，心即是性，則總謂「心為氣之主」亦可，此就形著之**圓頓義**而言也。此則亦綱紀亦形著，綱紀形著為一也。心亦主觀亦客觀，性亦客觀亦主觀，主客觀為一即**心性為一**也。此所以「莫大於心」也。（實則言「莫貴於心」、「莫尊於性」為較好。蓋性亦大亦久也。）

〔中略〕

有而不能無者，性之謂與？宰物不死者，心之謂與？感而無自者，誠之謂與？往而不窮者，鬼之謂與？來而不測者，神

之謂與？

案：首句言性，是對佛教言。性體是實有，其所顯發之理是實理、天理，不是如佛教之言空性、空理也。蓋佛教由緣起無自性入，而儒者則由道德心之顯發道德實理、天理而說性也。張橫渠亦謂「未嘗無之謂體，體之謂性。」（《正蒙・誠明篇》）故性是客觀性原則，亦是自性原則。言一切行用，一切存在，皆因此而得其客觀性，亦因此而得其自性也。亦曰存在原則（性體是存在之存在性），或實現原則，蓋性體是「即存有即活動」之實體，非「只存有而不活動」之「只是理」也。活動是就「於穆不已」說，是"activity"義，不是運動（motion）義。前言「性之流行」亦是就「於穆不已」而說「流行」，亦是此處所謂「活動」義，不是運動變化義，故與「氣之流行」不同也。

次句言心為物之主宰。性雖是客觀性原則，然非心不彰。心是主觀性原則，形著原則，言性惟因心之覺用而始彰顯形著以得其具體化與真實化。心為物宰是因其為性之「形著之主」（見前段），心性合一，而為物之宰也。宰物即是主持、導節而綱紀之之謂也。心乃永物物而不物于物者。前段言「莫久於心」，故心永恆常在，無生無滅，順通死生晝夜幽明而無盡，而亦永不失其靈昭之自體者也，故言「宰物不死」。「不死」字生硬笨拙，遂啓朱子之疑，見下第七節。

第三句言「誠」，由心之為形著原則而言誠。心體之感是「寂然不動，感而遂通」之感，不是在因果鍊子中因接受外在的影響而被動地感。若如是，則是感有所自。感有所自，是被動的，不是其

自動自律自主之誠。故云：「感而無自者，誠之謂與？」心體即**誠體也**。因心之形著而性體彰，則**性體亦誠體**也。故《中庸》云：「唯天下之至誠為能盡其性」，又云：「誠者天之道也」，又云：「自誠明謂之性」，又云：「天地之道可一言而盡也，其為物不貳，則其生物不測」，不貳不測亦誠也。《中庸》凡言性、天，皆由誠以實之。故**性體即誠體**也。而誠之所以為誠由心見，故誠體即心體也。

第四第五兩句言鬼神不測，即生死不測也。由「往而不窮」說鬼。鬼者歸也，歸于幽也。故此「往」字當該講為「過往」，不是「前往」，而「前往」則是「來」也。由「來而不測」說神。神者，伸也。向于明也。天道誠體生物不測，不停地過去，又不停地新來。其往也無窮盡，其來也亦無窮盡，故不測也。此是由氣化之無盡與不測說鬼神，神與鬼對言，故皆落于氣上說也。《易·繫辭·上傳》「神以知來，智以藏往」，此是神智對言，故皆就心體誠體而說也。就心體誠體說神，則**神亦是體**。此時神即不與鬼為同列。氣化之所以「往而不窮，來而不測」者神為之也。神體即誠體。自**氣**言與自**體**言之兩分際**不可濫也**。凡言誠體神體皆自《中庸》、《易傳》而來也，而《易傳》言神體尤多。大抵凡**鬼神**連言，皆比較偏于氣說。凡**神化**、**神明**、**神智**連言，或單言神，皆自體上言。「精氣為物，游魂為變，是故知鬼神之情狀」（〈繫辭·上傳〉第四章），**此是就氣說也**。「神無方而易無體」（同上）、「陰陽不測之謂神」（〈繫辭·上傳〉第五章）、「子曰：知變化之道者，其知神之所為乎？」（同上，第九章）、「寂然不動，感而遂通天下之故，非天下之至神，其孰能與於此？」、「唯神也，

故不疾而速，不行而至。」（同上，第十章）、「是故蓍之德圓而
神，卦之德方以智。」、「神以知來，智以藏往。」、「聖人以此
齋戒以神明其德」（同上第十一章）、「於是始作八卦，以通神明
之德。」、「神而化之，使民宜之。」（〈繫辭・下傳〉第二
章）、「精義入神，以致用也。」、「窮神知化，德之盛也。」
（同上，第五章）、「陰陽合德而剛柔有體，以體天地之撰，以通
神明之德。」（同上，第六章）、「昔者聖人之作易也，幽贊於神
明而生蓍。」（〈說卦傳〉第一章）、「神也者，妙萬物而為言者
也。」（同上，第六章），凡此等等皆**就體而言也**。神體自妙，故
體不離用，神不離化，然與直就氣而說鬼神者異矣。有時鬼神連言
亦可作為體悟神體誠體之線索。如《中庸》言：「子曰：鬼神之為
德，其盛矣乎」云云，即可指引**誠體神體**也。又如〈繫辭・上傳〉
第九章由天地之數說到「此所以成變化而行鬼神也」，此雖落于陰
陽變化、屈伸往來之氣上說，然最後結之以「子曰：知變化之道
者，其知神之所為乎？」此即由「成變化行鬼神」而指引到**神體**之
神也。「陰陽不測之謂神」，此好像直就氣化不測說神，然實是就
「不測」以指點使之所以不測者之**神體之妙用**也。故此語亦實是就
體說神。北宋濂溪、橫渠、明道皆盛言**誠體神體**。橫渠雖多滯辭，
簡別不精，然其實義不可揜。五峰言天道性體，大抵皆自此三家消
化而來，故其言**性體**必函**誠體神體**義，而亦與**心體為一**也。此處雖
鬼神連言，就氣化無盡與不測說，然亦可由此指引誠體神體也。至
少其所言之心體性體不能排除誠體神體義，而只視神為氣也。

仁者，人所以肖天地之機要也。

案：心固爲形著原則，然儒者所說之心是道德的，其眞實的道德意義最後綜言之是「仁」，故言心最後必歸于仁以實之。此言仁是**全德**，是伊川所謂專言之仁，不是偏言之作爲一德目之仁。專言之，仁以感通爲性，以潤物爲用。其感通也無窮盡，其潤物也無止境。故仁者之心體物而無所遺，即與天地萬物爲一體也。「大人與天地合德」亦然。故云：「仁者，人所以肖天地之機要也。」其所以可爲人肖天地之機要，一在其**創生性**（仁是生道），一在其**絕對的普遍性**（遍爲萬物之體而不可遺）。此本明道而來也。明道如此言仁是會通孔子之言而默識其實義以爲最後必如此。孔子暫捨天道性命不言，轉而言仁，亦重視**主觀性原則**也。孔子雖未明言由仁心之形著以彰顯天道之實，然此門實已啟開。象山云：「夫子以仁發明斯道，其言渾無罅縫。孟子十字打開，更無隱遁。」此皆契理如實之言。故凡言心者，莫不以仁爲矩矱。自主觀面所言之仁與心性，與自客觀面所言之天道與性命，最後必歸爲一也。故仁曰仁體，仁體無外；心曰心體，心體亦無外；性曰性體，性體亦無外也。天道之實由性見，性之實由仁與心見。故仁、心、性、天其實一也。如此言仁，不悖孔、孟之方向，而朱子于此不能相契，必起禁忌何哉？

　　靜觀萬物之理，得吾心之悅也易。動處萬物之分。得吾心樂也難。是故仁智合一，然後君子之學成。成己所以成物。

案：明道云：「天地萬物之理，無獨必有對，皆自然而然，非有安排也。每中夜以思，不知手之舞之，足之蹈之也。」（見〈明道章‧天理篇〉附識第4條），此所謂「靜觀萬物之理」也。此是一

種不關心之欣賞態度，故「得吾心之悅也易」。又云：「目畏尖物，此事不得放過。須與放下，室中率置尖物，須以理勝他，尖必不刺人也。何畏之有？」（見〈明道章・一本篇〉第1條）。此所謂「動處萬物之分」也。此是道德實踐事。若于此而能唯是一悅理義之心呈現，唯是單依理義以行，而無一毫夾雜，則非易事。故云：「得吾心之樂也難。」「所欲有甚於生，所惡有甚於死」，豈易事哉？然而理義悅心，猶芻豢悅口，此中亦誠有一種道德莊嚴上之樂之不容已。惟在是否能不喪其本心耳。明道又云：「百官萬務，金革百萬之衆，飲水曲肱，樂在其中。萬變俱在人，其實無一事。」（見〈明道章・識仁篇〉第18條），此亦道德踐履上之絕大貞定，樂豈易言哉？至于出處進退，辭與受讓之際，生死呼吸之間，人禽幾微之辨，若欲一皆依「敬以直內、義以方外」之原則以處之，則談何容易哉？若非仁心惻怛，纔動即覺，纔覺即化，良知之明不爽毫釐，則誠未易至此也。故「仁智合一，然後君子之學成」。此非靜觀自得之事，亦非玄解妙悟之事，乃惟是道德之誠之事也。故念念在復其本心，尊德性以立其大者，正爲此也。

〔中略〕

萬物皆性所有也。聖人盡性，故無棄物。

案：「萬物皆性所有」是客觀地說。「皆性所有」亦即皆心所有。「萬物皆備於我，反身而誠，樂莫大焉」是也。「聖人盡性」是主觀地說，即以心之形著盡性也。故性外無物，即心外無物也。仁心體物而不遺，即性天體物而不遺也。性爲尊，心爲貴，同大同久

也。

> 情一流則難遏,氣一動則難平。流而後遏,動而後平,是以
> 難也。察而養之於未流,則不至於用遏矣。察而養之於未
> 動,則不至於用平矣。是故察之有素,則雖嬰於物而不惑;
> 養之有素,則雖激於物而不背。《易》曰:「艮其背,不獲
> 其身。行其庭,不見其人。无咎。」此之謂也。

案:此言察養工夫,亦即慎獨工夫。察養于未流未動,則稱體而
定,不悔吝于事後也。「體」即本心仁體之體。察即察識,養即涵
養或存養。五峰此處言察養雖就情與氣說,然察識涵養之所施,實
積極地亦在本心仁體也,不徒在形而下的無色之情與氣也。察養于
情之未流,氣之未動,實異質地越至本心仁體而察養之也。就本心
仁體說,察是**先識仁之體**,是**察識此本心**,是**逆覺此仁體**,**察識**同
于**逆覺**;養亦是存養此本心仁體。是則察養唯施于本心仁體也。不
是單察養那未流之情、未動之氣之自身也。工夫施于體,而收其果
實于情流之中節,氣動之不悖,是即為察而養之于未流未動矣。若
不以體為標準,單察養情與氣之自身,難有果實也。縱使有相當之
果實,亦非必是儒者言道德踐履上之存養之果實也。是故此處雖就
情與氣說察養,然其隱而未發者之本旨實在積極地涉指本心仁體而
說之也。孟子言操存、言存養,皆就本心性體而說。伊川無「本
心」義,其言涵養是涵養實然而自然之心氣使之常常收斂凝聚而不
散亂,即涵養吾人之敬心也。至于察識則首先察于心氣情變之已
發。徒察不足以濟事,故轉而言致知,于格物窮理處收積極之結

果。此一說統為朱子所遵守，而與胡五峰之思路異也。朱子以八端疑《知言》，其中二端即是謂其「不事涵養，先務知識」。此則未得其情也。五峰順孟子言操存、存養，即存養乎本心，何得云「不事涵養」？其所涵養者是本心，非伊川、朱子之「敬心」也。其言察識是順明道之「先識仁」與孟子之「求放心」而說，是先察識本心仁體也。此是「**逆覺體證**」之一路，非伊川、朱子所謂察識也。「先務知識」是先對于此本心仁體有所覺知，有所體證。凡逆覺體證之路皆必于體先有覺知，而後涵養有所施。是則凡此路皆必于義理上先察識後涵養。此先後是義理上的先後，非時間的先後也。進一步，則察識涵養皆施于本心，非如伊川、朱子之分屬也。詳見下第九節（在分屬中，涵養是涵養敬心，是空頭的涵養。察識重點在格物窮理。雖以涵養為本，而積極的工作與果效則在察識、格物窮理、進學致知。此倒是先務知識也。故朱子亦云：「須先致知，而後涵養。」見〈朱子部〉第五章第一節〈論知行〉。惟在致知時，亦須先涵養心氣，不使散亂，而後方可以明理以致知。伊川、朱子所謂先涵養，以涵養為本，皆在此分際上言也。此是**心靜理明**之路，亦曰**順取之路**。而涵養與致知之孰先孰後亦原無定準，本只是一個循環圈子。總之此路與逆覺體證之路不同，其言涵養察識亦與逆覺體證中之涵養察識不同也。其與胡五峰不相契亦宜矣。）

　　　　性定則心宰，心宰則物隨。

案：「性定則心宰」，此字面觀之，是從客觀說主觀，實則性本身無所謂定與不定，性定即心定也。明道言定性實即言定心。吾上解

言「稱體而定，不悔吝於事後」，此是就情與氣說。體即本心仁體或性體。此言「性定則心宰」，性之定實因本心之「形著之定」而真成其為「剛紀之定」也。因心定而形著性定，性定自示心之主宰之用。不是離開心之形著而別空有個性定，然後才至心宰也。故此字面上之因果不可執實，而關鍵則在心。性雖尊，非心不彰。自此而言，心宰則性立。此「立」是彰著地立，具體化、真實化地立，不是「昔無今有」之立。客觀地、本體論地言之，性本自有之，非適今也。故此立只是形著之立。心雖貴，非性不能客觀地成其宰物之用。自此而言，「性定則心宰」。此「定」是形著地立了後之定，不是客觀地、本體論地言之性有所謂定與不定也。故此語實當改為「性立則心宰」，或依下文，當為「性成則心宰」（「成」依下文亦是形著之成，非本無今有之成）。是故心性之關係（詮表上須有此關係之表示）實即抽象地說（性）與具體地說（心）之關係，形式地說（性）與真實化地說（心）之關係，主觀地說（心）與客觀地說（性）之關係，性之「在其自己」（性）與「對其自己」（心）之關係，而最後必歸于一也。

　　本節胡五峰言心、言性、言誠、言仁，原文皆平說，而吾皆以「以心著性」義解之，此通其實義而說也。胡五峰下文即正式言「以心著性」義。吾本節之解說非無本也。

第三節　盡心以成性：性為自性原則，心為形著原則

　　〔中略〕

> 天命之謂性。性，天下之大本也。堯、舜、禹、湯、文王、
> 仲尼六君子先後相詔，必曰心，而不曰性，何也？曰：心也
> 者，知天地宰萬物以成性者也。六君子盡心者也，故能立天
> 下之大本。人至於今賴焉。不然，異端並作，物從其類而瓜
> 分，孰能一之？

案：此則明點心為關鍵。「性為天下之大本」，雖至祕至奧（「性
也者，天地鬼神之奧也」，見下第六節），而非心不彰。性至尊，
心至貴者，此也。心是形著原則。其「知天地」之知是「乾知大
始」、「乾以易知」之知，是「主」義。「知天地」即是「官天
地」，是由「仁心體物而不遺」而來。「宰萬物」亦如之。此皆是
本體性的心之本體宇宙論的直貫義與通澈義。非是認識論的「知」
也。知之照澈與通澈是立體直貫地照澈之與通澈之，是豎知，非橫
知。橫知是認知心之認知的知，豎知是實體性的心之直貫；知之即
是通澈之，通澈之即是實現之或存在之。故心對性言，是形著原
則，對天地萬物言，即是生化原則或創生原則也。

　　「知天地宰萬物以成性」，「成性」是形著之成非「本無今
有」之成。即因心之形著而使性成其為真實而具體之性也。性至
此，始真成其為性。「六君子盡心者也，故能立天下之大本」，此
「立」亦是形著之立，非「本無今有」之立。此言惟因「盡心」，
始能使作為「天下之大本」之性得其具體化與真實化，彰顯而挺
立，以真成其為「天下之大本」也。豈有離仁心而別有空言之「大
本」也哉？此形著之義本無可疑。此是由《中庸》、《易傳》之以
「於穆不已」之天命之體言性，而復回歸于孔、孟，而欲會通之仁

與孟子之心性者所必**應有之義**。此義幾乎是**必然的**，而且亦是**恰當的**。然而朱子則始終不能正視此義。于此空生枝節、糾蔓其辭，必欲納于其「心統性情」之格局而後快。此亦因思理不同，心有定本，故不能聲入心通，平其情以盡他人之**實**也。

　　自此段以下，朱子列爲〈知言疑義〉，與南軒、東萊往復斟酌，商量刪改，其實皆不相干。胡子此段以及以下所說皆與前文相承而一貫。其立言之基本立場，朱子與南軒皆未能契接而切悟之也。即就此段而言，彼等皆不能了解心之「**成性**」義。朱子欲改「以成性者也」爲「而統性情也」，而張南軒則欲改爲「而主性情」，而呂東萊亦說「成性固可疑」。是皆未能了解心之形著義。無論「主性情」或「統性情」，皆不相干也。原文明說「性爲天下之大本」，而唯賴「盡心」以彰顯而形著之（立之）；此其所以言「以心成性」也。而朱子擬改爲「統性情」，豈非心有定本，枝蔓而歧出，與原義毫不相應乎？南軒欲改爲「主性情」，亦不解其師立說之意；徒隨朱子下轉語耳。且「主性情」比「統性情」尤爲乖謬！南軒可謂愧對其師矣。呂東萊本人固不行，但心無定本，有時卻較能順通原意。然亦不解此段「成性」之義，故亦隨朱子以爲「固可疑」（「成性」一詞，源于橫渠，亦本其父文定而來。〈武夷學案〉載胡文定〈答曾幾〔吉甫〕書〉云：「充四端、惇五典，則**性成**而倫盡矣。」文定之意同于橫渠。五峰使用此詞語亦其家學所傳也）。

　　至于孟子「盡心」之義，象山一系固無論矣，即前乎朱子者如橫渠、明道向無異解，即伊川雖未必能盡孟子所言之「本心」義，然于順通語句上亦未曾有異解。五峰于此雖只綜合「盡心」，未扣

緊孟子之語句而言，然亦不悖孟子義（唯一差別是五峰是「以心著性」之系統，而孟子則是「本心即性」之系統）。惟朱子遵守伊川之思理間架，必欲以《大學》之「致知格物」義解之，其去孟子原義遠甚。故于五峰此段言「六君子盡心者也」，亦仍本其異解以致疑，謂其「言盡心，大抵皆就功用上說」。此皆以定本爲據，而疑其不合于己者，故愈疑而愈乖，枝蔓而歧出，**轉說轉遠**，逐將原文之勝義全泯矣。

朱子云：「又案孟子盡心之道，正謂私意脫落，衆理貫通，盡得此心無盡之體，而自是擴充，則可以即事即物而無不盡其全體之用焉耳。但人雖能盡得此體，然存養不熟，而於事物之間一有所蔽，則或有不得盡其用者。故孟子旣言盡心知性，又言存心養性。蓋欲此體常存，而即事即物各用其極，無有不盡云爾。以《大學》之序言之，則盡心知性者，致知格物之事；存心養性者，誠意正心之事；而夭壽不貳，修身以俟之者，修身以下之事也。此其次序甚明，皆學者之事也。然程子盡心知性，不假存養，其唯聖人乎者，蓋唯聖人則合下盡得此體，而用處自然無所不盡，中間更不須下存養擴充節次工夫。然程子之意亦指夫始條理者而爲言，非便以盡心二字就**功用**上說也。今觀此書之言盡心，大抵皆就**功用上說**，又便以爲聖人之事，竊疑未安。」

案：朱子此段所說即「《知言》疑義，大端有八」中「**心以用盡**」一端也。此疑完全非是。其所以如此疑者，蓋由于其對于孟子「盡心知性」之**異解**而然。彼以《大學》之致知格物、格物窮理以明「知性」。拘于「性即理也」之一語，以爲「知性」即是格物窮理，此則**歧出之甚**。又以爲「盡其心者知其性也」，其意是：「能

極其心之全體而無不盡者，必其能窮天理而無不知者也。」又謂：
「以《大學》之序言之，知性則物格之謂，盡心則知至之謂也。」
（參看《孟子・盡心章註》是則「盡心」是由于「知性」，**因果顛
倒**，不合孟子原句之語意，而歷來亦無如此讀解者，此所謂**異解**
也。「知性」是格物窮理，由「窮天理而無不知」以明「極其心之
全體而無不盡」，而此處亦云：「衆理貫通，盡得此心無盡之
體」，是則「盡心」之盡乃是**認知地盡**，此非孟子義，亦非胡氏此
處所言「盡心」之義。認知地盡是「盡此心無盡之體」，「而自是
擴充，則可以即事即物而無不盡其全體之用」。實則此「無盡之
體」與「全體之用」之分別純是**床上架床重複**之言。蓋格物窮理之
「盡此心無盡之體」實即是「盡其全體之用」。蓋格物窮理亦是
「即事即物」而窮之。此就**心**言，豈非即「**盡其全體之用**」乎？故
《大學・補傳》云：「衆物之表裡精粗無不到，而吾心之全體大用
無不明。」此「全體大用」即此處之「全體之用」。此「全體之
用」即是心之「無盡之體」。此「體」是以格物之用而盡，其自身
即是心知之靈也。此重複之同意語反眞顯得是「**心以用盡**」，心之
盡完全「**就功用上說**」（就格物之功用說）。此非孟子義，亦非胡
氏義。

　　其所以作此無謂之分別，意在說「存養」。由存養以達心之
「全體之用」，由此說心之功用。其實達心之「全體之用」即是
「盡此心無盡之體」，此兩者皆功用也，而且亦屬同一功用。言存
養固可，但存養並非只限于就達心之「全體之用」說，而不可就
「盡此心無盡之體」說。朱子之意實只是存養（涵養）敬心以致知
格物耳。通過致知格物，始能達其「全體之用」，而達其全體之

用，即是盡其「無盡之體」，此是**致知格物**之**一功用**，而由涵養之為工夫上的本以達之。如此說已甚通順，何必強分心之「全體之用」與心之「無盡之體」為二，而只就「全體之用」處說存養乎？

其如此強分，而又專限存養于心之「全體之用」，蓋欲以《大學》比配孟子也。「盡心知性者，致知格物之事；存心養性者，誠意正心之事；而夭壽不貳，修身以俟之者，修身以下之事。」此種強作配屬，好似作八股。孟子說：「存其心，養其性，所以事天也」，豈在以存養而達心之「即事即物」以盡其「全體之用」乎？「知性」既為格物窮理，而「養性」則又為正心誠意，兩「性」字不對應，朱子不自覺也。若謂「養性」是養格物所窮之理，此實難通！故知此種異解以及由異解而來之比配全屬無謂。

末復引及程子（伊川）「盡心知性，不假存養，其唯聖人乎」之語，以明「程子之意亦指夫始條理者而為言，非便以盡心二字就功用上說也」。孟子曰：「始條理者，智之事也」，朱子藉之以明「盡心知性」是致知格物之「智之事」。要達到功用（心之全體之用）必須假存養。故不可「就功用上」說盡心。純就功用上說盡心，是忘格物窮理以盡「此心無盡之體」也。朱子以為胡氏此處言盡心即是「大抵皆就功用上說，又便以為聖人之事，竊疑未安」。其意蓋以為胡氏不知就格物窮理說「盡心」，而只就功用處說盡心，且以為聖人便即是如此也。殊不知聖人能格物窮理以「盡此心無盡之體」以為體，然後始能「即事即物盡其全體之用」，「用處自然無所不盡」。是則胡氏之言「盡心」忘格物窮理之本，而唯自功用處言盡心，此既于「盡心」之解為不當，而又無平素之存養工夫以成用，故寡頭地只以「功用」言心，「心以用盡」為不妥也。

　　案：此疑完全不相應。首先，孟子言「始條理者，智之事」是
就孔子之爲集大成之聖而言。「集大成也者，金聲而玉振之也。金
聲也者，始條理也。玉振之也者，終條理也。始條理者，智之事
也。終條理者，聖之事也。智，譬則巧也。聖，譬則力也。由射於
百步之外也。其至，爾力也。其中，非爾力也。」此就聖格之整全
說。此中言「始條理者，智之事」本與「盡心知性」不相干，尤與
格物窮理不相干，而朱子竟牽合爲一說之，此何爲哉？

　　又案：程子之言見《二程全書・外書第四》：「質夫〔劉絢〕
曰：盡心知性，佛亦有至此者。存心養性，佛本不至此。先生曰：
盡心知性，不假存養，其惟聖人乎！」此〈外書〉第四乃李參所
錄，朱子編次，標題爲〈程氏學拾遺〉。朱子在目錄中此標題下注
云：「參，端伯之弟，學於伊川先生。」此篇共九條。此條中所記
之「先生」雖未明指是誰，然依「李參學於伊川先生」之注語觀
之，自指伊川而言無疑。又此篇九條中除不關重要者外，餘言格
物，言仁者，皆伊川義也。故知此條中之「先生」亦當指伊川而
言。劉質夫之論佛，本不相干，此可不問。伊川言：「盡心知性，
不假存養，其唯聖人乎！」此聖人之「盡心知性」亦不必單指「始
條理」說。朱子如此制限亦不必是伊川意。又，若就孟子說，伊川
語中之「存養」亦不合孟子意。依孟子，「盡心知性知天」是積極
地、動態地說，「存心養性所以事天」是靜態地、消極地說。存養
即在盡知中，而盡知亦在存養中。此無論聖人與衆人皆當如此。唯
聖人「盡」得「養」得已至化境而已。伊川言「不假存養，其唯聖
人乎！」顯然不妥。蓋其言「存養」是其心目中「涵養須用敬」之
涵養（即涵養敬心），是後天的迫近工夫。此非孟子言存養是存養

乎本心之義也。如依孟子之存養、盡知言，只能說聖人盡知存養純熟如一，而不能說「不假存養」。只因伊川有此假不假之分開說，遂有朱子之比配。此完全是「涵養須用敬，進學在致知」之一套，與孟子之言盡知存養完全不合。

依孟子，「盡心」之盡，是**道德地盡**，非**認知地盡**，是**充分實現**或**體現**之意，**擴充**之意，非**格物窮理之意**也。是則「盡其心者，知其性也」，句意是能充分實現或體現人之本心者便能明白人之性，猶言「能盡其心者就知其性了」。「知」是明白洞曉之意，非格物窮理之「知」也。「知」即在盡中知。下句是：如能明白洞曉人之性，就可以明白洞曉天道矣。句意皆是順著說下來。除朱子外，無作顛倒因果之異解者，亦無以格物窮理之知性說明心之盡者。朱子如此說「盡心」，正是**認知地盡**，此顯非孟子意。

胡氏此處，言盡心不悖孟子之意。性固是「天下之大本」，然「六君子先後相詔，必曰心，而不曰性，何也？」豈非因盡心以成性乎？此明示心為形著原則，性為自性原則。如無心之形著，性只是客觀地潛存，即不能成為具體的、真實的性。「成性」是形著地成，這通過心之形著始能完成或成就性之為「天下之大本」也。故云：「六君子盡心者也，故能立天下之大本。」此「立」亦是形著地立，非「本無今有」之立也。

明道告神宗曰：「先聖後聖若合符節。非傳聖人之道，傳聖人之心也。非傳聖人之心也，傳己之心也。己之心無異聖人之心。廣大無垠，萬善皆備。欲傳聖人之道，擴充此心焉耳。」（《宋元學案・明道學案上》）此即胡氏「六君子先後相詔，必曰心而不曰性」之義也。焉有如朱子之異解與比配，謂胡氏「以功用說盡心」

之說乎？故「心以用盡」之疑為不相干也。「六君子盡心」以「立天下之大本」即是盡心以成性。「盡心」即是充分實現或擴充吾人之本心。「盡心成性」所顯之心之用是**形著之用**，非是「即事即物」以盡心之「全體之用」之用也。亦非是就聖人之功化德業之大用而言也（此自含在盡心成性中）。朱子之異解與比配，無論是格物窮理以「盡得此心無盡之體」（心知之靈能**攝具衆理**即心無盡之體），或是「即事即物而無不盡其全體之用」（通過涵養就事事物物上以盡**心知之靈之全體大用**），此兩者為同意語，將所窮之理**收攝進來**而為心知之靈之所含具即為「此心**無盡之體**」，將心知之靈**放出去**即事即物以**窮理**即是「盡其**全體之用**」，此只是「涵養敬心以致知」之一用，此倒真是全就認知之功用說盡心，心以「**認知之用**」盡也。而胡五峰之以「**形著之用**」說心，盡之即能**成性立本**，倒是立「**體**」也。何言「皆就功用說」、「心以用盡」耶？此意解之方向完全差謬矣！

第四節　天理人欲同體異用

天理人欲同體而異用，同行而異情。進修君子，宜深別焉。

案：此段乃胡五峰警策之語，其根據是在首段：「道充乎身，塞乎天地，而拘於墟者不見其大；存乎飲食男女之事，而溺於流者不知其精。」同一「飲食男女之事」，「溺於流」者，謂之「人欲」，不溺于流者，謂之「天理」。此即所謂「天理人欲同體而異用，同行而異情」。「同體」者「**同一事體**」之謂，非同一**本體**也。「異

用」是異其表現之用，非體用之用。「同行而異情」與上句爲同意語。「同行」者，同一**事行**也。「異情」者，異其**情實**也。正因同體異用，同行異情，故「進修君子，宜深別焉」。其語意所表示之義理固甚顯明，毫無隱晦，而義理亦自精要不謬，亦無可疑。然而朱子則認爲「此章亦性無善惡之意」，眞差之遠矣！胡氏父子說性超善惡，非朱子所理解之「無善惡」，見下，茲暫置不論。

　　朱子謂：「蓋天理莫知其所始，其在人則生而有之矣。人欲者，梏於形，雜於氣，狃於習，亂於情，而後有者也。然旣有而人莫之辨也，於是乎有**同事**而**異行**者焉，有**同行**而**異情**者焉，君子不可以不察也。然非有以立乎其本，則二者之幾，微曖萬變，夫孰能別之？今以天理人欲**混爲一區**，恐未允當。」若誠「混爲一區」，則豈但「未允當」而已？直成大乖謬！胡氏不至如此也。曾謂胡子尙不知「立其本」乎？五峰明言「道充乎身，塞乎天地」，則其有本可知；又明言「性天下之大本」，則其有本尤可知。唯此段不是分解地言**本體本身**，而是著重于在「**盡心**」中言**道體之表現**。其如此云：乃是警戒之辭，不是客觀地、平鋪地肯斷之辭，故云：「進修君子宜深別焉。」此豈「天理人欲混爲一區」之談乎？「同體異用」，字面上雖用的體、用二字，然此處實不是普通所說的「體用」。此處之「體」顯是「**事體**」之體，「用」是**表現之用**。同一事體，溺則爲人欲，不溺爲天理。「天理」者，順性體而行也。此不是分解地說「天理」一詞之自身，乃是說的合天理之事也。同一事也（同體），而所以表現此事者則大異（異用）。不可以爲天理不離此事，便以此事掩其醜行，此非「率吾性即道也，任吾情即性也」之浪漫文人之狂蕩。亦不可因醜行之託于此，便謂天理不可在

此中行，可離乎此而別有天理。此既非「非人文的」隔絕之道，亦非抽象地單言道之自身，而是言道之在人事中之表現。故首段云：「夫婦之道，人醜之矣，以淫欲爲事也。聖人則安之者，以保合爲義也。接而知有禮焉，交而知有道焉，惟敬者爲能守而弗失也。」專以「淫欲」爲事，便是醜行，便是人欲。「以保合爲義」雖聖人不廢，有禮有道，敬而無失，便是天理。此豈非「同體而異用」？又有何不可鑒別處？焉得謂之爲「混爲一區」耶？

朱子又云：「再詳此論，胡子之言蓋欲人於天理中揀別得人欲，又於人欲中便見得天理。其意甚切〔案：全非此意〕。然不免有病者，蓋既謂之同體，則上面便著人欲二字不得。此是義理本源極精微處，不可少差。試更仔細玩索，當見本體實然只一天理，更無人欲。故聖人只說克己復禮，教人實下工夫，去卻人欲，便是天理。未嘗教人求識天理於人欲汩〔案：从氵，从水，曰聲，不从日〕沒中也。若不能實下工夫，去卻人欲，則雖就此識得未嘗離之天理，亦安所用乎？」

案：此解完全非是。此中有兩層誤解：

1.「同體異用」並非說「於天理中揀別得人欲，於人欲中便見得天理」。若如此，則成爲客觀的平鋪肯斷，成爲現象主義之平鋪，或是「即用見體，體不離用」式的平鋪。然胡子此語全非此義。其意乃是于同一事體，有天理人欲之別。人欲自是人欲，焉得「於人欲中便見得天理」？天理自是天理，焉得「於天理中揀別得人欲」？順禮合道，「去卻人欲」，則此事即是天理之事。此可謂「即事見理」，非是「於人欲見天理」也。

2.朱子前段文解「同體」爲「同事而異行，同行而異情」，此

尚不差。而今解「同體」又意味同一**本體**，此則又滑轉其意矣。故
云：「旣謂之同體，則上面便著人欲二字不得。」又云：「當見本
體實然只一天理，更無人欲。」此是分解地單說**本體自身**。本體自
身當然無人欲。胡氏說「同體異用」並非謂天理人欲同一**本體**，**同
一根源，同根而發**，猶如老子之言「同出而異名」也。若如此，則
誠爲有問題，朱子亦實可說「此章亦性無善惡之意」。然原文語意
顯非此義。爲可滑轉？「同體」非**同一本體**，乃**同一事體**也。前旣
明解爲「同事」，此可見原文實可表示此意，而朱子初見亦如此
看。今忽解爲本體，其爲誤解可知。「同體異用」與「同行異情」
完全爲同意語。「同行」者，同一事行也，非混雜並流也。「異
情」者，言在同一行上異其情實也，亦溺不溺之異耳。朱子、東
萊，孤立地單提此兩語；而不貫通全篇之思路，故不知其說此兩語
之根據，並語意而亦失之，遂以爲天理人欲同一本體、同一根源，
同根而發，混雜並流矣！此非誤解而何？

> 好惡，性也。小人好惡以己，君子好惡以道。察乎此，則天
> 理人欲可知。

案：此承上段再進一步言之。朱子謂：「此章即性無善惡之意。」
如果好惡只是生理心理上無道德意義的好惡，如喜歡不喜歡之類，
則好惡只是一自然現象，自無善惡可言。如性之發爲好惡是如此，
則性焉能爲**天下之大本**？古人言好惡無取此義者。是以好惡即是好
善惡惡。劉蕺山謂「好善惡惡，意之靜」。好善惡惡是意之「一幾
二用」，不是念之「兩在而異情」。「意之靜」是「一幾」，好善

惡惡是「二用」。意之靜是絕對的至善。胡氏由好惡說性，即是由好善惡惡說**性體之至善**。說**性體之超越的絕對性**。其言「善不足以言之」（見下第六節），是言與惡相對之「善相」不足以言之。此顯表示性為超越之絕對，為超越善惡相對之至善，非「性猶杞柳」之「無善惡」之中性義也。如此，**性**方可為「**天下之大本**」。而朱子解為「無善惡」之中性義，豈不謬哉？若如朱子解，則孟子言「善惡之心義也」或「義之端也」，此發羞惡之心亦無善惡乎？發羞惡之心非「無善惡」之中性之心，則發好惡之性體豈便即為「無善惡」之中性之性乎？

然人雖有好善惡惡之性，性體亦能發好惡之用，而人之實際表現此好惡之用常不能稱體而發，而不免有夾雜。非謂一言「好惡性也」，便能擔保好惡之實際表現全盤皆合理也。此即胡氏此段文之著眼點。「小人」亦非無好善惡惡之性，其本有之性體亦能發好善惡惡之用，然其實際表現常不能稱性體而發，常不免夾雜之以己私，此所謂「小人好惡以己」也。雜以己私，則表面上雖是好善惡惡，而底子（實情）卻是「人欲」，故終於為「小人」也。「君子好惡以道」，則是稱體無雜，故其好惡純是「天理」（此語並不表示道在性外，性外別有道。朱子如此疑之亦過矣）。此是「天理人欲同體異用，同行異情」之具體表示。同是好善惡惡之心，是同體同行；而有人欲天理之別，則是異用異情。好惡豈易言哉？故孔子曰：「惟仁者能好人能惡人。」「愛之欲其生，惡之欲其死」者多矣，「惡惡喪德」者多矣，「訐以為直」者多矣，「人莫知其子之惡，莫知其苗之碩」者多矣。凡此云云，豈不欲好善惡惡哉？然心有夾雜，好惡不得其正。故終於「溺於流」而為「人欲」也。若非

仁體澄澈，**是非不謬**，惡能成其爲好惡哉？此種顯明之義理，朱子、南軒不能順適默識，而必欲枝蔓周納以致其疑，究何爲哉？

第五節　心之遍在

> 心無不在。本天道變化，爲世俗酬酢。參天地，備萬物。心之爲道至大也，至善也。放而不知求，耳聞目見爲己蔽，父子夫婦爲己累，衣裘飲食爲己欲。既失其本矣，猶皆曰我有知，論事之是非，方人之長短，終不知其陷溺者，悲夫！故孟子曰：學問之道無他，求其放心而已矣。

案：此段言心之遍在性，仍是體物不遺之義。此言「本心」也。本心呈現，則相應「天道變化」而爲「世俗酬酢」（朱子擬改「世俗」爲「日用」，可），「參天地，備萬物」，無一物之能外。若依明道之語言之，「只此便是天地之化」。故心道至大至善。但若放失，則大地平沈，不但「人物內外不能一」，即一身之「耳聞目見」莫非「己蔽」，最親之「父子夫婦」亦徒爲「己累」（不擴而充之，不足以事父母），而每日營營于「衣裘飲食」亦只爲一「己」之軀殼口腹之「欲」而已。大本一失，何有於「是非」？一切聰明才智，說長道短，實無非是人欲而已。故孟子曰：「學問之道無他，求其放心而已矣。」

此段自無問題。而朱子必曰：「本天道變化，爲世俗酬酢」，「此兩句大意自有病。聖人下學而上達，盡日用酬酢之理，而天理變化行乎其中爾。若有心要本天道以應人事〔案：此語與五峰原語

意亦不甚合〕，則胸次先**橫了一物**，臨事之際，著意將來**把持作用**，而天人之際**終不合矣**。」此皆無謂之禁忌。其謂「胸次先橫了一物」，亦猶批評橫渠「大其心」爲「相將便無規矩，無歸著，入於邪遁之說」、「若便要說天大無外，則此心便瞥入虛空裡去了」。此皆不相應之忌諱。本心自己即是規矩，本心即是大而無外。此是從「本心」說。胡五峰此段亦是從「本心」之無外說。「聖人下學而上達，盡日用酬酢之理，而天理變化行乎其中」，此固不錯。然亦正因聖人不失其本心仁體，故能盡心，因能盡心，故能「盡日用酬酢之理」，乃至與天地合德。此正是心大、心久、心善，攝理歸心，故日用酬酢莫非天理流行。天理是本心仁體之顯發，亦在盡心中呈現。朱子只言下學上達，不明點本心以明何以能「盡日用酬酢之理」。聖人只是不厭不倦，如此如此行，不明點本心可也。然至孟子已明點之矣。今以聖人爲指歸，明其所以如此之本，點而出之，令人直下有所遵循，知「學問之道無他」，惟以「從陷溺之中，求其放失之心而盡之」爲切爲主，本孟子如此言，有何過患，而必致疑以爲禁忌耶？

　　黃百家于此作案語云：「《知言》本天道變化爲世俗酬酢，就心本體能事言，未曾說到工夫也。似亦無病。」（《宋元學案·五峰學案》）實則不只是「就心本體能事言」，本心自然如此。如不放失，則存養而盡之。如已放失，則應警覺而求之。此皆是工夫。胡五峰未離此工夫而單言「心本體能事」也。若離此工夫而別言工夫，則皆是助緣。並非切要。蓋此是精誠之道德自覺事。說到最後，並無巧妙紆迴之方法足以令其求而盡之也。若不允許說此至大至久至善之本心，只管說下學上達，則方向不明，其下學未必能上

達，即上達未必能以成聖為鵠的。懵懂失向，散而無歸，一生辛勤不知何為者多矣。莊生所謂「弱於德，強於物」（〈天下〉），「終生無成」，而「以堅白之昧終」（〈齊物論〉）者是也。成聖者，道德實踐之事也。道德實踐以道德自覺為本務。道德自覺者，覺而復其本心，純依心之天理以行者也。聖人不言而如此如此行，後人希聖，點而明之，如此說出，有何不可？朱子每於言本心者，輒以聖人之下學上達為言以堵絕之，亦過矣！

若必云「本天道變化，為世俗酬酢」為有病，則只合如明道所云：「言體天地之化，已贅一體字，只此便是天地之化，不可對此個別有天地。」如此，「本」字亦是多餘，只此本心之沛然便是天道變化，不可對此個別有天道變化。然本心開朗，謙虛一點，說「本天道變化」亦無大礙。「本」字在此是相應義，非根據義。言心相應天道變化而為世俗酢酬，沛然莫之能禦，則其自身之不禦即是天道變化也。此亦「率性之謂道」之義也。焉有如朱子之所挑剔哉？朱子謂：「若有心要本天道以應人事，則胸次先橫了一物」，此與五峰語意大有出入。顯然五峰語並不表示憑空外在地「本天道以應人事」之意，尤其不是「有心要」如此也。乃是從本心之沛然說也。

第六節　性為超越的絕對，無相對的善惡相

> 或問性，曰：性也者，天地所以立也。曰：然則孟軻氏、荀卿氏、楊雄氏之以善惡言性也非與？曰：性也者，天地鬼神之奧也。善不足以言之，況惡乎哉？或又曰：何謂也？曰：

　　某聞之先君子曰：孟子所以獨出諸儒之表者，以其知性也。
　　某請曰：何謂也？先君子曰：孟子之道性善云者，歎美之
　　辭，不與惡對也。

　　案：此段明點性之超善惡相對相，而爲「超越的絕對體」之至善。
絕對體至善之善，非與惡相對之善。與惡相對之善或與善相對之惡
乃是表現上有事限之善惡。故爲相對的善惡。相對的善惡是形容**表
現上的事之相狀**，就之作一**價值判斷**，例如中節者爲善，不中節者
爲惡。故相對的善惡是事之善惡相。此種善惡可名曰價值判斷上的
指謂謂詞（此義見下第八節）。但作爲絕對體的性體自身則**不是
事**，因此作爲價值判斷上的指謂謂詞之善惡在此**用不上**。此即所謂
「善不足以言之，況惡乎哉？」在此，如謂其爲「至善」，此「至
善」亦不是**價值判斷上的一個指謂謂詞**，因爲它不是狀一事相，故
亦不爲一**事相所限**也。自此而言，說「至善」是「歎美之辭」亦無
不可。是以「歎美之辭」之至善，即是說**性體自身**的**絕對善**，不是
說**事相的相對善**，故亦「不與惡對也」。此非「性無善惡」之**中性
義**。朱子直以「性無善惡」之中性義視之，誤矣！五峰如此表示，
蓋本其父胡安國之家傳，故云「聞之先君子曰」云云。其實客觀義
理上亦本于明道。參看〈明道章・生之謂性篇〉，即可知其詳。

　　胡五峰論性語，前第二節有謂：「有而不能無者，性之謂
與？」又有云：「萬物皆性所有也。」第三節有謂：「性，天下之
大本也。」今此則謂：「性也者，天地所以立也。」又謂：「性也
者，天地鬼神之奧也。」凡此諸語句皆明表示性體爲「形而上的實
體」。其如此說性之背景還是那超越的「於穆不已」的天命流行之

體，是消化了濂溪、橫渠、明道（尤其是明道）之所體悟而說出者。此「於穆不已」之奧體，「天地所以立」而作爲自性原則的性體，即形而上的實體，「善不足以言之，況惡乎哉？」此明是本于明道「不是善與惡在性中爲兩物相對，各自出來」，「不是性中元有此兩物相對而生」之義而說。只如此說性亦明是同于明道「人生而靜以上不容說，才說性，便已不是性」的那絕對性體自己，即「於穆不已」的奧體自己。惟明道該段文是重在說「生之謂性」，即斷自有生以後與氣稟混雜在一起的性，「才說性，便已不是性」，並非眞不是性，只是不是性體之自己而已。性體自己即是那「人生而靜以上不容說」的「於穆不已」之奧體自己。只是一性，有自其**自身而言之**，有自其**與氣稟混雜**而言之。胡五峰此處所言之性體，即是**窮于贊歎之性體自己**，「善不足以言之，況惡乎哉？」不重在說其在人有生以後與氣稟混雜之義也。

　　惟自「於穆不已」之體言性，與孟子自人之「內在道德性」言性，其進路並不相同，因而其初始所呈現之性體之意味亦並不甚相同。（只是其初所呈現之意味由進路不同而決定者有不同，並非其內容的意義最終亦不同。）孟子由「本心即性」所說的人之「內在道德性」之性體自己亦是絕對的至善，無條件的定然的善，是「**體**」善，並非「**事**」善，因而亦不是價值判斷上的指謂謂詞。它是價值判斷底標準，而不接受判斷。如此，亦可以說是超善惡相的**絕對體之至善**，亦可以說是「善（作爲指謂謂詞看的善）不足以言之，況惡乎哉？」胡安國謂「孟子之道性善云者，歎美之辭，不與惡對」，亦未嘗不可。「歎美之辭」是**稱體之自性**而**歎美之**，與**判斷事相之謂詞**不同。但若因此而謂孟子所說之性其初即同于自「於

穆不已」之體所言之性，則**混漫進路上之分際**。胡五峰承北宋濂溪、橫渠、明道之由《中庸》、《易傳》之路言「於穆不已」之性體而言性，亦不甚能簡別得開，似以為此兩進路所呈現者即是同一意義之性。最後自然是同一意義之性，然而須經過「盡心以成性」之義而一之。胡五峰言「盡心以成性」，以心著性，即示此**兩進路**之不同。而亦即在此進路之不同上，而欲會而一之，始有建立「**以心著性**」義之**必然**。惟胡五峰不甚能自覺耳。只欲以「歎美之辭」之善而上提孟子所言之性與「於穆不已」之奧體而為一也。

　　明道本其所說之「生之謂性」義，一方面說：「人生而靜以上不容說，才說性，便已不是性也」，一方面又說：「凡人說性，只是說繼之者善也，孟子言人性善是也。」此亦非是。明道亦是混漫孟子言性與自「於穆不已」之體言性者之分際，而自「繼之者善」處會而一之。明道謂：「夫所謂繼之者善也，猶水流而就下也」。此是由孟子「人性之善也，猶水之就下也」之一喻，說孟子之言性善亦同于《易傳》之「繼之者善」。此所謂自「繼之者善」處會而一之也。然實則此兩者並不相同。孟子說「猶水之就下也」只是一喻，喻性體之自然向善為善之能。其所謂善仍是說「本心即性」之性體自己之善。本心呈現，沛然莫之能禦，亦猶水之就下也。此只是說**至善之性體**之**自然流露**，並非是單自「**繼**」處說善。明道所意味之「繼之者善」是「**流相**」上的「**善相**」，是在**氣稟中流繼上**的「**善相**」，是以氣稟之清為條件者。此正是表現上的相對之善。此非孟子說「性善」之意也。故不能以其「水之就下」之喻等同于《易傳》之「繼之者善」。蓋若如此，則孟子所說之性亦是「人生而靜以上不容說」之「於穆不已」之奧體自己矣！故以此義理間架

說孟子並會通孟子而爲一，並不諦。

　　諦者先分開自「於穆不已」之體言性與自「內在道德性」言之不同，前者是**形而上地**（本體宇宙論地）**統體言之**，後者則是經由**道德自覺**而**道德實踐地言之**。兩者所言之性皆是體，所言之善皆是稱體而言。並非孟子所說之性善是性之「流相」上的善，亦非其流相上的善還須預定一「不容說」之「於穆不已」之性體自己也。道德實踐言之的「內在道德性」之性即是人之道德創造、道德行爲之「純亦不已」之性，此則可以印證、證實，並滲透那「於穆不已」之奧體之性。此在孟子便是「盡心知性知天」，而在五峰便是「盡心以成性」、「以心著性」也。最後，則兩路而言之性爲一（其內容的意義完全相同），而心性亦爲一（此就五峰之辭語與思路說）。在孟子，心性本已是一，進一步是心性與天之爲一。在五峰，統體言之的性體無外，「盡心以成性」之心體亦無外，此即爲在「以心著性」中心性之爲一。如此會通是諦義也。此義，明道未能意識及，而爲五峰之思路所代表，後來之劉蕺山更精切此義。吾故以五峰與蕺山爲宋明儒中獨立之一系，而與伊川、朱子及象山、陽明鼎足而三也。此「以心義著性」之一系本承濂溪、橫渠、明道而來之**必有之義**，亦是**應有之義**。明道雖在會通孟子之言性善處未能意識及此義，然其言「只心便是天」亦未嘗不**函蘊此義**。一時之意識及不意識及無傷也。唯以「繼之者善」之「流相」上的善會通孟子之性善，則非是。

　　《朱子語類》卷第一百零一論「程子門人」附論胡康侯及其子侄處，有很長的篇幅論五峰之《知言》，反覆辨難其「性不可以善惡言」之謬。實則大都繳繞無謂之辭，甚乏如實之理解。並謂此說

乃「文定〔安國〕得於龜山，龜山得之東林常揔。揔，龜山鄉人，與之往來。後住廬山東林，龜山赴省，又往見之。揔極聰明，深通佛書，有道行。龜山問孟子道性善，說得是否？揔曰：是。又問：性豈可以善惡言？揔曰：本然之性不與惡對。此語流傳自他。然之言本來亦未有病。蓋本然之性是本無惡。及至文定，遂以性善為贊嘆之辭。到得致堂、五峰輩，遂分成兩截，說善底不是性。若善底非本然之性，卻那處得這善來？既曰贊嘆性好之辭，便是性〔善〕矣（原注：間錄作「便是性本善矣」）。若非性善，何贊嘆之有？如佛言善哉善哉，為贊美之辭，亦是說這個道理好，所以贊嘆之也。」

案：若如吾前之疏解，則知朱子此言自未得其實：

一、文定謂孟子道性善為贊嘆之辭，並非否認性之善，乃只是以為此善是超善惡相對之至善，並非**表現上、事相上、流相上**之相對之善，即並非**價值判斷上之指謂謂詞**之善，乃是**稱體而嘆之善**，非**指謂流相之善**。如此分別說，有何不可？「既曰贊嘆」，自然是「性善」。胡氏父子豈不知之？惟此**贊嘆之善**不與**事相上相對之善**為**同一**耳。朱子混而致疑未得其實。

二、贊嘆之善與相對之善之分並非是「說善底不是性」。五峰並無此話，亦無此意。此只是說可以善作謂詞而指謂之者不是**性體自己**，乃是從性體說是**性體之表現**，從表現說是**事相**或**流相**。明道說「善固性也，然惡亦不可不謂之性也。」此言善惡，皆指因氣稟之善惡而有善惡之表現（流相）而言。善的表現固是屬于性，惡的表現亦是屬于性。如水之流，清者固是水，濁者亦不可不謂之水也。然此表現上的善惡並「不是性中元有此兩物相對而生也」。五

峰之意同于此，並非「說善底不是性」也，乃只是說不是性體自己
（所謂「本然之性」），而只是性底表現也。明道之意表示的非常
清楚，五峰之意亦甚清楚。何至有「兩性」之病！若說這成「兩
性」，則自明道而已然。若說這是「分成兩截」，則亦是自明道而
已然。然而其實只是一性，只是兩面說而已。朱子亦承認「本然之
性固渾然至善，不與惡對，此天之賦予我者然也。然行之在人，則
有善有惡。做得是者爲善，做得不是者爲惡。豈可謂善者非本然之
性？只是行於人者有二者之異。然行得善者便是那本然之性也。」
（亦見《語類》卷第一百零一，在前引文之前，屬于同一條）。朱
子此義固亦與明道、五峰無以異也。然所以仍糾纏而致疑五峰者，
只因混贊嘆之善與事相上相對之善而爲一也。五峰分之，有何不
可？而必糾纏致疑何哉？朱子謂「行得善者便那本然之性」，此亦
與明道所謂「其清也卻只是元初水也」之意相同。說「便是那本然
之性」亦可，說「便是那本然之性之流相」亦無不可，而對應「不
是性中元有兩物相對而生」而說此流相之善與本然之性自己（性體
自己）之至善（歎美之善）**意義不一亦無不可**，朱子何如此滯礙
哉？

　　三、朱子謂此說，乃「文定得於龜山，龜山得之東林常摠」。
其實此說明本于明道。龜山何待常摠而始得聞此義？龜山久居二程
門下，豈不聞明道此義耶？若竟不聞，則其悠忽無所用心亦甚矣！
若聞之而竟不解，必待學佛者之常摠而始知，則其居二程門下時之
幼稚與懵昧亦可知矣！兩皆非是也。若謂龜山聞此義是在居二程門
下之前（朱子謂「龜山赴省，又往見之」，又謂「龜山往來太學，
過廬山，見常摠」，不知此在拜程門前，抑在後），然明道自有此

義，此亦不是神秘奇特之事，又不是甚深難聞之理，何必溯源于常
揔？又胡氏父子豈不讀程氏書者耶？又何必「其源卻自龜山」（亦
朱子語）？徒以不欲歸罪于明道，乃抓住五峰而發揮耳。朱子又謂
「揔之言本亦未有病」。揔之言且無病，何五峰之言便有病耶？是
于學佛者反諒之，而本于明道者反不見諒也。

　　四、五峰之所以不見諒于朱子，只因朱子對之有一根本之誤
解，即以告子之「性無分於善惡」之說視之也。「善不足以言之，
況惡乎哉？」此在字面上亦可譯爲「性不可以善惡言」，而此語字
面上又可轉爲性「無所謂善惡」或「無善惡」。朱子即由此直以告
子「性無分於善惡」之說視之矣。此若非故意周納，亦是誤解之
甚！若誠如此，則性又有何值得「歎美」處？今旣視「孟子道性
善，爲歎美之辭，不與惡對」，則其非否認「性善」可知，非告子
之中性義亦可知。特以作爲「歎美之辭」之善與善惡相對之善爲非
同一意義耳。如此顯明之義理，而朱子竟誤解之何耶？蓋以對于五
峰本存輕忽不喜之心，故總不能如實理解也。種種繳繞，皆由此誤
解而發。此亦賢者之過也。（《朱子語類》卷第一百零一，有一條
云：「因論湖湘學者崇尙《知言》曰：《知言》固有好處，然亦大
有差失。如論性卻曰：不可以善惡辨，不可以是非分。旣無善惡，
又無是非，則是告子湍水之說爾。〔……〕」又有一條云：「《知
言》云：凡人之生粹然天地之心，道義全具，無適無莫，不可以善
惡辨，不可以是非分，無過也，無不及也，此中之所以名也。即告
子性無善無不善之論也。〔……〕」皆非是。其他類此者尙多，茲
不具錄。）

第七節　心之永恆常在：無出入、無存亡

> 或問：心有死生乎？曰：無生死。曰：然則人死，其心安
> 在？曰：子既知其死矣，而問安在耶？或曰：何謂也？曰：
> 夫唯不死，是以知之，又何問焉？或曰：未達。胡子笑曰：
> 甚哉！子之蔽也！子無以形觀心，而以心觀心，則其知之
> 矣。

案：此段言心無生死即「心無不在」之義，亦本前文「天下莫大於心，〔……〕莫久於心」以及「宰物不死」之義而來（第二節）。伊川言：「心豈有出入？亦以操舍而言也。」心自身永恆遍在，無出入、無存亡，此亦即「無生死」之義。無生死即無生滅。心只有隱顯，並無生滅。「操則存」即顯也。「舍則亡」即隱也。故此存亡是自人之操舍上言之，不自其本身之存在上言之也。五峰之意蓋甚顯。雖在儒家，通常于此不以「無生死」之語形容之，故于辭語上不合儒者之習慣，然若「不以辭害意」，隨時說之，亦無不可。而朱子則必向「釋氏輪迴」之說想，此亦未得其實也。

輪迴者只是「識心」，正是有生滅，非本心永恆遍在之義也。五峰所言之心正是實體性的、道德的本心，故莫大莫久而至善也。此亦不是「靈魂不滅」之義，亦不是柏拉圖所說的「宇宙魂」之義。西方哲學（就柏拉圖言）與宗教是客觀地言此個體性的實體之實有，惟是客觀存有論上之肯定，而儒者之言心常心遍，則是自道德實踐上本「仁體物不遺」而來。其有宇宙論與存有論上的意義惟

是以「仁體物不遺」而規定，此純是道德踐履上心體之無外，離此便不能言有一客觀的個體性的心靈或靈魂孑然而獨存或自存。故此本心即仁心也。此純由道德的自覺而道德地挺立起者，非平鋪的、實然的、屬于形氣之「虛靈知覺」也。而朱子則必以「形氣之虛靈知覺」視言本心著，亦謬之甚矣（其門下陳淳尤喜執此義以攻象山）。

　　對于心，朱子始終取經驗主義的態度或實在論的態度，而從未能正視其道德上之應然義與超越義。其以心屬氣乃是此中關鍵所在。故其言道德踐履始終不免歧出，而未達中肯切要之境。五峰言心，雖尚未至後來象山、陽明之境，然根本上已握住要點而挺立起矣。故其言心純取孟子義，並合明道之「識仁」而言之也。此不可以「心性情三分、理氣二分」之格局以泯沒之。故云：「子無以形觀心，而以心觀心，則知之矣。」而朱子則正是以形氣觀心者。「以心觀心」，惟自道德踐履之盡心上肯認並證實仁體之遍潤，心安有出入存亡乎？亦安有「人死其心安在」之問乎？於穆不已，純亦不已，仁心豈有不在之時耶？「人死其心安在」之問，正是向范縝之「神滅論」想，此是唯物主義，形氣之心也。若于此辨論人死心仍在，則正是向靈魂不滅、識神不死之路想。無論滅與不滅，皆非儒者言本心之義也。通觀五峰之《知言》，其言心處皆不悖儒者之矩矱，無歧出也。

　　朱子疑之云：「天地生物，人得其秀而最靈。所謂心者，乃**虛靈知覺之性**，猶耳目之有**見聞爾**。在天地，則通古今而無成壞；在人物，則**隨形氣而有始終**。知其理一而分殊，則又何必爲是心無生死之說，以駭學者之聽聞乎？」此正落在氣化上說**形氣之心**。此是

「實然」的觀點，非自道德踐履上本「仁體物不遺」所說之**本心**也。本心之義不立，則其所言之「敬」亦終提不住、定不住，而終無根也。故若眞言道德踐履，則縱然須居敬窮理種種輔助工夫，亦焉可不正視此超越之**本心**哉？

第八節　是非、正邪、善惡之層次

> 凡天命所有，而眾人有之者，聖人皆有之。人以情爲有累也，聖人不去情。人以才爲有害也，聖人不病才。人以欲爲不善也，聖人不絕欲。人以術爲傷德也，聖人不棄術。人以憂爲非達也，聖人不忘憂。人以怨爲非宏也，聖人不釋怨。然則何必別於眾人乎？聖人發而中節，而眾人不中節也。中節者爲是，不中節者爲非。挾是而行，則爲正。挾非而行，則爲邪。正者爲善，邪者爲惡。而世儒乃以**善惡言性**，邈乎遼哉！

案：情、才、欲、術、憂、怨等等皆可有好壞兩義，只在溺與不溺耳。本心屹立，則皆可稱體而發，轉化而爲好的意義。「聖人發而中節」，則皆善也。「眾人不中節」，則皆惡也。此亦「同體而異用，同行而異情」之義也。中節者即天理，不中節者即人欲。天理者爲是、爲正、爲善。人欲者爲非、爲邪、爲惡。是非、正邪、善惡乃是情、才、欲、術、憂、怨等之表現而爲事相上的事。在明道「生之謂性」義中，善惡是性體混雜在氣稟中表現的事。性雜在氣稟中的表現是性之表現。性之表現亦正函氣稟之表現。性之表現上

有善惡正因氣稟之表現有善惡。五峰此處是就情、才、欲、術、
憂、怨等之表現說。而情才等等屬於氣，故亦屬於氣稟之表現也。
氣稟之表現同時亦函有性體之表現。無論就性之表現說，或就屬於
氣者之表現說，是非、正邪、善惡皆是就表現上說，而一有表現皆
是事相，故亦是皆就表現上之事相說。**性體自身非事，故亦無相。**
性體無相是**至善義**，非**中性無記義**，因此**值得歎美**。但「人生氣
稟，理有善惡」。氣稟自身本有種種顏色，如清濁、厚薄、剛柔、
緩急之類是。是以氣稟自身不能說無相。縱抽象地言之氣稟自身尚
不是事，如對其具體表現之事相言，氣稟自身之顏色尚未表現出
來，因此亦是隱而不發，自此而言，似亦可說無相。但縱使可說無
相，亦非至善義，此卻是中性無記義。而何況其發出來有具體之相
之差異，亦正因其氣稟之根有差異也。故氣稟之根之無相實只是**潛
伏地無相**，非真**本質上無相**也，尤非**性體至善之無相**也。從氣稟處
說如此，從屬於氣之情、才、欲、術、憂、怨等說亦是如此。情、
才等根於氣稟。表現出來是具體的情、具體的才、具體的欲等等，
因而有具體的表現相可說。但若抽象地言之之情、才、欲等之自
身，似亦無相可說，即好壞皆不顯。但縱使無相，亦非至善之無
相，此只可說是中性無記之無相。故縱使氣稟之自身以及屬於氣者
之自身有時亦可說無相，然亦俱非性體至善之無相。此不可不知
也。

　　依以上之簡別，胡氏限是非、正邪、善惡於**表現層**，則總無
疑。是非、善惡等乃是對于表現層上的事作**價值判斷**，乃是價值判
斷上的**指謂謂詞**。至於心體、性體之自身乃是判斷之絕對標準，其
本身**不是一事相**，故亦不是**接受判斷者**。即依此義而言心體性體不

可以是非善惡言。然非中性無記也。至善之歎美與指謂謂詞之善惡不同也。彼言是非善惡之層面如此，通常言是非善惡亦是自事上言。彼之定義如此，順而通之，有何不可？依此定義而言心體性體自身不可以相對的、作為指謂謂詞的是非善惡言，正函其自身是絕對的至善。至是不與非對，因而亦無「是」相；至善不與惡對，因而亦無「善」相。此只是**體之如如之是、如如之善**，非**指謂事相之是非善惡也**。此決非「性無善惡」之中性義之說也。其意蓋甚明，此義亦甚精，兩種善義分判開亦甚有方便。不知朱子、南軒何以不肯降心以會也。

　　五峰此段文不是以限定是非、正邪、善惡之層次為主，乃是由言聖人不廢情、才、欲等而牽連及。吾欲貫通上文，欲澈底明其性體至善為「歎美之辭」之實義，故以「是非、正邪、善惡之層次」為本節標題，蓋此段文中表現此義甚清楚故也。茲再就聖人不廢情、才、欲等而略言之。

　　心體性體自身不可以是非善惡言，並不表示心體性體無是非好惡之用。稱體而發者，則一切表現皆順其本心性體之是非好惡之用而合乎天理，因此而為是、為正、為善。否則溺於流而為人欲，則為非、為邪、為惡。情、才、欲、術、憂、怨等之表現亦然。稱體而發者，則為情之正、才之正等等。溺於流者，則為惡情、僻才、私欲、詭術、戚戚之憂、怨誹之亂，一切皆不正。然而聖人在原則上並不廢情、才、欲等等。惟有肯認情、才、欲等等而轉化暢通之，則**生命始茂**。生命茂，則**性體富矣**。此亦猶變化氣質可，而廢氣質則不可也。聖人「**開物成務**」，**承體起用**，豈是無情、無才、無欲、無術、無憂、無怨而可能者乎？惟「發而中節」，不謬於是

非好惡之正而已。此亦見胡子之開朗，純然儒者之立場，而南軒不能知也。南軒以爲「此一段大抵意偏而辭雜，當悉刪去」。亦可謂蠢然不肖者矣。其心境之枯陋可知。

又，此段就情、才、欲等而言其爲「天命所有」，此「天命」是帶著氣化說，不純是以理言也。「天命之謂性」，則純是以理言。「維天之命，於穆不已」亦是純言體。「天命不已」雖非即氣化，然由其「不已」亦函著氣化不息。故通氣化而言「天命」亦可許也。凡孔、孟所言之天命或命或天而有超越限定意味者，或有慨嘆意味者，皆是帶著氣化說，不純是以理言或以體言的天或天命，當然亦必是通著體的天或天命，決不是隔絕了體而單落在氣上說。惟偏重其超越限定義，始有令人慨嘆的意味，因而亦有其嚴肅義。若純以理言或以體言的天或天命，則無可容其慨嘆也（當然亦有其莊嚴、崇高、嚴肅等義）。在此不說限定，而說是吾人之本分（分定故也」之「分」），性分之所命，天命之體之所命。五峰此處帶著氣化說「天命」，不是說其超越限定義，而是據之以說情、才、欲等之實有，即此亦是天命帶著氣化之所必有也。「衆人有之」，聖人亦有之。聖人于此單純的有上不能異于衆也，故亦不能廢（至于氣稟上所有之顏色自不同）。聖人之所以異于衆者唯在其能「發而中節」耳。「節」之源仍在以理言或以體言的天命性體也。（中節不中節之因，氣稟顏色之異亦大有關係，此已隨處言之，茲不必詳。）

第九節　逆覺之工夫

彪居正問：心無窮者也。孟子何以言盡其心？

曰：惟仁者能盡其心。

居正問爲仁。

曰：欲爲仁，必先識仁之體。

曰：其體如何？

曰：仁之道宏大而親切。知者可以一言盡，不知者雖設千萬言，亦不知也。能者可以一事舉，不能者雖千萬事，亦不能也。

曰：萬物與我爲一，可以爲仁之體手？

曰：子以六尺之軀，若何而能與萬物爲一？

曰：身不能與萬物爲一，心則能矣。

曰：人心有百病一死，天下之物有一變萬生，子若何而能與之爲一？

居正悚然而去。

他日，某問曰：人之所以不仁者，以放其良心也。以放心求心可乎？

曰：齊王見牛而不忍殺，此良心之苗裔因利欲之間而見者也。一有見焉操而存之，存而養之，養而充之，以至於大，大而不已，與天同矣。此心在人其發見之端不同，要在識之而已。

案：此段要歸于盡心以盡仁也。此言仁即仁心，言心即孟子所說之本心或良心。故曰：「惟仁者能盡其心。」仁者其本心常精誠惻怛，存而不放，故能隨事而充之也。不仁者則放其良心，故溺于流而常爲不仁之事也。然雖至惡至忍者，其良心亦非無萌蘖之生。故凡放其良心者，若能于其溺于流中，就其萌蘖之生當下指點之，令其警覺，或自警覺，覺而漸存漸養，以至充大，則涓滴之水可以成江河，此所謂「以放心求心」也。「以放心求心」是「就放心以求心」也，不是拿已放之心去求心。若如此，則不通矣。就放心以求心，其根據是在「良心之苗裔因利欲之間而見者」。本爲利欲之心，然隨時總有良心萌蘖之生。隨其萌芽而指點之，令其警覺，即所謂「以放心求心」也。如齊宣王見牛而不忍殺，孟子即順而指點之是也。（此「以放心求心」之問，胡氏設爲「某問」。按通常行文習慣，「某」常是作者自己之代稱。如前文言性不可以善惡言，謂「某聞之先君子曰」云云，此「某」字即五峰自己也。但此處之「某問」又不是如此。此「某」實即是「某人」，改爲「或」字則更顯。「某問」或「或問」實即胡氏假託他人而自問自答也。答語即可其問而申明之也。）

　　良心發見之端雖有種種不同，然從其溺而警覺之，則一也。此即是「逆覺」之工夫。言「逆覺」之根據即孟子所謂「湯、武反之也」之「反」字。胡氏雖未明言此詞，然吾人可就其實意並根據孟子之「反」字而建立此詞。此詞是最恰當者，亦是孟子本有之義，並無附會。人若非「堯、舜性之」，皆無不是逆而覺之。「覺」亦是孟子之所言，如「先知覺後知，先覺覺後覺」，此言覺雖不必即是覺本心，然依孟子教義，最後終歸于是覺本心，先知先覺即是覺

此，亦無不可。象山即如此言。故「逆覺」一詞實恰當也，亦是孟子本有之義也。「堯、舜性之」是超自覺，稱體而行，自然如此，此《中庸》所謂「自誠明謂之性」也。「湯、武反之」是自覺，是《中庸》所謂「自明誠謂之教」也，亦是《中庸》所謂「誠之者人之道也」之「誠之」之工夫。性反對言，反明是「逆覺」。孟子言「反身而誠，樂莫大焉」，此亦是逆覺。孟子又言：「舜在深山之中，與木石居，與鹿豕遊，其所以異於深山之野人者幾希？及其聞一善言，見一善行，若決江河，沛然莫之能禦。」此是典型的逆覺之例。從不自覺到自覺也。大舜在深山之中雖說不上是陷溺，然亦是不覺之溺。及其一旦警覺，則一覺全覺，沛然莫之能禦。胡五峰就良心萌蘖而指點之，顯以孟子為據，又明是言逆覺。此是道德踐履上復其本心之最切要而中肯之工夫，亦是本質之關鍵。

此種「逆覺」工夫，吾名之曰「內在的體證」。「逆覺」即反而覺識之、體證之之義。體證亦函肯認義。言反而覺識此本心，體證而肯認之，以為體也。「內在的體證」者，言即就現實生活中良心發見處直下體證而肯認之為體之謂也。不必隔絕現實生活，單在靜中閉關以求之。此所謂「當下即是」是也。李延平之靜坐以觀喜怒哀樂未發前大本氣象為如何，此亦是逆覺也。但此逆覺，吾名曰「超越的體證」。「超越」者閉關（「先王以至日閉關」之閉關）靜坐之謂也。此則須與現實生活暫隔一下。隔即超越，不隔即內在。此兩者同是逆覺工夫，亦可曰逆覺之兩形態。「逆」者反也，復也。不溺于流，不順利欲擾攘而滾下去即為「逆」。

此兩種逆覺工夫，皆為朱子所不契。對于其師之「超越的體證」，則認為偏于靜，有類于坐禪，而欲以「敬」代之。殊不知靜

復以見體乃儒者本有之義，是愼獨工夫所必函者。尤要者是在朱子不能了解此工夫所函之義理間架。朱子是根據伊川「涵養須用敬，進學在致知」之義理間架，開「順取」之工夫入路。此一工夫入路與超越體證之「逆覺」入路，乃根本上有不同者，固不只是表面敬、靜問題也。

　　朱子依伊川之義理間架開工夫入路，對于胡五峰之「內在體證」，尤不能欣賞。彼以爲此是「先務知識，不事涵養」。殊不知在五峰「先務知識」不是廣泛的知識，乃是專指「先識仁之體」而言，即專指經由逆覺以默識體證本心性體而言。此是自覺地作道德實踐之本質的關鍵，何得不先？涵養亦是涵養（存養）此本心性體，何言「不事涵養」？〈知言疑義〉猶說「先務知識，不事涵養」，後來與南軒爭辯，又轉爲「先察識後涵養」之問題。詞語之一轉兩轉，五峰之眞意完全泯沒，而人亦愈轉糊塗，不明此中之糾結。實則五峰之「先識仁之體」之「識」，不能以朱子之「察識」說也。南軒不能辨，卻接受朱子之詞語，而仍執「先察識」，此則益滋誤會，人不知此「察識」之實義究爲何也。順五峰下來，「先察識」只是「先識仁之體」，此是逆覺體證事，本不當言「察識」。即使言「察識」，亦當以「先識仁之體」來規定。此察識與朱子所言之「察識」，其意義並不相同也。朱子依據伊川之義理間架，成立中和新說，將「涵養須用敬，進學在致知」兩語，統于涵養與察識而說之，前語是涵養，後語是察識；又將涵養與察識分屬于未發與已發，未發無可察，只可涵養，已發方可察，自此言察識。涵養爲本，故主「先涵養」，即平素于情之未發時先有涵養，則發時察之方眞切。涵養者是涵養實然之心氣常使之收斂凝聚而不

散亂昏沈也，即涵養吾人之「敬心」也。敬心常不失，而作爲理之性即易于呈現，而心與性不一也。察識者，其直接的意思是察識情之已發，推廣之，格物窮理俱在內，皆屬于伊川所謂「進學在致知」之事也。此是嚴格遵守伊川之義理間架而言察識，與胡五峰之「先識仁之體」之逆覺體證之義理間架顯然有根本上之不同，而以「涵養察識分屬」中之察識說之何耶？「先識仁之體」之識，即使說爲察識，豈是朱子系統中之察識乎？南軒不能辨，徒隨朱子腳跟轉，只堅持一「先察識」有何益哉？（當然其堅持必已感覺到其師義之終有不可泯處，惟認之不眞切，而又不能辨，故隨人腳跟轉，而搖擺不定耳。否則何以隨同朱子而疑《知言》耶？于以知南軒對于其師之根本義理未有了解也。）

　　朱子〈知言疑義〉評五峰此段之逆覺體證之義云：「又『以放心求心』之問甚切，則所答者反若支離。夫心操存舍亡，間不容息。知其放而求之，則心在是矣。今於已放之心不可操而復存者，置不復問，仍俟異時見其發於他處以後，後而操之，則夫未見之間，此心遂成間斷，無復有用功處。及其見而操之，則所操者亦發用之一端耳。於其本源全體未嘗有一日涵養之功，便欲擴而充之，與天同大，愚竊恐無是理也。」

　　案：此評是以中和新說爲背景，依伊川之義理間架而爲言，與胡五峰之思理完全不對應。「以放心求心」，如上所解，即是于陷溺中就其良心之萌芽而指點之令其警覺，所謂當下體證是也。如此切要中肯之答，朱子反以爲「支離」，豈非怪事？對「堯、舜性之」而言「湯、武反之」，「反之」之逆覺亦支離乎？「知其放而求之，則心在是矣」，此言是也。但重要關鍵正在「知」字，此正

胡氏之所注意者。「知」即代表陷溺中之警覺也。能知則佳矣。此正是逆覺體證之開始。但人卻常在陷溺或不自覺中順其成心習心以滾耳。故重逆覺之知也。知而後操存涵養方有著落，其功方不懵懂。而朱子卻將這「知」字輕輕帶過，視為既成之事實，似是不關重要者，此則未能平心正視此逆覺體證義，亦未能虛心了解人之所言也。彼言：「今於已放之心不可操而復存者，置諸不問。」夫言逆覺，就利欲之間良心之萌芽而指點之，令其警覺體證，正是要問此事，何言「置諸不問」？警覺而後操存有所施。不覺不知，操存甚麼？彼言：「未見之間，此心遂成間斷，無復有用功處。及其見而操之，則所操者亦發用之一端耳。於其本源全體未嘗有一日涵養之功」云云。夫「未見之間」，功無所施。即「有用功處」，如朱子所說之平日之涵養，焉知其所涵養者是此「本心」耶？焉知其非成心習心耶？人皆有此本心，然不警覺而體證之，在茫茫習心本能之機栝中滾，此心雖自有，亦只是隱而不顯耳。而其人即總在不覺中，不復知有其本心，亦不知其本心之何所是，不能有觀體之肯認與體證。于此而言涵養之功，則涵養甚的，真成問題矣。汝如何能知並斷定此所操存涵養的必是本心，而不是習氣本能耶？五峰言逆覺體證是就良心「發見之端」而當下體證良心之本體，即本心之自體。人雖在利欲之中，習氣本能之中，其良心亦未嘗不隨時表露，因而其表露之端亦不一，故隨時可當下警覺而體證之，故云：「要在識之而已」。此示吾人之肯認一道德的本心並非是憑空的肯定，吾人之體證亦不是茫茫無端之體證。本心是具體的真實，並非是抽象的一般的概念，是一呈現，並非是一假設，故而雖在利欲之中，亦未嘗不隨時表露。關鍵只在覺與不覺耳。吾人就其表露之端警覺

而體證之，是肯認此本心之實際的亦是主觀的根據，同時亦是自覺地作道德實踐之本質的關鍵。（就道德本性辨論，必肯認一本心始有真正道德行為之可言，此是肯認此本心之理論的亦是客觀的根據。）表露之端，雖只是一端，然由之而體證者卻是本心之自體、全體。操存亦是操存此本心之自體、全體，並非只是操存此「發用之一端」。若只是操存此「發用之一端」，則只成執著，並非逆覺體證。朱子謂：「及其見而操之，則所操者亦發用之一端耳」，此則差謬太甚，無人能如此理會五峰之文意！由此表露之一端，直下體證此本心之自體、全體而操存之，操存久，則沛然莫之能禦，時時流露，處處流露，遍體萬物而不遺。此即胡氏所謂：「一有見焉，操而存之，存而養之，養而充之，以至於大，大而不已，與天同矣。」而朱子卻謂：「於其本源全體，未嘗有一日涵養之功，便欲擴而充之，與天同大，愚竊恐無是理也。」夫操存即是操存此心「本源全體」，豈是只執著那「發用之一端」而操存之耶？孟子言：「擴而充之，足以保四海」，仁不可勝用，義不可勝用，亦「無是理」者乎？如此辨難，幾近于亂辨矣。呂東萊已知其太過而非。蓋此理甚顯明，任何人亦可見出朱子之辨難為故事周納也。朱子何以至此？亦不過因此路數與其格局不合故耳。

　　五峰言此逆覺體證，顯本孟子，其所意謂之「良心」，亦不失孟子意。然朱子言操存、言涵養、言「本源全體」，卻是本于伊川，字面上雖依附孟子，而義理之實，卻是伊川之思理。彼既誤解「見而操之」為操此「發用之一端」，而又分別此「發用之一端」與「本源全體」之不同。此種誤解，是以其思理間架中之「察識」想此「見而操之」之逆覺，視「良心發見」為喜怒哀樂已發之發。

發而察之，是于已發言察識也，故說此是「發用之一端」，而非心之「本源全體」。此是將重點轉移，而又誤解「發見」為「已發」之「發用」。在五峰，是就此「發見」之一端（亦可就別處之發見）而逆覺體證此心之自體與全體，在朱子卻視為「已發」之發，而特重其為「發用之一端」。此顯非五峰意，亦失孟子意。此是將孟子義理轉到《中庸》之中和處也。亦喪失五峰之「逆覺體證」之義也。其言于「本源全體」須加涵養之功，此是「涵養察識分屬」中之涵養，涵養施于未發，「本源全體」即未發也。此「本源全體」之心亦非孟子所說之「本心」，乃是「人心之靈莫不有知」之心知之明。其「本源全體」乃是由通過「格物窮理」所盡之「此心無盡之體」以及再通過擴充（隨事致知之擴充）而可含藏有「全體之用」來規定。此「本源全體」須于平素敬以涵養之，不待其發而後察也。惟平素涵養之功久，發而自無不精當，用處自然無所不盡。此只是「心靜理明」之義。涵養此心「本源全體」即涵養敬心，心之收斂凝聚之本源全體也。此敬心之收斂凝聚即是實然的心氣之收斂凝聚。常涵養之而不使其昏沈散亂，則能現實地貫通眾理、攝具眾理，而又發處無不精當也。就此「現實地能」收攝而自其可能言，即為此心之「本源全體」。此是朱子之思理也。此一思理熟練于心中（朱子之勁道最宜于說此思理），故一見五峰之說不合此思理，便以此義理間架為背景去批駁五峰之「逆覺體證」。兩不對應，故既糾纏凌架，而又處處刺謬。若不知其思理背景，精熟其說統之間架，鮮不為其糾結所困，而亦不知孰是孰非，又不知將若何處理也。

　　朱子此一義理間架全非五峰之「逆覺體證」義，亦非孟子義。

彼不能正視，亦不欲正視此「逆覺體證」之路，蓋復亦因其心中有忌諱，根本不喜此「覺」字，尤不喜此「逆覺」之路數。蓋以爲若如此，將淪于禪，或流于「沈空說出一片」。其實此皆是幻象，根本不相干。空自是空，禪自是禪。言道德踐履決不能外此「逆覺體證」之切要工夫、本質的關鍵，而別有更切要之工夫、更本質的關鍵也。孟子正是重視此「反之」之「逆覺」，孟子亦禪乎？亦「沈空說出一片」乎？朱子是順取之路，其心態與勁力根本不適宜于講孟子，故必欲以其「格物窮理」之格局，曲解「盡心知性知天」也。

逆覺之義旣明，則胡氏所謂「此心在人，其發見之端不同，要在識之而已」。此所謂「識之」，即是就其萌芽逆覺而肯認之也。如是，則朱子所謂「不事涵養，先務知識」之疑難爲不相干矣。蓋唯能逆覺而肯認之，始能講眞正的操存涵養也。此正是比儱侗懵懂之涵養爲更進一步之切要工夫，亦與伊川、朱子之涵養敬心者爲根本有異矣。

此「識之」之義旣明，則胡氏此段文開始「欲爲仁，必先識仁之體」之語亦可得而明矣。此「先識仁之體」即是由良心仁心發見處逆覺而肯認良心仁心之體也，不是抽象地或儱侗地憑空識其「萬物與我爲一」也。胡氏云：「仁之道宏大而親切。」自其「體物而不可遺」言，則宏大；自其隨處發見而可以當下逆覺體證言，則親切。「仁之體」即仁心之自體，仁心之爲實體性的眞體。人之表現有限量，其爲眞體則無限量也。其極也，「體物而不可遺」、「萬物與我爲一」，固即是此眞體之所以爲眞體，即隨處發見之「苗裔」亦是此眞體之呈現也。因其發見而肯認體證之，即是「識仁之

體」矣。「仁之體」，並不專定在「萬物與我為一」也。「一有見焉，操而存之，存而養之，養而充之，以至於大，大而不已，與天同矣」，則是從逆覺體證而充盡之上彰顯仁心之本來如此其「與天地萬物為一體」與「體物而不可遺」也。彰顯之，則為「仁者」，為「大人」矣。如是，其所言之「先識仁之體」似比明道所言「學者須先識仁，仁者渾然與物同體」為更親切也。蓋明道只就「仁者渾然與物同體」識仁，未合之以逆覺，此若非大根器之頓悟，或已至「仁者」或「大人」之境，則其所識之「仁理」（所謂「識得此理，以誠敬存之」）或「仁體」必顯得抽象而儱侗，此即只宏大而不親切。此所以啓朱子之疑也（疑其「含糊昏緩」，「認物為己」。見〈仁說〉）。而五峰所言則復本孟子而合之以逆覺，此則既宏大而又親切矣。若依朱子觀之，則明道所言必更是「沈空說出一片」矣。但朱子對于明道不便如此疑，只謂「程子〈識仁篇〉乃地位高者之事，故《近思錄》遺之。」如此重要之儒者義理，《近思錄》竟不錄，則其不契可知。然不謂其「學者須先識仁」為可疑也。但于胡氏之「欲為仁，必先識仁之體」，則認為「此語大可疑」。胡氏之言明本明道而來，且比明道為親切，而竟認為「大可疑」，何厚于彼而薄于此乎？于致疑胡氏此章，何不一提明道耶？彼只以孔子答門人問為仁，未曾如此說，為辭。夫孔子未言者多矣，焉可動輒抬出孔子以為辨難之根據？

　　南軒曰：「必待識仁之體而後可以為仁，不知如何而可以識也？」此疑尤鄙陋，可謂愧對其師矣！朱子是依其自己之說統而致疑，而南軒則是何說乎？只是蠢然隨朱子腳跟轉而已耳。

第十節　綜結：以仁爲宗、以心爲用

> 天地，聖人之父母。聖人，天地之子也。有父母，則有子
> 矣。有子，則有父母矣。此萬物之所以著見，道之所以名
> 也。非聖人能名道也；有是道，則有是名也。聖人指明其體
> 曰性，指明其用曰心。性不能不動，動則心矣。聖人傳心，
> 教天下以仁也。

案：此爲最後一段，乃綜結而歸宗之語也。「天地，聖人之父
母」，言天地爲聖人之所本與所法也，即橫渠「乾稱父、坤稱
母」，乾坤大父母之義。「聖人，天地之子」，言聖人是天地之道
之體現者與作證者，即伊川所謂：「觀乎聖人，則見天地」也。天
地之與聖人，父母之與子，道即在其中矣。此「萬物所以著見」之
本也。「著見」是形著而呈現之意。「天地之道可一言而盡，其爲
物不貳，則其生物不測」。「生物不測」即使物著見者。如此言之
的道乃是「萬物所以著見」之**客觀的本**，即著見之客觀原則或自性
原則也。聖人盡道，體物不遺，則是「萬物所以著見」之**主觀的
本**，即著見之主觀原則或形著原則也。在此言形著原則者，言聖人
因盡道而形著道，故亦即間接形著萬物而使萬物著見也。客觀地著
見萬物是父位，主觀地著見萬物是子位，而「客觀地著見之」之
實，即在「主觀地著見之」之處見，此所以「觀乎聖人，則見天
地」也。明道云：「言體天地之化，已膡一體字，只此便是天地之
化，不可對此個別有天地。」（〈一本篇〉）此是主客觀統一而爲

一本，形著原則即是自性原則，主觀地著見之，即是客觀地著見之也。

　　聖人何以能盡道？因盡心而盡仁也。道、性、心、仁，一也，而言之之分際有不同。聖人傳心，敎天下以仁，此明點心與仁之重要。心與仁是主觀地說，道與性是客觀地說。心是形著原則，是盡道之本質的關鍵。而仁則是心之實，是心之內在地所以爲心者。心即仁心也，心體即仁體也。而心與仁則又是道與性之實，以心與仁形著道與性也。道與性是客觀性原則，亦是自性原則。韓愈曰：「道與德爲虛位，仁與義爲定名。」天下皆言道，而老子以「無」名，耶穌以「愛」顯，釋迦以「空」示。「道其所道，非吾之所謂道。」而聖人則以「仁」實。故「聖人傳心，敎天下以仁也。」心是道德的本心，性是道德的創生之性，而道亦是道德的仁義之道，同時亦即是形上的、於穆不已的、生物不測之道也。此直下以道德的自覺立敎而毫無歧出者也。故自盡道著性而言之，「聖人傳心，敎天下以仁」，而以仁爲宗，以心爲用也。

　　道是一虛名。「聖人指明其體曰性，指明其用曰心。」體即體性之體，本質之意。用即自覺之用，乃形著之意。邵堯夫云：「性者道之形體，心者性之郛廓。」此是象徵地言之，實即道之步步形著也。而最後之形著、形著之最後的關鍵則在心。「性者道之形體」即是道因性而更具體化，因而好似有形體矣。說道則籠統，說性則落實。此是其客觀之實。「心者性之郛廓」，即是性以心而著。性之自覺、形著即是心。此是其主觀之實。伊川亦云：「性之有形者謂之心，性之有動者謂之情。」此所云：「有形」亦當是形著之形。惟伊川說此語之確義以及其思理背景與胡五峰之言「形

著」義不同。蓋其了解心與性有不同故也。此兩形著義之比較，詳見〈伊川章・論心篇〉。

　　依五峰，心莫大莫久，心是道德的實體性的本心。即以此心之自主、自律、自覺、妙用而形著性體之奧秘也。性體之實，全在心處見，亦全吸納于心中。非心外別有一性也。客觀言之，性自身之形著（具體而真實化）即是心，融心于性，心性一也。主觀言之，心自身之自主、自律、自理、自有天則、自覺妙用、體物不遺，即是性，融性于心，心性一也。分別言之，有主觀性之形著原則與客觀性之自性原則之別，而心性一也，則終是主客觀性之統一。

　　五峰言：「指明其體曰性」，意與堯夫語同，言道以性為體。性命、天道為一，道不能不落實而為個體之性。道體於穆不已，生物不測，本即是一「即活動即存有」之奧體，而此實義完全在性體中見。故「指明其體曰性」，即就性體之創生義、定向義、奧密義、即活動即存有義，來證實道體之所以為奧體、為於穆不已之體也。言道即以性體處所見之創生義、定向義、奧密義、即活動即存有義，為其體性或本質也。「指明其用曰心」，言即就道之「生物不測」之用、妙運無方之神，而說為心也。落于心自身而言之，則心自身之自覺義、妙用義，乃至自主、自律、自有天則義，即反而形著道之生物不測之用與妙運無方之神也。形著道體之用，即形著性體之用也。客觀地言之，道體、性體之用即是心。「性不能不動，動則心矣」，此亦是客觀地順性體而言也。「性不能不動」即示性體為「即活動即存有」之體，而不是「只存有而不活動」之「只是理」也。就其「活動」義言即是心矣。主觀地就心自身之自覺義、妙用義，乃至自主、自律、自有天則義言之，則心亦反而形

著道體性體之用，即形著其活動義也。「盡心以成性」即此形著之用也。客觀地順體言之，是融心于性。主觀地形著言之，是融性于心，融心于性，性即是心矣。融性于心，心即是性矣。五峰惟是心性對言。對言者爲明形著之用，而最後是一也。此是以《中庸》、《易傳》之道體性體爲首出而欲會通《論》、《孟》之仁與心者所必應有之義。融心于性，性即是心，則性不虛懸，有心以實之，性爲具體而眞實之性，是則客觀而主觀矣。融性于心，心即是性，則心不偏枯，有性以立之（挺立之立），心爲實體性的立體之心，是則主觀而客觀矣。分別言之，心是形著之主，性是綱紀之主。主立而情從之，即不必鼎立而再言情矣。蓋依五峰，心、性唯自體言，情則以氣言。盡心成性乃所以主情而宰氣，而心不可以氣言。此則唯是體之主情宰氣以成用，情之「有」不自體上葛藤也。伊川言：「性之有形者謂之心」，此固須別講，「性之有動者謂之情」亦是「習而不察」之語，不自覺其思理實不易說此語也。依其思理，性只是理，只存有而不活動，實不能說「性之動」。只能說情依性而動，而性不動也。彼不自覺地亦時有「性能」之意在心中，然不能自覺地證成此「性能」義，亦不能正視而眞切於「於穆不已」之天命之體義。其不自覺地有「性能」之意在心中，蓋是順〈樂記〉「人生而靜，天之性也，感於物而動，性之欲也」而來。此是順著經典成語這樣說，所謂「習而不察」也。而其自覺之思理則只是「性即理也」。理是無所謂「感於物而動」的。〈樂記〉之言不可爲準也。此亦與五峰之言「性不能不動」者有不同。五峰所言之性是天下之大本，是天地鬼神之奧，其「不能不動」只是其「於穆不已」之活動義。故就其動用而言心，並不就其動而言情或欲也，更

無所謂「感於物而動」也。此眞是「性能」義，是就實體之「即活動即存有」義而言「性能」也，非「感於物而動，性之欲也」之性能（性之欲能）。此後者之「性之欲」之性能很可能是「生之謂性」之性也。伊川、朱子常夾雜此意于其所言之性中，故其語意常糾結而難解也。然其自覺之思理則固甚淸晰。故凡遇見此類糾結處皆當依其實義而疏解也。如「太極動而生陽」、「性之動爲情」等皆是。

依此，關于性體之動義，當有三系之義理：

㈠〈樂記〉之說法，此則屬于「生之謂性」者。此種性之動、性之欲之「性」實不可說爲性體。此種「性能」即以性之動、性之欲而規定。心性情一起皆是形而下者。不激發起來爲性，激發起來爲情。在此說心，心亦是心理學的情識之心。即生識也，所謂知覺運動也。不激發起來，則與性同爲一瞑。激發起來，則順情而顯。此種識性不可爲「天下之大本」，更不可謂爲「天地鬼神之奧」，更亦不值得「歎美」。

㈡胡五峰之說法，在此，性爲「天下之大本」，爲「天地鬼神之奧」，爲絕對至善之實體，此則本「於穆不已」之天命之體而言。「性不能不動，動則心矣」。此動是就性體之爲「即活動即存有」之「活動」義說，不是激發起之動，更不是氣之動靜之動。故不就此「活動」義說情說欲，而說心。就此活動義說心，此心是形而上的本心、天心，由孔子之仁與孟子所說之道德的本心以實之，或由《中庸》、《易傳》所說之誠體神體以實之。心性是一，對言者爲明心之「形著之用」，亦爲明性爲「具體而眞實」之性。心性俱是形而上者，只是一個「即活動即存有」之創造實體。此體主情

宰氣而成用，即其創生之大用，使生化不息爲可能者，亦即其道德
創造之大用，使道德行爲純亦不已爲可能者。情以氣言，生化亦就
氣言，皆是形而下者。形而下者有體以貫之，則皆成實體之用矣。
五峰言：「情效天下之動」，此動是氣化之動，情變之動，不是
「性體之動而爲心」之動也。《易傳》言「天下之動貞夫一者
也」。「貞夫一」，則動不妄動，亦非虛浮之動，乃有體以宰之與
實之之動，如是，「天下之動」乃成天道性體之大用流行矣。在此
系義理中，並無「性之動爲情」與心性情三分之說法。即使「太極
動而生陽」，如果太極是「即活動即存有」之誠體神體，則由其活
動義之自身亦只能說神，而不能說氣；如果由其活動義而說到氣，
所謂「動而生陽」或「靜而生陰」，于此想予以本體宇宙論的解
析，而可使吾人說太極眞體動而爲氣，或性體動而爲情，則亦當有
一種特別之解說，須善會其過渡，而不可直認太極眞體或性體之
「活動」義即是成爲氣或成爲情之動也。關此詳見〈濂溪章〉。孟
子說惻隱之心、羞惡之心等，明是說心，而不是說情，尤其不是心
與情之二分。此只是說具體而眞實的道德眞心，即使惻隱等有情的
意義，亦是「即心」之本情，是以心言以理言的情，而不是以氣言
的情。在孟子，此具體而眞實的道德眞心即是性，只是一個道德創
造之眞體，並無心性情之三分、性只是理、性動而爲情、心統性情
之說也。

　　㈢伊川、朱子之說法，在此，性提練挺拔而爲只是理，是形而
上者，有超越的意義，但卻只存有而不活動；心是實然的心氣之
心，是形而下者，並無超越的意義，心與性爲平行之兩行而不一；
情本只是心之動（激發起）而爲情，但卻又說性之動而爲情，此則

習而不察，與其思理相違之義。性對應情而為其所以然之理，但此義並不函性動而為情，而伊川、朱子對于性之自覺的規定亦並不含有活動義，而且是根本無所謂動乃至靜者。依此，性動而為情，在伊川、朱子之系統中乃無根之談。其如此說，只是〈樂記〉說法之夾雜。依此，其實義只是情依性理而動，而性理無所謂動。情依性而動而繫屬于性，遂為性所有矣。此有是「領有」之有，非性理自身真會動因而有動也。此與太極之有動靜同。依朱子，太極亦並不真會動靜因而有動靜也。動只是氣之動，靜只是氣之靜。太極對氣之動而為動之理，對氣之靜而為靜之理。氣之動靜繫屬于太極，因而為太極所有。此有亦是領有之有，非太極真會動，因而動而生陽，真會靜，因而靜而生陰也。其順濂溪語作解所成之實義是如此。如此之實義與吾就「即活動即存有」之活動義所作之解析不同。詳見〈濂溪章〉，可覆看。朱子所謂「性動而為情」，其實義既如此，則自函心性情三分，而以「心統性情」明其關聯。心統性是認知地攝具之統，心統情是行動地激發起之統。心與情俱屬于氣，形而下者；性是理，乃形而上者。心與情為一邊，性為一邊。心性情三分實只是理氣二分也。但在五峰，則心性為一邊，情為一邊，此其異也。心性為一邊，性體有活動義，性之動即心矣。心情為一邊，性體無活動義，「性動而為情」乃不通者。伊川、朱子所以有此義，乃只是〈樂記〉說法之纏夾，非其實義。彼不能正視「於穆不已」之天命之體義，對于太極真體了解有偏差，故終于是心性情三分、理氣二分也。而此義理格局與胡五峰之思理顯然有不同，其不相契也亦宜矣。

　　朱子曰：「心性體用之云，恐自上蔡謝子失之。此云：性不能

不動，動則心矣，語尤未安。凡此心字，皆欲作情字，如何？」朱子此疑即依其心性情三分、理氣二分之格局而疑也。明乎上㈡與㈢兩系之不同，即知此疑之非是。依五峰，並非性爲體，心爲用。心性俱是體。就道之用說心（「指明其用曰心」）或就性之動說心（「性不能不動，動則心矣」），皆是就道體或性體之「活動」義說心。此活動義是道體或性體之一本質，故就此說心，亦即是體也。故並非性是體，心爲用。此心性義非可以體用說。又，心以著性，心有形著之用，此亦非體用之用也。此「用」亦不可以「性動而爲情」之情用說。此動或用皆非激發起之情之動也。朱子以已發之情視之，故欲改「心」字爲「情」字矣。此根本未了解胡五峰之思理。

　　《朱子語類》卷第五，〈性理二・性情心意等名義〉，有一條云：「舊看五峰說只將心對性說，一個情字都無下落。後來看橫渠心統性情之說，乃知此話大有功，始尋得個情字着落，與孟子說一般。孟子言惻隱之心仁之端也。仁，性也；惻隱，情也。此是情上見得心。又曰仁義禮智根於心，此是性上見得心。蓋心便是包得那性情。性是體，情是用。心字只一個字母。故性情字皆從心。」

　　案：五峰「只將心對性說」，其思路朱子始終未了解。作〈知言疑義〉時如此疑，故欲改心字爲情字，後來還是這樣說，故以爲「一個情字都無下落」。夫五峰所謂心即孟子之良心、本心，會通孔子之仁，即所謂仁心、天心。性即「於穆不已」之性。盡心以成性，心與性俱是形而上之體。立體以主情宰氣，情以氣言，是形而下者，何便「無下落」？豈是只由實然的心氣之被激發起而爲情，始可爲「下落」乎？凡言本心者，皆是直就仁義內在而反身自證或

通過逆覺而當下體證此無條件的、純是義理之當然的道德本心。順孟子，必肯認此本心是人人所固有。依今語言之，是道德地先在的，因而亦是超越的。當此本心隱而不顯時，吾人之生活純在習氣本能中，並非即無心識之活動。但此只說是情欲、利欲。如說心，亦只是識心、習心，或成心，即心理學的心，此是感觸性的心，非那先在的、超越的本心。是以言此本心必岔開那情欲利欲心，異質地躍進一步以體證之。至于感觸性的、有條件的情欲利欲心則只屬于氣，所謂情以氣言也。此則被剌在下面者。朱子無此「本心」義，他對于心只是平看的實然的心氣之靈之心。他順孟子說惻隱之心等，說是情上見心。視此情與《中庸》喜怒哀樂之情一般，亦只是心之被激發起，故由「心統性情」而言心亦統情也。其實只是心被激發起而爲情而已矣。彼以爲如此，情始有個着落矣。其實只是一個實然的心氣之動也。此心氣之動有時自然亦可有惻隱等之傾向，然不能保其必惻隱、必羞惡等等，即惻隱矣，亦不能保其必如理，蓋只是實然的心氣之傾向故也。此非孟子所說的「本心即性」之道德的本心也。又，仁義禮智是性，是理。實然的心氣非即是性。「仁義禮智根於心」，朱子以爲「此是性上見得心」。實則只是順孟子這樣說而已。在朱子，實並不能說「仁義禮智根於心」，其順孟子而言「根於心」實只是心氣之靈之認知地攝具之而已，故由「心統性情」而言心亦統性也。孟子之「根於心」義轉爲「統」義，而「統」只是認知地攝具義也。在孟子，本心即性，非心氣之靈認知地攝具性也。本心自主、自律、自發、自有天則，即是其「理」義，本心即理。此「本心即理」之整個即是吾人之眞性，道德創造之先天的根據，非是單將仁義禮智視爲理，提出來單以此理

爲性也。朱子以心性情三分、理氣二分之格局解孟子，完全非是。張橫渠固有「心統性情」之一語，但此語是孤立，並無說明。其心中之意究如何不得知，然衡之吾所疏解之《正蒙》各篇，其實義亦不必是朱子之義理。朱子只借此語以說己義耳。此語自身並不能決定什麼，在相對應之解析下都可援引此語，而心性之實不必如朱子之所講。

　　南軒曰：「心性分體用，誠爲有病。此若改作『性不能不動，動則情矣』一語，亦未安。不若伊川云：『自性之有形者謂之心，自性之有動者謂之情』，語意精密也。此一段似亦不必存。」此亦未解其師說性爲道之體（「指明其體曰性」），說心爲道之用（「指明其用曰心」）之意。胡氏非以性爲心之體，以心爲性之用者也。彼只言道之體性、本質是性，道之活動義（用）是心。此用體用字亦如明道之言「上天之載，無聲無臭，其體則謂之易，其用則謂之神。」在明道此語，體即是自體、當體之意，即「上天之載」之自己也，即以「易」指目而實之也，是就其「於穆不已」而言易爲其體也。「用」是就其「生物不測」之神而言也，故即以神爲其用。體用字俱是說的「上天之載」自己也。非是以易爲神之體，以神爲易之用也。此不可以通常之體用義想。（此則朱子已知之矣。惟解易體爲形而下，純就氣言，則非是。此見〈明道章·天道篇〉。）胡氏此處言體、用字與明道同。惟明道言「易」爲其體，故體是自體、當體，而五峰則說到性，以性爲其體，故體是體性、本質之意，亦以性而實之也，即以性指目而代表之也，性即是道體之當體自己。在此，且有進于以易爲體者，故更類于邵堯夫所說之「性者道之形體」之義。道有甚「形體」？性有甚「形體」？

性何故能是「道之形體」？能使「道有形體」？此只是象徵地言之，與下句「心者性之郛廓」語意同。其實義只是道之步步具體化與眞實化，即以性與心而具體化之，眞實化之。否則，人不知道之實究爲何也。故以性爲道之形體，即是以性而具體化之（性就個體說），以性爲其體而實之也。以性爲其體而實之，則性即足以指目道之自體、當體自己而代表之也。故胡五峰「指明其體曰性」之語，其義與堯夫同也。「指明其用曰心」即就道體之活動義說用說心也，此是客觀地順體而言之。心之名既立，若就此活動義之心自己主觀地言之，則心之活動之用即是形著之用，即形著道體之所以爲「於穆不已」、爲「生物不測」之道體也。道體之實全在心處見。形著道體即是形著性體，性體之實全在心處見。邵堯夫所說「心者性之郛廓」，則是由範圍義而說形著，義亦同也。至于心何以能如此，則看孔子之仁與孟子之「本心即性」即可知矣。故「聖人傳心，教天下以仁也」。此仍是盡心以成性之義（成是形著之成）。以上是胡五峰以體用字說心性之意。體，是以性爲道之體性、本質，亦函以性指目道之自體、當體之自己。非是以性爲心之體也。用，客觀地是就道之活動義說，主觀地是就此活動義之心之「形著之用」說。非是以心爲性之用也。南軒完全不解，而曰「誠爲有病」，又曰「此一段似亦不必存」，則亦謬之甚矣！

南軒想到伊川語不錯。然彼不知伊川語之實義。伊川語固亦含有一種形著義。但其義理背景卻是另一套。非五峰之「盡心成性」之形著義也。此則吾已詳辨之于〈伊川章・論心篇〉。

朱子曰：「此段誠不必存，然『性不能不動』，此語即安。但下句卻有未當爾。今欲存此以下而頗改其語云：『性不能不動，動

則情矣。心主性情。故聖人敎人以仁，所以傳是心而妙性情之
德。』又案伊川有數語說心字皆分明。此一段卻難曉。不知『有
形』二字合如何說。」

　　案：朱子之改語完全喪失五峰之原意。蓋欲納之于「心性情三
分、理氣二分」之格局中也。完全不解五峰之思理，而只欲以己意
去改動，義理文字可以如此拼湊離合乎？其不解伊川「有形」二
字，可見朱子心中完全無「形著」義。其不解五峰之「盡心成性」
義，心爲「形著原則」義，亦宜矣。伊川「自性之有形者謂之心」
一語中所函之形著義固不若五峰形著義之殊特與警策。在伊川之義
理間架中，心之形著義固無醒目處，此亦所以不易進入朱子之意識
中而以爲「難曉」，「不知合如何說」之故也。詳亦見〈伊川
章〉。至于其不解五峰之形著義，則以其思理格局已定，根本不能
相契故也。

　　五峰旣就道之體言性，道之用言心，茲再乘機一論其未發已發
義。其論未發已發似不是直接講《中庸》，似只是藉《中庸》未發
已發之詞講其「盡心著性」之義。

　　其〈答曾吉甫書〉云：

　　　　心性二字乃道義淵源，當明辨不失毫釐，然後有所持循。未
　　　　發只可言性，已發乃可言心。故伊川云：「中者，所以狀性
　　　　之體段」，而不可言狀心之體段。〔案：此後一語非伊川
　　　　語，伊川言：「中者，所以狀性之體段」，而中不卽是性，
　　　　並無只可狀性，不可狀心之限制。參看〈伊川章・中和篇〉
　　　　可知。〕心之體段難言。「無思也，無爲也，寂然不動，感

而遂通天下之故」是也。未發之時，聖人與眾同一性。已
發，則無思無為，寂然不動，感而遂通天下之故，聖人之所
獨。若楊、尹二先生以未發為寂然不動，是聖人感物亦動，
與眾人何異？至尹先生又以未發為真心，然則聖人立天下之
大業，成絕俗之至行，舉非真心耶？故某嘗謂喜怒哀樂未
發，冲漠無朕，同此大本，雖庸與聖無以異。而無思無為，
寂然不動。乃是指易而言。易則發矣。故無思無為，寂然不
動，聖人之所獨。喜怒哀樂未發句下，還下得「感而遂通」
一句否？若下不得，則知立意自不同。伊川指性指心，蓋有
深意。

據此，其論未發已發甚奇特，與普通之講法不同。論「未發」，與
普通之講法無以異。喜、怒、哀、樂未發之時，則性體淵然，「冲
漠無朕」，聖人與庸眾「同此大本」：聖人有之，眾人亦有之。此
是由情之未發之時**超越地**證此公共之奧體也。此奧體即曰中體。此
與伊川「只不發便中」之「在中」義不同，不必牽涉到伊川之糾結
也。至于論「已發」則奇特。「已發」仍就情說。但卻是在喜怒哀
樂已發之際**超越地**體證一「聖人之所獨」之「無思無為，寂然不
動，感而遂通」之心體。此心體對情而言，即為超越者，故須超越
地體證之。亦猶在情之未發時超越地體證性體也。就情之未發已發
分別體證性與心體，此仍是心性對言，歸于開頭所說「心性二字道
義淵源」之從心性說起也。心不是就喜怒哀樂自身之發與未發說。
喜怒哀樂之發與未發明是情。「情效天下之動」，情以氣言。心是
就情之已發而超越地被體證，即體證為實體性的本心，即「無思無

為，寂然不動，感而遂通」之本心、天心。五峰說此是「聖人之所
獨」。實則依孟子，亦當是人人皆有之，惟在能盡不能盡耳。然則
五峰說此是「聖人之所獨」當是該括「盡」而言之耳。言惟聖人能
盡此心而真能至「無思無為，寂然不動，感而遂通」之定境、神境
也。尤奇者，此心由情之「已發」見，而五峰于此心自身亦言發。
故云：「無思無為，寂然不動〔感而遂通〕，乃是指易而言，易則
發矣。」此是由情之已發而見及心之動用、神用也。無思無為、即
寂即感、寂感一如，即是心之動用、神用。即以此動用、神用規定
其「發」義，此「發」與情之發不同也。此「發」實只是道體性體
之「活動」義（「指明其用曰心」）；就聖人之盡言，即是「盡心
成性」中的心之形著之用。五峰是把「寂然不動感而遂通」，寂感
之必然地為一，這一**整體**說為**心體**，即說為**心之動用神用**（發）。
此一思路顯然是盡心成性、心以著性之思路。在此思路中，並不是
借用《易傳》，把「寂然不動」限于未發，把「感而遂通」限于已
發。此種分屬顯然是借用，借用之以說情之未發與已發。其實《易
傳》，寂感不能分拆，是必然地為一，只是說的一個誠體、神體。
普通由情之未發想到「寂然不動」，由情之已發想到「感而遂通」
此固是借用，而在情上，寂感實不必能為一，「寂然不動」並不必
能函「感而遂通」。而《中庸》亦不表示此意，「發而中節之謂
和」，中節則通，不中節即不通，不保其發而必通也。然《易傳》
說寂感卻是一，實只是說一誠體、神體。此是形而上地言之。若道
德地言之，即說一「心體」，亦無不可。故五峰即由此寂感為一言
心，而由此寂感為一之神用言心為已發也。此則既合《易傳》語之
本義，又能體證一超越之心體，而言盡心成性、心以著性也。《中

庸》只就情之未發超越地體證一中體（性體），就情之已發內在地言中體（性體）之主宰之用，並未就未發體證性體，就已發體證心體，其所體證者只是一個體。自此而言，五峰之說不合《中庸》原義。然其說自可通，故其說可視爲並非直接解《中庸》，只是借用《中庸》之發與未發說其「盡心成性、心以著性」之義也。

此說雖不合《中庸》原義，然卻比《中庸》爲進一步，即能點出「心」字以使性體成其主宰之用也。《中庸》只是形式地（儱侗地）言一中體，並形式地言此中體之主宰之用。就《中庸》自身說，此中體即是「天命之謂性」之性體，只是一直地順此性體言中體，並言中體之主宰之用。故單純而亦儱侗。若會通孟子，此中體即性體，同時亦即心體，故呂與叔即以心體言之也。此是直下心性不分之路，直以孟子之本心說此中體也。此亦比《中庸》原文較具體。通而一之，此亦可通。此不變《中庸》原有之間架。五峰之思路則是于未發見性體外，復別就已發見心體。其初是心性分設，通過「盡心成性、心以著性」義，則心性爲一。此不是單純地直下以孟子之義說，乃是對于《中庸》、《易傳》與《論》、《孟》同等重視，而欲會而通之，遂分設心性，成此「以心著性」義。此又是一路，自比《中庸》爲進一步，而義理尤密。然此路卻改變了《中庸》原有之間架。《中庸》只是于「已發」言情之中節之和，並未言一「心體」也。

伊川、朱子又是一路。大體是如此：情之發與未發只是一實然的心氣之發與未發。心未發時寂然不動，于此見一性渾然，道義全具，心性爲平行。心之發而爲情，則有中節時，亦有不中節時，故須敬以涵養之，以期其中節。中節，則性之理粲然而彰著以成其主

宰之用，此時方可說心「感而遂通」，即情爲中節之和。此是「心性情三分、理氣二分、心性不一」之格局。此說雖完成自朱子，然亦合伊川意。其完成實是順通伊川之糾結，本伊川意而完成之也。

但此最後之完成是朱子經過艱苦參究後而達至者，其初（即所謂「中和舊說」）則並不如此。其初是自「天機活動」流行無間說未發已發。未發者特其「未嘗發爾」。「天機活物」無盡，故總有個未發者在，而流行無間，方往方來，即是已發。未發爲性，已發爲心。朱子當時悟得此理，以爲與胡五峰〈答曾吉甫書〉之旨相合，遂「益自信」，「不復有疑」。此說大概維持有三四年之久。至四十歲時，與蔡季通論辨，「忽自疑」其非，遂轉而從伊川。凡此詳見〈朱子部〉第二章。

今觀五峰〈答曾吉甫書〉，如上所疏解，實與朱子「中和舊說」根本不同。朱子以相合者實誤解也。胡五峰自情之未發言超越之性體，此不是以「未嘗發」者爲性也；自情之已發言超越之心體，此不是以「方往方來」之發出來爲心也。其進而亦視心爲已發，是就道體性體之「活動」義而說，亦就此「活動」義之心之「形著之用」而說，心之動用、神用即是發。此實是**發而不發**，惟是**一定境、神境、寂感一如之本心**之呈現也。即以此本心形著性體之奧秘。其所以于情之未發言性體，于情之已發言此本心，心性對設，正爲言「盡心成性、心以著性」之形著義也。依此，則彼亦實不是一定視性爲不發者。心以著性，心性爲一，心之動用神用即是性之動用神用也。于心之動用神用言發，發而不發，亦同樣可於**性之動用神用言發，發而不發也**。其初心性對設言形著，性體心體俱是體；最後心性爲一，則只是一個體。此唯是盡心成性，立天下之

大本，以主宰乎情用與氣變也。此不是以性為「未嘗發」（未發出來）、以心為發出來（方往方來）之說也。此一義理間架，朱子根本未有了解，而以為與其「中和舊說」相合者謬矣。此點是後來朱子在參究中和問題中之重要掌故，吾故先言之于此。

《朱子語類》卷第九十五，〈程子之書一〉，開首第二條云：

> 問：伊川言喜怒哀樂未發謂之中，中也者寂然不動是也。南軒言：伊川此處有小差。所謂喜怒哀樂之中，言眾人之常性。寂然不動者，聖人之道心。又南軒辨呂與叔〈論中書〉，說亦如此。今載《近思錄》如何？曰：前輩多如此說，不但欽夫。自五峰發此論。某自是曉不得。今湖南學者往往守此說，牢不可破。某看來寂然不動，眾人皆有是心。至感而遂通，惟聖人能之，眾人卻不然。蓋眾人雖具此心，未發時已自汩亂了。思慮紛擾，夢寐顛倒，曾無操存之道，至感發處如何得會如聖人中節？

案：此條當依前疏解五峰義了解之。南軒所說即本其師〈答曾吉甫書〉而說也。實則南軒亦不解其師之「盡心成性、心以著性」之義，只是順著口說而已。五峰義與伊川義根本是兩系，伊川所說豈但「小差」而已？朱子「自是曉不得」。朱子所說是伊川義也。至呂與叔之〈論中書〉，則是以孟子說《中庸》，此為另一路。伊川、朱子固不契，南軒亦不解也。

胡五峰復有語云：「誠成天下之性，性立天下之有，情效天下之動，心妙性情之德。誠者命之道乎？中者性之道乎？仁者心之道

乎？唯仁者爲能盡性至命。」〈五峰學案〉此數語爲朱子所稱賞，然其心中所意會者不必合五峰意。此亦當依「盡心成性、心以著性」義了解之。「誠成天下之性」即「盡心成性」義，即以誠體神體著成性體也。「性立天下之有」即「有而不能無者，性之謂與」之意，即以性體爲自性原則也。「情效天下之動」，情以氣言，非「性動而爲情」之說也。「心妙性情之德」，性之德爲絕對至善，爲天地鬼神之奧，情之德爲氣變，有中節不中節之異，故有是非善惡可說。心之形著之用妙乎性而著之，運乎情而主宰之，即所謂「妙性情之德」也。「心妙性情」亦即是盡心以「成天下之性」，以宰天下之動也。「中者性之道」即以「中」狀性之體段，狀詞轉名詞，即以中指目性體也。「誠者命之道」，即以誠彰著「於穆不已」之天命之體也。「命」即「天命不已」之命。命令義，非命限義。「仁者心之道」，即以心之所以爲本心、爲天心者，正以其是仁心故也。仁是**內在地**爲心之道，不是如朱子所說之**外在地**爲心之道。蓋朱子所言之心爲平看的實然的心氣之心，所言之仁爲只是理也。此數語不在《知言》中，乃南軒序《知言》所述五峰之語（參看〈五峰學案〉），未參列於以上各節中，故附注于此。

第十一節 綜述《知言》大義

《朱子語類》卷第一百一，論胡五峰處（胡康侯下附）有一條云：「《知言》疑義大端有八：性無善惡、心爲已發、仁以用言、心以用盡、不事涵養、先務知識、氣象迫狹、語論過高。」

通觀《知言》全文，如上所解，知此八端無一中肯。

性是超越絕對體，無善惡相對之善相，非「無善無不善」之中性義也。此言性是本「於穆不已」之天命之體說。

「心為已發」是就「寂然不動感而遂通」，寂感一如，發而不發之整體說，亦是就其形著之用說，非「性動而為情」之激發起之發也。

仁是本明道之「仁體」言，仁心體物而不遺，仁即是體，盡心即盡仁，非是「仁以用言」也。此不可以「仁為理、愛為情」之格局去衡量，以為胡五峰單就愛之情用而言仁也。

盡心以成性，非是「心以用盡」也。「用」亦是形著之用。非「激發起而為情」之情變之用也。朱子以格物窮理明心之盡倒是「以用盡」，即致知以盡其用。胡氏之用是形著之用，亦是「寂然不動感而遂通」之神用之用，而神用即神體，此只是一心體。通過其神用以著性，心性為一，則結果亦只是一性體。

逆覺而涵養，則涵養有切施，非「不事涵養」之謂也。在五峰，涵養是涵養本心，亦如孟子之言操存或存養是存養本心也。非如伊川、朱子之言涵養是涵養吾人收斂凝聚之敬心也。涵養本心必預設一逆覺。

逆覺而體證仁體（本心）是自覺地作道德踐履之本質的關鍵，其所謂「知」或「識」，是就此逆覺之體證言，非朱子所謂單施于「已發」之察識也。先務逆覺以體證仁體，非先務「施於已發」之察識也。就「良心發見」而逆覺體證之，此「良心發見」非情之已發之「發」也。

氣象自不如《正蒙》之沈雄宏偉，然精微扼要則過之。《朱子語類》卷第一百一云：「東萊云：《知言》勝似《正蒙》。先生

曰：蓋後出者巧也。」此下附注云：「振錄云：《正蒙》規摹大，《知言》小。」東萊之云非無是處。就精微扼要言，實勝過《正蒙》也。朱子謂：「後出者巧」，然彼不知其所以為巧處。其巧處蓋即在消化濂溪、橫渠、明道之所言而提出「以心著性」也。此所謂精微扼要也。非是偶爾浮末之技巧也。大抵五峰之思理中心專集于此。就此而言「《正蒙》規摹大，《知言》小」，似亦可有之聯想，蓋一集中，則顯縮小之相矣。因此而謂「氣象迫狹」，亦似可有之聯想，蓋亦由集中而顯耳。然所謂「小」非不及要點之「小」，所謂「迫狹」非狹隘固蔽之狹。朱子亦只浮泛說氣象，未能及其義理之實也。故單浮泛地說其「氣象迫狹」，非相應之評。（氣象亦與生命人格氣質有關，自非專屬義理。言為心聲，理與德應。人之表現義理，或知或行，亦固有其氣象。吾不謂五峰必有寬舒浩瀚之氣質，亦不謂其能修養至此氣象，或其他如從容溫潤之氣象。然義理以精當是非為主。同一義理在某人顯迫狹，在某人可能不顯迫狹。故儱侗謂其「氣象迫狹」，則不相應。人固有不迫狹而全無是處者。當然，「不迫狹」本身亦是一種美德。）

　　「語論」只論是否得當，是否中肯，是否扼要，是否達于精微而不背于廣大，是否極于高明而不違于中庸，是否能尊德性而不外于問學，無所謂「過高」也。真理無涯，只有見不到處，焉有所謂「過高」？無有以高為病者，亦無有以高為忌者。只朱子念念不忘此意，造成許多無謂之忌諱。此真所謂「迫狹」，非開朗暢通之論也。夫談學有稱理而談，有對機而談。對機有應不應，有過高或過低之病；稱理而談，無所謂高不高也。談道有造道之言，有至德之言。踐履恥躬之不逮，而造道之言無所謂高不高也。論學之原委與

指歸亦無所謂高不高也。孟子言「中道而立，能者從之」。規矩不可廢也。朱子以「過高」爲病，未得其實。

《知言》大義，其精切而扼要者如下：

1.「道充乎身，塞乎天地，存乎飲食男女之事」，而須要當下自道德踐履以體現之。

2.「天理人欲同體而異用，同行而異情」。夫婦之道「以淫欲爲事」，則爲人欲，「以保合爲義」，則爲天理。

3.道之體曰性，即以性指目道之自體而實之。「性立天下之有」、「性天下之大本」、「性也者，天地所以立也」、「性也者，天地鬼神之奧也」、「未發之時，聖人與衆同一性」。「喜、怒、哀、樂未發，冲漠無朕，同此大本，雖庸與聖無以異」。性是即活動即存有、於穆不已、淵然有定向之奧體。性是自性原則，亦是客觀性原則，以性爲尊。

4.道之用曰心，即就道體之活動義而說心。「性之流行，心爲之主」、「心也者，知天地宰萬物以成性者也」、「心妙性情之德」。道之活動義而爲心，落於心自己說，此活動義即是心之自覺義，自主、自律、自發義，「寂然不動感而遂通」之神用義。心是形著原則，亦是主觀性原則，以心爲貴。

5.攝性於心，性步步彰顯而形著，此即所謂「成性」。成性即著性。性之實全在心中見，亦全在心中立。性冲漠無朕而淵然有定向，以莫大莫久之心以彰顯之。性體遍在無限，心體亦遍在無限；而心則形著性之所以爲性，此即「性之流行，心爲之主」也（此主是形著之主）。通過心之形著義，則心性爲一，唯是一具體而眞實的、道德的、形而上的眞體，即宇宙生化、道德創造之眞體。道德

踐履唯在盡心以成性。

6.盡心以成性，而心之實、性之實，皆仁也。盡心以成性，即是體現仁道於天下。「仁者人所以肖天地之機要也」，則於穆不已之天命之體（道體）之實全在仁處見無疑矣。「聖人傳心，教天下以仁」，即是以仁爲宗，以心爲用（神用之用、形著之用），而不空言天道也。

7.性命天道皆由盡心盡仁以成、以立、以彰、以著，此即「盡心知性知天」之弘規，完全本於孟子「盡心」之義以會通於《中庸》、《易傳》所說之道體與性體，此是從主觀方面說。若是從客觀方面說，亦可以說由《中庸》、《易傳》所說之道體與性體而落實於《論》、《孟》也。兩方面合觀，則正合於明道「一本」之論也。此一系統既不同於朱子以伊川「涵養須用敬，進學在致知」之義理間架爲本而落實於《大學》，復亦少異于陸、王之純依孟子而自心言也，故可鼎足而爲三。

8.逆覺爲當下呈現本心仁體之本質的關鍵，亦是自覺地作道德實踐之本質的正因工夫。其他如朱子所說的涵養、察識、居敬、窮理等皆是助緣工夫，亦皆因會萃於此而得其落實處，始得成其爲助緣，即得其道德上之實義。否則皆支離而懵懂。

由以上八條，足見《知言》之大義。此一義理間架之成是由「北宋濂溪、橫渠、明道之以《中庸》、《易傳》爲首出，步步會通落實於《論》、《孟》」而消化反省以成者。會通落實於《論》、《孟》，雖至明道始圓滿，然橫渠已並不弱，惟人不注意耳。濂溪雖少及《論》、《孟》，亦當不能認爲此會通與落實在義理上爲不可，是以此只有意識及與未意識及之差而已。孔子之仁，

孟子之心性，《中庸》、《易傳》之性命天道，依北宋三家之體悟觀之，其內容的意義（intensional meaning）乃原則上不能有異者，故明道得以會通而一之，而言「一本」也。北宋三家以《中庸》、《易傳》為首出，視《中庸》、《易傳》與《論》、《孟》為一整體，而這樣會通與落實，雖似泯失先秦儒家之發展性，亦似忽略《論》、《孟》與《中庸》、《易傳》進路上之差異性，然亦並非全無據，純是儱侗顢頇之見。自吾觀之，先秦儒家自《論》、《孟》至《中庸》、《易傳》實是一根而發之有機的發展，此中實有一種生命智慧上之相呼應，因而遂成德性義理上之不隔。此中雖有一種發展，然此發展實是一根而發，並無跌宕之轉折，故可如理而一之；雖稍有進路上之差異，然並非以此非彼，成為相反之敵對，故可知理而通之。孔子之踐仁以知天，雖未說天即是形而上的「於穆不已」之實體，亦未說仁的內容意義與此實體為同一而可以證實此實體之實義，然孔子亦同樣未把仁只限于人之道，把天只限為人格神的天，而不准天道與仁道之實之合一；亦未視天只為以氣化言的命，而不准有以理言的「於穆不已」之天道創生之實體之命令之命之義。如果孔子有前者之限定，則天人懸隔，孔子之教將成為基督教之形態。如果孔子有後者之限定，則天只為自然主義、機械主義的天，而不復有超越的意義。此兩者皆更遠于孔子言仁之襟懷，而與其生命智慧之情調不相應。前乎孔子之蘊釀之氣氛，後乎孔子而與其生命智慧相呼應之正宗儒者，即相應聖人襟懷而不失道德理想主義立場之儒者，皆不向那兩種限定走，則居于其中而為儒家創始人之孔子，其生命智慧之方向，其襟懷情調之氣氛，亦大體可知矣。「維天之命，於穆不已。於乎不顯，文王之德之純。」此

詩對于後乎孔子之儒者，影響如此其大，難說孔子未讀此詩，亦難說其讀之而不契此詩。「上天之載，無聲無臭。儀刑文王，萬邦作孚。」此詩與前詩有同樣的影響，亦難說孔子不契此詩也。如是，則其踐仁知天之道規之所以不具備那兩種限定，其消息從可知矣。孔子曰：「天何言哉？四時行焉，百物生焉。天何言哉！」仁與天之實義之合一，其門實正在開著。一個聖人而無**宇宙之情懷**（cosmic feeling），乃不可思議者。

　　孟子本孔子之仁而言本心即性，不以「生之謂性」之路說性。在其「盡心知性以知天」之弘規中，雖亦未說天即是形而上的「於穆不已」之實體，亦未將心性同一于此實體，然亦同樣未把其所說之心性只限于人之範圍內，把天只限為人格神的天，或把天只限為氣命的天，而無理命之超越的意義。孟子言：「萬物皆備於我矣，反身而誠，樂莫大焉。」是其所說之心性之絕對普遍性與涵蓋性實已充分表露出。孟子之地位甚重要。在孟子，內在的心性向超越方面申展而與超越的天之積極意義相合一，其門實更敞開（氣命是其消極的意義）。心性與天必有某方面內容意義之同一，方可言盡心知性以知天。「知天」豈只限于知氣命耶？有誰能原則上限制知天必為知氣命之天，而不可為知超越的積極意義之天耶？其言「擴而充之」，仁不可勝用，義不可勝用，有誰能原則上劃定其擴充之範圍而堵塞其普遍性之申展？

　　然則稍後之《中庸》、《易傳》（亦可能有一些與孟子同時並行或甚至在其前），實與《論》、《孟》之智慧有一種生命上之相呼應相契接而不隔。《中庸》、《易傳》著實于「維天之命，於穆不已」之最根源的智慧，並本之以積極地展示天道為生物不測之創

生實體，並由此實體以言性體，而與孔子之仁、孟子之心性打成一片，積極地呈現出主觀面的孔子之仁、孟子之心性與客觀面的《中庸》、《易傳》之天道性體之內容的意義之合一，此在表面上雖似有進路上之差異，然其實是一種通契不隔之圓滿發展，故其進路之差異實不形成一種以此非彼之相反之敵對，此既不同於西方康德之批判哲學與其所批判之獨斷形上學之差異，亦不可視《中庸》、《易傳》為誤入歧途也。故對此進路上之差異，吾不以批判的與非批判的之對立視，而以圓滿發展視。孔、孟之道規即已敞開此圓滿合一之門，而《中庸》、《易傳》即積極地以圓滿合一完成之。聖人的宇宙情懷必然函著一種向超越方面的滲透，仁與內在心性之絕對普遍性必然函著向超越方面之申展，因而亦必函著一「道德的形上學」（moral metaphysics, not metaphysics of morals）之要求。仁與內在心性之絕對普遍性朗現而落實了即是「於穆不已」的天命實體之實蘊，兩者之合一乃不期然而自然之合拍。《詩》、《書》中的帝、天、天命，以及後來的說為天道，不向人格神方面轉化提煉，而向形而上的實體方面轉化提煉，乃是自然之事。《中庸》、《易傳》之圓滿發展，完成此步轉化與提煉，似乎是此一生命智慧之流之最佳的呼應。吾人不能視之為誤入歧途。試想如果視此為歧途，將以何者為正途？以任一其他途代之，必將乖違更甚。孔門之慧命相續，義理相承，必有其生命上之契接與呼應。其契接與呼應必比吾人今日橫撐豎架、支解破裂之生命為更易于親切而粘合，自然而暢遂。吾人如貶視《中庸》、《易傳》而從孔門之慧命相續中抹去之，則對于孔子之智慧與其所開之生命之方向似很難有一更為相應之理解與發展。古人既如此相契接矣，正者自正，歧者自歧，

無人能視荀子為正宗也。焉可以吾人今日之小慧、主觀之好惡，輕易褒貶《中庸》、《易傳》哉？則然《中庸》、《易傳》直下無內無外，劈頭即以「於穆不已」之天命實體展示天道為一形而上的創生實體，並由此實體說性體，實是以孔、孟之道規為背景而來之圓滿之發展，而不可視為敵對相反之歧途亦明矣。彼直下如此說，乃不見其如此說之天道性體與仁以及內在的心性有隔異者。

北宋三家即承《中庸》、《易傳》之圓滿發展，而以《中庸》、《易傳》為首出，從此頂峰上言道體性體者。彼等如此進入亦當是在原則上不能認為《中庸》、《易傳》所展示之道體性體乃至誠體神體與孔子之仁以及孟子之內在的心性為有隔異而不可通者。其初濂溪雖少講《論》、《孟》，只是意識興趣之未及。橫渠已能及之，而言之不顯豁，人不易見。實則其言「兼體無累」，言「繼善成性」，言「心能盡性」，言「仁敦化」，言「仁體事無不在」，皆本《論》、《孟》而言，是已充其極而通而一之矣。至明道盛言「一本」，則尤能充分意識到孔子之仁、孟子之心性與《中庸》、《易傳》之天道性體**直下為一**矣。先秦儒家是由《論》、《孟》發展到《中庸》、《易傳》，北宋三家則是由《中庸》、《易傳》漸回到《論》、《孟》。如果吾人知由《論》、《孟》到《中庸》、《易傳》是一步圓滿的發展，則由濂溪、橫渠而發展至明道之直下認為一並非無據矣，亦並非不可矣。此「認為一」甚至乃是宋、明儒之共同意識。陸、王系純從心說，無論矣。即伊川、朱子亦不能認為原則上不應合一也。惟對于心性之自覺的理解有不同，遂不期而成為三系矣。

胡五峰是南渡後第一個承北宋三家尤其是明道而重新消化反省

者。明道之以《中庸》、《易傳》爲首出，會通《論》、《孟》而
爲一，直下言「一本」，此乃是北宋開始復興儒學所成之圓敎之模
型。惟明道在分解的認識上說《中庸》、《易傳》之天道性體乃至
誠體神體與孔子之仁以及孟子之心性是一，此只是平說，即只是以
「即是」之方式說，人尙不易知其所以是一之實，即在分解的解析
上似稍有不足處；其在融會的認識上說「一本」，只是直下圓頓地
言之，人亦嫌儱侗，朱子所謂「渾淪」是也，人亦不易知其所以爲
「一本」之實。前者似易補充，而于後者欲明其所以爲「一本」，
則須有一特別之勁道，須先明《中庸》、《易傳》言道體性體與孔
子言仁、孟子言心性之分際，並于其中見出實有一可以使雙方契接
而爲一之關節。此即五峰學之著眼處。盡心成性，心以著性，即是
雙方契接而爲一，成其爲「一本」之關節。蓋《中庸》、《易傳》
之言道體性體是「本體宇宙論地」言之，客觀地言之，而孔子言
仁，孟子言心性，則是道德踐履地言之，主觀地言之。兩者對比，
即使皆視爲體，亦很易見出此「體」之意義之不同。設客觀方面綜
曰**性體**，主觀方面綜曰**心體**，此兩眞體如何能相契入而爲一耶？說
到最後，天下不會有兩眞體，其應爲一也必矣。此則分解的認識上
本已視爲一，但既有主客觀言之之異，即應說明其如何能相契入而
眞爲一。此非只是「即是即是」之平說方式所能盡，亦非只是直下
圓頓地說之所能盡。若純依孟子，只言一心之朗現與申展，則無此
問題，此如陸、王是。但以《中庸》、《易傳》爲首出而欲會通
《論》、《孟》而一之者，則有此問題。以《中庸》、《易傳》爲
首出，客觀地言之之道體性體是萬物之客觀性原則、自性原則，五
峰所謂「性立天下之有」、「性也者，天地所以立也」、「性也

者，天地鬼神之奧也」是也。即使就此奧體自身之「活動」義而言心，此仍是「本體宇宙論地」言之之心，客觀地言之之心，尙不即是道德自覺地、主觀地言之之心之眞成其爲心。如是，此兩者如何能相契入而爲一，眞成問題矣。此相契入而爲一之關節即是以心著性，正式認識主觀地、道德自覺地言之之心爲一「形著原則」。本心仁體其自身本是實體性的，本即是體，但對客觀地、本體宇宙論地言之「性體」而言，則顯其「形著之用」。朱子不解此「形著」義，遂誤會爲：「仁以用言，心以用盡」，視「用」爲激發起而爲情之用。胡五峰正式認識此「形著」義，遂言盡心成性，實即是盡心以著性。此是以《中庸》、《易傳》爲首出而欲會通《論》、《孟》而爲一者所**必有之義**，亦是**恰當之義**。既是必有而恰當，即易爲人所覺察。此非五峰之特別，亦非其特有之聰明，只要實心歷過，很易見出。張橫渠即已盛言「繼善成性」矣，又言：「心能盡性，人能弘道也，性不知檢其心，非道弘人也。」又言：「天之不禦莫大於太虛，故心知廓之，莫知其極也。」而邵堯夫亦言：「心者，性之郛廓。」明道亦言能推不能推，此皆「以心著性」義也。故言此義並非五峰特有之聰明。此蓋亦甚顯明而必應引出之義也。（孟子盡心知性，此非心性對言，故不表示形著義。蓋本心即性。盡之即知吾人之性。所以有盡心知性之異者，蓋爲其初是以人性爲論題也，故此心性之對言只是名言之施設，非有實義也。蓋孟子並未自本體宇宙論的立場言道體性體也。故其「知」字並不表示著成義。「知」字輕，「著成」字重。「知」字並不表示一義理，一主張，而「著成」字則表示一義理，一主張。即「知天」之知亦是如此，並不表示以心性形著天也。孟子是純由主體直

線地申展出去，故象山得以直下視心為絕對普遍性之心，涵蓋宇宙之心也。陽明言良知本體亦是如此。此是純依孟子而來的**圓頓之教**。）

「形著」義自五峰正式言之，成一獨特之義理間架後，音響輒歇。朱子固不解，即南軒亦不解也，即不以朱子〈知言疑義〉為然之胡廣仲、胡伯逢、吳晦叔等人亦未見有能繼承五峰此義而自立者也。朱子之消化是以伊川之思理為標準，對于濂溪、橫渠、明道之本「於穆不已」之天命之體所言之道體、性體，乃至誠體、神體，已不能有相應之契悟，故于孔子之仁以及孟子之內在的心性亦不能有相應之契悟，此所謂「體」上工夫有不足，因而對于「體」之理解有偏差，只依其分解之思維而成為「心性情三分、理氣二分」之格局，而工夫重點則落在《大學》之致知格物上。此是以《大學》為教本，喪失《論》、《孟》、《中庸》、《易傳》一根而發之生命上之相呼應，以及其先秦儒家內聖之學上之標準性，並喪失依此標準而來之逆覺體證義。此是以《大學》為標準所開之漸教。對《論》、《孟》、《中庸》、《易傳》言，根本上為歧出。此一系統主觀地說是認知的靜涵靜攝之系統（心靜理明之系統），客觀地說是本體論的存有之系統（理是只存有而不活動者），綜之是橫攝系統而非縱貫系統，在根本上為他律道德者。象山起乃重歸于《論》、《孟》，此後至明朝陽明繼之，乃成為天下之顯學，所謂陸、王系是也。自朱子之消化成定型後，人皆知朱、陸之兩系，而不復知五峰之「形著」義。惟至宋明儒學最後之殿軍，劉蕺山始出而復正式而真切地言此「形著」義，而其言之猶不相謀也。此蓋是不謀而合，劉蕺山從未一提胡五峰也。此足見此「形著」義之式

微，由之而成之獨特的義理間架之不易爲人所認識。即劉蕺山言之
如此眞切而顯著，其弟子黃梨洲亦未能知其實義而弘揚之也，只知
誠意愼獨義爲其師之學之特色。吾甚至懷疑：即劉蕺山本人亦只是
如此言之而已，亦未必能自覺到其所言之形著義之在系統上之獨特
——使其系統旣不同于伊川、朱子，亦不同于象山、陽明也。此蓋
爲伊川、朱子系與象山、陽明系之辭語所吸引，而只覺識到其言誠
意愼獨不同于其前輩，不復能反省自覺到其所言之「形著」義乃是
其**系統完整之關鍵**，足以決定其**系統之獨特**之**本質的標識**也。誠意
愼獨義之獨特只是其系統中之一義耳。若不能透出，自「形著」義
上覺識到其系統之全貌與獨特，則其分別心宗與性宗，言「於穆不
已」之性體，徒爲錦上添花之贅辭。豈只是誠意愼獨之獨特即足以
別異于陽明，而復由之即足以見陽明之不足乎？自己不能充分覺識
自己所言之形著義之殊勝，亦難怪人之輕忽而不易爲人所注意也。
然而吾人今日予以反省比觀，則覺此形著義有決定系統之獨特的作
用；其分別心宗與性宗，其言「於穆不已」之性體，非只是錦上添
華之贅辭，亦非只是人云亦云之通常語；其言誠意愼獨非吸收于此
不足以完成其殊特，亦不足以見其系統之完整與充其極，人固有自
己言之而不必盡能覺識其恰當的函義與作用也。然而事實則總是如
此，不可泯也。

　　蕺山之學大體是由嚴分意與念，攝良知于意根（知藏于意），
而言心體，由於穆不已而言性體；以心著性，性不能離心而見；融
心于性，心有定體有定向而不漫蕩，不但良知可不流于「虛玄而
蕩」，即「意根最微」亦得以成其爲「淵然有定向」之獨體；攝性
于心，性體成其爲具體而眞實的性體，不只是本體宇宙論地言之、

客觀地言之之形式意義的性體，而性體可存，即在眼前：如是，則心宗性宗合而為一，而性體不失其超越性與奧密性，而心體向裡緊收，向上浸透，見其甚深復甚深之根源，亦總不失其形著之用。故工夫唯在**誠意慎獨**以**斷妄根**，以**澈此性體之源**也。吾今不詳言蕺山學，以下只錄其與「形著」義有關之語，以見此一義理間架之殊特，實與五峰義為同一系統也。

1. 君子仰觀於天而得先天之《易》焉。維天之命，於穆不已，蓋曰天之所以為天也。是故君子戒慎乎其所不睹，恐懼乎其所不聞，此慎獨之說也。**至哉獨乎！隱乎微乎！穆穆乎不已者乎！**蓋曰心之所以為心也，則心一天也。獨體不息之中，而一元常運，喜、怒、哀、樂四氣周流。存此之謂中，發此之謂和。陰陽之象也。四氣，一陰陽也。陰陽，一獨也。其為物不貳，則其生物也不測。故中為天下之大本，而和為天下之達道。及其至也，察乎天地，至隱至微，至顯至見也。故曰體用一源，顯微無間，君子所以必慎其獨也。**此性宗也**。（《劉子全書》卷二，〈易衍〉第七章）

2. 君子俯察於地，而得後天之《易》焉。夫性本天者也，心本人者也。天非人不盡，性非心不體也。心也者，覺而已矣。覺故能照。照心常寂而常感。感之以可喜而喜，感之以可怒而怒，其大端也。喜之變為欲為愛，怒之變為惡為哀，而懼則立於四者之中，喜得之而不至於淫，怒得之而不至於傷者。合而觀之，即人心之七政也。七者皆照心所

發也。而發則馳矣。眾人溺焉。惟君子時發而時止,時返其照心而不逐於感,得《易》之**逆數**焉。此之謂後天而奉天時,蓋慎獨之**實功**也。(同上,第八章)

案:第一條所言爲「**性宗**」,則此條所言顯爲「**心宗**」也。

3. 一元生生之理,亙萬古常存,先天地而無始,後天地而無終。渾沌者,元之復;開闢者,元之通。推之至於一榮一瘁、一往一來、一畫一夜、一呼一吸,莫非此理。天得之以爲命,人得之以爲性,性率而爲道,道修而爲教,一而已矣。而實**管攝於吾之一心**。此心在人亦與之無始無終,不以生存,不以死亡。故曰:堯、舜其心至今在。(《劉子全書》卷十,〈學言上〉)

案:此言「**管攝於吾之一心**」,與伊川、朱子系統異。

4. 喜、怒、哀、樂,**性之發也**。因感而動,**天之爲也**。忿懥、恐懼、好樂、憂患,心之發也。逐物而遷,人之爲也。眾人以人而汩天,聖人盡人以達天。(同上)

案:蕺山是將喜、怒、哀、樂緊收于「**於穆不已**」之體上而自體上言,故云是「**性之發**」,是「**天之爲**」。

5. 《中庸》之慎獨與《大學》之慎獨不同。《中庸》從不睹

不聞說來，《大學》從意根上說來。（同上）

6. 獨是虛位。從**性體**看來，則曰莫見莫顯，是思慮未起，鬼神莫知時也。從**心體**看來，則曰十目十手，是思慮既起。吾心獨知時也。然**性體即在心體中看出**。（同上）

7. 心一也，合性而言，則曰仁，離性而言，則曰覺。覺即仁之親切痛癢處。然不可以覺為仁，正謂不可以心為性也。〔案：此亦只是某分際上之暫言，非必決定如此。〕又總而言之，則曰心；析而言之，則曰天下國家身意知物。惟心，精之合意知物，粗之合天下國家與身，而後成其為覺。若單言心，則心亦一物而已。凡聖賢言心，皆合八條目而言者也，或止合意知物言。惟《大學》列在八目之中，而血脈仍是一貫，正是此心之全譜，又特表之曰明德。（同上）

8. 身者天下國家之統體，而心又其體也。意則心之所以為心也。知則意之所以為意也。物則知之所以為知也，體而體者也。物無體，又即天下國家身心意知以為體。是之謂體用一源，顯微無間。（同上）

9. 《大學》之言心也，曰忿懥、恐懼、好樂、憂患而已。此四者心之體也。其言意也，則曰好好色，惡惡臭。好惡者，此心最初之機，即四者之所自來，所謂意也。故意蘊於心，非心之所發也。又就意中指出最初之機，則僅有知好知惡之知而已，此即意之不可欺者也。故知藏於意，非意之所起也。又就知中指出最初之機，則僅有體物不遺之物而已，此所謂獨也。故物即是知，非知之所照也。《大

學》之教一層切一層，眞是山窮水盡學問。原不以誠意爲主，以致良知爲用神者。（同上）

10. 性情之德，有卽心而見者，有離心而見者。卽心而言，則寂然不動，感而遂通，當喜而喜，當怒而怒，當哀而哀，當樂而樂，由中導和，有前後際，而實非判然分爲二時。離心而言，則維天於穆，一氣流行，自喜而樂，自樂而怒，自怒而哀，自哀而復喜，由中導和，有顯微際，而亦非截然分爲兩在。然卽心離心，總見此心之妙，而心之與性不可以分合言也。〔……〕（《劉子全書》卷十一，〈學言中〉）

11. 心中有意，意中有知，知中有物，物有身與家國天下，是心之無盡藏處。性中有命，命中有天，天合道，道合教，教合天地萬物，是性之無盡藏處。（同上）

12. 天穆然無爲，而乾道所謂剛健中正，純粹以精，盡在帝中見。心渾然無體，而心體所謂四端萬善，參天地而贊化育，盡在意中見。離帝，無所謂天者。離意，無所謂心者。（《劉子全書》卷十二，〈學言下〉）

13. 意根最微，誠體本天。本天者，至善者也。以其至善還之至微，乃見眞止。定靜安慮次第俱到，以歸之得。得無所得，乃爲眞得。此處圓滿，無處不圓滿。此處虧欠，無處不虧欠。故君子起戒於微，以克完其天心焉。欺之爲言欠也，所自者欠也。自處一動，便有夾雜。因無夾雜，故無虧欠。而端倪在好惡之地。性光呈露，善必好，惡必惡，破此兩關，乃呈至善。故謂之如好好色，如惡惡臭。

此時渾然天體用事，不著人力絲毫。於此尋個下手工夫，惟有慎之一法，乃得還他本位曰獨，仍不許亂動手腳一毫，所謂誠之者也。此是堯、舜以來相傳心法，學者無得草草放過。（同上）

14. 好惡從主意而決，故就**心**宗指點。喜、怒，從氣機而流，故就**性**宗指點。畢竟有好惡，而後有喜怒，不無標本之辨。故喜怒有情可狀，而好惡**托體最微**。（同上）

15.《大學》言心不言性，心外無性也。《中庸》言性不言心，性即心之所以為也。有說乎？曰：善非性乎？天非心乎？故以之歸宗於慎獨，一也。（同上）

16. 子思子從喜怒哀樂之中和指點**天命之性**，而率性之道即在其中。分明**一元流行氣象**。所謂不識不知，順帝之則，全不涉人分上。此言性第一義也。至孟子，因當時言性紛紛，不得不以善字標宗旨，單向心地覺處指點出粹然至善之理，曰惻隱、羞惡、辭讓、是非，全是人道邊事，最有功於學者。雖四者之心未始非喜怒哀樂所化，然已落**面目一班**，直指之為仁義禮智名色，去人生而**靜**之體遠矣。學者從孟子之教，盡其心以知**性**而知天，庶於**未發時氣象**少有承當。今乃謂喜怒哀樂為粗幾，而必求之義理之性，豈知性者乎？（《劉子全書》卷六，〈證學雜解〉，解十九）

案：此以《中庸》會通孟子而為一，並表示孟子即心言性是第二義，且亦預設《中庸》、《易傳》之性天（「人生而靜」以上者）為其超越之深根背據也。

17. 告子曰：性無善無不善也。此言似之而非也。夫性**無性**也，況可以**善惡言**？然則性善之說，蓋爲**時人下藥**云。

　　夫性無性也，前人言之略矣。自學術不明，戰國諸人始紛紛言性。立一說，復矯一說，宜有當時三者之論。故孟子不得已而標一善字以明宗。後人猶或不能無疑焉。於是，又導而爲荀、楊、韓。下至宋儒之說益支。〔案：「性無性」即五峰義，亦由明道而來。「前人言之略矣」，此或隱指五峰而言與？但通觀《劉子全書》，蕺山從未提及五峰。孟子言性善無所謂「爲時人下藥」，亦無所謂「不得已而標一善字」。此皆不諦之辭。然亦有其思路，即以「於穆不已」言性體，反觀孟子猶落在第二義，故如此云。「下至宋儒之說益支」，此指宋儒分義理之性與氣質之性言。蕺山反對此分，甚無謂。說「益支」亦過分，難道宋儒猶不及荀、楊、韓乎？此皆顢頇空疏之言。關於其言告子，吾已辨之於〈明道章·生之謂性篇〉附識五。〕

　　然則性果無性乎？夫性因心而名者也。盈天地間，一性也；而在人，則專以心言。性者，心之性也。心之所同然者理也。生而有此理之謂性，非性爲心之理也。如謂：心但一物而已，得性之理以貯之而後靈，則心之與性斷然不能爲一物矣。吾不知徑寸之中，從何處貯得如許性理，如客子之投懷而不終從吐棄乎？〔案：此評朱子〕

　　盈天地間一氣而已矣。氣聚而有形，形載而有質，質具

而有體，體列而有官，官呈而性著焉。於是有仁義禮智之名。仁非他也，即惻隱之心是；義非他也，即羞惡之心是；禮非他也，即辭讓之心是；智非他也，即是非之心是也。是孟子明以心言性也。而後之人必曰心自心，性自性，一之不可，二之不得，又展轉和會之不得，無乃遁已乎？〔案：此「後之人」亦隱指朱子言。「盈天地間一氣」亦即「盈天地間一性」。「官呈而性著焉」，即氣聚而成個體，有心官以及其他五官，「於穆不已」之性體即於心官而著焉。孟子明以心言性，即明以心著性也。此是以《中庸》、《易傳》會孟子，心性對言，與朱子之心性爲二不同也。〕

至《中庸》，則直以喜、怒、哀、樂逗出中和之名，言天命之性即此而在也。此非有異指也。惻隱之心，喜之變也。羞惡之心，怒之變也。辭讓之心，樂之變也。是非之心，哀之變也。是子思子又明以心之氣言性也。子曰：性相近也。此其所本也。而後之人必曰理自理，氣自氣，一之不可，二之不得，又展轉和會之不得，無乃遁已乎？嗚乎！此性學之所以晦也。〔案：「以心之氣言性」，其意是「天命之性即此而在」，非眞是以氣爲性也。蕺山是將喜怒哀樂比配孟子之四端之心，不以七情言。此皆是如此說而已。要者是在彼將喜怒哀樂緊收於「於穆不已」之體而一滾說。一滾說可，非認「於穆不已」之體即是喜怒哀樂之氣也。故分解言之，朱子謂理自理，氣自氣，並不誤。此不能反對也。惟其視理爲

只存有而不活動，則差耳。心性可是一，而理氣不能是一。理氣一者只是體用不離之一滾說而已。又蕺山以喜怒哀樂比配四端，則四端之心亦氣也。此亦非是。四端之心不可以氣言。此皆滯辭。〕

然則尊心而賤性可乎？夫心圍於形者也。形而上者謂之道，形而下者謂之器也。上與下一體而兩分，而性若跟形骸之表，則已分有常尊矣。故將自其分者而觀之，燦然四端，物物一太極。又將自其合者而觀之，渾然一理，統體一太極。此性之所以為上，而心其形之者與？即形而觀，無不上也。離心而觀，上在何所？懸想而已。我故曰告子不知性，以其外心也。〔案：「心圍於形」，而心自身非形而下者。「此性之所以為上，而心其形之者與」，此形是形著之形。「即形而觀，無不上也」，此「形」是形體之形，「圍於形」之形，言就形體而觀，則心與性無不是上者。雖無不是上，然心之覺用活動卻足以形著性，故性不能「離心而觀」。「離心而觀，上在何所？」即性之上亦不成其為上也，亦只「懸想而已」。故蕺山不能視四端之心為氣。如視為氣，則亦形而下者。在孟子，四端之心即本心。陽明就中指出良知，蕺山就中指出意根誠體。良知、意體與本心為同一層次者。如視四端之心為氣，就此言性為落于第二義，則良知與意體亦形而下者乎？故無論良知或意體皆當溯其源于孟子，皆屬孟子言本心之一系。由本心形著「於穆不已」之性體，而心性為一，此即足矣。而

蕺山必外于孟子而就《大學》言意體，此即于孟子之本
心未能眞切也。蕺山不常提象山，亦不甚契。即示蕺山
對于孟子與象山皆疏闊。其言意體是由陽明之良知以及
其末流之弊而逼出，並由《大學》之愼獨而悟入。悟道
之機，是主觀的，不管從那裡皆可以，然悟得之後，則
依理當歸于學脈之正，不當外孟子、象山而專言《大
學》與陽明也。〕

先儒之言曰：孟子以後，道不明只是性不明。又曰：明
此性，行此性。夫性何物也，而可以明之？但恐明之
盡，已非性之本然矣。爲此說者，皆外心言性者也。外
心言性，非徒病在性，並病在心。心與性兩病，而吾道
始爲天下裂。子貢曰：夫子之言性與天道不可得而聞
也。則謂性本無性焉亦可。雖然，吾固將以存性也。
〔案：不「外心言性」有二義：一是孟子之本心即性，
不是心性對言，盡心知性亦不表示「心著性」義。二是
心性對言，以心形著「於穆不已」之性，而心性爲一。
蕺山本人是此第二義之立場，並以此義之不「外心言
性」說孟子。以此義說孟子亦無不可，但以爲孟子言性
善是落于第二義則非是，以四端之心爲氣亦非是。孟子
之言本心亦猶陽明之言良知，蕺山之言意體，皆屬超越
之心。蕺山由心宗之意體（獨體）形著並浸澈性宗之性
體（亦是獨體），其心宗之意體非落于第二義，亦不可
視爲氣亦明矣。何獨至于孟子便落于第二義乎？便可以
氣視其四端之心乎？惟孟子、象山、陽明皆是一心之申

展，無形著義，而蕺山則由於穆不已之體言性體，始有
形著義。此就先秦言，是以《中庸》、《易傳》爲首出
而會通于《論》、《孟》，連帶後來一起言，是會通于
孟子、象山與陽明，而蕺山本人則復由意體以言心。此
大脈也。蕺山多滯辭，然其義理之方向，思理之間架，
的然可識也，與胡五峰爲同一系也。人爲伊川、朱子與
象山、陽明所吸引而忽略此一義理間架之殊特耳。吾故
特表而出之，以盡宋明儒六百年傳統之實。〕（《劉子全
書》卷七，〈原旨〉七篇，〈原性〉）

18. 極天下之尊而無以尚，體（原注：新本作「享」）天下
之潔淨精微、純粹至善，而一物莫之或攖者，其惟人心
乎？向也，委其道而去之，歸之曰性，人乃眩驚於性之
說，而悵悵以從事焉，至畢世而不可遇，終坐此不解之
惑以死，可不爲之大哀乎？

自良知之說，而人皆知此心此理之可貴，約言之曰：天
下無心外之理。舉數千年以來晦昧之本心，一朝而恢復
之，可謂取日虞淵，洗光咸池。然其於性，猶未辨也。

予請一言以進之曰：天下**無心外之性**。惟天下**無心外之
性**，所以**天下無心外之理**也。惟天下無心外之理，所以
天下無心外之學也。而千古心性之統可歸於一。於是天
下始有還心之人矣。

向之妄意以爲性者，孰知即此心是。而其共指以爲心者
非心也，氣血之屬也。向也以氣血爲心，幾至仇視其心
而不可遍。今也以性爲心，又以非心者分之爲氣血之

屬，而心之體乃見其至尊而無以尚，且如是其潔淨清微、純粹至善，而一物莫之或攖也。

惟其至尊而無以尚也，故天高地下，萬物散殊，惟心之所位置而不見其跡。惟其潔淨精微、純粹至善，而一物莫之或攖也，故大人與天地合德，日月合明，四時合序，鬼神合吉凶，惟心之所統體而不尸其能。此良知之蘊也。然而不能不囿於氣血之中，而其爲幾希之著察有時而薄蝕焉。或相什百，或相千萬，或相倍蓰而無算，不能致其知者也。是以君子貴學焉。學維何？亦曰與心以權而反之知，則氣血不足治也。（原注：〈舊鈔〉「惟心之所統體」句下，作：「其有不然者，氣血病之也。夫氣血則亦何所不至乎？以天下之至尊，而乘以天下之至紛，則尊者有時而辱也。以天下之至潔，而乘以天下之至汙，則潔者有時而染也。此亦心之至變也。君子曰：心不離氣血而不雜于氣血者也。吾第心還其心焉。心得其職，而氣血俯首聽命，惟吾之所治云爾。）

於是順致之以治情，而其爲感應酬酢之交可得而順也。於是逆致之以治欲，而其爲天人貞勝之幾可得而決也。於是精致之以治識，而其爲耳目見聞之地可得而清也。於是雜致之以治形治器，而其爲吉凶修悖之途可得而準也。（原注：〈舊鈔〉「於是順致之」等語，作「其微者以治念，而動靜起伏之端可得而辨也。其著者以治欲，而天人貞勝之幾可得而決也。其精者以治識，而耳目見聞之地可得而推也。其粗者以治形治器，而吉凶修

悖之途可得而準也。)

凡此氣血之屬，而吾既一一有以治之，則氣血皆化爲性矣。性化而知之良，乃致心愈尊。此學之所以爲至也與？（原注：〈舊鈔〉「一一有以治之」下，作「則氣血皆化爲心矣。吾既以氣血爲一心，而心之力量於是乎愈大，則天地之大，萬物之廣，又安往而不體備於一心？此心之所以爲妙，而學之所以爲至也。此之謂天下無心外之學也。」）

孟子曰：人之所不學而能者，其良能也。所不慮而知者，其良知也。古人全舉之，而陽明子偏舉之也。（《劉子全書》卷七，〈原旨〉七篇，〈原學中〉）

案：〈原學〉共上中下三篇。此〈原學中〉一篇，言之極順適。唯是以致良知復本心爲學，此猶是孟子「學問之道無他，求其放心而已矣」之旨。蓋內聖之學以相應道德本性而爲道德實踐（道德行爲之純亦不已）爲第一義，即爲其本質。以此爲學之本質，則自以逆覺體證復其本心爲道德實踐之本質的關鍵（正因工夫）。本質的關鍵之所在即是學之所在。五峰、象山、陽明、蕺山，皆不就伊川「涵養須用敬，進學在致知」之義理間架言學言工夫。惟朱子則嚴格遵守之，學與工夫之重點始落在致知格物上，此所以爲歧出而落于第二義也。蓋伊川與朱子並無孟子之本心義。其所言之心只是「實然的心氣之靈」之心與「實然的心氣之偶然凝聚」之心，故主觀地須有涵養工夫以使之常常凝聚而不散亂，並使此心氣之靈常清明而不昏昧，而客觀地復須有「認知的格物窮理以致知」之工夫，

以加強此心之凝聚與清明以使其一切發動較能如理而合道。故其所言之涵養，是涵養此實然的凝聚之心與清明之心，而非是涵養吾人之實體性的道德本心也。故重點不能不落在致知格物上。心只能如理，而不能即是理，故終于爲他律道德，亦所以爲歧出而落于第二義也。自言本心者觀之，實體性的道德本心之**自主**、**自律**、**自動**、**自發**、**自有天則**、**自有定向**即是理。理非是**泛言的理**，只是道德性的**決定方向之理**，故實體性的**道德本心即是理**也。此爲「**無心外之理**」之**實義**。故致良知復本心以成道德實踐方是眞正的**自律道德**，此是內聖之學、成德之教之本質也。

自伊川、朱子只言性即理，而不能言心即理，心與理固已**分爲二**，而理亦**平散**，而「性」之義亦**減殺**。伊川、朱子言「性即理」，其初意只是對于性字作一**內在的解析**（ intrinsic interpretation ），此語並不表示理大（廣）性小（狹），即並不表示性雖是理，而理並不盡是性，亦有非性之理。「在物爲理，在人爲性」此語並不妥當，此或只一時之方便說。如照枯槁有性說，**在物爲理即爲性，在人爲性即爲理**。故理之遍在即遍所在而爲其性也，性與理永遠同等，朱子固有時亦說理細密，道弘大，此好像是泛言之理，如條理脈絡界脈等，然此只是理道對言，亦只是總持地說與分殊地說之異。如就「性理」一概念說，其**實意實**只是性即是理，理即是性也。其言理均是意指**性說**。非**泛言之理**也。然縱使是如此，性與理俱**平散**，而性之義亦**減殺**，人漸只注目于理而忘性字矣。再加上格物、窮理，心不即是理，性理之理與格物窮理之理套在一起看，理益平散，性益平散，而人亦益只知有理而不知有性矣。象山起而對治朱子之平散，本孟子仁義內在，將理收于心，而

言心即理，人遂漸只知此是心理爲一爲二的問題，而不復知此本是心性爲一爲二之問題也。問題重點轉移而忘其初，遂引生許多無謂不相應之疑難，如陽明〈答顧東橋書〉之所說，而在今日爲尤甚。蓋人由理字易想爲泛言之理，有種種理，豈能皆內在于心而謂「心即理」耶？殊不知朱子所言之理，本即是性理之理，非泛言之理也。象山言：「心即理」實即是本心即性也。本心之自發、自律、自有天則即是此本心之「理」的意義；具有如此之「理」的意義的本心，即是吾人之性，道德實踐所以可能之超越的根據，人之所以爲人之眞實本質也。朱子之心理爲二根本上實即是心性不一也。然人漸忘其初矣。陽明言「天下無心外之理」，戢山謂其「於性猶未辨」，故進之曰：「天下無心外之性。惟天下無心外之性，所以天下無心外之理。」此步點出，于使人知問題之初甚有功。陽明言良知本心即是吾人之性，謂其「於性猶未辨」，自不甚諦，然就無「心外之理」，人易想理爲泛言之理說，如此點出，可使人豁然醒悟問題之初本爲心性之一不一，理本即指性體言，非泛言之理，故于「無心外之理」上所生之不相應之疑難可頓然免除也。

　　心性不一，通過格物窮理眞切地以致知明理即是眞切地以知性，如是，可使心之動靜皆如理而順性。此是伊川、朱子之格局。在此格局下，心爲後天的實然的心，而性則平散爲「只存有而不活動」的理，此即「性」義之**減殺**。性之原義，就孟子說，本是道德創造（道德行爲之純亦不已）之動源，故即以本心說之。就《中庸》、《易傳》之綜天地萬物而言之說，性本即是「於穆不已」之道體，惟分散地對萬物言始爲性體，故五峰云：「性立天下之有」，是「天地鬼神之奧」，是「天地之所以立」，而戢山從性宗

方面亦言：「至哉獨乎！隱乎微乎！穆穆乎不已者乎？」故性是本體宇宙論地爲萬物之「客觀性原則」（principle of objectivity），亦爲萬物之「自性原則」（principle of making thing as thing-in-itself）。此性體是本體宇宙論的生化之源，是「生物不測」的「創生實體」（creative reality），是「即活動即存有」者，而在人處則眞能彰顯其爲「創造實體」之實義，而其彰顯而爲創造之實體則在實體性的道德本心處見。在此本心處見，即是此本心足以形著之也。形著之即是具體而眞實化之爲一創造實體也。蓋此本心亦是實體性的「即活動即存有」者。故對「於穆不已」之性體言，此心即爲「主觀性原則」（principle of subjectivity），亦曰「形著原則」（principle of concretion, realization, or manifestation）。此形著是通過心之覺用而形著，不是在行爲中或在「踐形」中形著。是故**性之主觀地說即是心**，心之**客觀地說即是性**；性之在其自己是性，性之對其自己是心；心性爲一，而「無心外之性」也。在五峰，即明言盡心以成性；而在蕺山則即以心宗之「意知獨體」或「意根誠體」浸澈此「於穆不已」之性體也。

如果採取五峰、蕺山之路，言心以著性，則心之一面，無論依孟子、象山之本心說，或依陽明之良知說，或依蕺山之意根誠體說，其形著也，能澈盡性之全蘊一如其普遍而普遍地形著之耶？又即使能普遍地形著之矣，能豎立起來復客觀地、本體宇宙論地爲一生化原理，一如性體之客觀地爲萬物之「自性原則」或「客觀性原則」耶？

就前一問題說，自道德自覺以彰心之自律以成道德行爲言，似是一時不能澈盡性體之全蘊。蓋道德自覺是有限制的，而某一特殊

的道德行爲亦是有限制的，此蕺山所謂「囿於形」者也。自此而言，道德的本心一時不能澈盡性體之全蘊。故必須純亦不已，在一過程中澈盡之。胡五峰所謂：「一有見焉，操而存之，存而養之，養而充之，以至於大，大而不已，與天同矣」是也。然過程是一無限的過程，故如從過程上說形著，亦等于說永不能澈盡也。亦即永不能一如**性體之普遍**而**頓時普遍地**澈盡而**形著**之也。在過程上說，人可說此總是屬于道德自覺之道德界，而永不能進入普萬物而爲言的形上學之領域。即因此故，遂有西方通常所說之道德一方與**形上學不一**，一方亦與**宗教不一**。然依中國儒家之傳統，自自覺過程上言固是如此，但自終極言，則即可達至普萬物而爲言的形上境界亦即宗教境界，而且認爲此兩境界是同一的。蓋自過程上言，道德自覺與道德行爲雖有限制，而在道德自覺中所呈現之**心體自己**則無限制，是絕對地普遍的，在道德行爲中所呈現而爲道德行爲所依據以成其爲道德行爲的**心體自己**亦同樣無限制，而爲絕對地普遍的。此由此心體自己成此行爲亦成他行爲即可證明，而由聖人之化境之圓通自如而無障隔亦可予以具體而眞實的印證。在自覺中之限制是預定心體自己是無限地普遍的。孟子即已說「萬物皆備於我矣，反身而誠，樂莫大焉」。象山繼之亦說：「萬物森然於方寸之中，滿心而發，充塞宇宙無非斯理。」王陽明亦說良知本體（一體之仁）「本若是其與天地萬物爲一也」，草木瓦石、天地鬼神亦不能離開吾之良知靈明，盡在吾之良知靈明之感潤中。胡五峰亦說心大心久心遍。劉蕺山亦說性體無始無終，「此心在人亦與之無始無終，不以生存，不以死亡。」（見前錄第3條）「與之無始無終」亦涵與之同爲無限地普遍也。程明道自仁心之感通無礙、遍潤無方而言

「仁者渾然與物同體」，「仁者以天地萬物爲一體」。心體仁體之爲無限地普遍的蓋是儒者之所共許（惟在伊川、朱子則因系統之異而異其說）。而聖人之化境即證實此義。是則自過程上說，雖不能澈盡性體之全蘊，一如其普遍而普遍地形著之，然自心體自己之爲絕對地普遍的說，則原則上是能澈盡性體之全蘊，能如其普遍地形著之者；而實現此原則上之可能則在肯定一**頓悟**，在此**圓頓義之立**（圓義、頓義，非可隨便濫講）。「反身而誠，樂莫大焉」，即藏一頓悟義。「滿心而發，充塞宇宙無非斯理」，亦涵一頓悟義。「只心便是天」、「只此便是天地之化」，亦是頓悟義也。而聖人之化境即證實此義，所謂「堯舜性之也」。此頓悟化境亦函一從自覺到超自覺。及至**超自覺**，則即成同時是**道德界**，同時亦即是**超道德界而爲宇宙性的與宗教性的**。

　　就第二問題說，人可說以上所說之心體之普遍性很可只是一種境界，只是一心之無限地申展，吾心之無限地函攝，似乎尚不能豎立起來復客觀地、本體宇宙地爲一生化之理，一如**性體之客觀地爲萬物之自性原則或客觀性原則**。即，此尚只是**道德的無限境界**，尚不能即說爲**存在界**之**客觀而普遍的自性原則**。從主觀頓悟或聖證上說是如此，但主觀頓悟或聖證是境界，而頓悟或聖證中之心體自己則不是一境，而是一**實體性的實有、無限的實有**。此即頓悟或聖證上一心之普遍的**函攝境界**，同時即函其能豎立起來而復客觀地、本體宇宙論地爲一**生化原理、自性原則**也，蓋一心之函攝非是只爲靜態地觀照之函攝，而卻是創生感潤之函攝，故此心體自己即是一客觀的、本體宇宙論的生化原理，同時亦即爲萬物之自性原則也。此種肯認並無過患，蓋爲道德的形上學之所必涵。頓悟或聖證中一心

無外之函攝即涵**道德秩序**與**宇宙秩序**之**同一**。此蓋亦爲儒者之所共
許。在孟子，本心即性，心與性非對言，無形著義。在此，吾人可
說心性只是人之內在的道德性，好像只屬於**主觀的道德界**，尚不能
涉足**客觀的存在界**。但心性與天對言，依心性以知天，此「知」字
雖輕，亦無形者義，然而此天，卻總是**客觀地說**。此**超越意義的天**
總不能說與**存在界無關涉**。依心性而可知之，心性與天必有其內容
意義上的相同性。發展至《中庸》、《易傳》，心性與天的遙對性
即融化而不見，頓時化而爲一本體宇宙論的實體之客觀的平鋪。後
來象山、陽明純依孟子之心性作無限地申展，心性與天的遙對性亦
融化而爲一體，甚至根本不必先言一天，只是一心體之頓普，只是
一良知靈明之頓普。天本是客觀的、本體宇宙論的生化之理，爲存
在界之創生實體，不能作一**境界看**，則與之爲一的心性，甚至無所
謂與之爲一，只是此心，只是此良知之靈明，此心與良知靈明亦不
能不爲**存在界之實體**亦明矣。此雖爲象山、陽明之所推進，然亦未
始非孔子之仁與孟子之心性之所函或所開啓。明道言「一本」，必
先解仁爲感通無礙、遍潤無方之實體，必言「只心便是天，盡之便
知性，知性便知天，當處便認取，更不可外求。」此雖亦是明道之
推進，然亦未始非孔子之仁與孟子之心性之所涵或所開啓。在自覺
境界中，心是道德界底實體；在超自覺境界中，其主觀的無限的申
展的函攝之普遍無外的境界（化境），即涵其同時亦是客觀的、本
體宇宙論的自性原則。在孟子、象山、陽明既是如此，則在五峰與
蕺山之本《中庸》、《易傳》或本本是客觀地言之之天（於穆不已
之天）先客觀地言一性體者，主觀方面之心之形著既可以澈盡其全
蘊而普遍地形著之矣，則亦當復能豎立起來同時即客觀地、本體宇

宙論地復爲萬物之**自性原則，存在界之實體**。如此，方眞至「無心外之性」，而心性爲一矣，而「盡心以成性」，方眞能成其爲「成性」也。純依孟子學而前進之象山、陽明旣總須在**超自覺**之境界中轉出並肯認心體之客觀的意義，即爲存在界之實體之意義，爲自性原則之意義，則五峰、蕺山先客觀地言一性體，再回到本心上言形著義，亦無過，而且更能彰著心之所以爲心、性之所以爲性，以及心性之所以爲一之實也。故此兩系實爲一**圓圈**之**兩來往**也。

當康德在《純粹理性批判》中認識論地設立「物自身」（thing in itself, or things in themselves）一概念時，此概念只是一消極的限制概念，即限制時空以及範疇之應用，只應用于現象界，而不能應用于本體界。至此概念之確定意義彼並未說明，吾人尚不能知其意指究爲何。但後來通過《實踐理性之批判》以及《道德底形上學之基本原則》，吾人知道：

㈠此「物自身」一概念並非即是本體，乃是依本體而可能者，即依本體而可以使吾人說之者。

㈡此「物自身」並非認識底確定程度上之概念，即並非吾人所認識的只是外物之外表，尚不是外物之原樣。此非是拉克第一性與第二性之問題。即使認識到第一性，依康德，亦仍是現象，尚不能說是「物自身」。蓋第一性依拉克亦是可認識者。

康德所謂「物自身」是不在條件制約中，因果系列中之意。吾人依因果關係去認識外物，此時外物即是現象；不依因果關係去認識外物，而單是自其自己就其爲一自足之自己以觀之，此時即是「物自身」。故「物自身」實是一超越觀念，即超越乎條件制約以上或以外者。說「物自身」即是意味物之在其自己爲一獨立自足之

自體，不是在條件制約中之**依他而然**者。此不是認識之對象。蓋理論理性之知識或知性之知識必依時空及因果範疇而成立，而所知之對象（眞可爲認知之對象者）亦必在時空及因果關係中始成其爲對象。此種對象即康德所謂現象。然則「物自身」之不能爲經驗的認識之對象自甚顯明。此不是因爲吾人的認識不確定而達不到，乃是確定的經驗認識（科學的認識）本質上即是如此。即依此義而說物自身非認識之對象，故爲一超越之觀念。此義，若依中國莊子之逍遙義而觀之，甚易明。

依莊子，凡在依待中，在比較中，皆不逍遙、不自在、不圓滿自足。然則逍遙者即超越、拆穿，或化除此**依待關係**所顯示之**境界**。逍遙即函自在、自然（不是他然）、圓滿自足，此亦即「物自身」也。此雖自人生之**修養境界**上說，不自**認識對象**上說，然其義實相通也。惟莊子只從此化除依待關係上而消極地顯示此義，此純是一**境界**，此可曰**境界**上的「**物自身**」，即**消極表示**的「**物自身**」。但康德卻還有積極的表示。當其由意志之自律自由以說「物自身」時，便是積極的表示。此是**從實體上說的**（意志之自律自由，即是一個實體，即活動即存有之實體）。意志之自律自由使人爲一**睿智體**，不是一感覺界之現象，同時亦即使人可以爲一個「**物自身**」，即使人爲一自在、自主、自足之獨立體。故康德實以意志自由來把握並證實此「物自身」一觀念者。「物自身」非本體（實體），乃是依本體而可能者，此非指體之**實體字**乃是涉及體之**抒意語**。「物自身」之非認識之對象實因意志自由非認識之對象故。依本體而說的物自身（積極表示的物自身）即是由**認識論地設立**的物自身，進而轉爲**本體論地證實**的「**呈現的物自身**」（此呈現非現象

的呈現義，須注意）。

　　但當康德認識論地設立「物自身」時，此物自身之概念是普萬物而爲言的，是就可能經驗對象之全部而言的，即就存在界之全體而設立的。可是意志自由卻單是就人而言，或單是就一切理性的存在（all rational being）而言。此只能直接證明人爲一睿智體，爲一物自身，但卻並不能直接使吾人說一切存在皆爲物自身。此須靠意志實體之爲本體宇宙論的實體始可。（意志因果性爲一種特別的因果性。因在睿智界，果在感覺界。此實只是稱體起用義。）此意，康德並非沒有，但並未**充分作出**。他由意志自由接近並證實「物自身」一觀念，並由《判斷力之批判》來溝通道德界與自然界，即函意志實體可爲一普遍性的、涉存在界之全體而爲言的實體，此即函有一個「道德的形上學」（moral metaphysics）之存在。但是由于他的批判哲學所造成的種種限制，此道德的形上學只在隱約中透露著，並未積極地展示出。

　　㈠他所批判地建立的意志實體並未能在道德踐履的**頓悟**或**聖證**中普遍化而爲一**本體宇宙的實體**。（康德並未名其自由自律的意志曰「實體」，是我這樣通其實義而名之的。依其以自由意志接近並證實「物自身」一概念說，並依其將意志自由與上帝存在俱劃歸爲本體界而說，名之曰「實體」並無過患。又康德只視意志自由爲設準，並未能在道德踐履中具體地展示其成德之眞實作用。在此，他依理論理性不能認知之之義，形成許多無謂的限制與不相應的陳述，如「純粹理性如何能是實踐的」、「自由本身如何是可能的」、「人何以能直接感興趣于道德法則」（理義何以能悅我心）諸疑問，康德以爲俱不可理解，不能有解明、有解答。意志自由好

像弄成完全是掛空的。凡此吾已詳檢之于〈綜論部〉。）

㈡以美學判斷去溝通道德界與自然界亦不是一**正大光暢**之路。此只能作為一種**輔助的指點**，並不能作為此兩界合一的**擔綱骨幹**。此本是一個「道德的形上學」之事，康德卻迂曲地走上**旁蹊曲徑**裡去。如果吾人不能自道德的進路中積極地暢通道德的形上學之門，則此兩界之溝通合一永不能正大地充分地作出來，而亦無其他更巧妙的門徑可以作到。此不是一個**工巧的問題**，乃根本是道德踐履上**稱體起用**、**本體直貫**之問題，而關于此點，康德並未能參透。

㈢他作成一個「道德的神學」，並未作成一個「道德的形上學」。但是他由意志自由去接近並證實「物自身」，並期由美學判斷去溝通道德界與自然界，吾以為此乃正是一個「道德的形上學」之工作，而意志自律、物自身、兩界之合一，皆是「道德的形上學」中之**主題**。康德實有這一套規劃，但他順宗教傳統卻又有另一套規劃，即「道德的神學」是。吾不知，如果道德的形上學真能光暢正大地作得成，如何還須別有一套道德的神學？此時必是道德的形上學即是道德神學，道德的神學即是道德的形上學。只能有一套，不能有兩套。蓋自由自律的意志這一道德的實體如果真能客觀地普遍地成其為本體宇宙論的實體，並就全部存在界而可以之去證實「物自身」一概念，並能光暢正大地溝通兩界而為一，吾不知何以在此絕對真體上還須另立一個**絕對真宰**——上帝？此非重疊而何？上帝豈非成為多餘的虛構？如果上帝是真實，道德的神學是必要，則自由自律的意志即不能為實體，更不能普遍化而為本體宇宙論的實體，亦不能依此實體普遍地成立「物自身」一概念，亦不能依此實體溝通道德界與自然界，或如康德之由旁蹊曲徑來溝通，只

一個上帝即足夠。如是，道德的形上學即不必要。蓋總不能有**兩重真體故**。康德順其宗敎傳統成立一個道德的神學，又順其意志自由規劃一個道德的形上學，實則是兩不透澈。吾人可進一步說，如果神學眞只能是道德的神學，則道德的神學必終于即是一個道德的形上學。如果道德的形上學眞能光暢正大地作得成，則道德的形上學即是道德的神學。只有**一套**，決不會**有兩套**。康德以後的發展即示此趨勢。在見道上說，康德的批判哲學只是初步的門徑，未至其極。

　　在此，如取儒家的智慧對照觀之，立見其差。但其所規劃的「道德的形上學」，宋明儒者，尤其是陸、王與胡、劉兩系，依先秦儒家之規範，實已**完全光暢正大地作成**之矣。

　　「於穆不已」之性體是自性原則、客觀性原則（是本體宇宙論地依實體規定的客觀性，不是認識論地依範疇規定的客觀性），亦即是使「物自身」一概念**普遍地**爲**可能者**，此眞是可以使吾人說「物自身」者。心體性體在道德踐履的自覺與超自覺中皆可合而爲一，以成其爲一**普遍的實體**（康德所說的意志自由可吸納于此心體性體中而融會之）。在自覺中成立**道德界**，在超自覺中成立**存在界**。道德秩序與宇宙秩序完全同一，唯是一創生實體之**直貫**。故道德界與自然界本即是**稱體起用本體直貫之合一**，不須取**曲折工巧的途徑**以**溝通之**。此是道德進路上以道德踐履爲提綱而光暢正大地建立起的合一，不是任何旁蹊曲徑所可作到者。此一形上學的完成，純以聖證爲背景，以盡心著性爲規範，固非純依概念之本性施分解批判所可完全相應地達成者。今之海德格（Heidegger）精思「實有」（being），以爲柏拉圖之理型並非眞正的實有，只是實有外

圍的徵象。此言之而是矣。然離「於穆不已」的性體亦不能別有一**實有**。亦不能**別有言終極實有**之途徑。自此而言，儒者之教其至矣乎！

胡五峰為南渡後第一個消化反省者，然前離北宋二程之權威既甚近，後復即繼之以朱子之強力，故其顏色不顯，音響輒歇。劉蕺山為宋明六百年儒學傳統最後一個消化反省者，雖言多滯辭，而義則真實。然此學隨明亡而亦亡，劉蕺山絕食而死，而黃梨洲亦未能善述其師之學也。梨洲言學從陽明，實並不真從其師也。故此系義理在宋明傳統中遂成式微，不易為人所覺察。然時過境遷，吾人今日重加反省，此一系之義理間架眉目朗然，實有其獨特而真實之意義，固應取得鼎足而三之地位也。

第十二節 附論：關于朱子之論彪居正

於穆不已之道體為超越之絕對體，人得之而為性，性體亦冲漠無朕，為超善惡相之至善。此為五峰《知言》所弘揚。五峰門人中注意此義，本之以稍有引申者，則為彪居正。

《宋元學案‧五峰學案》：〈五峰門人〉項下有云：

> 彪居正字德美，湘潭人也。其父虎臣，從胡文定公遊，先生因事五峰。〔……〕先生著述雖不傳，然觀五峰所答先生書，皆志其學之大者。蓋南軒之下即數先生。當時有彪夫子之稱。

彪氏著述不傳，其義理不得而知，《朱文公文集》卷第三十〈答張欽夫〉十書中之第十書論及彪丈之思想。書中所稱之彪丈即彪居正也。此書甚有意思，既可由之略窺彪氏之思想，亦見朱子此書言心與其通常所言者似有不同。今錄全書如下：

> 所示彪丈書，論天命未契處，想尊兄已詳言之。然彪丈之意似欲更令下語。雖自度無出尊兄之意外者，然不敢不自竭以求教也。
>
> 蓋熹昨聞彪丈謂：「天命惟人得之，而物無所與。」鄙意固已不能無疑。今觀所論，則似又指稟生賦形以前，為天命之全體，而人物所受皆不得而與焉。此則熹之所尤不曉也。
>
> 夫天命不已固人物之所同得以生者也。然豈離乎人物之所受而別有全體哉？觀人物之生生無窮，則天命之流行不已可見乎？但其所乘之氣有偏正純駁之異，是以稟而生者有人物賢否之不一。物固隔於氣而不能知，眾人亦蔽於欲而不能存。是皆有以自絕於天，而天命之不已者初亦未嘗已也。人能反身自求於日用之間，存養體察以去其物欲之蔽，則求仁得仁，本心昭著，天命流行之全體固不外乎此身矣。故自昔聖賢不過使人盡其所以正心修身之道，則仁在其中而性命之理得。伊川先生所謂：「盡性至命必本於孝弟」，正謂此耳。夫豈以天命全體置諸被命受生之前，四端五典之外，而別為一術以求至乎彼哉？
>
> 蓋仁也者心之道，而人之所以盡性至命之樞要也。今乃言「聖人雖教人以仁，而未嘗不本性命以發之」，則是以仁為

未足，而又假性命之云以助之也。且謂之大本，則天下之理無出於此，但自人而言，非仁則無自而立。故聖門之學以求仁爲要者，正所以立大本也。今乃謂「聖人言仁未嘗不兼大本而言」，則是仁與大本各爲一物，以此兼彼而後可得而言也。凡此皆深所未諭。不知彪丈之意竟何如耳。

《知言》首章即是說破此事。其後提掇仁字，最爲緊切。正恐學者作二本三本看了。但其間亦有急於曉人而剖析太過，略於下學而推說太高者。此所以或啟今日之弊。〈序文〉之作〔案：即南軒《胡子知言·序文》〕，推明本意以救末流。可謂有功於此書，而爲幸於學者矣。尚何疑之有哉？

釋氏雖自謂惟明一心，然實不識心體。雖云心生萬法，而實心外有法。故無以立天下之大本，而內外之道不備。然爲其說者猶知左右迷藏，曲爲隱諱，終不肯言一心之外別有大本也。若聖門所謂心，則天序、天秩、天命、天討、惻隱、羞惡、是非、辭讓莫不該備，而無心外之法。故孟子曰：「盡其心者知其性也，知其性則知天矣。存其心，養其性，所以事天也。」是則天人性命豈有二理哉？而今之爲此道者，反謂此心之外別有大本，爲仁之外別有盡性至命之方，竊恐非惟孤負聖賢立言垂後之意，平生承師問道之心，竊恐此說流行，反爲異學所攻，重爲吾道之累。故因來示，得效其愚，幸爲審其是否，而復以求教於彪丈，幸甚幸甚。

案：此書極明「無心外之法」，立意甚善。首先，若誠如此，則亦可無憾于象山矣，而後來之陽明亦可不至斥其析心與理爲二矣。然

衡之其平素之解說，則殊不類。如關于中和之解說，關于格物窮理之解說，關于孟子盡心、知性之解說，關于仁之解說，皆不足以極成此書所言之宗旨。終取伊川「性即理也」之語，以及橫渠「心統性情」之語爲綱領，而以格物、窮理、涵養、察識爲工夫之定本，而終于成爲「心性情三分、理氣二分」之格局，而不能善解孟子逆覺、盡心之旨，恢復其「心外無法」之一本之論，則知此書所言乃是因對遮彪居正而泛言，非能深切著明之也。

此書固力言一本，天命流行之全體不外一心，然若詳其平素解說之底子，則知其所謂一本恐要落空，即亦是一本，恐亦不是明道之一本，象山、陽明之一本，孟子盡心知性之一本，五峰、蕺山盡心著性之一本，其中蓋有甚多之委曲。是以若有人注意及此書，以爲朱子亦是「心一本」之論，則不可不詳察其原委。大體言之，其所謂一本恐是通過格物窮理以至「心之全體大用無不明」而會歸于太極之一本，而不是通過逆覺體證之工夫，攝性于心，盡心以成性之一本，或本心即性，只是一心之擴充之一本。此是偏重于智心**認知籠罩**之一本，而不是道德踐履上仁心體物而不遺之**立體的道德創造**之一本。若以西方哲學比之，朱子則類乎康德前柏拉圖傳統下賅聖多瑪之「本質倫理」之一本，而非自康德始由自由自主自律之意志所開之理想主義之「方向倫理」、「展現倫理」之一本，乃是主智而非主意者（康德所言之「意」）。即吾所謂：「主觀地說，是認知的靜涵靜攝之系統，客觀地說，是本體論的存有之系統」，總之，是橫攝系統，而非直貫系統也。若使朱子眞能了解孟子「盡心知性知天」之一本論，則對于《知言》可不至如此之致疑，而對于其同時之象山亦可不至如此之嚴斥，而後來之陽明，亦可不至反斥

其析心與理爲二矣。故知此書不足爲憑，非可儱侗不察也。

其次，彪居正之原意不可得而詳，然由朱子之駁斥亦略可窺，非全無義蘊者。朱子于其所不喜不契而加以駁斥者，多不能盡原意，故其稱引解說亦大都不足爲憑。〈知言疑義〉即是顯明之例證。此書所稱引于彪氏而加以駁斥者不過兩點：

㈠「天命唯人得之，而物無所與」。

㈡「稟生賦形以前爲天命之全體，而人物所受皆不得而與焉」。

如果不把對方想的太差，此兩點實皆可說，而且實有深義。朱子亦云：「論萬物之一原，則理同而氣異。觀萬物之異體，則氣猶相近而理絕不同。」彪氏所說之兩點，蓋即說「觀萬物之異體」方面說，不就「論萬物之一原」方面說也。並無甚可疑處，亦無可令人「尤不曉」處。

從「萬物之一原」說，不但「理同而氣異」，即明道所說：「萬物皆備於我，不獨人耳，物皆然，都自這裡出去，只是物不能推，人則能推之」亦同時成立。照明道所說，人與物不但同一本體（同一天命流行之體，理同），而且「天命」亦不但「唯人得之」，物亦得之；不但「稟生賦形以前爲天命之全體」，而且「人物所受」亦皆得與于此全體，「只是物不能推，人則能推之」。但此能推不能推卻甚重要，此即點出心自覺作用之重要。從此能推不能推方面說，不但朱子云：「氣猶相近而理絕不同」可以說，即彪氏之「天命唯人得之，而物無所與」，亦同樣可以說。不但此句可以說，而且即使「唯人得之」，否則再加上物亦得之，而「人物所受俱不得與於天命之全體」一義亦同樣可成立。朱子何于此驚怪

耶？

案：朱子解析「氣猶相近而理絕不同」云：「氣相近，如知寒煖、識饑飽、好生惡死、趨利避害，人與物都一般。理不同，如蜂蟻之君臣，只是他義上有一點子明；虎狼之父子，只是他仁上有一點子明，其他更推不去。恰似鏡子，其他處都暗了，中間只有一兩點子光。」（《朱子語類》卷第四）據此解析，不是「理不同」，而是「表現理之能不同」，或「理之表現上有不同」。「表現理之能」，或「理之表現上」所以有不同正因其「氣」異。故「氣猶相近」，此語亦不甚妥。不是整個的氣「猶相近」，而是「有相近處」，如「知寒煖識饑飽」之類，此皆是所謂動物性。但有相近處，亦有很不相近處，如清濁厚薄、昏明開塞等，此亦是氣，便相差甚遠。即因此相差甚遠之「氣異」，故其「表現理之能」甚不同，因而其于理之表現亦大異。動物尚能表現一點子，至於草木瓦石則連一點子亦不能。故若「觀萬物之異體」（不同的個體、氣體），不是「氣猶相近而理絕不同」，而是「因氣異，故於理之表現上絕不相同」也。朱子行文每喜對稱，常影響觀念之表現，此等處即是也。

然則就此「因氣異，故於理之表現上絕不相同」而言，則彪氏謂「天命惟人得之，而物無所與」，並無不可也。「天命惟人得之」是說惟人能得之以為自己之性，而又能盡心以成此性也。「物無所與」是說天命流行之體雖同為人物之本體，人物同由天命不已之體而實現之（此即論萬物之一原），然人能將此體吸納于**自己之生命內**以為**自己之性**，而物**則不能**。此即吾常說之天命不已之體對物言，只超越地為其體，而不能再**內在地復為其性**也。此蓋即彪氏

所謂「物無所與」之意也。明道所謂「萬物皆備於我，不獨人耳，物皆然」，此只是靜態地觀照之是如此，是帶點藝術境界的圓照語。若落于實際上，則此境完全虛脫。若自道德踐履上言之，則能推不能推甚重要。人能推，能盡心以成性，能推擴其所得以爲己性的「於穆不已」之體，而成其道德創造之「純亦不已」，故可說「萬物皆備於我」。物不能推，則不但不能「皆備於我」，而且無一「備於我」。此則物封閉于其個體之膠固內，不但無一物之能備，而且根本不能吸納「天命流行之體」于其自己之生命內以爲其自己之性，即根本無此性，而只有物質的結構之性或本能之性與墮性之性也。朱子主枯槁有性，此只是枯槁所以爲枯槁之**存在之理**，此正是性歸併于理下「性」義之**減殺**，此非以「於穆不已」之體爲性之義也。「於穆不已」之體，固亦是理，但卻是「即活動即存有」之理，即動理活理（active reason）、創生之理，在人則能起道德創造之理。枯槁乃至其他動物固無此性體也。

人固能以此「於穆不已」之體爲性矣，又亦固能推之矣，但因氣稟有清濁厚薄之不同，任何人不能不受此氣稟之限制。即聖人之氣稟固盡美盡善矣，然孟子仍云：「聖人之於天道也，命也，有性焉，君子不謂命也。」雖不謂命，然畢竟亦有命存焉。同是聖人，何以有堯、舜、孔子之不同，乃至有孔子與釋迦、耶穌之不同？自此而言，則雖聖人亦受限也。聖人而不知此限，便不成其爲聖人。惟不當安于限，而不盡性耳。此即孟子說「君子不謂命也」之意。自此而言，則不但物之不能以「於穆不已」之體爲性者根本無與于「天命流行之全體」，即人能以之爲性者亦不能與也，即聖人亦不能全與也。就人能以之爲性並能推擴言，則其「稟生賦形」以後，

固可說潛存地已受此天命之全體，然潛存有待于實現，而實現之過程無窮盡，則謂「並非實現地受此天命之全體」亦並無不可也。此即羅近溪所謂「眞正仲尼臨終不免嘆口氣」之意也。然則彪氏謂「稟生賦形以前爲天命之全體，而人物所受皆不得而與焉」，亦並無若何差謬也。而朱子必以爲「此則所尤不曉」何哉？

「稟生賦形」以後，人在氣稟之限制中盡心以著之，就此著之之過程言，人永不能與于「天命之全體」。《易傳》言：「仁者見之謂之仁，智者見之謂之智，百姓日用而不知，故君子之道鮮矣。」亦表示此義。但若自圓頓之悟、本心全幅朗現上言，亦可盡其全體，此即亦可與于其全體矣。此則或爲彪氏之所未及。然無論盡與不盡，皆非「一人之外別有大本」。朱子之不契彪氏蓋亦由不解「盡心成性、心以著性」之義也。

朱子駁彪氏云：

> 夫天命不已，固人物之所同得以生者也。然豈離乎人物之所受而別有全體哉？

案：此即「論萬物之一原，則理同而氣異」之義。「同得以生」是一事，而人物能不能實受之以爲性則又是一事，即受之矣，能不能全盡地形著而澈之，則又是一事。朱子何不詳察此中之委曲耶？

又云：

> 觀人物之生生無窮，則天命之流行不已可見乎？但其所乘之氣有偏正純駁之異，是以稟而生者有人、物、賢、否之不

　　一。物固隔於氣而不能知，眾人亦蔽於欲而不能存。是皆有
以自絕於天，而天命之不已者初亦未嘗已也。

案：「天命之不已者，初亦未嘗已」是天命自身事，而人物之能不
能受而盡之，則是心之形著事。正因「所乘之氣有偏正純駁之
異」，故人物皆不能與于此天命之全體也。此即「觀萬物之異體，
則氣猶相近而理絕不同（則因氣異而理之表現絕不同）」之義。

　　又云：

　　　人能反身自求於日用之間，存養體察以去其物欲之蔽，則求
　　　仁得仁，本心昭著，天命流行之全體固不外乎此身矣。

案：此義甚善。自圓頓之境言之，自是如此。然自心之形著之過程
言之，則總有越乎此心之形著之外者。如此嚴肅之義，朱子未能詳
察也。朱子無圓頓義，亦無形著義。其存養體察之一套反終于成為
「此心之外別有大本」矣。朱子亦無孟子之「本心」義。其言「求
仁得仁，本心昭著」云云，亦只是順成語如此說而已。其思理之實
義不能極成此旨也。

　　又云：

　　　故自昔聖賢不過使人盡其所以正心修身之道，則仁在其中，
　　　而性命之理得。伊川先生所謂「盡性至命必本於孝弟」，正
　　　謂此耳。夫豈以天命全體置諸被命受生之前，四端五典之
　　　外，而別為一術以求至乎彼哉？

案：「天命全體」固在心之形著之中步步彰顯，然因氣之限制，又豈能盡在形著中？彪氏又何至在「四端五典之外，別為一術以求至乎彼（天命全體）？」此皆過分周納之言。

又云：

> 蓋仁也者心之道，而人之所以盡性至命之樞要也。今乃言「聖人雖教人以仁，而未嘗不本性命以發之」，則是以仁為未足，而又假性命之云助之也。

案：「本性命以發之」即本客觀的自性原則以發主觀的形著原則也。凡自「天命流行」說性者皆須函此義。仁固是「盡性至命之樞要」，五峰亦言：「仁者人所以肖天地之機要也。」然此正是仁心之為形著原則而足以澈盡性命之奧也。自形著而言之，攝性于心，融心于性，正是一本之論。五峰言「六君子先後相詔，必曰心，而不曰性」云云，即是「本性命以發之」也。又言「聖人傳心，教天下以仁也」，此正是心外無性，仁外無本也。本心仁體足以澈盡性命之奧，故云「六君子盡心者也，故能立天下之大本」。「大本」之形著地立盡在仁與心處見，焉有所謂「以仁為未足，而又假性命之云以助之」之說耶？彪氏言：「未嘗不本性命以發之」，自是根據五峰之義說。朱子未能了解其背景，蓋亦由其根本不契五峰也。

又云：

> 且謂之大本，則天下之理無出於此。但自人而言，非仁則無自而立。故聖門之學以求仁為要者，正所以立大本也。今乃

謂「聖人言仁，未嘗不兼大本而言」，則是仁與大本各爲一
物，以此兼彼而後可得而言也。

案：此疑同前，未得其實。

又云：

《知言》首章即是說破此事。其後提撕仁字，最爲緊切，正
恐學者作二本三本看了。

案：胡氏《知言》卻正是說「盡心以成性」之義，此既不礙于「一
本」，亦不礙于彪氏「本性命以發之」之義。

又云：

若聖門所謂心，則天序、天秩、天命、天討、惻隱、善惡、
是非、辭讓莫不該備，而無心外之法。故孟子曰：「盡其心
者知其性也，知其性則知天矣。存其心，養其性，所以事天
也。」是則天人性命豈有二理哉？而今之爲此道者，反謂此
心之外別有大本，爲仁之外別有盡性至命之方。

案：此言甚善，若眞能眞切此義，則朱子平素所論幾全部須要調
整。至形著之極而達圓頓之境，自無心外之法。「無心外之法」一
義正是孟子「盡心知性知天」一弘規之所開啓，而爲橫渠、明道、
五峰、蕺山、象山、陽明之所分別弘揚而不失孟子之弘規者，然衡
之朱子平素之必欲以《大學》格物窮理爲心之盡，則其距離此弘規

甚遠，反眞成爲二本之論。故知朱子此書之言「無心外之法」乃儱侗之浮言，非其所眞能信及而深刻著明之者也。若眞能眞切于「無心外之法」義，則于胡氏盡心成性，攝性于心，融心于性之**一本論**必可有相契，而〈知言疑義〉可不作，而於彪氏所說亦可契而會通矣。焉有所謂「此心之外別有大本，爲仁之外別有盡性至命之方」之難耶？自天命流行、於穆不已之體說性，本在性。自心之形著說性，本在心。總只是這一本，心性對言，是由形著原則與自性原則之分設而成，豈是「此心之外別有大本」之意？惟有通過心之形著義，始眞能極成「心外無法」之一本論，而又不失性天之尊與自性原則之超越與奧密。「爲仁之外別有盡性至命之方」，此句之難尤爲失旨。此見對于對方太輕忽。彪氏書雖不傳，然吾敢斷言其決不至如此之乖離，而由朱子此書所稱引及者觀之，亦決推不出此義。若彪氏眞堅持「爲仁之外別有盡性至命之方」，則彼決不肯爲五峰之門人矣。

五峰《知言》無善繼。南軒不能識其義蘊，徒隨朱子腳根轉。南軒曰：「《知言》一書乃其平日之所自著。其言約，其義精，誠道學之樞要，制治之蓍龜也。」（〈五峰學案・附錄〉項下）若然，何爲隨朱子動輒刪改其師之作而屢云此「不必存」，此「當刪去」，此「當悉刪去」耶？足徵其贊語乃是浮贊。

〈五峰學案・五峰家學〉項下云：「胡大原字伯逢，五峰之從子也。先生與廣仲〔胡實、五峰之從弟〕、澄齋〔吳翌、字晦叔、師事五峰〕，守其師說甚固。與朱子、南軒皆有辨論，不以〈知言疑義〉爲然」。當時五峰子弟、五峰門人，除南軒外，皆不肯附和朱子。故朱子力攻湖湘學者。惜乎此輩湖湘學者多半年壽不永，學

力才力恐亦有不及，不能弘揚師說，而卒為朱子所掩蓋，而胡氏《知言》遂亦隱沒而不彰。

　　胡氏子弟門人作品皆不傳。然由朱子之稱引與辨駁亦可見其承受之端緒。彪居正承其師「**性體之奧**」一義而有發揮，至于胡廣仲、胡伯逢、吳晦叔等人則承受其師「**逆覺體證**」之義而言「觀過知仁」，凡此皆為朱子所辨駁，而皆不能得其實。彪氏之承受疏導如下。至于「觀過知仁」一問題，則見〈朱子部〉第四章第四節。

《牟宗三先生全集》總目

① 周易的自然哲學與道德函義

② 名家與荀子　才性與玄理

③ 佛性與般若（上）

④ 佛性與般若（下）

⑤ 心體與性體（一）

⑥ 心體與性體（二）

⑦ 心體與性體（三）

⑧ 從陸象山到劉蕺山　王陽明致良知教　蕺山全書選錄

⑨ 道德的理想主義　歷史哲學

⑩ 政道與治道

⑪ 邏輯典範

⑫ 理則學　理則學簡本

⑬ 康德「純粹理性之批判」（上）

⑭ 康德「純粹理性之批判」（下）

⑮ 康德的道德哲學

⑯ 康德「判斷力之批判」（上）（下）

⑰ 名理論　牟宗三先生譯述集

⑱　認識心之批判（上）

⑲　認識心之批判（下）

⑳　智的直覺與中國哲學

㉑　現象與物自身

㉒　圓善論

㉓　時代與感受

㉔　時代與感受續編

㉕　牟宗三先生早期文集（上）

㉖　牟宗三先生早期文集（下）　牟宗三先生未刊遺稿

㉗　牟宗三先生晚期文集

㉘　人文講習錄　中國哲學的特質

㉙　中國哲學十九講

㉚　中西哲學之會通十四講　宋明儒學綜述　宋明理學演講錄　陸
　　王一系之心性之學

㉛　四因說演講錄　周易哲學演講錄

㉜　五十自述　牟宗三先生學思年譜　國史擬傳　牟宗三先生著作
　　編年目錄